핵무기의 정치

The Politics of Nuclear Weapons

Andrew Futter 지음
고봉준 옮김

명인문화사

핵무기의 정치

제1쇄 펴낸 날 2016년 3월 28일
제3쇄 펴낸 날 2020년 7월 27일

지은이 Andrew Futter
옮긴이 고봉준
펴낸이 박선영
디자인 박예진, 정은영

펴낸곳 명인문화사
등 록 제2005-77호(2005.11.10)
주 소 서울시 송파구 백제고분로 36가길 15 미주빌딩 202호
이메일 myunginbooks@hanmail.net
전 화 02)416-3059
팩 스 02)417-3095

ISBN 978-89-92803-87-8
가 격 22,000원

ⓒ 명인문화사

이 도서의 국립중앙도서관 출판예정도서목록(CIP)은 서지정보유통지원시스템 홈페이지(http://seoji.nl.go.kr)와 국가자료공동목록시스템(http://www.nl.go.kr/kolisnet)에서 이용하실 수 있습니다. (CIP제어번호 : CIP2016007314)

....

The Politics of Nuclear Weapons
Andrew Futter

English language edition published by SAGE Publications of London, Thousand Oaks, New Delhi and Singapore, ⓒ Andrew Futter 2015

Korean Edition ⓒ 2016 by Myung In Publishers

간략목차

서론　　　　　　　　　　　　　　　　　　　　　　　1

① 핵무기란 무엇인가?　　　　　　　　　　　　　19

② 핵실험, 핵무기의 정의, 핵무기 투발수단　　　47

③ 핵확산: 국가가 핵폭탄을 만드는 또는
　　만들지 않는 이유　　　　　　　　　　　　　　77

④ 핵전략: 상호확증파괴의 이해　　　　　　　　109

⑤ 수직적 핵확산의 도전: 핵확산금지조약 제6조　141

⑥ 수평적 핵확산의 도전: 핵 열외자　　　　　　175

⑦ 핵확산 도전의 관리: 제한, 예방, 방어　　　　213

⑧ 핵무기와 새로운 글로벌 행위자들　　　　　　247

⑨ 핵군축　　　　　　　　　　　　　　　　　　　277

⑩ 핵도전의 지속　　　　　　　　　　　　　　　309

결론: 핵미래에서의 생존　　　　　　　　　　　　341

세부목차

지도 – 핵무기 보유 국가 ix
역자서문 x

서론   1
- 입문 / 1
- 책의 핵심 목적 / 8
- 교육적 특징 / 9
- 책의 개요 / 10
- 요점, 추가정보 및 자료 / 15

1 핵무기란 무엇인가?   19
- 우라늄, 플루토늄, 핵분열 / 20
- 원자폭탄의 기원: 맨해튼 프로젝트부터 트리니티 테스트까지 / 24
- 리틀보이와 팻맨: 히로시마와 나가사키 / 29
- 원자폭탄과 수소폭탄: 파괴력 비교 / 33
- 요점, 추가정보 및 자료 / 38

2 핵실험, 핵무기의 정의, 핵무기 투발수단   47
- 핵실험 / 49
- 방사선, 낙진, 오염 / 53
- 핵무기의 정의 / 58
- 핵무기 투발수단 / 61

- 각국 핵능력 현황 / 65
- 요점, 추가정보 및 자료 / 68

3 핵확산: 국가가 핵폭탄을 만드는 또는
만들지 않는 이유   **77**
- '핵추구'의 여러 이유 / 78
- 수직적, 수평적 확산 / 82
- 제2 핵시대에 있어서 핵확산 논쟁 / 87
- 핵잠재력과 실질적 핵무기 / 93
- 요점, 추가정보 및 자료 / 101

4 핵전략: 상호확증파괴의 이해   **109**
- 핵억지와 안보딜레마 / 111
- 상호확증파괴(MAD) / 114
- 준비태세, 목표선정, 확장 핵억지 / 119
- 확전과 핵전쟁 / 125
- 요점, 추가정보 및 자료 / 134

5 수직적 핵확산의 도전: 핵확산금지조약 제6조   **141**
- 핵확산금지조약 제6조와 군축 약속 / 143
- 미국과 신삼각체제 / 147
- 러시아와 강대국 지위 / 151
- 영국과 트라이던트 대체 / 154
- 프랑스와 억지력(*force de dissuasion*) / 158
- 중국과 최소 억지 / 161
- 요점, 추가정보 및 자료 / 164

6 수평적 핵확산의 도전: 핵 열외자   **175**
- 이스라엘과 핵불투명성 / 177
- 인도, 파키스탄과 남아시아 안정성에 대한 도전 / 183
- 핵무장한 북한의 문제 / 191

- 이란 핵문제의 미래 전망 / 197
- 요점, 추가정보 및 자료 / 203

7 핵확산 도전의 관리: 제한, 예방, 방어   **213**
- 제한: 핵군비통제협상 / 215
- 예방: 국제 비확산레짐 / 224
- 방어: 적극적, 소극적 방어 / 232
- 요점, 추가정보 및 자료 / 238

8 핵무기와 새로운 글로벌 행위자들   **247**
- 불법 핵거래와 A.Q. 칸(Khan) 네트워크 / 248
- 핵테러리즘 / 254
- 테러리스트의 핵무기 획득 경로와 사용 방식 / 259
- 핵테러리즘으로부터의 안전 / 262
- 요점, 추가정보 및 자료 / 268

9 핵군축   **277**
- 군축 시도의 역사적 사례 / 278
- 핵무기 포기 국가 / 287
- 비핵지대의 확산 / 291
- 글로벌 제로 의제 / 293
- 요점, 추가정보 및 자료 / 299

10 핵도전의 지속   **309**
- 민수용 원자력 수요의 증가 / 310
- 핵무기의 지휘통제 문제 / 318
- 핵금기와 불사용 규범 / 330
- 요점, 추가정보 및 자료 / 335

결론: 핵미래에서의 생존   **341**

부록 1: 핵무기 연대표 349
부록 2: 주요 용어와 약어 해설 357
부록 3: 민수용 원자력 발전국가 367
부록 4: 소설, 영화, TV에 등장한 핵무기 369

참고문헌 372
찾아보기 395
저자소개 401
역자소개 402

도해목차

표

1. 전 세계 핵무기 보유량 추정치 현황 ▶▶▶ 5
2. 리틀보이와 팻맨 비교 ▶▶▶ 31
3. 핵폭발 시 예상되는 사상자와 파괴 ▶▶▶ 36
4. 국가별 핵실험 횟수 ▶▶▶ 51
5. 전략, 비전략, 전장 핵무기 비교 ▶▶▶ 60
6. 핵무기 투발수단의 장단점 ▶▶▶ 64
7. 핵무기 획득의 모델 ▶▶▶ 83
8. 핵확산 ▶▶▶ 85
9. 수직적 vs 수평적 확산 위협 ▶▶▶ 86
10. 제1, 제2 핵시대의 비교 ▶▶▶ 90
11. 핵확산 논쟁 ▶▶▶ 94
12. 핵억지의 세 수준 ▶▶▶ 121
13. 대군사 타격과 대가치 타격 ▶▶▶ 123
14. 핵무기 사용 확전 시나리오 ▶▶▶ 127
15. NPT 제6조와 관련된 논쟁 ▶▶▶ 146
16. 영국 핵무기 관련 논쟁 ▶▶▶ 158
17. 이스라엘 핵정책의 장단점 ▶▶▶ 184
18. 북한 핵위협에 대한 평가 ▶▶▶ 197
19. 냉전기 주요 양자 군비통제조약 ▶▶▶ 219
20. 탈냉전기 양자 군비통제조약 ▶▶▶ 220
21. 확산금지조약 ▶▶▶ 226
22. 핵테러리즘 위협에 대한 견해들 ▶▶▶ 258
23. 핵군축 그룹 ▶▶▶ 285
24. 비핵지대 ▶▶▶ 292
25. 핵무기의 지휘통제 ▶▶▶ 319
26. 핵무기 사고의 몇 가지 사례 ▶▶▶ 321
27. 핵불사용의 몇 사례 ▶▶▶ 334

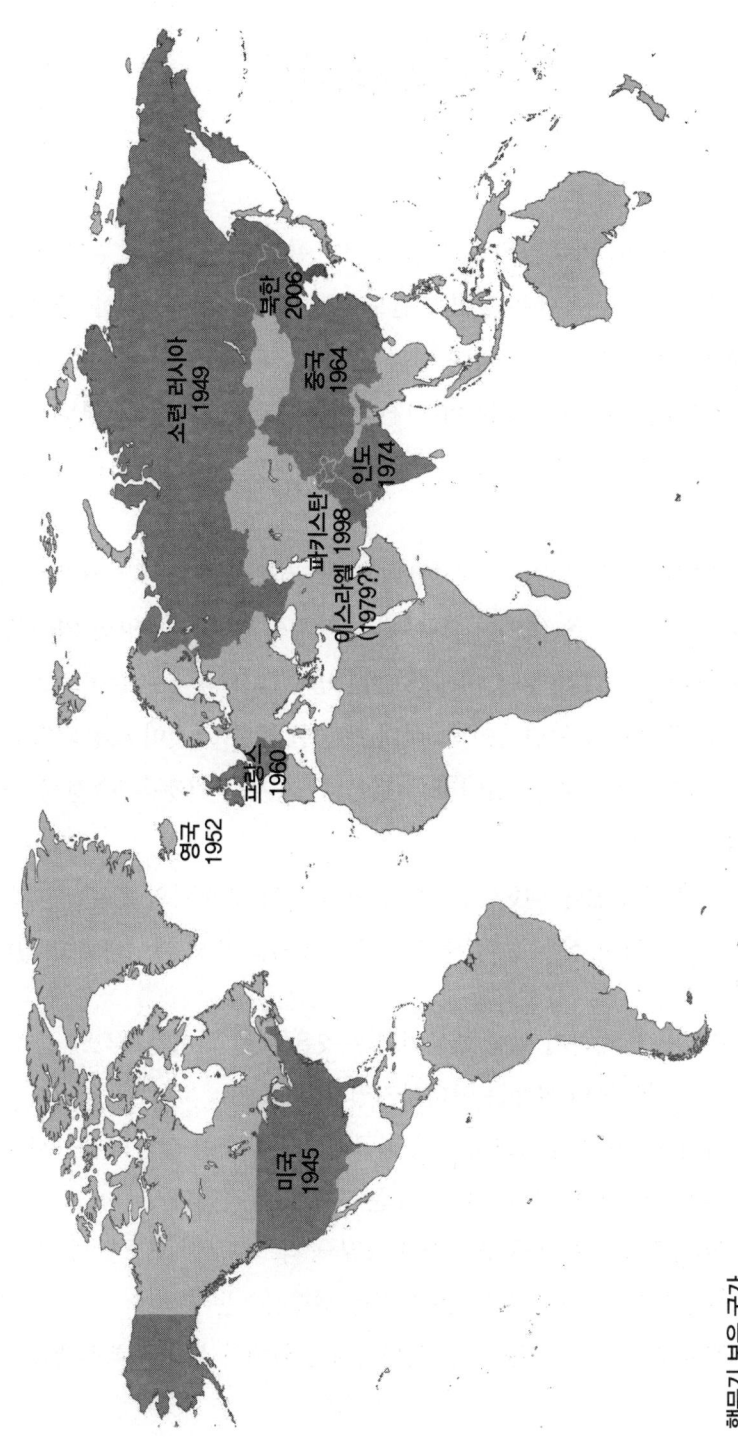

핵무기 보유 국가

역자서문

이 책의 번역이 마무리되는 시점에 북한이 4차 핵실험을 감행하였다. 그리고 한 달 후, 북한은 장거리 탄도미사일과 동일한 능력을 가진 것으로 추정되는 로켓을 발사하여 인공위성이라고 주장하는 물체를 궤도에 올려놓았다. 북한의 의도는 너무나 명확하다고 할 수 있다. 핵무기를 보유한 어느 국가나 마찬가지로 핵폭탄과 그 투발수단의 결합을 도모하는 것이다.

분명하지 않은 점은 앞으로 한반도를 둘러싼 핵무기의 정치가 어떻게 전개될 것인가 하는 것이다. 핵무기의 정치는 너무나 다양한 역설을 동시에 포함하고 있기에 그 미래에 대한 명확한 전망이 본질적으로 불가능하다. 핵무기와 관련하여 단 하나 분명한 것은 그것이 사용되었을 때의 파괴력이 너무나 클 것이라는 점이다. 혹자는 이것을 '수정 구슬 효과'라고 부른다.

이 책은 핵무기에 대한 기술적 설명 외에도 핵무기와 관련된 다양한 역설을 이해하기 쉬운 용어 해설과 사례 제시를 통해 풀어나가고 있다.

- 핵전쟁을 방지하기 위한 핵무기라는 것은 어떤 의미인가?
- 핵무기 파괴력의 한계는 어디까지인가?
- 핵억지는 자국민을 볼모로 하고 타국의 일반 대중을 살상의 목표로 한다는 점에서 비도덕적이기 때문에 문제가 있는 것인가?
- 왜 미국과 소련은 자국을 탄도미사일 공격으로부터 보호할 수 있는 미사일방어의 추진을 제한하는 협정을 체결하였는가?
- 핵전쟁을 방지하기 위해서, 즉 핵억지를 위해서 실제로 핵전쟁을 수행

할 수 있는 준비가 되어 있어야 한다는 것은 어떤 의미인가?
- 핵무기를 보유한 국가들 사이에 전쟁이 발발하면 자동으로 핵무기를 사용하는 전쟁으로 확전될 것인가 아니면 위기가 협상과 외교에 의해 통제될 수 있는 것인가? 즉, 제한적 핵전쟁이라는 개념이 현실적으로 가능한 것인가?
- 만약 자동으로 확전된다면 핵억지는 의미가 있는 것인가? 만약 자동으로 확전되지 않는다면 핵억지를 위해 필수적인 핵무기 사용의 신뢰성은 어떻게 이해해야 하는가?
- 핵무기가 사용되는 전쟁에서 승리할 수 있는가? 만약 승리가 불가능하다면 그래도 지도자는 필요시 핵전쟁을 수행하는 결정을 내려야 하는가?
- 미국의 핵무기 감축은 동맹국에 대한 확장억지에 어떤 함의를 가지고 있는가?
- 미국의 핵무기 감축, 즉 안보정책에 있어서 핵의존성 감소(재래식무기의 고도화 및 탄도미사일방어의 진전)는 다른 핵보유국의 핵의존성 증가를 초래하고 있는가?
- 핵무기 사용가능성을 줄이기 위한 국제 비확산의 흐름은 국제안보와 평화의 증진에 도움이 되고 있는가? 왜 미국은 이스라엘의 핵무기는 용인하고 외교적으로 보호하면서 다른 동맹국, 특히 한국의 경우에는 용인할 수 없다는 정책을 가지고 있는가?
- 핵테러리즘의 가능성은 얼마나 실질적인 것인가? 국제 비확산체제는 핵테러리즘에 대해 얼마나 효과적으로 대응하고 있는가?

이런 역설과 불확실성을 가지고 있는 핵무기의 정치에 대한 단순한 접근은 비생산적이고 통제할 수 없는 결과를 초래할 가능성을 높일 수 있다. 핵무기의 정치는 인류가 경험해보지 못한 미지의 세계라고 할 수 있다. 비교할 수 있는 사례가 거의 없기에 우리의 이해에도 한계가 있을 수밖에 없는 것이다. 역사적 경험을 토대로 생각해볼 때 핵전략은 대부분 명확한 논리와 경험적 증거보다는 자기 지시적 기반에서 출발하였다. 즉 일반적인 전략적 관점에서는 핵무기가 어떤 이점을 부여하기 때문에 그것을 보유해야 한다고 주장해야 타당하다. 그러나 핵무기 보유를 주장하는 담론은 대부분 적국이 보유하기 때문에 우리도 보유해야 한다는 차원에서 시작되고, 이는 안보딜레마의 전형적 예로 평가된다. 핵무기가 안보와 평화의 증진에 도움이 된다고 평가하기 위해서는 핵무기의 유무에 따른 상황의 전개와 결과에 대한 심도 있는 논의를 거친 설명이 제시되어야 하는데, 우리에게는 그런 증거가 많지 않다.

또 다른 문제는 핵무기가 지난 70여 년간 존재하여 왔기 때문에 이미 핵무기의 존재 자체를 부정할 수는 없는 상황이라는 것이다. 어떤 이는 이런 상황을 심장 근처에 총알이 박혀 있으면서도 잘 생활하는 사람에 비유한다. 과연 핵무기 때문에 우리가 더 평화롭게 살고 있는 것인가?

저명한 국제정치학자 저비스(Robert Jervis)는 일찍이 안정-불안정 역설의 제시를 통해 핵무기를 둘러싼 정치의 본질적 문제를 제시한 바 있다. 핵무기를 통한 대량보복 능력이 총력전을 불가능하게 하여 보다 제한적인 전쟁 수행을 가능하게 할 것이라는 일반적 기대와는 달리 안정은 확전 가능성, 즉 아무도 원치 않는 상황에서 갈등이 고조되어 핵무기가 사용될 가능성, 즉 불안정성에 대한 공포 때문에 가능하다는 것이다.

과연 여러 주체들 사이의 갈등이 핵무기의 수준, 즉 일방 또는 양측에 의한 핵무기 사용으로 상승되면, 다음에는 어떤 일이 벌어질 것인가? 보유한 핵무기의 일부만 사용하고 사회 전체가 파괴되지 않으며, 협상을 통해 휴전과 평화가 달성되는 제한적 핵전쟁이 가능할 것인가? 핵무기 정치의 복합성과 역설을 고려한다면 이 질문에 대한 답을 찾지 못하는 것이 최선일 수도 있다.

  번역 의뢰가 들어왔을 때, 역자는 대학에서 수년간 이 주제에 대해 강의를 진행하고 있었기 때문에 강의 교재로 활용할 수 있을 것이라는 생각과 함께 대중들이 보다 쉽게 핵무기를 둘러싼 복잡한 사안들을 이해하는 데에 도움이 될 것이라는 기대로 번역을 시작하였다. 역자의 게으름과 미진한 능력으로 번역 작업이 지체됨에도 불구하고 끈기 있게 기다리고 독려해준 명인문화사 박선영 사장께 감사의 말씀을 드리면서, 번역상의 오류는 여러분들의 지적을 통해 고쳐 나갈 것을 약속드리며 서문을 마친다.

고봉준

서론

- 입문　1
- 책의 핵심 목적　8
- 교육적 특징　9
- 책의 개요　10
- 요점, 추가정보 및 자료　15

1. 입문

1945년 8월에 최초이자 유일하게 전쟁 중 핵무기가 사용된 지 70여년이 지났지만, 핵무기는 과거에 그랬던 것처럼 여전히 현대 국제안보의 중심에 자리하고 있다. 오늘날 존재하는 약 1만 6,300개의 핵탄두[1] 중 단 하나만 폭발하더라도 현대 대도시에 상당한 피해를 초래할 수 있으며, 매우 제한적인 핵교전일지라도 사회전체를 파괴할 위험성이 있다. 어떤 과학자들은 핵무기의 사용이 막대한 양의 방사능 낙진을 대기 중으로 방출하여 세계가 핵겨울로 수년 간 결빙온도에 고통 받게 되고, 이러한 환경에서 모든 생물체는 생존을 위해 몸부림치게 될 것이라고 애기한다.² 다른 사람들은 핵전쟁이 인류사회를 석기시대로 되돌리거나 더 나아가 인류를 완전히 멸망시킬 것이라고 얘기한다. 나이(Joseph Nye)의 말을 빌리면,

> 핵전쟁의 전망은 소름끼친다. 그것은 우리로 하여금 단순히 죽음만이 아니라 우리 삶에 의미를 부여하는 문명전체의 파괴에 직면하게 한다. 그것은 우리 종족을 파괴할 수도 있다. 핵무기가 우리의 육체적·정신적 삶에 던지는 도전은 전례가 없는 것이다.³

모든 이에게 이러한 대재앙 시나리오를 회피할 필요는 너무 자명하다. 핵전쟁의 위험은 동서 진영 간에 있었던 최악의 양극적인 냉전시기(1945~1991) 이래로 분명히 감소하였다. 하지만, 현재 핵을 보유한 9개국 중 한 국가에 의한 핵무기의 우발적인 사용이나 그 외의 의도적인 사용(그 주체는 국제테러집단 등의 새로운 세계적 행위자일 가능성이 높지만, 현존하는 핵국가일 가능성도 있음)으로 인한 재난의 가능성은 여전히 존재한다. 현존하는 대부분의 핵탄두가 제2차 세계대전 종식 직전에 일본에 대해 사용되었던 2개의 탄두보다 훨씬 강력하고, 정확하고, 정교하다는 사실과 대량의 탄두가 불과 몇 분의 준비로 발사될 수 있다는 점에서 이러한 위험은 더욱 중요성을 가진다. 비록 핵안전 및 핵안보 예방조치와 대공 및 미사일방어 기술의 진전과 핵금기 및 핵불사용 규범의 성장에도 불구하고, 현재 핵공격에 대한 완벽한 방어는 존재하지 않는다는 점을 상기하는 것이 중요하다. 또한 핵무기는 수십 년 전에 단 두 차례 사용되었다는 사실이 미래에 핵무기가 다시 사용되지 않는다는 것을 의미하지 않는다는 점을 지적하지 않을 수 없다. 사실, 어떤 이들은 미래에 핵무기 사용을 근절시킬 수 있는 유일한 방법은 핵무기를 지구상에서 완전히 없애는 것이라고 주장해 왔다.

1945년 이래 8개국(미국, 러시아. 영국, 프랑스, 중국, 인도, 파키스탄, 북한)이 공개적으로 핵능력을 획득하여 보유하고 있다. 이스라엘은 비록 공개적으로 자인하고 있지 않지만 핵무기를 보유한 것으로 널리 알려져 있다. 일련의 다른 국가들은 핵폭탄을 확보했다가 포기했거나 외교적 노력이나 압력을 통해 핵무기 프로그램을 축소시키도록 설득되거나 강요받았다. 최초로 핵무기를 획득한 5개국은 1968년 핵확산금지조약(NPT: Treaty on the Non-Proliferation of Nuclear Weapons or Non-Proliferation Treaty)에 모두 가입했다. 이 조약은 이 국가들을 합법적으로 핵무기를 보유할 수 있고, 동시에 세계적 핵군축 목표를 위한 조치를 함께 추진할 의무를 지닌 핵보유국(NWS: nuclear-weapon states)으로 인정하는 반면에 인도, 파키스탄, 북한(2003년에 NPT 탈퇴)과 이스라엘은 합법적 핵보유국으로 인정하지 않고 있다(그리고 현 조약 체제에서는 결코 핵보유국이 될 수 없다). 그 이유는 이들 4개국이 모두 NPT가 합의된 이후에 핵무기를 개발했기 때문이다.

　과거에 이렇게 소수의 국가만이 핵무기 추구를 선택했었다는 사실은 많은 이들에게 중요한 성취로 인정받기도 한다. 대부분의 국가들이 NPT에 비핵국가(NNWS: non-nuclear-weapon states)의 자격으로 가입했고, 핵무기가 전혀 없는 지역도 세계의 상당 부분을 차지한다(특히 남반구). 이 지역에는 핵무기 연구프로그램을 보유했다가 폐기한 여러 국가(아르헨티나, 브라질, 이집트, 리비아, 한국, 스웨덴, 스위스, 대만), 이라크와 시리아 등 핵무기를 추구했으나 외부 압력으로 실패한 국가들, 1991년에 소련이 붕괴된 이후 자국 영토에 있던 핵무기를 포기한 벨라루스, 카자흐스탄, 우크라이나 등 구소련 공화국들, 특이하게 1990년대 초기에 내부의 정치적 이유로 핵무기를 해체한 남아공이 포함된다. 수십 년 간 추구하여 2006년에 최초의 핵무기 실험을 실시한 북한은 2003년에 NPT 조약 10조에 의거, 조약을 탈퇴한 유일한 국가로 남아있다. 이 책을 집필할 당시에 이란은 핵무기를 보유하지도 않고 여전히 NPT 회원국이지만 장차 핵폭탄을 만들 수 있는 위치로 나아갈 수도 있을 것이다.

현재 9개국이 핵무기를 보유하고 있지만, 그 대다수(90퍼센트)는 미국과 러시아가 보유하고 있다 (표 1 참조). 이것은 기본적으로 냉전 동안의 핵무기 경쟁에서 비롯된 결과이다. 그 정점에서 양국이 보유한 핵무기 보유량이 7만 개 이상이었는데, 그 중에 많은 수가 즉시발사대기 상태에 있었고, 1945년에 히로시마와 나가사키에 투하된 폭탄보다 강력한 것이었다. 2014년 8월 현재, 영국, 프랑스, 중국은 모두 200~300개 내외, 인도, 파키스탄(과 이스라엘)은 각각 80~120개 내외, 그리고 북한은 10개 이하의 탄두를 보유한 것으로 추정되고 있다.[4] 추가로 약 200개의 중력 핵폭탄이 유럽 내(벨기에, 독일, 이탈리아, 네덜란드, 터키) 미군 기지에 북대서양조약기구(NATO: North Atlantic Treaty Organization)의 「핵공유협정」의 일환으로 배치되어 있다.[5] 이 외 현재 다른 나라 영토에 핵무기를 배치하고 있는 국가는 없다. 현재 전 세계 핵무기 보유현황은 표 1의 내용과 같다.

표 1의 합계 숫자는 예비용과 퇴역 및 해체 대기 중인 것을 포함한 것이다. 따라서 즉각적으로 사용될 수 있는(현재 실전 배치되어 있거나 위기 시 신속히 배치될 수 있는) 핵무기의 수는 이보다 훨씬 적다. 예를 들어 2010년에 체결된 「신전략무기감축조약(New START: New Strategic Arms Reduction Treaty)」에 따르면 미국과 러시아는 2018년까지 **실전 배치 전략핵무기**(장거리, 고성능) 수를 1,550개 이하로 **줄이기로** 합의하였다. 물론 이 합의는 양국이 보유한 전체 핵무기 숫자에 대해서는 직접 다루지 않는다.

표 1 전 세계 핵무기 보유량 추정치 현황[i]

	최초 핵실험 날짜	핵실험 장소	핵탄두 보유량 추정치
미국	1945년 7월 16일	뉴멕시코 주 화이트 샌즈 시험장	7,300
소련/러시아	1949년 8월 29일	카자흐스탄 세미팔라틴스크	8,000
영국	1952년 10월 3일	호주 몬테벨로 섬	225
프랑스	1960년 2월 13일	알제리 사하라사막	300
중국	1964년 10월 16일	신장 성 롭 누르 시험 기지	250
인도	1974년 5월 18일[ii]	라자스탄 포크란 시험장	100
파키스탄	1998년 5월 28일	발코치스탄 라스코 힐스	120
북한	2006년 10월 9일	함경북도 풍계리 시험장	10개 이하
(이스라엘)	(1979년?)	(인도양)	(80개 정도)
합계			**약 16,300**

i Ploughshares Fund, "World Nuclear Stockpile Report"의 2014년 8월 28일자 자료를 참고 했음. http://ploughshares.org/world-nuclear-stockpile-report.
ii 인도의 1974년 실험은 '평화적 핵실험'으로 명명되었고, 최초의 공개적 핵실험은 1998년에 이뤄졌다 (제6장 참고).

이런 핵무기들은 많은 횟수의 핵실험을 통해 생산되었는데, 실험의 일부는 표면적으로 민간의 비군사적 목적으로 행해지기도 했으나 대부분의 경우에는 보다 크고 강력한 폭탄을 추구한 것이었다. 1945년 이후 총 2,000개 이상의 핵장치가 (대부분 미국과 소련/러시아에 의해) 폭발 실험을 거쳤는데, 실험은 육상, 바다, 지하 및 지상, 그리고 대기 중, 심지어 우주에서도 진행되었다. 그 결과로 세계의 특정 지역은 현재 거주할 수 없게 되었다. 또한 이들 실험으로 인류와 환경이 치러야 할 비용이 얼마인지 정확히 추정할 수는 없지만 막대한 양의 방사성 물질이 생태계에 방출되어왔고(많은 양이 수백 년 동안 활성화 상태를 유지할 것임), 많은 사람들이 그 결과로 중병을 앓거나 사망했다. 1996년 이래 「포괄적핵실험금지조약(CTBT: Comprehensive Test Ban Treaty)」이 모든 핵실험을 금지하기 위해 논의되어왔으나, 아직까지 조약은 발효되지 않고 있다.

핵무기를 보유하고 있는 9개국 이외에, 전 세계 30개 이상의 국가에서 민간 원자력 발전소가 가동되고 있다 (부록 3 참조). (기술적 조건과 처리과정에서의 관련성 때문에) 이들 중 다수의 국가가 무기화 경로의 추구를 결정한다면 암묵적인 핵무기 능력을 보유하고 있다고 볼 수 있다. 민간 원자력에 대한 권리는 1968년 NPT의 핵심적인 부분이고, 화석연료의 접근이 더욱 어렵고 비용이 증가하면서 장차 국가별 에너지 수요의 충족을 위해 더욱 중요해질 것이다. 이러한 민간 원자력과 문턱, 잠재력 또는 실질적인 핵무기 능력 간의 밀접한 관계 때문에 국제사회와 이란 간에 현재의 교착 상태가 야기되었고, 이는 향후 주목할 만한 다른 몇 국가와 관련한 우려의 원천이다. 민간 원자력 기술의 확산은 1979년 미국 쓰리마일 섬(Three Mile Island) 사고, 1986년의 우크라이나 체르노빌(Chernobyl) 사고, 가장 최근인 2011년 일본 후쿠시마 사고 등과 같은 핵사고와 관련된 공포를 증가시키고 있다.

대부분의 국가들이 핵무기를 상호확증파괴(MAD: mutual assured destruction)의 조건을 통한 억지의 수단 즉 전쟁의 무기가 아니라 다른 국가의 공격적 행위를 억지하는 데에만 사용되어야 하는 것으로 인식하고 있지만, (특히 다소 불안정한 핵능력 국가에 의한) 우발적 사용의 가능성이 존재하고 최악의 경우에는 국가나 다른 제3자에 의한 의도적 사용의 가능성도 있다. 더구나 1945년 이후의 핵시대에 있어서 상호확증파괴는 근본적으로 다른 핵무장 국가에 대한 핵공격은 자살적 행위라는 점 때문에 평화를 유지시켰다고 많은 이들에게 그 의미를 인정받아 왔다. 하지만 상호확증파괴가 실제로 얼마나 중요했는지, 그리고 핵무기가 사용되지 않은 것은 단지 운이 좋았기 때문이 아닌지에 대해서는 여전히 논쟁 중이다. 1962년의 쿠바미사일 위기는 미국과 소련이 냉전 시기에 핵무기 실제 사용에 얼마나 근접했었는지를 보여주는 하나의 예일 뿐이고, 역사는 수많은 다른 우려되는 사례와 1999년 인도-파키스탄 사이의 카길전쟁(Kargil War)의 경우처럼 일촉즉발의 상황으로 점철되었다. 아울러 핵무기를 획득하고 사용할 가능성이 있는 비국가 단체는 과거 핵시대 전체를 규율하여 왔던 많은 자명한 원칙들을 약화시키는 위협을 초래한다. 그럼에도 불구하고, 핵억지와 핵보복의 위협은 21세기 모든 핵국가들의 핵전략의 기반으로 자리하고 있다.

그 결과로 핵무기와 그 사용을 예방하려는 노력은 1945년 이후 매 순간 우리 일상생활의 중심에 자리하고 있다. 헤르조그(Rudolph Herzog)는 다음과 같이 설명한다.

> 냉전의 종식과 함께 무관심한 거리감이 생겼다. 사람들은 지난 시대에 일반적이었던 핵전쟁의 위험과 전멸의 위험을 잊기 시작했다. 그러나 서방 사람들이 가지는 안전하다는 느낌은 오해의 소지가 있다. 핵시대에 했던 실험은 오늘날 세계에 여전히 영향을 미치고 있으며 과거의 문제들 중 다수가 실제로는 더욱 악화되었다.[6]

1945년 이후 핵무기가 사용되지 않았다는 사실이 미래에도 핵무기가 사용되지 않을 것이라는 증거로 받아들여져서는 안 된다. 사실 평균의 법칙(law of averages)과 정상사고(normal accidents)의 개념은 해가 거듭할수록 핵무기 사용 가능성이 증가함을 제시한다.[7] 따라서 이 책은 이 주제에 대한 입문서만이 아니라 하나의 경고이다.

2. 책의 핵심 목적

전 세계에 존재하는 다량의 핵무기의 획득과 유지에 내재하는 재난의 가능성 때문에, 핵무기와 관련된 개념, 역동성, 논쟁을 이해하는 것이 매우 중요하다. 이런 점을 고려하여 이 책은 하나의 입문서로 기획되었다. 이 책은 핵무기와 핵전략의 본질을 숙지하고자 하는 이들을 위한 출발점이다. 따라서 이 책은 보다 전문적인 독서와 이해를 위한 토대이자 매개체이다. 이 책은 이 주제에 대한 학문적 관심을 가지고 있는 학부 고학년과 대학원 과정 학생들이 공통적으로 사용할 수 있도록 쓰였다. 아울러 이 책은 직업적으로 핵무기 이슈와 관련되어 있는 사람들과, 종종 굉장히 복잡하고 논쟁적일 수 있는 주제를 이해하는 방법을 원하는 사람들을 위한 입문서이기도 하다. 따라서 이 책은 다음과 같은 6가지 목적을 가지고 있다.

1. 국제안보에 있어서 핵무기의 역할에 대한 역사적 배경과 맥락을 제시한다.
2. 핵무기의 정치적, 과학기술적, 전략적 측면을 소개한다.
3. 현재 정책결정자들과 분석가들이 직면하고 있는 주요 논란과 논쟁을 소개한다.
4. 인류의 핵미래를 규정할 도전에 대해 고민하고 접근할 수 있는 확고한 기반을 제공한다.
5. 핵정치와 전략의 특정 측면과 관련된 추가적 정보와 자료의 링크를 제공한다.
6. 핵정치와 핵전략 분야에서 학문적 연구와 직업적 경력을 시작한 사람들에게 공히 유용한 지침을 제공한다.

이러한 목적을 달성하기 위해, 이 책은 다음과 같은 5개의 핵심 목표를 가지고 있다. 핵무기의 배경이 되는 기초적 과학과 원리들의 설명, 핵전략을 뒷받침하는 개념적 모델과 사고의 소개, 현재 인류가 직면한 상승일로의 핵위험 소개, 핵무기 위협을 통제할 수 있는 가능한 다른 대안의 상대적 장점 소개, 인류의 핵미래를 안전하게 만들기 위한 방법에 대한 고민이 바로 그것이다.

마지막으로, 이 책은 특정한 의제를 촉진하기 위한 것이 아님을 강조한다. 이 책은 현재의 통념을 방어하거나 급진적 변화를 촉구하고자 하는 것이 아니다. 이 책의 목적은 대신 독자들이 스스로를 위한 그러한 결정을 내리는 데 필요한 정보와 능력을 제공하는 것이다. 핵무기와 관련해서는 여러 측면에서 정답보다는 단지 통하는 답이 있을 뿐이다. 하지만 핵무기를 둘러싼 결정들과 논쟁과 관련된 지식과 이해의 수준을 높인다면 인류의 핵미래의 전망을 확실히 끌어올릴 수 있을 것이다. 세계가 핵사용의 재앙적 영향을 경험하지 않고 다음 세기를 살아갈 수 있는지 여부가 여기에 달려있다.

3. 교육적 특징

이 책은 핵무기와 핵전략이라는 어두운 세상으로의 여정을 시작하는 이들이 관심을 가지고 활용할 수 있도록 계획되었다. 독자는 학부 고학년 또는 대학원의 학문적 배경을 가지고 있거나, 전문가이거나 정치적 배경을 가지고 있을 수도 있고, 아니면 이 주제에 대해 단순한 일반적 관심을 가지고 있을 수도 있다. 의도는 이 주제를 잘 모르는 사람들은 이 책을 발판과 도약대로 활용하여 보다 특수하고, 구체적이며, 복잡한 기존 연구들로 넘어갈 수 있도록 하고, 기존 연구에 이미 익숙한 사람들은 필요할 때 재점검하고 찾아 볼 수 있도록 하는 것이다. 따라서 이 책은 학습을 용이하게 하는 몇 가지 특징을 가지고 있다.

- 본문에 소개된 주요 개념들은 이 분야에서 사용되는 약어와 단어에 대한 해설을 제공하는 부록의 **용어해설**에서 자세히 설명된다.
- 핵심 내용을 강조하기 위해 책의 각 장에서 다뤄지는 특정 주제와 관련된 **요점**의 요약이 각 장 말미에 제공된다.
- 각 장에는 주제와 관련한 보다 **전문적인 자료를** 추가적으로 자세히 다루는 부분이 있다. 여기에는 책과 논문만이 아니라 세계 핵정치라는 특징적 현상을 다루는 다양한 기관과 전문가들의 자료가 포함된다.
- 부록에는 현재까지의 핵무기와 핵전략의 주요 발전사를 다루는 자세한 **연대표**가 제시된다. 이 표는 어떻게 세계 핵정치가 전개되어 왔는지 이해하는데 도움이 될 것이다.
- 또한 부록에는 전 세계 민수용 원자력 발전 능력에 대한 정보와 소설, 영화, TV에 **등장**한 **핵무기**와 관련된 정보도 제공된다.

이러한 교육적 특징 외에도, 이 책은 각 주제의 핵심적 내용에 대한 이해를 증진시키기 위해 다수의 표를 활용한다.

4. 책의 개요

이 책은 기본적으로 핵무기 정치의 다양한 측면을 다루는 주제별로 구성되었다. 동시에 이 책은 연대순으로 구성되어, 핵폭탄의 배경이 된 기초과학부터 시작하여, 초기 핵과 관련된 생각과 핵전략의 발전, 냉전 이후 제2 핵시대를 특징짓는 새로운 핵역동성의 검토, 그리고 미래 핵도전의 핵심적 내용 등의 순으로 이뤄져 있다. 따라서 이 책은 한 번에 전체를 읽어도 되고, 예습, 복습, 논문작성 또는 일반적인 관심의 필요에 따라 해당되는 장을 따로 읽어도 된다. 독자에게 이 주제가 생소하다면 책의 체제를 따라 기본 지식을 구축하는 것이 도움이 되겠지만, 반드시 이 책 전체를 한꺼번에 읽을 필요는 없다.

제1장에서는 핵무기와 관련된 기초과학, 핵무기의 작동방식, 인류와 환경에 핵무기가 초래할 수 있는 피해 등의 기초를 다룬다. 무엇보다 먼저 핵분열 현상과 핵폭발을 위한 주요 물질인 우라늄과 플루토늄에 대한 설명을 포함하는 기초과학 또는 '핵폭발 원리'가 소개된다. 이어서 제2차 세계대전 당시 핵기술 개발 경쟁과 맨해튼 프로젝트(Manhattan Project), 1945년 히로시마와 나가사키에 실제 핵무기가 사용되었던 사례, 그리고 핵폭발이 두 도시에 초래한 결과를 다룬다. 마지막에는 원자폭탄과 수소폭탄의 차이점과 이들 무기가 실제 사용된다면 지니게 될 파괴력에 대해 논의한다.

제2장에서는 핵실험, 방사능과 오염, 핵무기의 분류, 그리고 각국의 보유 현황에 대해 보다 자세히 분석한다. 먼저 1945년 이래 실시된 핵실험의 영향과 핵실험이 어떻게 보다 강력하고 정교한 핵무기의 개발을 주도하였는지를 살펴본다. 이어 핵실험에서 비롯되었던 방사능, 오염과 낙진의 영향을 검토하고, 과거에 인류가 핵폭발의 영향에 의도적으로 그리고 우발적으로 노출되었던 사례들을 면밀히 살펴본다. 이후 '전략(strategic)', '비전략(non-strategic)', '전술(tactical)', '전역(theatre)' 핵무기 간의 다소 애매한 분류에 대해 논의하고 이들 무기가 사용될 때의 임무 유형을 검토함으로써 난해한 명명법과 전문용어에 대한 이해를 시도한다. 다음으로 이들 다양한 무기가 어떤 방식으로 목표물에 도달하는지와 다양한 핵무기 사용 방식의 상대적 장단점을 논의한다. 마지막으로 현 핵보유 9개국의 능력을 개괄적으로 검토한다.

제3장에서는 핵확산의 문제와 어떤 국가는 핵폭탄 개발을 하고 다른 국가는 하지 않는 이유에 주목하고 핵잠재력 개념을 소개한다. 제3장의 첫 부분은 핵보유를 설명하는 여러 모델(특히 안보, 정치, 문화적 설명과 함께 기술결정론 아이디어)과 왜 어떤 국가는 핵무기를 보유하지 않기로 결정하거나, 심지어 핵폭탄 제조 직전 단계의 초보적 핵무기 프로그램을 포기했는지를 살펴본다. 이어서 지난 60여 년 동안 진행된 수직적, 수평적 핵확산에서 비롯된 도전과 이 기간 동안의 핵무기 숫자와 핵보유 주체 숫자의 변화를 다룬 후, 저명한 정치학자인 왈츠(Kenneth Waltz)와 세이건(Scott Sagan)에 의해 주도된 핵확산 관련 낙관주의자와 비관주의자 간의 논쟁을 검토한다. 제3장의 마지막 부분은 특정 국가가 원하고 필요하다면 민수용 핵능력을 상대적으로 단 기간 내에 군사용으로 전환시킬 수 있는 능력을 구비할 수 있음을 의미하는 핵잠재력 개념을 고찰한다.

제4장은 1945년 이후 핵무기와 핵전략에 대한 사고가 어떻게 발전되어 왔는지, 그리고 어떻게 MAD와 핵억지가 세계정치의 핵심으로 수용되었는지를 살펴본다. 이 장에서는 핵군비경쟁의 촉진자로서의 안보딜레마의 중요성에 주목하여, 제1차 공격과 제2차 공격능력확보를 둘러싼 논쟁과 1972년 미국과 소련 간에 체결된 「반탄도미사일조약(ABM: Anti-Ballistic Missile Treaty)」에 성문화된 핵공격에의 상호 취약성 논리를 검토한다. 여기에서 여러 핵태세 및 핵표적 설정전략의 미묘한 차이들과 함께 핵확장억지 논리의 발전을 설명한다. 제4장의 마지막 부분에서는 확전과 핵전쟁 개념, 그리고 인류가 대재앙의 위기에 직면했던 1962년 쿠바미사일 위기, 1983년의 에이블 아쳐(Able Archer) 사태, 1995년의 노르웨이 로켓사건(Norwegian Rocket Incident), 그리고 핵무장한 인도와 파키스탄 간에 있었던 1999년 카길전쟁 등 4개

의 사례를 재검토한다.

제5장에서는 NPT에서 핵보유를 허용하는 P5 다섯 나라의 핵 관련 최근 생각을 분석한다. 우선 공인된 핵보유국 5개국이 약속한 핵군축 이행의 복잡성에 대해 논의하고 국제적 압력에 직면한 이들 국가가 최근 진행하고 있는 핵군축 과정을 검토한다. 이어 이들 5개국의 핵사고와 독트린, 그리고 각각의 핵무기 프로그램의 토대가 되고 있는 논쟁과 역학 관계를 개략적으로 살펴본다. 마지막으로 NPT 6조에서 요구하는 것처럼, 이들 국가가 핵군축을 하거나 궁극적으로 장차 핵능력을 완전히 포기하는 과정에서 직면할 핵심적 장애물과 문제점들을 검토한다.

제6장의 목적은 탈 냉전기에 새롭게 민족국가 행위자에게 수평적 확산이 진행되면서 제기되는 새로운(혹자는 증가하고 있다고 주장하는) 도전을 분석하는 것이다. 우선 이스라엘이라는 핵불투명성의 특별한 사례를 살펴보는데, 이스라엘은 핵보유를 긍정도 부정도 하지 않고 있다. 다음으로 인도와 파키스탄 간의 핵경쟁 관계와 그것이 남아시아의 안정성에 미치는 영향을 검토한다. 마지막으로 가장 최근에 핵무장한 북한이 봉쇄되고 안전하게 관리될 수 있는지를 검토한 후, 최후의 핵무장 추진 국가인 이란을 둘러싼 최근 논쟁을 분석한다.

제7장에서는 핵위협을 관리하고 그에 대응하기 위한 가능한 각 대안과 전략의 비용과 편익에 대해 논의한다. 먼저 핵위협을 완화하고 경감시키기 위한 수단으로서 핵군비통제의 상대적 장점과 성과, 그리고 과거에 합의되었던 주요 핵군비통제협정 내용을 자세히 다룬다. 이어서 NPT의 역할과 국제원자력기구(IAEA: International Atomic Energy Agency), 경제 제재, 군사력 사용과 그 위협 등을 포함하여 세계 비확산레짐을 강화하는데 활용할 수 있는 다양한 수단과 기제에 대해 토론한다. 마지막으로 탄도미사일방어(BMD: ballistic missile defense)와

민방위(civil defense)의 역할에 주목하면서 핵공격에 대비하기 위한 수단으로서 적극적 방어와 소극적 방어의 역할에 대해 검토한다.

제8장은 많은 이들이 현재 가장 중요한 당면 과제라고 생각하는 새로운 국제 행위자(테러리스트 집단 등)와 그들이 핵무기를 획득하여 사용할 가능성이라는 위협 요인을 다룬다. 먼저 핵밀매의 위협과 칸(A.Q. Khan) 네트워크에 의해 초래된 나쁜 결과를 살펴본 후, 그러한 조직들이 여전히 전 세계적인 심각한 근심거리로 존재하는 이유를 설명한다. 이어 위협의 본질, 심각성, 관련 관심 집단을 소개하면서 핵테러리즘 개념을 자세히 다룬다. 그리고 어떻게 핵테러리스트가 핵무기 사용을 시도할 것인지에 대해 논의한다. 마지막으로 이러한 위협을 줄이기 위한 적극적 조치와 소극적 조치를 살펴본다. 이들 조치로는 핵안보 의제, 이동 차단, 수출 통제의 강화, 그리고「핵분열물질금지조약(FMCT: Fissile Material Cut-off Treaty)」등이 포함된다.

제9장에서는 핵무기 완전폐기와 '핵무기 없는 세상'의 가능성을 둘러싼 논쟁을 검토한다. 우선 전 세계 핵군축 운동 발전에 있어서의 세 단계를 설명하고, 국가가 과거에 비핵화를 하거나 핵능력 획득의 마지막 수순을 밟지 않기로 결정한 이유와 방식에 대해 논의한다. 이어서 비핵지대(NWFZs: nuclear-weapon-free zones)의 확산에 주목하고, 얼마나 넓은 지역이 비핵지대인지를 보여준다. 마지막으로 제9장은 '핵무기 없는 세상'의 가능성과 타당성을 평가한다. 미국 오바마 대통령의 프라하 연설과 베를린 연설, 핵무기폐기국제캠페인(ICAN: International Campaign to Abolish Nuclear Weapons), 글로벌 제로 운동(Global Zero movement) 등이 각각의 역사적 맥락에서 검토되고, 핵군축캠페인(CND: Campaign for Nuclear Disarmament), 그린햄 시민시위대(Greenham Common protesters), 그리고 핵무기동결(Nuclear Freeze)

등 과거에 등장한 보다 조직적인 그룹의 활동과 비교된다.

제10장은 우리의 핵미래를 형성할 세 개의 중요한 도전의 지속에 대해 논의한다. 첫째는 어떻게 국제안보를 저해하지 않으면서 민수용 핵발전 능력의 확산을 안전하고 견고하게 다룰 것인가 하는 문제이다. 여기에는 핵안보, 핵무기의 확산, 핵폐기물 관리가 포함된다. 둘째는 특히 우발적 또는 승인되지 않은 사용, 또는 제3자에 의한 사용을 방지하기 위해 핵무기 지휘통제의 안전성을 어떻게 확보할 것인가의 문제이다. 셋째는 21세기가 진행되는 가운데 핵금기와 핵불사용의 규범이 계속 유지될 것인가의 문제이다.

마지막 장 결론에서는 과거 핵시대에서 얻은 교훈들을 재검토하고 제2의 핵시대로 정의되는 핵미래를 안전하게 지키기 위해 다뤄야 할 주요 도전을 평가한다.

5. 요점, 추가정보 및 자료

이 장은 이 책의 개요를 소개하는 것을 목적으로 하였지만, 동시에 핵무기와 관련된 몇 가지 중요한 핵심적인 내용들을 소개하였다. 그 내용을 요약하면 아래와 같다.

1. 핵무기는 엄청난 파괴력 때문에 다른 무기와 다른 것으로 인식된다. 하나의 폭탄이 큰 현대도시를 파괴할 수 있다. 핵교전은 알다시피 생명의 종식을 의미할 수 있다.
2. 최근 자료에 따르면 비록 모두가 실전배치된 것은 아니고 많은

➤ 계속

➡ 계속

숫자가 해체 대기 중이지만, 전 세계에 약 16,300개의 핵탄두가 존재한다. 이들 대부분은 미국과 러시아가 보유하고 있다.
3. 미국, 러시아, 영국, 프랑스, 중국, 인도, 파키스탄, 북한 등 8개국이 공개적으로 핵실험을 했다. 이스라엘은 핵무기 능력을 보유하고 있다고 널리 알려져 있다. 이들 중 미국, 러시아, 영국, 프랑스, 중국 등 5개국만이 1968년 NPT 상 핵보유국으로 인정된다. 이란은 현재 핵무기를 보유하고 있지 않다.
4. 특히 남반구를 포함한 지구의 넓은 지역에 핵무기가 없고, 어떤 지역은 비핵지대에 속한다. 상당히 많은 국가들이 민수용 원자력 발전소와 관련 산업을 보유하고 있어서 이론적으로는 그들이 원하면 핵무기를 제조할 가능성을 열어 놓고 있다.
5. 여러 영역에서의 기술적 진전에도 불구하고 핵무기에 대한 완벽한 방어는 존재하지 않는다.

핵무기를 둘러싼 토론과 논쟁은 다양한 미디어, 기관, 분야에서 진행되고 있다. 이는 이 주제와 관련된 정보가 방대하고 확장되고 있기 때문이다. 이 주제를 처음 접하는 이는 이 개론서로 시작하는 것을 권장하지만, 폭넓은 연구와 정보를 위해서는 이 책의 각 장 말미에 있는 안내를 참고할 것을 권장한다. 각종 서적, 학술 잡지와 연속 간행물, 기관에서 발행한 공식문서와 연구들이 실시간으로 제공되는 인터넷 기반의 뉴스 출처로부터 제공되는 자료들과 함께 제시되어 이해의 폭을 넓힐 수 있도록 할 것이다. 또한 책의 마지막에는 대중문화에 등장하는 핵무기와 연결되는 다양한 링크를 자세하게 소개하는 부록이 있어 도움이 될 것이다.

주

1. 이 숫자는 Ploughshares Fund, "World Nuclear Stockpile Report"의 2014년 8월 28일자 자료에서 제시된 것이다. http://ploughshares.org/world-nuclear-stockpile-report.
2. 여기에 대해서는 Carl Sagan, "Nuclear winter and climatic catastrophe: some policy implications," *Foreign Affairs*, 62:2 (Winter 1983-4), pp. 257-292를 참고할 것.
3. Joseph Nye, *Nuclear Ethics* (London: Collier Macmillan Publishers, 1988), p. ix.
4. Ploughshares Fund, "World Nuclear Stockpile Report"의 2014년 8월 28일자 자료에서 제시된 숫자이다. http://ploughshares.org/world-nuclear-stockpile-report.
5. Robert Norris and Hans Kristensen, "US Tactical Nuclear Weapons in Europe, 2011," *Bulletin of the Atomic Scientists*, 67:1 (2011), pp. 64-73.
6. Rudolph Herzog, *A Short History of Nuclear Folly* (London: Melville House, 2013), pp. 4-5.
7. 정상사고 개념에 대해서는 Charles Perrow, *Normal Accidents: Living with High-risk Technologies* (Princeton N.J: Princeton University Press, 1999)를 참고할 것.

제1장

핵무기란 무엇인가?

· 우라늄, 플루토늄, 핵분열   20
· 원자폭탄의 기원: 맨해튼 프로젝트부터 트리니티 테스트까지   24
· 리틀보이와 팻맨: 히로시마와 나가사키   29
· 원자폭탄과 수소폭탄: 파괴력 비교   33
· 요점, 추가정보 및 자료   38

많은 이들이 핵무기는 굉장히 파괴적이고 제2차 세계대전 말에 일본에 대해 사용되었다고 일반적으로 알고 있는 반면에, 핵무기가 왜 그리고 실제로 얼마나 강력한지에 대해서는 잘 알지 못한다. 따라서 이 책이 비록 과학적·기술적 측면의 포괄적 분석을 위한 책은 아니지만, 핵무기의 정치적·전략적 측면에 대해 논의하기 전에 핵무기와 관련된 기초과학에 대해 살펴보는 것이 유용할 것이다. 기본적으로 핵무기가 어떻게, 왜 폭발하고, 어떤 결과를 가져오는지를 정확히 이해할 필요가 있다.

이를 위해 이 장은 다음과 같은 내용으로 구성된다. 첫 부분은 핵폭탄을 만들기 위한 핵심 재료들을 소개하고 왜 우라늄과 플루토늄이라는 요소가 폭발을 일으키는지 설명한다. 다음에는 1930년대와 1940

년대 원자폭탄을 만들기 위해 벌어졌던 경쟁을 시간대별로 살펴보면서 맨해튼 프로젝트의 개괄적 내용을 소개하고 미국에 의해 1945년에 실시된 트리니티 테스트에 대해 살펴본다. 이어서 전쟁 중 핵무기가 사용되었던 유일한 경우인 1945년 미국의 히로시마와 나가사키 원폭 투하 사례와 단 두 개의 원자폭탄이 두 도시에 안겨준 피해에 대해 검토한다. 원자폭탄과 수소폭탄의 차이점을 설명하고 핵무기가 얼마나 파괴적일 수 있는지에 대한 논의가 이어지고, 마지막으로 제1장의 요점과 추가 자료에 대한 안내가 이어진다.

1. 우라늄, 플루토늄, 핵분열

핵무기의 정치를 이해하기 위해 핵과학으로부터 시작하는 것은 쉽지 않은 일이지만, 이는 핵무기의 획득, 사용, 관리 및 가능한 폐기 방법 등의 측면을 둘러싼 정치적 논쟁을 이해하기 위해서 필수적이다. 따라서 핵정치와 전략을 배우기 위해 핵폭탄 작동의 이유와 방법에 대해 몇 가지 기본 원칙을 이해할 필요가 있다. 특히 (1) 핵폭발이 어떻게 발생하는지, (2) 핵폭탄 제조를 위해 어떤 물질이 필요한지, (3) 필수 물질들은 어떻게 획득할 수 있는지, 그리고 (4) 왜 핵무기가 막강한 위력을 발생시키는지 등 네 가지에 주목할 필요가 있다.

지구상의 모든 물질은 작은 원자들로 구성되어 있다. 이들 원자는 다시 (양성자와 중성자를 포함하는) 핵과 핵을 둘러싼 전자로 구성되어 있다. 핵폭발은 특정 화학원소(화학원소는 핵의 숫자가 서로 다른 동위원소를 가질 수 있다)의 불안정한 동위원소 원자 속의 핵이 외부의 핵과 충돌하여 그 원자가 분열되거나 융합할 때 발생한다. 외부의 중성자에 의해 불안정하게 된 핵은 분열의 결과로 원자 균형을 유지하기 위해 중성자를 배출하게 된다. 만약 이런 원자들이 충분할 정도로 합쳐지면(임계량이라고 표현된다), 핵연쇄반응이 발생하여 원자 A에서 방출된 중성자가 원자 B를 타격하고 다시 원자 B는 분열하여 또 다른 중성자를 방출하여 원자 C와 또는 D까지 타격하는 것이 가능해진다. 만약 충분한 물질이 있다면 이러한 반응은 자급적이게 된다. 가장 중요한 것은 각 원자의 독립적 분열이 막대한 에너지, 특히 열을 발생시킨다는 점이다. 만약 이런 반응이 통제될 수 있다면, 그 열로 증기 터빈을 돌리는 방식으로 에너지를 꾸준하게 생산할 수 있게 된다. 민수용 원자력 발전소나 원자력 추진 잠수함이 이런 방식을 활용하는 예이다. 그러나 만약 핵반응이 급속도로 이뤄진다면 분출되는 에너지는 거대한 폭발을 일으키는 데에 사용될 수 있다. 결과적으로 핵폭탄을 만드는 데 있어서 제일 중요한 관건은 특정 원소의 원자 내외에서 일어나는 핵반응을 어떻게 통제할 것인가, 그리고 발생되는 에너지를 어떻게 극대화할 것인가의 문제이다. 만약 반응이 지나치게 느리면 핵분열물질(특정 동위원소)의 대부분이 실제 분열이 되기 전에 타거나, 녹거나, 날아가 버리게 되고, 분출되는 에너지와 폭발의 위력을 축소시키게 된다.

현재까지 알려진 바로는 오직 두 개의 화학적 물질만이 핵폭탄을 제조하는 데에 사용될 수 있다. 그 중 하나는 자연 상태에 존재하는 우라늄235이고, 다른 하나는 인공 원소인 플루토늄239이다. 극소량의 플루토늄이 자연 상태에 존재하기는 하지만, 그 양은 하나의 폭탄을 만들기에 충분하지 않다. 분열과 핵연쇄반응을 유지할 수 있는 능력 때문에 이 둘을 '핵분열물질(fissile material)'이라고 부른다. 그러나 전 세계 특정 지역(천연 우라늄 부존량의 25퍼센트 이상이 호주에 존재)에서 소량으로 발견되는 천연 우라늄 중 (분열이 가능한) 동위원소 우라늄235는 극히 일부이다. 천연 우라늄의 99퍼센트 이상은 분열하지 않는, 따라서 폭탄을 만들 수 없는 동위원소 우라늄238이다. 따라서 하나의 폭탄을 제조하기에 충분한 우라늄235를 확보하려면 아주 많은 양의 우라늄이 필요하고, 동위원소 우라늄235가 우라늄 농축으로 알려진 과정을 통해 우라늄238로부터 분리되어 지속적으로 정제되어야 한다. 이러한 농축은 여러 우라늄 동위원소들 간의 유사성 때문에 화학적으로는 불가능하여 다른 방법을 통해야 한다. 선호되는 방식은 고속 회전 원심분리기를 사용하는 것인데, 원심분리기는 중력이나 확산을 이용하여 원자 무게의 미세한 차이에 의하여 서로 다른 원소를 분리해낸다.[1] 최근에는 과학자들이 우라늄 동위원소를 분리하기 위해 레이저를 사용하는 방법에 대한 실험을 시작하였다.[2] 우라늄235를 정제하기 위해 서로 다른 우라늄 동위원소를 분리해내는 것은 과학적으로, 공학적으로 매우 힘든 작업이다. 따라서 이것이 핵폭탄 장치의 제조를 원하는 행위자가 가장 넘기 힘든 장벽이라고 할 수 있다.

지구의 자연 상태에는 극소의 플루토늄239만 존재하기 때문에 핵폭탄을 만들기 위한 플루토늄239는 별도로 만들어져야 한다. 플루토늄을 생산하기 위한 유일한 방법은 우라늄의 핵반응을 통한 것이다 (플루토늄은 우라늄 분열의 부산물이다). 따라서 모든 플루토늄 폭탄은 우라늄을 통해서만 만들어질 수 있다. 그러나 플루토늄도 여전히 다양한 화학적 반응(플루토늄 분리로 알려진 과정)을 통해 사용 후 핵연료에 같이 포함된 다른 폐기물로부터 분리되어야 한다.[3] 플루토늄을 생산하기 위해서는 우선 초기에 원자로를 가동시키기에 충분한 농축 우라늄의 생산 또는 획득이 전제되어야 하고, 아울러 플루토늄의 생산에 사용되는 우라늄은 그 자체로 폭탄을 만드는데 사용될 수 없다 (물론 일부 다른 핵폐기물들은 재처리되어 원자로에서 사용될 수 있다. 제10장 참조).

이들 두 물질과 우라늄233은 국내적 에너지 수요에 따라 민수용 원자력 발전소를 가동하는 데에 사용될 수 있다. 민수용 원자력 발전을 위해서 우라늄235는 약 5퍼센트 정도로만 농축되어도 된다. 이것이 저농축 우라늄(LEU: low-enriched uranium)이고, 반면 폭탄을 제조하기 위해서는 80~90퍼센트의 고농축 우라늄(HEU: high enriched uranium)이 필요하다. 이것은 연쇄반응을 통해 발생되는 에너지의 상대적 양의 차이에 따른 것이다. 우라늄235를 약 20퍼센트 정도로 농축하면 의학적 용도로 사용할 수 있고, 20~50퍼센트 정도로 농축하면 핵추진 잠수함 및 함정에 사용할 수 있다. 평화적 목적을 위해 원자력을 생산하는데 필요한 기술과 과정은 핵폭탄을 만드는 데 필요한 것과 대체적으로 동일하다. 따라서 민수용 원자력 발전소를 보유하고 적절한 기술을 보유한 모든 국가는 이론적으로는 민수용의 수준을 넘어설 정도로 우라늄을 농축하거나 원자로를 통해 생산된 플루토늄을 추출하여 폭탄을 만들 수 있다 (제3장과 제10장 참조). 무기급 플루토늄은 적절한 기술이 있다면 민수용 원자력을 위한 원자로에서 생산될 수 있다. 이것이 핵폭탄을 만드는 데에 우라늄보다는 플루토늄이 선호되는 이유이기도 하다. 또한 플루토늄의 임계량이 우라늄보다 훨씬 작다.

핵폭탄은 막강한 위력을 핵분열 동위원소(우라늄235 또는 플루토늄239) 입자의 원자에 저장되어 있는 에너지로부터 이끌어낸다. 이러한 핵폭탄의 과학은 아인슈타인(Albert Einstein)의 유명한 공식, 즉 $E=mc^2$로 널리 알려진 "에너지는 질량과 상수(빛의 속도)의 제곱의 곱과 동등하다"는 이론으로부터 도출되었다.[4] 아인슈타인 자신이 핵폭탄을 발명하지는 않았지만, 무거운 원자량을 가지는 거대한 화학원소가 막대한 양의 저장된 에너지를 가질 것이라는 그의 주장이 저장된 에너지를 어떻게 방출시키고 어떻게 사용할 것인가를 연구하는 과학자 세대를 위한 토대를 구축하였다. 먼저 민수용 원자력을 생산하는 방식에 대해 고민했지만, 안타깝게도 매우 강력한 무기에 대한 연구도 이어졌다. 우라늄과 플루토늄은 둘 다 중원소이며, 원소 주기율표의 하단에 위치한다.

비록 핵폭탄의 개발을 이끌어낸 물리학과 수학의 진전은 매우 혁명적이었고 신기원을 이룬 것이었지만, 정확한 물질, 방법, 기술만 있다면 핵폭탄의 배경이 되는 기초 과학은 따라서 상대적으로 간단하다. 핵폭탄을 위해서는 기본적으로 (임계량의) 핵분열물질이 필요하고, 핵반응을 일으키고 통제할 수 있는 메커니즘(과정이 정확한 시점에 시작될 수 있도록 하는 방법), 탄도미사일, 비행기, 또는 적절한 컨테이너(제2장 참조)를 포함하여 목표물에 핵폭탄을 운반하는 수단이 필요하다. 이 중 핵폭탄을 위해 필수량의 핵분열물질을 획득하는 것이 가장 어려운 일이다. 왜냐하면 하나의 초보적 우라늄 폭탄을 제조하는 데에 약 40kg의 고농축 우라늄이 필요한데, 이런 양은 상당히 많은 양의 우라늄238이 있어도 추출해내기가 힘들기 때문이다. 마찬가지로 초보적 핵폭탄을 만들기 위해 필요한 플루토늄239의 양은 몇 킬로그램에 불과하지만, 이것 역시 우라늄 핵반응을 일으킨 후 다른 폐기물들과 분리되어 추출되는 과정을 거쳐야 한다.[5]

2. 원자폭탄의 기원: 맨해튼 프로젝트부터 트리니티 테스트까지

핵폭탄은 두 개의 20세기 초 혁명적인 과학적 발견에 기원을 둔다. 하나는 위에서 설명한 1905년 아인슈타인의 특수상대성이론($E=mc^2$)이고, 다른 하나는 1911년 러더퍼드(Ernest Rutherford)에 의한 원자핵 발견이다. 이 두 발견이 함께 상상을 초월하는 파괴력을 지닌 폭탄의 가능성을 향한 길을 열었다. 그러나 독일 화학자인 한(Otto Hahn)과 슈트라스만(Fritz Strassman)이 우라늄 원자가 중성자와 충돌할 때 핵 내부에서 분열이 발생하여 더 많은 중성자가 배출되도록 하고, 이런 과정에서 커다란 에너지가 방출된다는 사실을 관찰한 것은 1938년이 되어서였다.[6] 이 과정은 일종의 연쇄반응이 되도록 반복이 가능하여 하나의 원자에서 배출된 중성자가 다른 과정을 자극하는, 소위 핵변환(화학적 동위원소가 다른 것으로 변화)을 촉발시킬 수 있게 된다. 각각의 과정에서 상당량의 에너지가 분출되기 때문에, 충분한 양의 분열물질인 우라늄 원자가 합쳐진다면 원자 하나 당 재래식 다이너마이트 또는 티엔티(TNT)의 수천 배 혹은 수백만 배의 막대한 에너지를 생산할 수 있게 된다.[7]

1938년에 있었던 한과 슈트라스만의 발견은 핵폭탄 개발의 이론적 가능성이 실제 가능성으로 전환되었다는 의미였고 당시 세계가 전쟁의 기로에 있었기 때문에, 이는 핵분열이라는 과제를 해결하여 최초로 핵무기를 생산하고자 하는 경쟁으로 이어졌다. 1939년에 나치(Nazis)가 승전으로 이끌 수 있는 무기를 만들 가능성이 있다는 점을 인식하여 저명한 물리학자인 실라르드(Leo Szilard)와 위그너(Eugene Wigner)는 당시 미국 루즈벨트(Franklin Roosevelt) 대통령에게 보낼 서한의 초안을 작성하였고, 이를 아인슈타인이 서명하여 전달하였다. 이 서한에는 나치의 원자폭탄 가능성에 대한 경고와 미국 원자력 계획의 즉각적 추진에 대한 제언이 있었다.[8] 이것이 후에 아인슈타인-실라르드 서한이라고 알려진 미국 원자력 계획의 시작이었다. 그러나 핵무기 개발을 위한 나치의 우란베레인 계획(Uranverein Project)은 1939년에 즉각 개시된 반면(영국이 추진한 소규모 계획인 튜브 알로이[Tube Alloys]도 마찬가지였음),[9] 루즈벨트 대통령이 공식적으로 미국 원자력 계획을 수

립한 것은 2년이 지난 후였다. 나중의 증거에 따르면 이 시기까지 나치의 핵연구는 한편으로 승전을 위해 다른 자원을 찾으려는 압력과 이전 몇 년 동안 있었던 주요 과학자들의 독일로부터의 대규모 탈출 때문에 거의 중단된 상태였다. 탈출한 과학자들 대부분이 미국과 영국으로 도피하였고, 이들은 제2차 세계대전 동안과 종전 이후 미국 핵무기 계획과 관련한 연구를 계속 수행하였다. 독일에 잔류했던 과학자들은 1945년 대전의 종식이 가까워지면서 동서 양 진영에서 심각하게 눈독을 들이는 존재가 되었고, 제2차 세계대전 동안에 나치가 핵무기 개발에 얼마나 근접했는지에 대한 논쟁은 지속되고 있다.[10]

맨해튼 프로젝트(최초의 본부가 뉴욕 시 맨해튼에 있어서 붙여진 이름임)는 1942년에 시작되었다.[11] 당초의 목적은 나치 독일보다 먼저(일본제국도 핵무기 연구 계획을 가지고 있었으나 단 시일 내에 핵폭탄을 만들 수 있을 것으로 여겨지지 않았음)[12] 원자폭탄을 만들어 전쟁을 종식시키는 데에 사용할 수 있게 하는 것이었다. 프로젝트는 미국 주도로 미국에서 진행되었지만, 프로젝트에 참여한 과학자들은 유럽 대륙을 비롯한 여러 나라 출신이었다. 프로젝트는 유명한 과학자인 오펜하이머(J. Robert Oppenheimer)가 주도하였고, 효율을 추구하고 투쟁적인 육군 공병 그로브스(Leslie Groves) 소장에 의해 통제되었다. 오펜하이머가 폭탄의 개발을 주도하였다면, 그로브스는 프로젝트 전체를 감독하고 안전과 병참을 총괄하였다. 작업은 미국 내의 여러 기지에서 진행되었는데, 과학적으로 중요한 설계는 뉴멕시코(New Mexico) 사막의 로스 알라모스(Los Alamos) 연구소에서, 우라늄과 플루토늄 생산 작업은 테네시(Tennessee) 주의 오크 리지(Oak Ridge)와 워싱턴(Washington) 주의 핸포드(Hanford)에서 진행되었다. 전체적으로 1942년부터 1945년까지 약 12만 9,000명이 프로젝트에 참여하였으나, 구조적으로 분리된 특징 때문에 프로젝트의 전반적인 목적은 미국 대중과 심지어는 참여했던 과학자들에게도 비밀로 남아있었다.[13]

　맨해튼 프로젝트의 일환으로 두 갈래의 원자폭탄 연구가 진행되었는데, 둘 다 이론적으로는 가능한 것처럼 보였으나 실질적으로는 다양한 문제에 직면하였다. 첫 번째 분야는 1938년에 프리슈(Otto Frisch)와 파이얼스(Rudolf Peierls)에 의해 과학적 성공 가능성이 입증된 개념인 우라늄 폭탄에 집중되었는데,[14] 우라늄238 동위원소로부터 분열물질인 우라늄235를 분리해내는 데에는 제조상 상당한 노력이 필요했다. 왜냐하면 땅 속의 광석 형태인 천연 우라늄은 99퍼센트 이상이 우라늄238이고 두 동위원소는 거의 동일한 원자적 특징을 가지고 있어 우라늄235만을 분리해내는 것은 엄청난 과제였기 때문이다 (이는 미래에 핵을 추구하는 행위자들에게도 해당되는 문제이다). 두 번째 분야는 1940년에 이르러 만들어진 플루토늄에 집중되었는데, 플루토늄은 우라늄의 핵연쇄반응을 통해서만 생산될 수 있었고 여기에 투여되는 우라늄은 폭탄에 사용될 수 없었다. 두 가지 방식 모두 막대한 양의 우라늄 광석과 거대한 시설을 필요로 하였다. 맨해튼 프로젝트에 대략 210억 달러(1996년 가치)가 투여된 것으로 추산되고, 그 중 90퍼센트 정도가 필요 핵분열물질 생산에 사용되었다.[15] 이러한 어려움 때문에 맨해튼 프로젝트는 역사상 진행된 가장 고비용 군사계획 중의 하나로 일컬어지고 있다.

　충분한 분열물질이 생산되어 축적되더라도 두 번째 문제가 남아있었는데, 핵폭탄이 일찍 폭발하지 않거나 실패하지 않도록 핵반응을 어떻게 통제할 것인가가 관건이었다. 이것은 임계치 이하의 우라늄235를 따로 보관하다가 필요할 때 같이 폭발시키는 방식인 우라늄 폭탄과 관련해서는 상대적으로 용이한 문제였다. 그러나 보다 불안정한 플루토늄을 다루는 것은 훨씬 복잡하였다. 더 어려운 문제는 우라늄 폭탄이 이론적으로는 플루토늄 폭탄보다 다루기가 용이하지만, 우라늄 폭탄의 임계량을 위해서는 플루토늄 폭탄을 만들 때보다 훨씬 많은 우라늄이 필요하고 분열 우라늄은 생산하기가 더 힘들다는 것이었다. 결국 로스 알라모스 연구소의 과학자들은 원형의 내폭형(implosion-type) 장치를 고안하여 촉발되기 전에는 플루토늄이 연쇄반응을 시작하지 않도록 하였다.

맨해튼 프로젝트의 마무리인 최초의 핵폭발 실험은 1945년 7월 16일에 뉴멕시코 주 남부 호르나다 델 무에르토(Jornada Del Muerto) 사막의 화이트 샌즈(White Sands) 성능 시험장에서 실시되었다. 과학자들이 포신형(gun-type) 장치인 우라늄 폭탄은 작동할 것이라는 확신이 있었고 내폭형 장치에 대해서는 확신이 없었기에, 플루토늄을 이용하여 첫 실험이 실시되었다. 가젯(gadget)이란 별명의 폭탄은 폭격기에서 투하되어 목표물 위에서 폭발되었을 때 예상되는 모습을 보다 잘 관찰하기 위해 30미터 높이의 탑에 올려졌다 (핵폭발의 효과는 목표물 위에서 터질 때와 목표물 상공에서 터질 때 서로 다르다). 트리니티 테스트로 알려진 이 실험은 약 2만 톤의 재래식 폭탄과 비슷한 효과를 발휘했는데, 이는 1945년 3월에 334기의 미국 폭격기가 도쿄에 투하한 재래식 폭탄의 약 열 배의 위력이었다.[16] 그 충격파는 약 100마일 떨어진 곳에서도 느껴졌고, 이전에는 볼 수 없었던 버섯구름이 7.5마일 높이로 솟았다.[17] 오펜하이머는 후에 실험을 목격한 느낌을 힌두 경전을 인용하여 "나는 이제 '죽음', 세상의 파괴자가 되었다"라고 표현하였다.[18]

트리니티 테스트의 결과는 독일 포츠담(Potsdam)에서 다른 연합국 지도자들과 전후 질서를 논의하는 회의에 참석하고 있던 트루먼(Harry Truman) 미국 대통령에게 즉각적으로 보고되었다 (트루먼은 당시에 핵폭탄 실험 때까지 회의 개최를 연기하려고 하였다).[19] 트리니티 테스트 결과에 고무되어 트루먼은 만약 일본이 즉각적으로 항복하는 데에 동의하지 않으면 일본에 대해 최초로 핵폭탄을 사용할 계획을 촉진시켰다. 7월 26일의 포츠담선언의 일환으로 소련 지도자 스탈린(Joseph Stalin)은 1945년 8월 초에 대 일본전에 참전할 것을 합의하였는데, 후에 어떤 학자들은 일본에 핵폭탄을 투하한 이유 중 하나는 소련의 참전을 막기 위한 것이었다고 주장하기도 하였다.[20]

아울러 나중에 알려진 것은 맨해튼 프로젝트에 참여한 일련의 과학자들이 핵프로그램과 관련된 중요한 정보를 소련에 제공하고 있었다는 점이다. 이들 소련 스파이들에 의해 1940년대에 수집된 풍부한 자료 덕분에 소련은 미국이 예상하지 못한 빠른 시점인 1949년 8월에 최초의 원자폭탄을 제조할 수 있었다. 조(Joe)-1로 명명된 이 폭탄은 1945년 미국에 의해 개발된 팻맨(Fat Man)과 의심스럽게도 유사하였다. 이들 스파이 중 로젠버그 부부(Julius and Ethel Rosenberg)는 미국 핵프로그램에 대한 소련의 간첩활동을 조직한 혐의가 인정되어 미국에서 사형에 처해졌다.[21] 로즈(Richard Rhodes)는 후에 "과학자가 아니라 러시아 스파이들이 미국의 핵독점을 무너뜨린 장본인이다"라고 서술하기도 하였다.[22] 핵스파이 활동은 핵시대의 핵심적인 주제 중의 하나였다.[23]

3. 리틀보이와 팻맨: 히로시마와 나가사키

맨해튼 프로젝트는 애초에는 나치 독일에 대한 대비책으로 구상되었으나, 1945년 5월에 독일이 항복하자 태평양전쟁에서 일본에 승전하는 데 핵무기가 어떻게 도움이 될 것인가라는 쪽으로 초점이 바뀌었다. 미국은 트리니티 테스트의 성공 소식을 접한 며칠 후인 1945년 7월의 포츠담회의에서 일본의 항복을 요구하고, 만약 일본이 요구에 따르지 않으면 '즉각적이고 완전한 파괴'에 직면할 것이라고 위협하였다. 일본은 거부하였고, 최초의 원자폭탄이 1945년 8월 6일에 히로시마에 투하되었다. 두 번째 원자폭탄은 삼일 후에 나가사키에 투하되었다.

1945년 8월에 사용된 두 폭탄은 여러 점에서 달랐다. 리틀보이(Little Boy)로 명명된 히로시마에 투하된 첫 번째 폭탄은 무게 4톤, 길이 3미터였고, 89퍼센트로 농축된 우라늄235 64.1kg을 사용하였다.[24] 전술한 것처럼 이 폭탄은 이전에 실험을 한 적이 없었는데, 그 이유는 설계에 참여한 과학자들이 이 폭탄이 작동될 것이라는 확신이 있었기 때문이다. 이 폭탄에 사용된 점화 메커니즘은 '포신형'이었는데, 이는 하나의 임계치 이하 우라늄235를 또 다른 임계치 이하 우라늄235에 발사하여 임계량에 도달하게 함으로써 폭발을 발생시키는 방식이다. 각 우라늄235를 분리하여 보관해야 하고 반응을 위한 충분한 속도를 발생시켜야 했기 때문에 가늘고 긴 폭탄 모양이 필요했던 것이다. 설계가 매우 조잡했기 때문에, 전체 분열물질 중 극히 일부(약 1.4퍼센트 효율)만이 실제 폭발을 발생시키는 데에 활용되었다.[25] 티베츠(Paul Tibbets) 대령이 조종한 B-29 중폭격기 **에놀라 게이**(*Enola Gay*)가 1945년 8월 6일에 히로시마에 그 폭탄을 투하하였다.[26] 모양 때문에 팻맨으로 명명된 나가사키 폭탄은 몇 주 전 알라모고도(Alamogordo)에서 실험한 폭탄과 아주 비슷했다. 이 두 번째 폭탄은 무게 4.6톤, 길이 3미터, 지름 1.5미터였다. 리틀보이 우라늄폭탄과 달리, 팻맨은 6.2kg의 플루토늄만 있으면 임계치에 도달할 수 있었다.[27] 그러나, 플루토늄이 우라늄보다 불안정하기 때문에, 이 폭탄을 작동시키기 위해서는 반응을 매우 조심스럽게 통제하는 다른 메커니즘이 필요했다. 팻맨은 스위니(Charles Sweeney) 소령이 조종한 또 다른 B-29 중폭격기 **복스카**(*Bockscar*)

가 1945년 8월 9일에 나가사키에 투하하였다. 이 폭탄은 원래 고쿠라(Kokura) 시에 투하될 계획이었으나, 고쿠라 시 상공의 두터운 구름 때문에 두 번째 목표였던 나가사키에 투하되었다. 플루토늄을 이용한 핵반응이 훨씬 효율적이었지만, 이 폭탄도 여전히 총 폭발력의 17퍼센트만 활용하였다.[28] 두 폭탄 모두 폭발에서 발생하는 폭풍에 의한 파괴를 극대화하기 위해 지면이 아니라 각 도시의 상공에서 폭발되었다.

두 폭탄의 파괴력은 모두를 놀라게 했다. 심지어 맨해튼 프로젝트에 참여한 과학자들과 몇 주 전 트리니티 테스트 현장에 있었던 사람들조차 그 위력에 놀랐다. 리틀보이 우라늄 폭탄은 티엔티 1.6만 톤과 맞먹는 폭발력을, 팻맨 플루토늄 폭탄은 티엔티 2만 톤에 맞먹는 폭발력을 보여주었다.[29] 또한 추정치가 다르긴 하지만, 히로시마에서는 9만에서 16만 명, 나가사키에서는 6만에서 8만 명(이 숫자는 만약 나가사키에 구름이 없어 보다 정밀한 폭격이 가능했다면 더 늘었을 것이다) 정도가 사망한 것으로 여겨지고 있다. 증거에 따르면 사망자의 절반 정도가 최초의 폭발과 이에 따른 첫째 날의 대화재(두 도시 건물 대부분이 목조

표 2 리틀보이와 팻맨 비교

	리틀보이	팻맨
목표	히로시마	나가사키
날짜	1945년 8월 6일	1945년 8월 9일
분열물질	농축 우라늄235 64.1kg	플루토늄239 6.2kg
기폭 장치	'포신형'	'내폭형'
모양과 무게	가늘고 긴 모양, 4톤	타원형, 4.6톤
파괴력	16kt	20kt
피해	9만~16만 명 사망, 건물 60% 파괴	6만~8만 명 사망

여서 쉽게 불에 탔다)에 의한 것이었고, 다른 이들은 방사능 화상 및 암과 백혈병을 포함하는 다른 질환에 의해 추후에 사망하였다 (제2장 참조). 히로시마에서는 건물의 60퍼센트를 포함하여 약 4평방 마일(뉴욕시 면적의 약 1/8)이 파괴된 것으로 알려졌다.[30] 1945년 8월 15일에 일본이 항복을 선언하기 이전에는 8월 말에 세 번째 폭탄이, 그리고 9월과 10월에 몇 개의 폭탄이 더 투하될 계획이었다.[31]

1945년 8월에 있었던 폭탄 투하 결정은 논란의 여지가 많은 것이었고, 현재까지도 역사가와 논평가들 사이에 이에 대해 이견이 존재한다. 전통주의 역사학에서는 당시의 결정이 원자폭탄 투하와 백만 명 정도의 미군 병사의 죽음이 수반될 매우 고비용의 군사적 침공 작전 중 선택 문제였다고 강조한다.

> 원자폭탄 사용 계획을 미루는 것은 결코 예정되어 있지 않았다. 만약에 일본이 많은 피해를 입고 자원이 고갈되어 항복을 준비하고 있다는 확실한 주장이 있었다면 달라졌을지 모른다. 하지만 그런 주장의 설득력은 약했다. 대신, 이전에 일본 도시에 가해진 무시무시한 소이탄(fire bomb) 공격조차 일본의 사기와 전쟁 수행 의지에 명백한 효과를 발휘하지 못했다는 것이 당시 우세한 분위기였다.[32]

따라서 전통주의 견해에서는 일본에 원자폭탄을 투하하는 것이 전략적으로 필요한 일이었다. 뉴하우스(John Newhouse)의 표현에 의하면, "수십만 미국 청년의 목숨을 구할 수 있는 폭탄 사용에 반대하는 결정이 내려지기는 힘들었다."[33] 또한 맨해튼 프로젝트에 투여된 막대한 시간과 비용이 폭탄 사용을 정당화한 측면도 있다.

반면 수정주의적 설명은 핵폭탄 사용 타당성을 반박하는 주장 세 가지를 제시한다. 첫째, 미국이 일본 국왕의 미래를 보장했다면, 일본은 항복했을 것이고 외교적 수단을 통해 전쟁이 종식될 수 있었을 것이라는 것이다. 둘째, 폭탄이 미래의 지정학적 목적을 위해 의도적으로 투하되었고, 그 중 가장 중요했던 것은 소련에 신호를 보내는 것이었다는 것이다. 셋째, 일본 본토 침공은 미국 관료들의 주장처럼 비용이 많이 수반되지 않았을 것이고, 이를 트루먼 행정부도 알고 있었다는 것이다. 워커(J. Samuel Walker)는 다음과 같이 주장하였다.

> 역사적 증거는 다음과 같은 이유 때문에 핵무기의 사용에 대한 일반적 견해가 근거 없는 믿음인 것을 입증해준다. 첫째, 원자폭탄의 투하나 본토 침공 외에도 상당히 단 기간 내에 전쟁을 종식시킬 수 있는 다른 대안이 있었다. 둘째, 트루먼과 참모들은 일본이 매우 약하여 심지어 침공이 시작되기 전에 전쟁이 끝날 수 있다고 믿었다. 즉, 그들은 침공이 불가피하다고 판단하지 않았다. 셋째, 심지어 최악의 경우에 일본 침공이 필요하다고 판단되었다고 하더라도, 1945년 여름 당시 군사기획자들은 미군 피해가 트루먼과 참모들이 전후에 주장한 수십만 명보다 한참 적은 수준일 것으로 전망하였다.[34]

이러한 의문에 대해 확실한 답이 도출되기는 힘들 것이고, 히로시마와 나가사키에 투하된 원자폭탄을 둘러싼 논쟁은 앞으로도 계속될 것이다.[35] 진실은 아마 이 논쟁의 양 극단 사이 어디에 있을 것이다. 어느 쪽이든 최초의 핵무기 사용은 세계정치의 판을 바꾸는 순간을 의미하였다. 이후 세상은 과거와 달라졌다.

4. 원자폭탄과 수소폭탄: 파괴력 비교

1945년까지 진행된 원자폭탄에 대한 연구의 대부분은 **핵분열**과 관련된 것이었지만, 과학자들은 **핵융합**을 기반으로 하고 수소폭탄(열핵폭탄, 수퍼, 또는 H-bomb으로 불리기도 함)으로 불리게 될 보다 강력한 핵폭탄에 대해서도 연구하고 있었다. 실제로 과학자들은 이미 1930년대 초에 수소 원자의 융합에 기반을 둔 '슈퍼폭탄'을 만들 수 있는 가능성을 인지하고 있었다. 그러나 1940년대에 이르러 후에 '수소폭탄의 아버지'로 불린 텔러(Edward Teller)가 수소폭탄의 본격적인 개발에 나섰다.[36] 1952년 미국의 최초 수소폭탄 실험에 이어 핵융합폭탄이 모든 핵무기 설계의 필수 사항이 되었다. 현재는 대다수 핵무기가 핵분열보다는 핵융합을 기반으로 하고 있기 때문에 둘의 차이점을 이해할 필요가 있다. 중요한 점은 융합폭탄이 분열폭탄보다 대단히 강력할 수 있다는 것이다.

기본적으로 원자폭탄은 에너지를 발생시키기 위해 원자를 쪼개고(분열) 핵연쇄반응을 촉발시킴으로써 파괴력을 획득하는 반면, 수소폭탄은 한 걸음 더 나아가 에너지를 발생시키기 위해 융합의 과정을 거치는데 이 과정에서 분열에 의해 생성된 열이 수소의 특정 원자들(중수소 또는 삼중수소, 둘 다 수소보다 무거운 동위원소)을 결합시킨다. 간단히 표현하자면, 핵융합은 두 원자를 합쳐 새로운 동위원소를 생성시키는데, 이 과정에서 태양이 열을 발산하는 것과 유사하게 거대한 에너지를 방출하게 된다. 이 과정이 시작되기 위해서는 막대한 열과 에너지가 필요한데, 그러한 에너지는 기본적으로 핵분열 반응을 통해서만 얻어질 수 있다. 이런 이유 때문에 수소폭탄은 종종 (분열을 일단계로 하는) '2단계' 핵폭탄으로 일컬어지기도 한다. 분열 반응의 위력은 그 크기, 속도, 무게 등에 있어서 제한이 있지만, 이론적으로 2단계 핵융합 폭탄의 위력에는 제한이 존재하지 않는다. 두 과정 모두 막대한 열을 발생시키고 엄청난 축적 에너지를 방출하지만, 융합을 통한 양이 훨씬 많다. 만약 원자폭탄을 제조할 자원을 가지고 있다면 수소폭탄 제조 능력을 획득하는 데에 과학적인 장벽은 없다. 그러나 분열 반응은 통제하여 민수용 발전을 하는데 활용할 수 있지만, 핵융합의 위력을 폭탄이 아닌 다른 용도로 활용하는 것은 아직까지 실현되지 않고 있다는 점에 주의해야 한다.[37]

미국에 의한 최초의 열핵폭탄 실험은 1952년 11월 1일에 태평양의 작은 섬인 비키니 환초(Bikini Atoll)에서 실시되었다. 코드명 '아이비 마이크(Ivy Mike)' 실험은 엄밀한 의미에서는 무기 실험이 아니었다. 왜냐하면 폭탄이 너무 크고 무거워 당시에는 폭격기에 탑재될 수 없었기 때문이다. 그러나 그 실험은 열핵 폭발 개념을 입증하였고, 미국과 소련이 폭격기에 탑재하거나 후에는 탄도미사일에 탑재할 수 있는 수소폭탄을 실전 배치하는 데에는 그리 오랜 시간이 걸리지 않았다. 62톤 무게의 이 폭탄은 약 10메가톤(티엔티 1000만 톤)의 폭발력을 발생시켰고 화구의 폭은 3.5 마일이었다.[38] 소련도 일 년이 채 지나지 않은 1953년 8월 12일에 카자흐스탄의 세미팔라틴스크(Semipalatinsk) 시험장에서 최초의 열핵폭탄 실험을 실시했다. 이후 15년 사이에 영국, 중국, 프랑스도 모두 수소폭탄을 실험하고 배치하였다 (이 실험들의 영향에 대해서는 제2장 참조).

최초의 수소폭탄 실험에 이어, 미국과 소련, 그리고 다른 핵보유국들은 파괴력이 증강되는(제2장 참조) 막대한 양의 핵무기를 축적하기 시작했다. 일본의 중간 규모 도시 두 개를 파괴하는데 사용되었던 폭탄은 15년 만에 세계 전체를 전멸시킬 수 있는 열핵폭탄 무기에 가려지게 되었다. 이렇게 더욱 강력한 폭탄이 초래할 수 있는 파괴의 유형에 대해서는 표 3에 정리가 되어 있다. 여기에 소개된 거대한 폭탄들의 파괴력은 마치 공상과학소설에 등장하는 것 같지만, 오늘날 대부분의 핵폭탄의 위력은 1메가톤을 넘지 않는다. 그럼에도 불구하고, 현대 핵무기

표 3 핵폭발 시 예상되는 사상자와 파괴 [i]

핵폭탄 위력	예	파괴력 추정치
500톤	북한의 2006년 실험 (약 0.5kt)	200미터 반경 내 100% 사망. 750미터 반경 내 치사율 50% 이상.
15~20킬로톤	팻맨과 리틀보이(16kt과 20kt), 미국이 1945년에 일본에 투하	1.5마일 반경 내 건물 대부분 붕괴, 대부분 사망. 히로시마에서는 9만~16만 명 사망, 나가사키에서는 6만~8만 명 사망.
100킬로톤	W-76 탄두(미국과 영국 잠수함발사탄도미사일의 주력)	2마일 반경 내 대부분 부상, 전소.
1메가톤	미니트맨 I 탄두 (미국이 1965년 배치)	4.5마일 반경 내 대부분 건물 붕괴, 대부분 부상, 높은 치사율. 폭발지점으로부터 7.25마일까지 3도 화상.
10메가톤	'아이비 마이크' (최초의 수소폭탄, 약 10.4Mt)	3.5마일 반경 내 100% 사망. 10마일 반경 내 대부분 부상, 건물 대부분 붕괴.
50메가톤	차르 봄바(Tsar Bomba, 57Mt), 소련이 1961년에 실험	반경 1.5마일의 화구 발생. 16마일 반경 내 대부분 건물 붕괴. 36마일 지점까지 3도 화상.

i 이 정보를 제공해준 알렉스 월러스타인(Alex Wellerstein)과 그의 웹사이트 '핵지도 (nukemap, http://nuclearsecrecy.com/nukemap)'에 감사를 드린다.

는 1945년에 사용된 것보다 위력이 기하급수적으로 늘었다는 점에 주목해야 한다.

1980년대에 과학자들은 핵무기가 대규모 인구 밀집 지역에서 사용되면 핵겨울이라는 현상이 초래될 것임을 예견하였다. 그러한 핵폭탄의 교환으로 초래된 화염폭풍은 엄청난 연기, 먼지, 낙진을 분출하고 이는 기후에 중대한 영향을 미치게 된다. 특히 더 추워지고 일조량이 감소하여 지구상의 모든 생명체가 위협을 받게 된다는 것이다. 실제로 핵폭발로부터의 직접적인 피해보다 핵겨울로부터 비롯되는 사상자가 더욱 많을 것이라고 주장되어 왔다.[39] 이미 1983년에 세이건(Carl Sagan)은 다음과 같이 경고한 바 있다.

> 전 세계 전략 핵무기의 일부만 사용된 핵전쟁에서도 그 결과로 초래된 추위, 어둠, 방사능, 발열물질, 자외선 광선 등이 지구상의 모든 생존자를 위협하게 될 것이다. 인류 멸망이라는 실존적인 위험이 존재하는 것이다.[40]

그리고, 로복(Alan Robock) 등이 강조하듯이, "핵무기의 간접적 영향은 지구에 파괴적인 결과를 가져올 것이다. 따라서 핵겨울의 공포가 지구상에서 사라지기 위해서는 핵무기의 지속적인 감축이 요구된다."[41] 핵겨울을 둘러싼 논쟁은 주로 냉전 시기 미국과 소련의 막대한 양의 핵무기와 관련되어 진행된 바 있지만, 최근에 기후와 인류에 미치는 재앙과 관련된 논쟁이 핵무기금지 인도주의 이니셔티브(Humanitarian Initiative to Prohibit Nuclear Weapons)의 일환으로 다시 진행되고 있다 (제9장 참조).[42]

1945년에 투하된 원자폭탄으로 인해 총 15만~24만 명이 사망하였고, 많은 이들이 폭발 직후에 사망하였다. 이 두 폭탄의 파괴력은 세계를 놀라게 했다. 왜냐하면 단 두 개의 폭탄이 수백 기의 폭격기에서 각각 투하된 수천 파운드의 재래식 폭탄과 맞먹는 피해를 가져왔기 때문이었다. 그러나 현재의 핵무기와 비교하면 15~20kt 규모의 이 폭탄은 너무나도 위력이 약하다. 만약 하나의 열핵폭탄이 인구가 집중된 대도시 또는 그 상공에서 폭발한다면, 사망률과 파괴는 히로시마나 나가사키의 몇 배에 이르게 될 것이다. 만약 폭탄이 여러 개 사용된다면 세계 전체나 생명 자체의 파괴를 의미할 것임은 자명하다.

5. 요점, 추가정보 및 자료

이 장은 핵무기와 그 작동원리 및 위력에 대한 기초적인 지식을 제공하였다. 이 장의 요점은 다음과 같이 정리할 수 있다.

- 원자폭탄의 위력은 원자핵이 외부의 중성자와 부딪힐 때 발생되는 에너지로부터 비롯된다. 충분한 양의 분열물질이 필요한 만큼 빨리 합쳐진다면, 연쇄반응이 시작되어 폭탄에 사용되는 막대한 위력을 발생시키게 된다.
- 핵무기는 반드시 분열물질을 포함해야 한다. 유이한 분열물질로 알려진 화학적 동위원소는 우라늄235와 플루토늄239이다. 두 물질 모두 획득하기가 힘들다. 농축과정을 거쳐야하기 때문에 우라늄으로 폭탄을 만드는 것이 더 어렵고, 플루토늄의 임계량은 상대적으로 더 소량이다. 그러나, 초보적 우라늄 폭탄이 플루토늄 폭탄보다 폭발시키기에 더 용이하다.
- 미국은 핵무기를 최초로(1945년) 개발한 국가이다. 소련(1949년)과 영국(1952년)이 뒤를 이었다. 최초의 핵무기 실험은 미국의 뉴멕시코 주의 사막에서 1945년 7월에 실시되었다.
- 핵무기는 단 두 번만 사용되었다. 미국이 1945년 8월에 일본의 히로시마와 나가사키에 투하하였다. 이 두 개의 폭탄으로 인해 수십만 명이 사망하였고, 현대 핵무기의 위력은 기하급수적으로 증가하였다.
- 1945년에 핵무기를 투하하기로 한 결정은 대일전쟁을 이기기

위해 전략적으로 필요했다는 진영과 소련을 겨냥한 정치적 계략이었다는 진영 사이에 진행 중인 격렬하고도 양분된 논쟁의 주제이다.
- 원자폭탄은 분열을 통해 에너지를 발생시키기 위해 원자를 분리함으로써 작동한다. 수소폭탄은 분열 반응에서 발생한 열로 원자를 결합시키는 융합을 진행한다. 기본적으로 분열은 원자를 쪼개어 에너지를 발생시키고, 융합은 원자를 합침으로써 에너지를 발생시킨다. 수소폭탄은 원자폭탄보다 훨씬 강력하고, 이론적으로 수소폭탄의 파괴력에 제한은 없다. 대부분의 현대 핵무기는 수소폭탄이다.
- 대규모 핵교전의 영향은 쉽게 판단할 수 없지만, 학자들은 그 결과로 소위 핵겨울이 초래되어 장기간의 어둠, 영하의 기온, 생명의 비극적 손실을 경험하게 될 것이라고 경고해왔다.

추가정보 및 자료

원자폭탄의 기원에 대한 최고의 개론서는 로즈의 『원자폭탄 만들기(The Making of the Atomic Bomb)』(1986)일 것이다. 그의 다른 책 『어두운 태양(Dark Sun)』(1996)은 수소폭탄의 개발을 읽기 쉽게 설명한다. 바나비(Frank Barnaby)의 『핵폭탄 만드는 방법(How to Make a Nuclear Bomb)』(2003)은 번스타인(Jeremy Bernstein)의 『핵무기(Nuclear Weapons)』(2008)와 함께 쉽게 볼 수 있는 핵폭탄 관련 기술적 개론서이다. 핵무기의 기본적인 구성과 관련된 내용은 '걱정하는 과학자 모임(Union of

➜ 계속

➜ 계속

Concerned Scientists)'의 웹사이트(www.ucsusa.org/nuclear_weapons_and_global_security/nuclear_terrorism/technical_issues/fissile-materials-basics.html)에서 확인할 수 있다.

그로브스 장군의 『이제는 말할 수 있다(Now It Can be Told)』(1983)는 맨해튼 프로젝트 참여자의 직접적인 설명을 제공하고, 바고(Jim Baggott)의 『핵폭탄(Atomic)』(2009)과 켈리(Cynthia Kelly)의 『맨해튼 프로젝트(The Manhattan Project)』(2007)는 1940년대 미국의 원자폭탄 계획의 역사를 이해하기 쉽게 소개한다. 번스타인의 『히틀러의 우라늄 클럽(Hitler's Uranium Club)』(2001)과 워커(Mark Walker)의 『나치 과학(Nazi Science)』(2001)은 나치의 우란베레인 계획에 대한 좋은 개론서이다. 윌콕스(Robert Wilcox)의 『일본의 비밀 전쟁(Japan's Secret War)』(1995)은 제2차 세계대전 동안 있었던 일본의 핵폭탄 개발 시도를 흥미롭게 소개하고 있다. 영화 〈쉐도우메이커(Shadowmakers)〉 역시 전쟁 중의 핵폭탄 개발 경쟁을 묘사하고 있다. 허켄(Gregg Herken)의 『폭탄의 형제들(The Brotherhood of the Bomb)』(2003)은 미국 핵무기 개발에 참여한 주요 인사들에 대한 흥미로운 연구이고, 버드(Kai Bird)와 셔먼(Martin Sherman)이 쓴 『미국 프로메테우스(American Prometheus)』(2009)는 코넌트(Jennet Conant)의 『이스트 팰리스 109번지(109 East Palace)』(2005)와 함께 오펜하이머에 대한 깊이 있는 통찰을 제공한다.

허시(John Hersey)의 『히로시마(Hiroshima)』(2001)는 히로시마에 투하된 원자폭탄의 충격에 대한 필독서이며, 콜리(Craig

Collie)의 『나가사키(*Nagasaki*)』(2011)는 마찬가지로 나가사키 폭발을 자세히 다루고 있다. 햄(Paul Ham)의 『히로시마 나가사키(*Hiroshima Nagasaki*)』(2013)는 두 사례를 모두 다룬다. 히로시마 평화기념자료관(Hiroshima Peace Memorial Museum, www.pcf.city.hiroshima.jp/top_e.html)과 나가사키 원자폭탄 박물관(Nagasaki Atomic Bomb Museum, www.city.nagasaki.lg.jp/peace/english/abm/)은 훌륭한 웹사이트를 운영하고 있어 방문해볼 만하다.

일본에의 원자폭탄 투하 결정과 관련된 논쟁에 대해서는 타카키(Ronald Takaki)의 『히로시마: 왜 미국은 원폭을 투하했나(*Hiroshima: Why America Dropped the Atomic Bomb*)』(1995); 미스캠블(Wilson Miscamble)의 『가장 논란이 많은 결정(*The Most Controversial Decision*)』(2011); 워커(Samuel Walker)의 『즉각적이고 철저한 파괴(*Prompt and Utter Destruction*)』(1997)와 『트루먼의 원자폭탄 결정에 대한 최근 연구(*Recent Literature on Truman's Atomic Bomb Decision*)』(2005)를 참고하면 된다. 영화 〈히로시마(*Hiroshima*)〉도 이 주제와 관련하여 유용한 자료로 활용될 수 있다.

핵무기의 파괴력에 대해서는 글래스톤(Samuel Glasstone)과 돌런(Philip Dolan)의 『핵무기의 효과(*The Effects of Nuclear Weapons*)』(1977)와 핵자료실(the Atomic Archive, www.atomic-archive.com/Effects/) 및 월러스타인의 대화형 웹사이트 '핵지도(Nuke map, http://nuclearsecrecy.com/nukemap)'를 참고

➤ 계속

> ➤ 계속

하면 된다.

   핵겨울 개념과 관련해서는 세이건의 "Nuclear War and Climatic Catastrophe" (1983/4); 터코(Richard Turco) 외 『아무도 생각하지 않은 길(A Path Where No Man Thought)』 (1991); 세이건 외 『핵겨울 논쟁(The Nuclear Winter Debate)』 (1986); 그린(Owen Greene), 퍼시벌(Ian Percival), 리지(Irene Ridge)의 『핵겨울(Nuclear Winter)』 (1985)을 참고하면 된다.

주

1. Stephen Younger, *The Bomb: A New History* (New York: HarperCollins, 2009), pp. 21–22.
2. 예를 들어 Richard Macey, "Laser Enrichment Could Cut Cost of Nuclear Power," *Sydney Morning Herald* (27 May 2006) (www.smh.com.au/news/national/laserenrichment-could-cut-cost-of-nuclear-power/2006/05/26/1148524888448.html)를 참고할 것.
3. Stephen Younger, *The Bomb: A New History* (New York: HarperCollins, 2009), p. 22.
4. Joseph Siracusa, *Nuclear Weapons: A Very Short Introduction* (Oxford: Oxford University Press, 2008), p. 4.
5. Union of Concerned Scientists, "Nuclear Weapons Basics," (www.ucsusa.org/nuclear_weapons_and_global_security/nuclear_terrorism/technical_issues/fissilematerials-basics.html).
6. Gerald de Groot, *The Bomb: A Life* (London: Jonathan Cape, 2004), pp. 14–16.
7. Stephen Younger, *The Bomb: A New History* (New York: HarperCollins, 2009), pp. 14–15.
8. Richard Rhodes, *The Making of the Atomic Bomb* (London: Simon & Schuster, 1986), pp. 303–311.

9. 여기에 대해서는 Margaret Gowling, *Britain and Atomic Energy 1939–1945* (London: Palgrave Macmillan, 1964) 참조.
10. 여기에 대해서는 Jeremy Bernstein, *Hitler's Uranium Club* (New York: American Institute of Physics, 1996) 참조.
11. William Broad, "Why They Called It the Manhattan Project," *New York Times* (30 October 2007) (www.nytimes.com/2007/10/30/science/30manh.html?pagewanted=all&_r=0).
12. 제2차 세계대전 동안 일본의 핵프로그램에 대한 흥미로운 주장에 대해서는 Robert Wilcox, *Japan's Secret War: Japan's Race against Time to Build Its Own Atomic Bomb* (Emeryville CA: Marlowe & Co., 1995) 참조.
13. 맨해튼 프로젝트에 대한 가장 좋은 자료는 Richard Rhodes, *The Making of the Atomic Bomb* (London: Simon & Schuster, 1986)임.
14. Jeremy Bernstein, *Nuclear Weapons: What You Need to Know* (Cambridge: Cambridge University Press, 2008), pp. 87–88.
15. Kevin O'Neill, "Building the Bomb," in Stephen Schwartz (ed.), *Atomic Audit: the Costs and Consequences of US Nuclear Weapons since 1940* (Washington DC: The Brookings Institution Press, 1998), pp. 58–59.
16. Jeremy Bernstein, *Nuclear Weapons: What You Need to Know* (Cambridge: Cambridge University Press, 2008), pp. 4–5.
17. 트리니티 테스트의 대한 자세한 설명은 Richard Rhodes, *The Making of the Atomic Bomb* (London: Simon & Schuster, 1986), pp. 670–678 참조.
18. 오펜하이머와의 인터뷰 동영상은 YouTube(www.youtube.com/watch?v=lb13ynu3Iac)에서 볼 수 있다.
19. Richard Rhodes, *The Making of the Atomic Bomb* (London: Simon & Schuster, 1986), p. 656.
20. Gerald de Groot, *The Bomb: A Life* (London: Jonathan Cape, 2004), pp. 78–81.
21. 자세한 내용은 Herbert Romerstein and Eric Breindel, *The Venona Secrets: Exposing Soviet Espionage and America's Traitors* (London: Regnery Publishing Inc, 2001), 특히 6~8장 참조.
22. Richard Rhodes, *The Making of the Atomic Bomb* (London: Simon & Schuster, 1986), p. 656.
23. 핵스파이 활동에 대해서는 Jeffrey Richelson, *Spying on the Bomb: American Nuclear Intelligence from Nazi Germany to Iran and North Korea* (New York: W.W. Norton & Company, 2007) 참조.
24. Jeremy Bernstein, *Nuclear Weapons: What You Need to Know* (Cambridge:

Cambridge University Press, 2008), pp. xi, 133 및 Federation of American Scientists, "Nuclear Bomb Design," (www.fas.org/nuke/intro/nuke/design. htm.).
25. Jeremy Bernstein, *Nuclear Weapons: What You Need to Know* (Cambridge: Cambridge University Press, 2008), p. xi.
26. B-29 에놀라 게이는 현재 미국 워싱턴의 덜레스 공항(Dulles Airport)의 스미소니안 항공우주박물관(Smithsonian Air and Space Museum)에 전시되어 있다.
27. Jeremy Bernstein, *Nuclear Weapons: What You Need to Know* (Cambridge: Cambridge University Press, 2008), p. xi.
28. Ibid.
29. Ibid.
30. Joseph Siracusa, *Nuclear Weapons: A Very Short Introduction* (Oxford: Oxford University Press, 2008), p. 23.
31. 이와 관련해서는 Barton J. Bernstein, "The Perils and Politics of Surrender: Ending the War with Japan and Avoiding the Third Atomic Bomb," *Pacific Historical Review*, 46:1(1977), pp. 1-27 참고.
32. John Newhouse, *The Nuclear Age: from Hiroshima to Star Wars* (London: Michael Joseph, 1989), p. 47.
33. Ibid., p. 42.
34. J. Samuel Walker, *Prompt and Utter Destruction: Truman and the Use of the A-bombs against Japan* (London: University of North Carolina Press, 1997), pp. 5-6.
35. 원자폭탄 투하 결정 관련 사료에 대한 좋은 개관은 J. Samuel Walker, "Recent Literature on Truman's Atomic Bomb Decision: A Search for Middle Ground," *Diplomatic History*, 29:2(2005), pp. 311-333 참조.
36. 여기에 대해서는 William Broad, *Tellers' War: the Top Secret Story behind the Star Wars Deception* (New York: Simon & Schuster, 1992), pp. 33-40 참조.
37. 핵융합기술의 추구와 관련해서는 Daniel Clery, *A Piece of the Sun: the Quest for Fusion Energy* (London: Gerald Duckworth & Co. Ltd, 2013) 참고.
38. Gerald de Groot, *The Bomb: A Life* (London: Jonathan Cape, 2004), p. 179.
39. Richard Turco, Owen Toon, Thomas Ackerman, James Pollack and Carl Sagan, "Climate and Smoke: An Appraisal of Nuclear Winter," *Science*,

247:4939(1990), p. 174.
40. Alan Robock, Luke Oman and Georgiy Stenchikov, "Nuclear Winter Revisited with a Modern Climate Model and Current Nuclear Arsenals: Still Catastrophic Consequences," *Journal of Geophysical Research: Atmospheres* (19842012), 112:D13.(2007), p. 1.
41. 여기에 대해서는 John Borrie and Tim Caughlet (eds), *Viewing Nuclear Weapons through a Humanitarian Lens* (Geneva, Switzerland, United Nations Institute for Disarmament Research: 2013) (www.unidir.org/files/publications/pdfs/viewing-nuclearweapons-through-a-humanitarian-lens-en-601.pdf) 참고.
42. 이에 대해서는 John Borrie and Tim Caughlet (eds), "Viewing nuclear weapons through a humanitarian lens," (Geneva, Switzerland: United Nations Institute for Disarmament Research, 2013) 참조하라. www.unidir.org/files/publications/pdfs/viewing-nuclearweapons-through-a-humanitarian-lens-en-601.pdf.

제2장

핵실험, 핵무기의 정의, 핵무기 투발수단

· 핵실험   49
· 방사선, 낙진, 오염   53
· 핵무기의 정의   58
· 핵무기 투발수단   61
· 각국 핵능력 현황   65
· 요점, 추가정보 및 자료   68

전쟁에서 핵무기가 사용된 것은 두 차례에 불과하지만, 전 세계 핵무기 보유량은 1945년 이래 기하급수적으로 증가하였다 (제3장 참조). 새로운 무기들은 상상할 수 있는 모든 전쟁 시나리오를 위해 계획되었다. 이를 위해, 총 2,000번 이상의 핵실험이 진행되었고, 그 중 상당한 실험이 대기 중에서 실시되어 많은 양의 방사능 물질을 배출함으로써 어떤 지역에서는 사람과 동식물이 생존할 수 없게 되었다. 실제로 많은 사람들이 핵실험의 결과, 특히 방사능 중독으로 생명을 잃었는데, 그 모두가 사고나 과실로 인한 것은 아니었다. 1963년의 「부분핵실험금지조약」(PTBT: Partial Test Ban Treat, 이 조약은 「제한적핵실험금지조약[LTBT: Limited Test Ban Treaty]」으로 불리기도 한다)과 1996년의 「포괄적핵실험금지조약(CTBT: Comprehensive Test Ban Treaty)」이 이러한 해로운 영향을 억제하기 위해 만들어졌으나, 여전히 핵실험은 위험한 일이다. 문제는 핵무기를 생각할 때 무엇이 폭탄을 폭발하도록 하는가를 이해하는 것이 가장 중요한 일이지만 그것은 이야기의 절반에 불과하다는 점이다. 적절한 실험이 없다면 폭탄이 필요할 때 제대로 작동할 것인지 확신할 수 없으며, 보다 강력하고 보다 정확한 폭탄과 점점 선진화되고 정확한 투발수단이 개발되어 배치될 수 없었을 것이다. 실제로 핵실험은 제2차 세계대전 이후 전쟁 양태의 모든 측면에서 어떻게 핵무기를 사용할 수 있을 것인가를 고민하던 국가들에게 많은 새로운 폭탄 유형을 안겨주었다. 그 결과로 새로운 용어 명명법이 출현하였고, 핵무기를 목표에 도달시키기 위한 새로운 방법들이 개발되었다. 1945년에는 중간 정도 크기의 도시를 타격하기 위해 하나의 폭탄이 중폭격기에 의해 운반되었으나, 10여 년 후에는 핵탄두가 지상 또는 해상의 탄도미사일에 탑재되고, 대포, 중력폭탄 또는 지뢰에 장착되고, 상상할 수 있는 모든 시나리오에서 사용가능하도록 설계되었다.

  이런 점을 고려하여 이 장에서는 제1장에서 다룬 기초적인 정보를 토대로 하여 핵폭탄에 관련된 이해의 폭을 확대하는 것을 목표로 한다. 제1절은 핵실험, 핵실험을 제한하기 위한 국제협정과 관련한 초기 협상, 그리고 보다 최근의 핵실험 금지 노력을 주로 다룬다. 제2절은 방사능, 오염 및 낙진, 핵폭발이 인간과 자연환경에 미치는 잠정적, 실질적 충격에 대해 다룬다. 제3절은 주로 냉전기 핵군비경쟁에 의해 만들어진 불분명한 핵관련 용어들을 분명히 하고, 중요한 핵무기 유형 관련 몇 가지 정의와 그런 분류가 실제로 가지는 의미에 대해 설명한다. 마지막으로 제4절에서는 핵무기를 특정 목표에 도달시키기 위한 다양한 방법과 그러한 투발 방식의 장단점에 대해 논의한다. 제2장의 요점과 추가 자료에 대한 안내가 이어진다.

1. 핵실험

핵무기가 전쟁에서 사용된 것은 두 차례에 불과하지만, 1945년 이후 대략 2,053번의 핵실험이 진행되어 히로시마와 나가사키에 투하된 폭탄의 수천 배에 달하는 폭발위력이 발생하였다.[1] 핵시대 초기 20년 간 가장 문제가 되었던 점은 핵실험의 대부분이 지상에서 실시되어 엄청난 양의 방사능 물질이 대기 중에 분출되어 장기적으로 재앙적인 결과를 초래할 가능성을 제공했다는 것이다. 그 결과로 지구상의 특정 지역은 현재도 살기에 부적합하고, 앞으로도 핵실험과 관련된 매우 충격적인 인적 비용이 알려지게 될 것이다 (아래를 참고할 것). 1963년의 「부분핵실험금지조약」이 지상과 해상 및 우주에서의 핵실험을 금지했지만, 냉전기를 통틀어 핵실험은 지하에서 계속되었으며, 이후에도 소규모이긴 하지만 북한이 2000년대와 2010년대에 핵실험을 실시하였다. 북한의 경우를 제외한다면, 이들 실험의 대다수는 히로시마와 나가사키에서 터진 폭탄보다 훨씬 강력한 것이었다. 현재 핵무기를 보유하고 있는 국가들 중 프랑스, 중국, 북한만이 「부분핵실험금지조약」에 서명을 하지 않았다. 물론 프랑스는 모든 종류의 핵무기 실험을 금지한 「포괄적핵실험금지조약」에 나중에 서명한 바 있다.

핵실험은 과거나 현재에도 핵무기 프로그램의 신뢰성을 입증하고 보다 강력한 핵무기 개발을 위한 근본적인 조건으로 인식된다. 달만 (Dahlman et. al.) 등은 다음과 같이 설명한 바 있다.

핵실험을 통해 핵폭발의 물리적 과정과 다양한 기본적인 파라미터들인 폭발력, 방사능 등을 통제하는 방법에 대해 파악할 수 있었다. 또한 핵실험은 작전소요와 다양한 핵무기 체제에 부합하는 특정한 핵탄두를 개발하는데 활용되었다. 일련의 실험이 그런 새로운 무기를 개발하고 그 타당성을 입증하기 위해 실시되었다.[2]

냉전기에 미국과 소련 사이에서 보다 강력하고 정교한 핵무기의 실험이 벼랑끝 전술의 일환으로 실시되어 양국은 자신의 잠재적 능력을 상대방에 과시하려고 노력하였다.

그 결과, 1945년 이후 위력이 증가되는 핵무기의 실험이 주로 미국과 소련에 의해 더욱 많이 실시되었고, 1961년 10월에 소련은 약 50~58메가톤(재래식폭탄 5,000만~5,800만 톤)의 위력을 가진 '차르 봄바(Tsar Bomba)'를 북극해의 노바야 제믈랴(Novaya Zemlya) 제도에서 실험하기에 이르렀다. 헤르조그(Rudolph Herzog)에 따르면 1945년 일본에 투하된 두 개의 폭탄보다 약 1,400배 강력한 것이었다.[3] 차르 봄바는 여태까지 실험을 실시한 폭탄 중에서 가장 위력이 큰 것이었다. 폭발 시 발생한 버섯구름은 40마일 상공까지 올라갔고, 발생한 열은 이론적으로 100km 내의 사람 피부에 3도의 화상을 입힐 정도였으며, 강력한 열선파는 250km 밖에서도 관찰되었다.[4] 폭탄의 길이는 8미터, 무게는 약 20톤이었으며, 특별히 개량된 소련 폭격기에 의해 투하되었다.[5] 이 차르 봄바 실험 이후에 핵실험이 통제불능 상태에 처할 것에 대한 공포 때문에 1963년에 대기, 우주, 수중에서(그러나 지하는 제외)의 핵실험을 금지하는 부분핵실험금지조약(PTBT)이 체결되기에 이르렀다. 이어 1974년에는 지하 실험 핵무기의 위력을 150kt으로 제한하는 「지하핵실험금지조약(TTBT: Threshold Test Ban Treaty)」이 체결되었다.

표 4에서 알 수 있듯이, 핵실험의 과반수가 미국에 의해 실시되었고, 소련의 실험 횟수는 미국보다 다소 적다. 그리고 다른 핵보유국들은 상대적으로 적은 실험 횟수에 만족하는 것으로 보인다. 핵실험은 1960년대에 정점에 이르렀는데, 1962년 한 해에만 140~178회(핵시대에 가장 많은 횟수)의 실험이 실시되었다.[6] 그러나 1963년의 PTBT 체결에 따라 핵실험의 횟수는 점차 감소하였고, 1996년(중국의 마지막 실험) 이후에는 인도, 파키스탄, 북한만이 핵실험을 실시하였다. 1996년에 어떤 환경에서도 모든 종류의 핵실험을 금지하는 것을 유일 목적으로 하는 CTBT가 서명을 위해 개방되었고, 조약을 감독하고 그 준수를 검증하기 위한 기구인 CTBT기구(CTBTO: CTBT Organisation)가 비엔나에 창설되었다.[7] 그러나, CTBT는 현재 핵무기나 원자력 발전소를 가

표 4 국가별 핵실험 횟수 [i]

국가	실험횟수(폭탄 수)	가장 최근 실험	CTBT
미국	1030 (1054)	1992년 9월	서명했지만 비준하지 않음
소련/러시아	715	1990년 10월	2000년 비준
영국	45	1991년 11월	1998년 비준
프랑스	210	1996년 1월	1998년 비준
중국	45	1996년 7월	서명했지만 비준하지 않음
인도	3(6) PNE 포함	1998년 5월	가입하지 않음
파키스탄	2(6)	1998년 5월	가입하지 않음
북한	3	2013년 2월	가입하지 않음
계	2053(2084)[ii]		

i 국가별 숫자는 CTBTO 준비위원회(Preparatory Commission) 홈페이지(www.ctbto.org/nuclear-testing/history-of-nuclear-testing/nuclear-testing-1945-today)에서 발췌한 것임.
ii 숫자는 계산법에 따라 달라짐. 폭발된 장치의 숫자를 모두 합산할 수도 있고, 실시된 실험의 숫자를 합산할 수도 있는데, 그 차이는 복수의 장치가 사용된 실험이 있기 때문임.

지고 있는 모든 국가가 서명하지 않는 이상 발효될 수 없다. 이 책을 쓸 당시 이 조약에 서명을 하지 않거나 비준을 하지 않은 주요 국가에 중국, 인도, 이란, 이스라엘, 북한, 파키스탄, 그리고 미국이 포함된다. 미국은 1992년 10월에 이미 독자적인 핵실험 금지를 선언하였다.[8] 러시아, 영국, 프랑스만이 이 조약에 서명하고 비준을 이행한 핵보유국이다. 표 4는 각국의 핵실험 기록을 구체적으로 보여준다.

모든 핵보유국이 북반구에 있음에도 불구하고, 핵실험은 지리적으로는 전 세계에 걸쳐서 실시되었다. 중국, 인도, 파키스탄과 북한은 모든 실험을 자국 영토 내에서 실시한 반면, 미국(미국 영토, 대서양, 태평양), 러시아(러시아, 카자흐스탄), 영국(호주, 인도양, 미국), 프랑스(알제리, 태평양) 등은 모두 해외에서 실험을 실시한 바 있다.[9] 이스라엘은 1979년에 남아프리카공화국과 함께 인도양 남쪽에서 비밀 핵폭발 실험을 실시한 것으로 널리 알려져 있다. 그러나 벨라 사건(Vella Incident)으로 명명된 이 실험은 이스라엘이나 남아프리카공화국 모두 인정하지 않고 있다 (자세한 내용은 제6장 참고).[10]

대부분의 핵실험이 무기개발을 위한 것이었지만, 일부 핵실험은 표면적으로는 핵폭발을 민수용으로 활용할 가능성을 탐색하기 위한 것으로 계획되기도 하였다. 이런 실험은 평화적 핵폭발(PNEs: peaceful nuclear explosions)로 불린다. 1960년대와 1970년대에 미국이 채굴이나 대규모 토목공사 등 평화적 목적의 핵폭탄을 개발하려고 노력한 것은 '쟁기의 날 작전(Operation Plowshare)'으로 명명되기도 하였다. 소련은 냉전 동안 200회 이상의 PNE 실험을 실시하였다. 1960년대 후반에는 미국 원자력위원회(Atomic Energy Commission)에서 추진한 알래스카에서의 PNE 계획에 대한 반발로 국제적 조직인 그린피스(Greenpeace)가 창설되기도 하였다. 비슷한 맥락에서 인도는 자국이 실시한 1974년의 '스마일링 붓다(Smiling Buddha)' 실험이 PNE이었다고 주장하였고, 1998년의 실험 이전에 인도는 핵무기 보유를 선언하지 않았다. 호주와 독일 두 나라는 핵폭발을 토목공학적 목적으로 활용할 계획을 가지고 있었다.[11] 어떤 경우에는 평화적 핵실험의 배경이 되는 이유가 인정될 수도 있겠지만, 실험이 분명히 군사적 적용의 잠재력을 가진다는 점에서 그 중요성을 간과해서는 안 될 것이다.

2. 방사선, 낙진, 오염

방사선은 화학원소의 원자에서 핵의 불안정성 때문에 에너지가 배출되는 현상을 의미한다. 방사선은 여러 형태로 방출될 수 있는데 가장 일반적인 것이 알파(alpha), 베타(beta), 감마(gamma) 선이다. 이 중 인간에게 가장 위험한 것이 감마선인데, 감마선은 침투력이 매우 높아 높은 수준의 감마선은 납이나 콘크리트에 의해서만 침투를 막을 수 있다. 핵실험 때문에 대기 중에 방출된 방사능 물질의 정확한 양을 추정하기 힘들지만, 이들 실험이 지구상의 다양한 생물체에 영향을 미쳤다는 점은 부정할 수 없다. 어떤 이들은 방사능 낙진 때문에 암과 백혈병의 발생이 증가하였고, 식물과 동물의 질병도 증가하였다고 비판한다 (방사성 입자는 신체에 침투하여 세포를 파괴하거나 변형시킬 수 있다).[12] 실제로 점점 많은 사람과 집단들이 핵실험의 후유증에 대해 정부에 대해 소송을 제기하고 있으며, 방사능이 인체에 미치는 영향을 확인하기 위해서 어떤 사람들이 고의적으로 방사능에 노출되었다는 소문도 무성하다. 이런 점은 동물과 식물에 대해서도 마찬가지이다. 어느 쪽이든, 1945년 이후 실시된 엄청난 횟수의 핵실험은 지구상의 특정 지역이 상당히 오랜 기간 동안 접근금지 지역으로 남아있게 된다는 것을 의미한다.

핵폭발에 의한 고열, 충격파, 화염폭풍(제1장 참조) 외에, 핵폭탄에서 비롯되는 어쩌면 가장 해로운 영향은 최초 폭발에 이어지는 방사선과 방사능 낙진이라고 할 수 있다. 방사선은 핵폭발이나 손상된 원자로로부터 직접적으로 발생한다. 방사능 낙진은 (특히 지상) 핵폭발의 결과로 공기 중에서 확산되는 방사능에 오염된 토양과 다른 물질들로 구성된다. 인간이 이들 방사능 입자에 (직접적인 방사선이나 낙진에 의해) 노출되면, 신체 조직과 장기에 손상이 발생하고 방사선병, 암, 궁극적으로는 사망으로 이어진다. 이것을 이온화 방사선(ionising radiation)이라고 부른다. 이런 문제를 발생시키는 입자인 가장 보편적인 방사성 핵종(radionuclides)은 세슘(Caesium)-137, 요오드(Iodine)-131, 스트론튬(Strontium)-90 등인데, 이들 모두 여러 종류의 암과 다른 불편한 질병을 초래한다.[13] 소량의 이온화 방사선은 암 치료나 엑스선(x-ray) 기계 등 의학적 용도로 사용되는 반면에, "신체가 많은 양의 방사능에 노출되어 많은 세포가 손상되면 신체의 복구 기제가 대처할 수 없게 된다."[14] 그 결과로 종종 중병이나 고통스러운 죽음이 이어지게 된다. 바나비(Frank Barnaby)의 설명처럼,

> 방사선병의 최초 증상은 메스꺼움, 설사, 구토, 그리고 피로이다. 이들 증상 이후에는 특히, 두통, 탈모, 탈수, 숨 가쁨, 출혈, 빈혈, 열성 홍반, 체중감소, 열, 발한 등이 이어질 수 있는데, 매우 많은 양의 방사능에 노출되면 증상들이 몇 분 내에 발현될 수 있다. 단기적(급성) 영향에 따른 사망은 두 달 내에 발생할 수 있고, 장기적 영향 특히 백혈병으로의 사망은 수 년 후에 발생할 수도 있다. 그리고 다른 종류의 암은 많은 시일인 30년 이상이 경과한 후에 발생할 수 있다.[15]

방사능 피폭으로부터의 보호가 가능하기는 하다. 예를 들면 원자로나

다른 물질들은 보통 노동자들을 보호하기 위해 차폐(遮蔽)되고 있고, 보다 제한적이기는 하지만 인간은 민방위 조치의 강화를 통해 보호받을 수도 있다 (제10장 참조). 하지만 방사능에의 장기간 노출은 종종 치명적인 것으로 입증될 것이다.

냉전기에 여러 나라에서 강화 방사능 무기(ERWs: enhanced radiation weapons)인 중성자폭탄을 실험하고 배치하였다. 중성자폭탄은 일종의 수소폭탄인데 핵폭발로부터 방출되는 방사능의 양을 극대화하기 위해 계획된 것이다. 따라서 건축이나 구조물보다는 사람의 치사율을 극대화하는 것을 목적으로 하였다.[16] 방사능을 극대화하기 위한 설계에 따라 중성자폭탄은 막대한 전자기파(EMP: electromagnetic pulse) 충격을 발생시켜 전기 장치에 광범위한 피해를 입히는데 사용될 수도 있었다. 윌슨(Clay Wilson)의 설명처럼,

> 전자기파(EMP)는 즉각적이고 강력한 에너지 장으로서 원거리에서 다양한 전기 시스템과 최첨단 마이크로 회로를 과부하에 걸리게 하거나 교란시킬 수 있다. 왜냐하면 이런 장치들이 전류 급증 현상에 특히 민감하기 때문이다. 높은 고도에서 하나의 핵폭발이 일어나더라도 대규모의 전자기파가 만들어질 수 있다.[17]

따라서 한 번의 EMP 공격으로 만들어진 대규모의 전자기 에너지는 전면적 공격(핵공격일 가능성이 높음) 이전에 적의 전기 시스템(조기 경보, 레이더, 지휘통제 시설 등)을 무력화하는 데에 사용할 수 있다. 소위 (실제 만들어지지는 않은) '코발트폭탄(cobalt bomb)'은 다량의 방사능 재를 발생시켜 이론적으로는 지구 상 모든 생물체를 파괴할 수 있는 핵폭탄 개념이었다.[18]

핵시대를 통틀어, 특히 초기에 핵실험이 직접적으로 인간에 영향을

미친 사례들이 다수 존재하고, 아마 우리가 모르는 더 많은 사례들이 존재할 것이다. 오산으로 인해 혹은 더 나쁘게는 무지 때문에 많은 사람들이 끔찍한 병에 걸렸고, 어떤 경우에는 사망했다. 이런 사례들이 아래에 제시되었다.

- 더그흘리언(Harry Daghlian) 사례: 더그흘리언은 맨해튼 프로젝트에 참여한 과학자였는데, 로스 알라모스에서 임계량 실험 도중 사고로 방사능에 노출된 후 1945년 9월에 방사능 피폭으로 사망한 최초의 알려진 사례이다. 1946년 5월에 또 다른 과학자인 슬로틴(Louis Slotin)이 유사한 사고로 사망하였다.[19]
- 소련의 인간 실험 사례: 1954년 10월에 소련은 토츠코예(Totskoye) 시험장에서 약 4만 5,000명의 사람들을 의도적으로 핵폭발에 노출시켰는데, 그 목적은 핵폭발이 인간에게 주는 충격을 측정하고 군인들이 핵폭발 직후에 전투를 수행할 수 있는지를 확인하기 위한 것이었다. 그 결과로 수천 명이 사망한 것으로 전해진다.[20]
- 미국의 인간 실험 사례: 1940년대부터 1970년대까지, 다수의 미국정부와 연구기관들이 수백 차례의 검사와 방사능 실험을 인간에게 실시하였는데, 그 다수는 사람들의 동의 없이 진행되었다. 실험은 우라늄과 플루토늄이 들어있는 물질의 주사, 고준위 방사선에 노출, 대기 중에 방사성 핵종의 의도적 방출, 음식에 방사성 입자 투입 등 다양한 방식으로 진행되었다.[21]
- 럭키 드래건(Lucky Dragon)호 사건: 1954년 3월에 실시한 미국의 수소폭탄 실험 중에 일본의 어선이 심하게 오염되었다. 그 배의 선원들은 실험을 인지하지 못한 상태에서 폭발의 섬광을 목격했을 때 '폭발 지점'으로부터 약 100마일 떨어진 곳에서 조업하고 있었다. 방사성 낙진이 나중에 그 배에 도달하였다. 선원 23명 모두가 방사능 피폭 증상

을 보였고, 그 중 한 명은 나중에 사망하였다.[22]
- **마샬 제도 사람들(Marshall Islanders) 사례:** 미국이 1954년에 남태평양에서 코드명 캐슬 브라보(Castle Bravo) 핵실험을 실시했을 때, 마샬 제도의 많은 주민들이 심한 핵낙진에 노출되었고 나중에 방사능 중독 증상을 보였다. 디블린(Jane Dibblin)이 설명하듯이, "롱겔라프(Rongelap) 환초는 브라보의 낙진이 진행하는 방향에 정확히 있었다. 그 이후 롱겔라프의 주민들은 흔히 갑상선 종양, 백내장 등의 병마에 시달렸고, 유아들은 기형이 심해 생존할 수 없게 되었다."[23] 남태평양의 이들 섬과 제도 내의 에니웨톡(Eniwetok) 및 다른 환초는 오늘날까지 사람이 살수 없는 지역으로 남아있다.
- **영국의 호주 내 실험 사례:** 2010년에 전직 영국 군인과 호주 원주민을 포함한 250명이 영국 정부를 상대로 질병과 장애에 관련된 소송을 제기하였다. 그들의 주장에 따르면 그런 증상은 1950년대에 실시된 대기 중 핵실험 때문이다.[24] 후에 영국 국방장관은 1950년대와 1960년대에 영국, 호주, 뉴질랜드의 군인들을 방사능에 노출시켰다는 점을 인정하였다.[25]
- **프랑스 군인 사례:** 2010년의 보도에 따르면 알제리에 주둔했던 프랑스 군인들이 핵무기의 영향을 보다 잘 파악하려는 목적으로 지휘부에 의해 의도적인 위험에 노출되었다. 프랑스 국방장관 모린(Herve Morin)은 후에 "낙진이 인간에 미치는 영향을 검증하기 위한 훈련에 수백 명의 병사가 참여하였음을 인정하였다."[26]

핵실험이 실시되던 초기에는 많은 동물들이 의도적으로 방사능에 노출되었다.

    핵실험의 효과를 정확히 측정하거나 핵폭발의 방사능 영향 또는 민간 원자력 사고의 영향을 예상하는 것은 매우 어려운 일이다. 하지만 많은 사람들과 동물들 그리고 자연환경이 핵실험에 의해 의도적으로 또는 간접적으로 고통을 받았다는 점은 분명하다. 이들 중 많은 사례가 이제야 조명되고 있고, 우리가 모르는 더 많은 사례가 있을 것으로 보인다. 물론 「부분핵실험금지조약(PTBT)」이 지하 실험을 강제한 이후에 방사능에의 노출은 상당히 줄어들었고, 만약 CTBT가 발효된다면 이러한 문제가 완전히 사라지는 데에 도움이 될 것이다.

3. 핵무기의 정의

핵무기에 대해서 얘기할 때, 분열물질을 포함하는 핵탄두와 폭탄이 단지 이야기의 절반이다. 왜냐하면 대부분의 상황에서 폭탄은 목표물까지 이동되지 않으면 상대적으로 거의 쓸모가 없기 때문이다. 전장에서의 보다 작은 목표물을 위한 소형의 핵폭탄은 여러 방법으로 투발시킬 수 있는데, 전통적으로 핵폭탄은 항공기, (지상, 함상, 잠수함 발사) 미사일, 그리고 세 가지 모두를 조합한 방법으로 투발되었다. 이런 투발체제의 유형은 핵무기의 목표, 사거리, 위력(이것은 기본적으로 냉전시기 유형분류의 결과이다)에 기반을 두고 '전략적' 또는 '비전략적'이라고 다소 애매하게 정의되어 왔다. 따라서 핵무기의 유형분류 체계를 이해하고 서로 다른 다양한 범주가 실제로 의미하는 것은 무엇인지를 이해하는 것은 매우 중요하다.

핵무기는 기본적으로 세 가지 방식으로 분류할 수 있다. 첫째는 탄두의 위력에 따르고, 둘째는 투발수단과 타격가능 거리를 기준으로 하고, 셋째는 목표물이나 폭탄의 목적을 기준으로 한다. 전통적으로 이러한 분류 기준에 따라 탄두의 파괴력이 크고 세계의 어느 곳에 있는 목표물이건 공격이 가능하며 주로 대량파괴나 국가차원의 억지를 위한 것은 '전략 핵무기'로 분류하였다. 그리고 탄두의 파괴력이 작고 기본적으로 제한된 작전 지역(전장 등)에서 적 군사력에 대한 공격을 목적으로 하는 것은 '준전략(sub-strategic)', '전술(tactical)', '전장(battle-field)' 핵무기로 구분하여 왔다. 그러나 미국과 소련 간의 양극적 교착 상태의 산물인 이러한 구분은 종종 혼란스럽다. 왜냐하면 어떤 종류의 핵무기는 기본적으로 둘 다에 해당될 수 있고, 어떤 투발수단은 이 분류 기준 사이의 회색 지대에 걸쳐있기 때문이다.

따라서 쉽게 이해하기 위해 전략 핵전력은 전 세계적 타격 거리와 타국에 막대한 전략적 피해를 가할 수 있는 큰 위력을 가진 자산으로 구성된다고 생각하는 것이 좋을 것이다. 대륙간탄도미사일(ICBM: intercontinental ballistic missile), 잠수함발사탄도미사일(SLBM: submarine-launched ballistic missile), 장거리 전략폭격기가 그 대표적인 예이다. 종종 **전술 핵무기**(*TNW: tactical nuclear weapon*)로 불리는 **비전략적 핵무기**의 정의는 다소 불명확하나, 다음과 같은 둘 중의 하나로 얘기할 수 있을 것이다. (1) 지역적 수준으로 제한되는 핵전력, 여기에는 중거리 및 중장거리(MRBMs and IRBMs: medium and intermediate-range ballistic missiles, 후자도 중거리로 번역할 수 있으나 전략 핵무기 범주에 속하지 않는 사정거리 3,500㎞ 이상의 탄도미사일을 지칭하기에 중장거리로 번역한다 – 역자 주) 탄도미사일과 전투기, 그리고 단거리 탄도미사일, 순항미사일이 포함된다. 또는 (2) 전장에서 적의 군사적 자산에 대해서만 사용될 수 있는 핵전력, 여기에는 중력폭탄, 대포, 지뢰, 어뢰와 순항미사일 등이 포함된다. 점차 비전략적 핵무기는 지역적 수준의 핵무기를 지칭하게 된다. 왜냐하면 전장에서의 핵전력은 주요 핵보유국들에 의한 냉전의 유물로 받아들여지기 때문이다 (9·11 직후 테러와의 전쟁에서 사용될 수 있는 소형 핵무기[mini-nukes]에 대한 요구가 미국 내에서 등장하기는 하였지만[27]). 파괴력의 측면에서 제한 요인은 크기와 무게이다. 위력에 상관없이 핵무기는 전략적 또는 전술적 목적에서 사용될 수 있는데, 일반적으로 전략 핵무기는 대량살상이라는 목적에 부합하기에 상대적으로 제한적 목적을 가지는 비전략적(전술) 핵무기나 전장 핵무기보다 그 파괴력이 상당히 크다. 개략적인 핵무기 유형분류는 표 5에서 살펴볼 수 있다.

물론, 핵무장 국가들의 지리적, 지정학적 차이점 때문에 비전략적이 아니라 전략적 핵무기가 되는 것을 결정하는 요인들은 국가별로 그리고 상대 국가에 따라 달라질 수 있다. 예를 들어, 냉전 동안에 미국, 소련, 영국, 프랑스. 중국은 자국이 인식하는 전략적 목적을 위해 전 세계를 타격할 수 있는 핵능력을 획득하였는데, 이스라엘과 파키스탄의 경우에 두 국가의 전략적 목적은 보다 지역적인 것으로 제한되었다. 따라서 많은 전략가들이 핵무기의 유형에는 진정한 의미의 구분이 없고, 확

표 5 전략, 비전략, 전장 핵무기 비교

구분	전략	비전략/전술	
		지역	전장
파괴력	100kt 이상	고정적이지 않음	수 kt(또는 수 톤)
작전 범위	전 세계, 3,400마일 이상	지역적, 3,000마일 까지	전장, 일반적으로 100마일 이하
투발 수단	ICBM, SLBM, 장거리 폭격기	MRBM, IRBM, 전투기, 순항미사일	중력폭탄, 순항미사일, 대포, 지뢰, 어뢰, 지대공 미사일
임무	적 도시와 군사시설 압도적 파괴, 전략 억지	전략 핵무기와 유사하나 범위와 파괴력이 적음	전장에서 적 군사력에 직접 사용, 제한적 핵전쟁 (제4장 참조)

전 시에 핵무기가 초래할 수 있는 가능성과 잠재적 파괴력 때문에 모든 핵무기는 전략적인 것으로 정의되어야 한다고 주장한다 (자세한 내용에 대해서는 제4장 참조).

4. 핵무기 투발수단

핵무기가 트럭이나 선적 컨테이너에 실려서 운반되지 못할 이유가 없지만, 대부분의 핵무기는 원하는 목표물을 타격할 수 있도록 특정한 운반 투발수단을 가진다. 위에서 논의한 정의에 따라 그 범주를 다음과 같이 두 개로 나누어 볼 필요가 있다. (1) 전략적, 국가안보적 목적을 위해 탄두를 투발하는 방법, (2) 전장에서의 사용을 포함하는 다른 목적으로 투발하는 방법(비국가 행위자에 의해 사용될 수 있는 방법에 대해서는 제7장에서 다룸). 이 절의 앞부분은 전략적 목적에 따라 핵무기가 목표에 투발될 수 있는 주요 수단(폭격기 또는 전투기, 지상발사 미사일, 선박이나 잠수함 발사 미사일 등)을 다루고, 이어서 전장에서 핵무기가 투발될 수 있는 방식에 대해 다룬다.

- **공중: 전략폭격기와 전투기.** 역사적으로 핵무기를 목표물에 투발하는 가장 전통적인 방식은 장거리 폭격기에 의한 것이다. 1945년에 히로시마와 나가사키에 폭탄을 투하한 장거리 폭격기는 핵시대 전반을 통틀어 선택된 투발수단이었고, 현재도 대부분 핵보유국의 핵전력의 핵심 부분이다. 왜냐하면 폭격기는 다른 장거리 투발수단에 비해 상대적으로 저렴하고, 제조가 용이하고, 역할이 융통성이 있고, (미사일과 달리) 철수시킬 수 있다. 그러나 폭격기는 지상에서는 선제공격에 취약하고 공중에서는 방공망과 대공무기에 취약하다. 과거에는 폭격기

가 자유낙하(free-fall)탄이나 중력폭탄을 사용했기 때문에 목표물에 상당히 접근할 필요가 있었다. 하지만 최근에는 폭격기가 개량되어 공중발사순항미사일(ALCMs: air-launched cruise missiles)을 탑재함으로써 보다 원거리에서 효과를 발휘할 수 있다. 핵무기 탑재 전투기도 유사하게 운용되지만, 작전 범위는 보다 짧다. 전투기는 전장에서 핵전력으로 활용될 수 있고, 항공모함에 배치될 수도 있다.

- **지상: 탄도미사일.** 탄도미사일은 기본적으로 머리에 탄두를 탑재한 유도 로켓이고, 탄도 비행경로를 따른다. 즉 대기 중으로 상승했다가 지상으로 떨어진다. 장거리 탄도미사일은 탄도 경로 중에 대기권을 벗어나는 반면, 단거리 미사일은 경로 중에 대기 중에 머무른다. 이 차이는 이동 거리에 따라 발생하는 것이고, 순항미사일은 대기를 벗어나거나 탄도 경로를 따르지 않는다. 탄도미사일은 (종종 가장 작은 탄두를 포함하는 다단계로 구성된) 로켓 엔진의 강력한 추진력으로 상승하고 목표물을 타격하기 위해 지상으로 떨어진다. 목표물까지의 거리가 멀고 탄두가 무거워질수록 필수 고도, 탄도, 속도를 달성하기 위해 보다 강력한 초기 추진력이 필요하다. 강력한 탄도미사일은 지구 반대편에 있는 목표물에 핵폭탄을 30분 이내에 도달하도록 할 수 있으며, 궤도에 있을 때 최고 속도는 초당 15km에 달한다. 이보다 작은 탄도미사일은 초기 추진력이 작고 궤도에서 최고 속도에 도달하지 못하기 때문에 보다 느리다. 탄도미사일은 대체로 작전 범위에 따라 다음과 같이 분류할 수 있다.

  - 단거리탄도미사일(SRBMs: Short-range ballistic missiles)은 1,000km이내의 목표물 타격 가능
  - 중거리탄도미사일은 1,000km에서 3,500km 사이의 목표물 타격 가능
  - 중장거리탄도미사일은 3,500km에서 5,500km 사이의 목표물 타

격 가능
- 대륙간탄도미사일은 5,500km 이상의 목표물 타격 가능

탄도미사일은 방어망(탄도미사일방어에 대해서는 제7장 참조)을 회피할 가능성이 높기 때문에 신뢰도가 높다고 여겨진다. 그러나 탄도미사일은 발사되면 철수시킬 수가 없고, 발사대기 중(탄도미사일은 보통 지하 사일로에 저장되나 지상이나 이동식 발사 장치에 배치될 수도 있다)에 선제공격에 취약할 수 있다. 장거리탄도미사일 기술(대기권 재진입을 견뎌낼 수 있는 탄두 개발이라는 도전은 물론이고)은 달성하기가 힘들어 소수의 국가만 대륙간탄도미사일을 보유하고 있다.

- **해양: 잠수함과 선박.** 핵무기 주요 투발수단 중 마지막은 잠수함에서 미사일을 발사하거나 해상 함정의 순항미사일이나 비행기를 이용하거는 것이다. 지상발사 미사일과 관련하여 위에서 언급한 것 이외에, 잠수함에서 미사일을 발사하면 몇 가지 장점이 있다. 잠수함은 대양의 어느 곳에나 갈 수 있고 매우 조용하기 때문에(특히 최신 핵추진잠수함은 매우 조용하다) 여러 종류의 선제공격에 대하여 가장 생존력이 높다. 잠수함은 다량의 미사일과 다량의 탄두를 탑재할 수 있고, 서로 다른 여러 목표물을 공격할 수 있다. 신선한 음식 공급 등의 이유를 제외한다면 한 번에 몇 달씩 부상하지 않고 잠항할 수 있다. 그러나 이 방식은 현재까지 가장 비싸고 달성하기 어려운 투발 방식이다. 최신 핵추진탄도미사일잠수함(SSBN: ship submersible ballistic nuclear, 원자력으로 추진하고 탄도미사일 탑재)은 길이가 150m에 이르고 제작하는데 막대한 예산이 소요된다. 핵탄두를 장착한 잠수함발사순항미사일(SLCMs: submarine-launched cruise missiles)도 사용할 수 있다. 핵탄두 장착 순항미사일로 무장한 잠수함은 핵추진탄도미사일잠수함보다 크기가 축소될 수 있지만, 순항미사일이 탄도미

사일보다 사거리가 짧고 속도가 많이 느리다는 상대적 단점을 가진다. 또한 핵무기 탑재 전투기와 탄도미사일과 순항미사일 모두 해상 함정에 배치될 수 있다. 이 방법은 높은 유용성을 제공하는 반면에 해상 함정의 크기와 느린 속도 때문에 상당한 취약성을 동시에 제공한다.

핵무기의 다양한 투발 체제의 장단점을 표 6에서 정리한다.

핵무기 투발 방식의 상대적 장단점을 고려하여 어떤 국가는 혼합적 방식의 핵전력을 선택하였다. 그 방식은 2종(*dyad*)체제(두 종류의 투발 방식으로 구성) 또는 삼각(*triad*)체제(세 종류로 구성, 해상 함정은 보통 비행기나 미사일을 발사하는데 활용되므로 하나의 범주로 계산되지 않는다)가 될 수 있다. 삼각체제의 배경에는 핵무기 사용의 위협이 어떤 시나리오나 어떤 순간에도 가능하도록 하고 어떤 기습적 1차 공격이라도 자국의 핵전력을 완전히 무장해제 시키지 못하게 하겠다는 의도가 자리하고 있다. 또한 다양한 투발수단을 가지면 삼각체제의 한 축에 문제가 생기더라도 대처할 수 있고, 전략적 능력을 약화시키지 않

표 6 핵무기 투발수단의 장단점

종류	장점	단점
지상발사 미사일	신속 대응, 큰 파괴력 방어 매우 힘듦	철수 불가능 기습공격에 취약
장거리 폭격기/ 전투기	철수 가능 적당한 비용, 융통성	목표물에 근접해야 함 대공방어와 선제공격에 취약
잠수함발사 미사일	낮은 취약성, 2차공격력 보장 미사일, 탄두 다수 탑재	지휘통제문제 (제10장 참조) 고가, 제조 어려움
해상발사 미사일/전투기	융통성, 이중 목적 의도 과시-시그널링 (signalling)	취약성 높음 대공/미사일방어에 취약

으면서 현대화를 추진할 수 있다. 미국과 러시아가, 어떤 측면에서는 중국도, 현재 핵전력 삼각체제를 운용하고 있고, 인도도 이런 능력을 추구하고 있는 것으로 알려진다.

위에서 언급한 장거리의 위력적인 핵투발수단 외에, 매우 다양한 체제가 전장에서의 핵무기 사용을 가능하게 하도록 고안되었다. 이런 방법에는 비행기에서 투하하는 중력폭탄, 핵포탄, 핵지뢰, 핵폭뢰 및 어뢰와 다른 특별설계 폭발물이 포함된다. 지금까지 생산된 것 중 가장 소형의 핵무기는 냉전기에 미국과 소련에 의해 개발되어 '데이비 크로켓(Davy Crockett)'으로 불린 무반동총과 '서류가방폭탄(suitcase bombs)'을 들 수 있다. 테러리스트 집단이 핵무기를 운반하는데 사용할 가능성이 있는 방법에 대해서는 제8장에서 다룬다.

5. 각국 핵능력 현황

핵무기 총 숫자를 계산할 때 보통은 투발수단보다는 핵탄두를 합산하게 된다. 따라서 한 국가가 보유한 핵탄두 숫자만 아니라 그들이 보유한 투발수단도 살펴보는 것이 필요하다. 실제로 많은 군비통제조약들이 핵탄두 숫자보다는 투발수단에 집중하여 왔다 (제7장 참조). 왜냐하면 투발될 수 없는 탄두는 즉시 사용할 수 있는 것으로 간주되지 않기 때문이다. 확실하게 투발될 수 없는 핵탄두는 잠수함 속의 탄도미사일 꼭대기에서 수분 내에 전 세계 어느 곳이라도 타격할 준비가 되어있는 탄두와는 완전히 다른 것이다. 따라서 이 절에서는 현재 핵무장 국가들의 대략적인 능력에 대해 서술한다.

미국은 주로 세 가지 방법으로 핵무기를 배치하고 핵탄두 투발을 위한 핵전력 삼각체제를 운용하고 있다. 미니트먼 III 대륙간탄도미사일은 미국 본토 내(몬태나[Montana], 노스다코타[North Dakota], 와이오밍[Wyoming] 주의 사일로)에 배치되어 있고, 잠수함발사탄도미사일은 오하이오급(Ohio Class) 핵추진탄도미사일잠수함에, 공중발사순항미사일과 중력폭탄은 B-2, B-52 장거리 전략폭격기에 배치되어 있다. 이외에 미국은 비행기에서 발사될 수 있는 B-61 중력폭탄 수백 개를 북대서양조약기구와의 핵공유협정의 일환으로 유럽에 배치하고 있다.[28] 미국은 또한 비축되거나 퇴역 및 해체 대기 중인 다양한 투발수단을 보유하고 있다.

러시아도 핵전력의 전략 삼각체제를 유지하고 있다. 러시아는 자국 내의 여러 기지에 다량의 다양한 ICBM을 배치하고 있고, SLBM은 핵추진 잠수함에, 그리고 다양한 핵탄두 장착 순항미사일을 장거리 전략폭격기에 배치하고 있다. 또한 러시아는 보유하고 있는 다수의 준전략 또는 전술 핵무기에 전략 대공방어부터 지역적 억지를 망라하는 다양한 역할을 부여하고 있는 것으로 평가되고 있다.[29] 미국과 마찬가지로, 러시아도 해체와 폐기 대기 중인 다량의 퇴역 투발수단을 가지고 있다.

영국은 단 4척의 잠수함의 SLBM에 핵무기를 탑재하고 있다. 그 중에 한 척은 항상 항행 중이며 지속적해상억지력(CASD: continuous-at-sea deterrence) 정책에 따라 발사대기 중이다. 이들 각 잠수함은 16개까지의 탄도미사일을 탑재할 수 있으며 각 미사일은 이론적으로 12개의 탄두를 장착할 수 있어서, 잠수함마다 총 192개의 핵탄두를 배치할 수 있다. 그러나 1998년에 영국 정부는 각 잠수함에 최대 48개의 탄두를 배치할 것임을 선언한 바 있다.[30] 영국도 과거에는 핵 전략폭격기를 운용하였으나, 1990년대 초반에 퇴역시켰다.

프랑스는 현재 **억지력**(*force de dissuasion*)의 일환으로 핵전력을 두 축으로 운용하고 있다. 프랑스는 4척의 핵추진탄도미사일잠수함을 보유하고 있고, ALCM을 장착한 다수의 전투기와 폭격기를 운용하는데, 그 중 일부는 항공모함에 배치될 수 있다. 프랑스는 1996년까지 약간의 핵탄두 장착이 가능한 지상발사탄도미사일을 보유하고 있었다.[31]

중국은 이론적으로는 본토에 배치된 ICBM과 다른 미사일, 몇 척의 원자력탄도미사일 잠수함, 그리고 다양한 중폭격기와 전투기로 구성된 핵전력 삼각체제를 구축한 상태이다. 하지만, 중국은 주요 투발수단으로 ICBM에 의존하고 있으며, 보다 조용하고 능력이 신장된 차세대 SSBN 잠수함이 개발되기 전까지는 이런 태세를 유지할 것이다.[32]

인도는 곧 실전배치할 5,000km의 사정거리로 중국의 어느 곳이나 타격이 가능한 애그니(Agni)-5 미사일을 비롯한 여러 종류의 미사일과 핵투발이 가능한 비행기를 보유하고 있다. 인도는 또한 SLBM을 발사할 수 있는 SSBN과 새로운 해상발사 탄도미사일을 개발하고 있다. 이 책을 집필할 당시 인도는 전 세계를 타격 범위로 하는 충분한 삼각체제의 구현을 위해 나아가고 있는 것으로 보인다.[33]

파키스탄은 지상, 공중, 해상에서의 핵투발 체제를 개발하였는데, 이들 모두 지역적 범위에 한정된다. 파키스탄은 인도에 대응하기 위해 핵투발이 가능한 잠수함 개발을 추진할 것으로 알려지고 있는데, 단시일 내에 추진하기는 힘들 것으로 보인다. 파키스탄은 또한 인도와의 분쟁 접경 지역을 따라 배치할 수 있는 새로운 전장핵무기 기술에 자금을 투여하고 있다는 소문도 있다.[34]

북한은 약간의 SRBM 및 MRBM으로 동북아시아 지역에 핵무기를 투발할 수 있는 능력을 보유하고 있다. 또한 오랫동안 (능력의 진전에 대한 평가는 매우 다양하지만) 북한은 북미 대륙을 타격할 수 있는 ICBM 개발을 위해 노력하고 있다고 의심되어 왔다.[35]

이스라엘은 비록 핵무기의 존재에 대해 긍정도 부정도 하지 않지만, 핵무기 투발을 위한 지상, 공중, 해상에서의 수단을 보유한 것으로 간주되고 있다. 이 중에 핵심은 돌핀급(Dolphin class) 잠수함에서 발사될 수 있는 핵탄두 장착 순항미사일과 제리코(Jericho)-III ICBM을 포함하는 지상발사 미사일 전력이다. 이스라엘은 또한 핵 중력폭탄을 투하할 수 있는 아주 우수한 공군 전력을 보유하고 있다.[36]

다른 많은 국가들도 이론적으로는 만약 원한다면 핵무기를 운반할 수 있는 선진화된 미사일, 비행기, 잠수함 기술과 능력을 보유하고 있다.[37]

6. 요점, 추가정보 및 자료

이 장에서는 핵실험의 충격, 핵무기를 투발하는 데에 사용될 수 있는 다양한 방식, 그리고 현재 각국의 핵능력 현황에 대한 정보를 제공하고자 하였다. 핵심 내용에 대한 요약은 아래와 같다.

- 1945년 이래, 총 2,000번 이상의 핵실험이 있었고, 과반수는 미국에 의해 실시되었다.
- 핵실험은 환경에 상당한 영향을 미쳤으며, 대기 중에 방출된 막대한 방사능은 심각한 결과를 초래하였다. 이러한 오염의 영향으로 세계의 특정 지역은 거주할 수 없다.
- 핵실험(또는 사고)에 의한 방사능과 낙진은 환경에 치명적인 피해를 야기하여 어떤 경우에는 사망자를 발생시켰다.
- 1963년의「부분핵실험금지조약」은 대기 중, 우주, 수중에서의 핵실험을 금지하였다. 1996년의「포괄적핵실험금지조약」은 모든 실험을 금지하는 것이었으나 아직 발효되지 않았다.
- 몇 개의 국가는 토목 및 건설 프로그램에서 사용하기 위해 평화적 핵폭발을 실험하였다. 하지만, 이들도 무기 실험과 기본적으로는 아주 유사하다.

- 핵무기는 '전략적'인 것과 '비전략/전술/전장' 핵무기로 구분할 수 있다. 이런 분류는 우선적으로 파괴력, 목표물, 작전 범위에 따른 것이지만 구분이 모호할 때도 종종 있다.
- 핵무기를 운반하기 위한 다양한 방법이 있는데, 가장 대표적인 것은 미사일(탄도 혹은 순항), 비행기, 또는 잠수함에 의한 것이다. 각각의 방법은 상대적인 장단점을 가진다.
- 핵무기를 보유한 각국은 최소한 한 가지 투발수단을 보유하고 있는데, 몇몇 국가는 필요시 핵무기를 사용할 수 있도록 여러 방법을 혼합하고 있다 (제5장과 제6장 참조).

추가정보 및 자료

미국의 핵실험과 관련해서는 밀러(Richard Miller)의 『구름 아래에서(Under the Cloud)』(1991); 디블린(Jane Dibblin)의 『두 개의 태양이 있던 날들(Days of Two Suns)』(1990); 블레이즈(David Blades)와 시라쿠사(Joseph Siracusa)의 『미국 핵실험의 역사(A History of US Nuclear Testing)』(2014); 그리고 볼(Howard Ball)의 『순풍의 정의(Justice Downwind)』(1986)를 참고할 것을 권한다. 아놀드(Lorna Arnold)의 『영국, 호주, 그리고 수소폭탄(Britain, Australia and the H-Bomb)』(2011)은 1950년대 영국의 핵실험에 대해 대단히 흥미롭게 통찰을 제공하며, 마찬가지로 영화 〈파라다이스 폭파(Blowing up Paradise)〉(2005)는 남태평양 지역에서 실시된 프랑스의 핵실험에 대한 통찰을 제공한다.

➤ 계속

➤ 계속

CTBT에 대한 종합적인 이해를 위해서는 알만 등(Ola Dahlman et al.)의 『핵실험 금지(*Nuclear Test Ban*)』(2009)와 핸슨(Keith Hansen)의 『포괄적핵실험금지조약: 내부자의 관점(*The Comprehensive Nuclear Test Ban Treaty: An Insider's Perspective*)』(2006)을 참고하면 된다. 핵실험과 관련된 추가 정보와 좋은 자료는 CTBTO 웹사이트(www.ctbto.org/nuclear-testing/)에서 찾을 수 있다. 핵실험 연대기를 자세히 다루는 유튜브 동영상(www.youtube.com/watch?v=LLCF7vPanrY)도 제공된다.

평화적 핵폭발과 관련해서는 카우프만(Scott Kaufman)의 『시험장(*Proving Grounds*)』(2005)을 참고하고, 텔러 등(Edward Teller et. al.)의 『핵폭발의 건설적 활용(*The Constructive Uses of Nuclear Explosives*)』(1968)도 평화적 핵폭발에 대한 흥미로운 역사적 관점을 제공한다.

방사능, 오염, 낙진과 관련해서는 게일(Robert Gale)의 『당신이 알아야 할 방사능(*Radiation: What You Need to Know*)』(2013); 웰섬(Eileen Welsome)의 『플루토늄 파일(*The Plutonium Files*)』(1999), 브라운(Kate Brown)의 『플루토피아: 핵 가족, 원자 도시, 그리고 소련과 미국의 거대한 플루토늄 재앙(*Plutopia: Nuclear Families, Atomic Cities, and the Great Soviet and American Plutonium Disasters*)』(2013); 체니(Glenn Alan Cheney)의 『그들은 전혀 모른다(*They Never Know*)』(1996); 콜호프(Dean Kohlhoff)의 『암치트카와 폭탄(*Amchitka and the Bomb*)』(2003); 프래드킨(Philip Fradkin)의 『낙진(*Fallout*)』(2004); 헤르조그의

『핵 어리석음의 역사(A Brief History of Nuclear Folly)』(2012)를 참고하면 좋을 것이다. 럭키 드래건 사건에 대해서는 마타시치(Oishi Matashichi)의 『태양이 서쪽에서 떠오른 날: 비키니, 럭키 드래건, 그리고 나(The Day the Sun Rose in the West: Bikini, the Lucky Dragon, and I)』(2011)를 참고하면 된다. 아울러 갤러거(Carole Gallagher)의 『미국의 핵폭발지점(American Ground Zero)』(1993)도 흥미로운 내용을 제공한다.

전자기파 공격에 대해서는 윌슨(Clay Wilson)의 『고고도 전자기파(High Altitude Electromagnetic Pulse)』(2009); 글래스톤과 돌런(Glasstone and Dolan)의 『핵무기의 효과(The Effects of Nuclear Weapons)』(1977); 그리고 래리 풀과 셰릴 풀(Larry and Cheryl Poole)이 편집한 『전자기파에서 생존하기(EMP Survival)』(2011)를 참고하면 좋을 것이다.

브로디(Bernard Brodie)의 "Nuclear Weapons: Strategic or Tactical?" (1954)와 니체(Paul Nitze)의 "The Relationship of Strategic and Theatre Nuclear Forces" (1977)는 전략 및 전술 핵무기에 대한 흥미로운 토론을 제공한다. 알렉산더(Brian Alexander)와 밀라(Alistair Millar)가 편집한 『전술핵무기(Tactical Nuclear Weapons)』(2003)와 울프(Amy Woolf)의 "Non-Strategic Nuclear Weapons" (2014)도 마찬가지이다. 투발수단과 관련해서는 노먼(Polmar Norman)과 노리스(Robert Norris)의 『미국 핵무기(The US Nuclear Arsenal)』(2009)와 깁슨(Paul Gibson)의 『미국 핵무기(Nuclear Weapons of the

➤ 계속

> 계속

United States)』(1996)를 참고하면 된다.

  핵무기 능력의 현황에 대해서는 『핵과학자회보(*The Bulletin of the Atomic Scientists*)』에서 편찬하는 "Nuclear Notebook"을 참고할 필요가 있는데, 여기에는 현존 핵보유국들의 핵무기 보유량에 대한 최신 정보가 수록된다 (http://bos.sagepub.com/cgi/collection/nuclearnotebook). 아울러 스톡홀름국제평화연구소(Stockholm International Peace Research Institute)에서 매년 발간하는 『SIPRI 연례보고서(*SIPRI Yearbook*)』도 참고할 수 있다.

주

1. Daryl Kimball, "The Nuclear Testing Tally," Arms Control Association, www.armscontrol.org/factsheets/nucleartesttally와 CTBTO 준비위원회 홈페이지: www.ctbto.org/nuclear-testing/history-of-nuclear-testing/nuclear-testing-1945-today/ 참조. 다른 이들은 2,084를 주장하기도 하는데, 이는 테스트 횟수가 아니라 폭발 횟수를 합산한 것이다. 예를 들면 미국은 1,054개의 폭탄으로 1,032회의 테스트를 실시하였다.
2. Ola Dahlman, Svein Mykkwltveit and Hein Haak, *Nuclear Test Ban: Converting Political Visions into Reality* (New York: Springer, 2009), p. 9.
3. Rudolph Herzog, *A Short History of Nuclear Folly* (New York: Melville House, 2013), p. 38.
4. Gerald de Groot, *The Bomb: A Life* (London: Jonathan Cape, 2004), pp. 253-255.
5. Ibid.
6. Daryl Kimball, 'The nuclear testing tally,' Arms Control Association, www.armscontrol.org/factsheets/nucleartesttally; the CTBTO 준비위원회 홈페이지: www.ctbto.org/nuclear-testing/history-of-nuclear-testing/

nuclear-testing-1945-today.
7. CTBT에 대한 자세한 내용은 Ola Dahlman, Svein Mykkwltveit and Hein Haak, *Nuclear Test Ban: Converting Political Visions into Reality* (New York: Springer, 2009) 참조.
8. 여기에 대해서는 Tom Collina and Daryl Kimball, "Going Back: 20 Years since the Last US Nuclear Test," *The Arms Control Association Issue Brief*, 3:14 (20 September 2012), www.armscontrol.org/issuebriefs/No-Going-Back-20-Years-Since-the-Last-USNuclear-Test%20 참조.
9. 자세한 내용에 대해서는 Atomic Archive, www.atomicarchive.com/Almanac/Testing.shtml 참조.
10. Jeffrey Richelson, *Spying on the Bomb: American Nuclear Intelligence from Nazi Germany to Iran and North Korea* (New York: W.W. Norton Co., 2007), pp. 314-316.
11. 평화적 핵실험의 개략적 내용에 대해서는 Rudolph Herzog, *A Short History of Nuclear Folly* (London: Melville House, 2013), p. 83-111 참조.
12. Frank Barnaby, *How to Build a Nuclear Bomb and Other Weapons of Mass Destruction* (London: Granta Books, 2003), pp. 23-31 참조.
13. Robert Gale, *Radiation: What It Is, and What You Need to Know* (New York: Vintage Books, 2013), pp. 23-25.
14. Frank Barnaby, *How to Build a Nuclear Bomb and Other Weapons of Mass Destruction* (London: Granta Books, 2003), p. 29.
15. Ibid, p. 31.
16. Gerald de Groot, *The Bomb: A Life* (London: Jonathan Cape, 2004), pp. 301-302.
17. Clay Wilson, "High Altitude Electromagnetic Pulse (HEMP) and High Power Microwave (HPM) Devices: Threat Assessments," *Congressional Research Service* (21 July 2008), www.fas.org/sgp/crs/natsec/RL32544.pdf.
18. Ruldoph Herzog, *A Short History of Nuclear Folly* (London: Melville House, 2012), pp. 115-119 참조.
19. Richard Miller, *Under the Cloud: the Decades of Nuclear Testing* (Texas: Two Sixty Press, 1991), pp. 67-69.
20. Marlise Simons, "Soviet Atom Test Used Thousands as Guinea Pigs, Archives Show," *New York Times* (7 November 1993), www.nytimes.com/1993/11/07/world/soviet-atomtest-used-thousands-as-guinea-pigs-archives-show.html?pagewanted=all&src=pm.

21. Arjun Makhijani and Stephen Schwartz, "Victims of the Bomb," chapter in Stephen Schwartz (ed.), *Atomic Audit: the Costs and Consequences of US Nuclear Weapons since 1940* (Washington DC: The Brookings Institution Press, 1998), pp. 421–428.
22. Oishi Matashichi, *The Day the Sun Rose in the West: Bikini, the Lucky Dragon, and I* (Honolulu, HI: University of Hawaii Press, 2011) 참조.
23. Jane Dibblin, *Day of Two Suns: US Nuclear Testing and the Pacific Islanders* (New York: New Amsterdam Books, 1990), p. 4.
24. Bonnie Malkin, "Aborigines to Sue British Government over Nuclear Tests," *Telegraph* (2 March 2010), www.telegraph.co.uk/news/worldnews/australiaandthepacific/australia/7352075/Aborigines-to-sue-British-Government-over-nuclear-tests.html.
25. 여기에 대해서는 www.nuclearfiles.org/menu/key-issues/ethics/issues/scientific/humannuclear-experiments.htm 참조.
26. Lizzy Davies, "French Soldiers 'Deliberately Exposed to Radiation' during Nuclear Tests," *Guardian* (16 February 2010), www.theguardian.com/world/2010/feb/16/france-soldiers-exposed-nuclear-radiation.
27. "America's Nuclear Weapons: Ban the Min-Bomb," *The Economist* (15 May 2003), www.economist.com/node/1781213.
28. Hans Kristensen and Robert Norris, "US Nuclear Forces, 2013," *Bulletin of the Atomic Scientists*, 69:2 (2013), pp. 77–86.
29. Hans Kristensen and Robert Norris, "Russian Nuclear Forces 2013," *Bulletin of the Atomic Scientists*, 69:2 (2013), pp. 71–81.
30. Robert Norris and Hans Kristensen, "The British Nuclear Stockpile 1953–2013," *Bulletin of the Atomic Scientists*, 69:4 (2013), pp. 69–75 참조.
31. Phillip Schell and Hans Kristensen, "French Nuclear Forces," in Stockholm International Peace Research Institute, *SIPRI Yearbook 2013* (Oxford: Oxford University Press, 2013).
32. Nuclear Threat Initiative 웹사이트의 중국 자료 www.nti.org/country-profiles/china/delivery-systems 참조.
33. Hans Kristensen and Robert Norris, "Indian Nuclear Forces, 2012," *Bulletin of the Atomic Scientists*, 68:4 (2012), pp. 96–101.
34. Usman Ansari, "Pakistan Test-fires Tactical Nuclear Missile," Defense News (12 February 2013), www.defensenews.com/article/20130212/DEFREG03/302120029/Pakistan-Test-Fires-Tactical-Nuclear-Missile.

35. Shannon Kile, "North Korea's Nuclear Forces," in Stockholm International Peace Research Institute, *SIPRI Yearbook 2013* (Oxford: Oxford University Press, 2013) 참조.
36. 자세한 내용에 대해서는 Phillip Schell and Hans Kristensen, "Israeli Nuclear Forces," in Stockholm International Peace Research Institute, *SIPRI Yearbook 2013* (Oxford: Oxford University Press, 2013) 참조.
37. 이와 관련된 최고의 자료는 스웨덴의 스톡홀름평화연구소에서 매년 발행하는 SIPRI Yearbook이다.

제3장

핵확산: 국가가 핵폭탄을 만드는 또는 만들지 않는 이유

- '핵추구'의 여러 이유 78
- 수직적, 수평적 확산 82
- 제2 핵시대에 있어서 핵확산 논쟁 87
- 핵잠재력과 실질적 핵무기 93
- 요점, 추가정보 및 자료 101

핵무기를 제조하기 위한 기술과 방법이 1940년대부터 존재해왔다는 점을 고려한다면, 여태까지 아주 소수의 국가들만 핵무기 획득을 추구하거나 시도하였다는 점은 놀라운 일이다. 미국 케네디(John F. Kennedy) 대통령은 1963년 3월에 한 연설에서 빠르면 1970년대에 25개 나라가 핵폭탄을 획득할 것이라고 경고한 바 있고,[1] 핵시대를 통틀어 새로운 행위자들에게 핵확산이 빠르게 될 것이라는 심각한 경고가 많이 있었다. 그러나 실제로는 핵무기를 보유한 국가는 (점차)증가하였지만, 그 숫자는 사람들이 전망했던 것보다는 상당히 적고 놀라울 정도로 제한적이다 (1940년대 이후로 평균 10년 당 한 국가). 이렇듯 상대적으로 적은 국가만 핵폭탄 획득을 시도한 이유는 필요한 시설과 전문성이 있어 핵폭탄을 추구할만하지만 포기하기로 결정한 이유만큼이나 다양하다. 동시에, 핵확산의 함의는 만만하지 않은 논쟁의 주제로 남아있다. 핵무기가 냉전 동안 역할을 했다고 추정되는 것처럼 평화를 유지하는데 도움이 되는가? 아니면 핵무기의 확산은 제2 핵시대로 명명된 시기에 있어서 사고나 핵사용의 가능성을 증가시키기에 본질적으로 나쁜 것인가? 따라서 이 장은 다음과 같은 점에 대한 고민을 시작할 수 있도록 하는 것을 목적으로 하고 있다. 첫째, 왜 국가들은 핵폭탄의 제조여부를 결정하는가? 둘째, 핵폭탄은 어떻게 확산되며 확산이 국제안보와 안정에 주는 의미는 무엇인가? 마지막으로 이론적으로는 다수의 국가들이 원하면 핵폭탄을 제조할 수 있지만 반드시 관련된 법이나 제도를 위반하지 않음을 의미하는 핵잠재력은 무엇인가?

이 장은 네 개의 절로 나눠진다. 제1절은 국가들이 핵폭탄 제조를 결정하고 핵무기를 보유하는 이유를 설명하는 다양한 개념적 모델을 소개한다. 제2절은 1945년 이후의 수직적·수평적 핵확산을 시기별로 검토하면서 이 시기에 관련 행위자의 증가와 전체 핵폭탄 비축량 변화를 보여준다. 제3절은 핵확산이 국제정치를 안정화시키는지 아니면 불안하게 하는지에 관련된 논쟁을 검토하고 이러한 논쟁을 '새로운' 제2 핵시대의 맥락에서 평가한다. 제4절은 국가가 결정을 내리면 핵폭탄을 제조할 수 있는 위치에 도달했음에도 불구하고 궁극적으로(최소한 지금은) 폭탄을 제조하지 않는 선택을 하는 것을 의미하는 핵잠재력 현상을 다룬다. 마지막으로 제3장의 요점과 추가 자료에 대한 안내가 이어진다.

1. '핵추구'의 여러 이유

통설에 따르면 국가는 본질적으로 무정부적인 국제체제 내에서 외부의 위협에 대하여 자국 안보를 보장받기 위한 최선의 방법이라고 믿기 때문에 핵무기를 제조한다. 그 함의는 자국 안보에 강력한 위협에 직면하지 않는 국가는 핵폭탄 제조를 선택하지 않게 된다는 것이다. 이 모델은 타당성이 있고, 핵무기 획득의 경우나 잠재적 획득의 경우에도 국가안보적인 측면의 동기에 따르지 않은 사례를 찾기는 힘들다.

- 미국은 제2차 세계대전을 종식시키기 위해 핵폭탄을 제조했다.
- 소련은 미국에 의한 위협을 느꼈기 때문에 핵폭탄을 제조했다.
- 영국과 프랑스는 소련에 의한 위협을 느꼈기 때문에 핵폭탄을 제조했다.
- 중국은 미국과 소련 양자에 의한 위협을 느꼈기 때문에 핵폭탄을 제조했다.
- 이스라엘은 주변 아랍국가들로부터의 위협을 느꼈기 때문에 핵폭탄을 제조했다.
- 인도도 중국에 의한 위협을 느꼈기 때문에 핵폭탄을 제조했다.
- 파키스탄은 인도에 의한 위협을 느꼈기 때문에 핵폭탄을 제조했다.
- 북한은 미국의 공격을 두려워하기 때문에 핵폭탄 제조를 선택했다.
- 이란은 미국과 이스라엘로부터의 공격을 두려워하기 때문에 핵무장 가능성이 있다 (제6장 참조).

그러나 분명히 국가안보는 핵계산에 영향을 주는 유일한 요소가 아니다. 실제로 오늘날의 세계에서 당면한 실존적인 국가안보 상 이유 때문에 핵무기를 보유하려는 절박한 국가의 사례(아마 이스라엘이나 북한의 경우가 이런 예외적 경우에 해당될 수도 있을 것이다)를 많이 인용하는 것도 마찬가지로 쉽지 않다. 대개 이들 국가가 폭탄을 제조하기로 결정한 후에 국가안보에 대한 위협이 변화하거나 그 위협이 단순히 핵사용의 위협을 통해서가 아니라 보다 낮고 신뢰할 수 있는 방법에 의해 관리되었을 수가 있다. 따라서 핵폭탄을 제조하기로 한 결정에 있어서 다른 요인들이 작동하였다는 점은 분명하다.

핵무기 획득의 국가안보적 이유(자세한 내용은 제4장 참조) 외에 핵무기에 대한 국가의 결정을 촉진하고 형성하는 다른 요인들을 고려해야 한다. 국가안보에 대한 당면한 또는 미래의 실존적 위협에 대한 인식 외에, 핵과 관련된 결정은 외부적 요인과는 거의 관련이 없는 강력한 국내적 요인에 기반을 두고 결정이 내려질 수 있다. 세이건(Scott Sagan)이 지적하듯이,

> 다른 무기와 마찬가지로 핵무기는 단지 국가안보만을 위한 도구가 아니다. 핵무기는 국내적 논쟁과 내부의 관료적 투쟁에 있어서 굉장한 중요성을 가지는 정치적 대상이다. 핵무기는 또한 근대성과 정체성이라는 국제정치의 규범적 상징으로 역할을 할 수도 있다.[2]

또는 하이만스(Jacques Hymans)는 다음과 같이 주장한다.

> 핵추구에 대한 결정은 국제구조에서 비롯되는 것이 아니라 개인의 마음에서 비롯된다. 단순히 얘기하자면, 어떤 정치지도자들은 그들을 폭탄을 추구하게끔 만들 국가정체성에 대한 관념을 가진다. 이런 지도자들은 그런 욕구를 국가 정책으로 전환시킬 것으로 기대할 수 있다.[3]

이 주제와 관련된 중요한 글에서, 세이건은 국가가 핵무기를 획득하고 보유하기로 결정하는 이유가 국가안보 이외에 다른 요인을 포함하도록 확장되어야 한다고 제시하였다. 아래에서 설명하는 것처럼, 세이건은 국가안보 이외에 핵무기 획득을 설명하는 두 개의 새로운 '모델'을 추가하였다. 세 개의 모델은 대략적으로 국제정치 이론에 있어서 현실주의,

자유주의, 구성주의 간의 이론적 차이를 반영한다.

- **안보 모델**은 국가가 국가안보적 이유 때문에 핵무기를 제조하고 보유한다고 얘기한다. 이런 주장은 정확히 현실주의 이론적 전통에 부합한다. 이 시나리오에 따르면, 국가 A는 다른 방법으로는 대응할 수 없는 국가 B로부터의 자국 안보에 대한 위협 때문에 핵무기를 획득하려 한다. 국가 B가 위협으로 존재하는 한, 국가 A는 핵무기를 보유한다. 역으로, 만약 국가 B가 위협이 되지 않는다면 국가 A는 이론적으로 핵무기에 대한 필요를 가지지 않는다.
- **국내정치 모델**은 국가는 국가안보에 대한 위협과는 상관없이 특정한 국내정치적, 관료적 이유 때문에 폭탄제조와 보유를 선택한다고 얘기한다. 이런 사례는 한 국가 내에서 어떤 정당이나 이익집단이 인기 또는 선거 상의 목적으로 핵이슈를 활용하는 경우에 해당된다. 다른 사례는 특정 정부부처, 거대 산업체, 군 당국, 또는 그 내부의 특정 군에서 핵프로그램에 중요성을 부여하는 경우가 될 것이다.
- **규범 모델**은 국가의 위신과 국가정체성과 관련된 특별한 가치를 가지고 있다고 여겨지기 때문에 핵무기가 추구되고 보유된다고 얘기한다. 이 시나리오에 따르면, 핵무기는 국력, 근대성과 활력을 대표하고, 심지어 '강대국(great power)' 지위도 제공한다.

세이건의 틀에는 포함되지 않았지만, 국가가 핵폭탄을 제조하는 이유에 대해 널리 인용되는 또 다른 이유가 있다. 이것은 **기술결정론**인데, 핵프로그램은 핵과 관련된 생각을 형성하는 기술의 증가와 발전(즉 수요 쪽 압력보다는 공급 쪽 압력에 좌우되는)의 결과라는 것이다. 이 모델에서는 안보, 정치, 정체성과 상관없이 기술적 발전이 핵무기 획득과 보다 강력하고 뛰어난 탄두와 투발수단의 개발을 추진하게 하는 요인이다. 이런 점에서 핵무기 능력은 발달된 군산복합체와 민수용 원자력 능력의 자연적 연장이나 마찬가지이다. 그러나 이론적으로 핵무기 제조가 가능한 많은 나라들이 핵폭탄 제조를 선택하지 않았다는 사실은 기술결정론에 대한 강력한 반증이다. 하이만스가 주장하듯이 "기술적 잠재력과 군사적 실제 간의 격차는 핵무기 확산 현상에 대해 전반적으로 재고하게 했어야 한다."[4]

핵무기 획득과 보유의 '결정요인'들을 상호 구성적(co-constitutive)인 것으로 생각할 수도 있지만, 특정 국가가 선택한 결정과 관련해서는 종종 하나의 요인이 다른 요인들보다 더욱 중요한 것으로 입증되었다. 이런 점이 표 7에서 설명된다. 여기에 소개된 모델들은 서로 다른 것으로 분석되었지만, 실제로는 어떤 국가가 핵무기를 제조하고 보유하는 이유는 복합적이어서 소개된 모든 요인들이 섞여서 영향을 미칠 수도 있다. 또한 핵폭탄을 제조하지 않기로 선택한 국가도 국가안보에 대한 위협에도 불구하고 다양하고 다른 이유 때문에 그런 결정을 내릴 수 있다. 그렇지만 아래의 유형들은 국가가 핵무기 제조와 보유를 선택하거나 선택하지 않는 이유에 대하여 안보를 기반으로 하는 1차원적인 이해를 넘어서 생각하게 해주는 유용한 도구이다.

2. 수직적, 수평적 확산

1945년 이후 핵무기는 두 갈래로 확산되었다. 첫째는 **수평적 확산**으로 불리는 여러 새로운 주체들에게의 확산이고, 둘째는 **수직적 확산**이라고 불리는 기존 핵보유국들의 보유량 증가이다. 이 절에서는 이러한 두 동력이 지난 70년 동안 어떻게 변동하였는지를 보여주고, 비록 핵무기 보유국의 수는 느리게 증가했지만 이것이 세계의 전체 탄두 보유량에는

표 7 핵무기 획득의 모델 [i]

모델	설명	이론적 기반	사례
국가안보	국가안보의 위협 때문에 핵무기 제조, 보유	현실주의	소련은 1940년대에 주로 미국에 대한 우려 때문에 핵무기 제조 이스라엘은 1960년대에 지역 국가들로부터의 위협을 인식하여 핵무기 제조 프랑스는 1960년대까지 소련의 위협으로부터 미국이 자국을 보호할 것을 신뢰하지 못했기 때문에 핵무기 제조 북한은 미국으로부터 자국을 보호하기 위해 핵무기 제조
국내/관료정치	국내정치의 편협한, 관료적 이해 때문에 핵무기 제조, 보유	자유주의	국내정치적 영향이 미국, 영국, 프랑스, 러시아가 핵군축에 합의하기 어렵게 만든 핵심 요인이자 군비축소의 중대한 장벽 (제5장 참조)
규범	핵무기가 제공하는 위신 때문에 핵무기 제조, 보유	구성주의	영국의 핵무기를 개발 보유하기로 한 결정은 '강대국 지위'에의 핵심으로 인식 파키스탄이 인도 모두 핵무기를 자국의 근대성과 개발 개념을 강조하는 방법으로 인식
기술결정론	핵무기는 기술개발의 자연적 산물	구조주의	1940년대 초반의 맨해튼 프로젝트는 미국의 핵무기 획득을 거의 불가피하게 함 핵잠재력 (본문 참조)

[i] 이 표는 세이건의 세 모델을 기반으로 하고 있다. 여기에 대해서는 Scott Sagan, "Why Do States Build Nuclear Weapons? Three Models in Search of the Bomb," *International Security*, 21:3(1996–1997), pp. 54–86 참조.

상대적으로 미미한 영향을 주었다는 점을 입증한다 (최근의 경향은 더 많은 핵무기 보유국과 더 적은 핵무기 숫자이다).

1945년 이후 핵보유국에 의해 총 12만 8,000개의 핵탄두가 제조된 것으로 추정된다. 1998년 초까지 오직 미국, 러시아, 영국, 프랑스, 중국만이 핵무기를 보유할 수 있도록 공식적으로 허용되었다는 점을 고려할 때, 이것은 놀라운 숫자이다.[5] 더욱 놀라운 것은 98퍼센트의 폭탄이 1945년과 1991년 사이에 미국이나 소련에 의해 제조되었다는 점이다.[6] 이들 많은 폭탄이 이후 퇴역되거나 해체(또는 최소한 해체 대기 중)되었지만, 여전히 많은 숫자가 이론적으로는 사용될 수 있거나, 잠재적으로 더 나쁘게 도난이나 오용될 수 있다. 따라서 1945년 이후 생산된 모든 분열물질과 방사능 폭탄 부품들의 처치 문제는 세계적으로 심각한 문제로 남아있다. 1986년에 전 세계 핵보유량은 정점에 이르러 총 69,368개의 핵탄두가 존재하였으며, 이들 중 50퍼센트 이상을 당시 소련이 보유하였다.[7] 이후로 세계 핵보유량은 상당히 축소되었다. 그럼에도 불구하고 여전히 현재 보유량, 특히 미국과 러시아가 보유한 전체 수량은 걱정스러울 정도로 많다.

표 8은 1945년 이후 핵무기와 보유국 숫자의 변화를 정리한 것이다. 이 표는 1945년 이후 수직적 · 수평적 확산과 관련된 흥미로운 사실들을 보여준다.

- 1955년과 1965년 사이에 가장 큰 규모로(35,105) 세계 핵보유량이 증가하였다.
- 1965년과 1975년 사이에 핵무기 제조가 현저히 줄어 증가량이 9,713이었다.
- 1985년과 1995년 사이에 전 세계 보유량이 가장 크게 줄었는데, 이는

표 8 핵확산 [i]

연도	핵무기 보유국	전 세계 추정치	증가/감소
1945	1(미국)	2	
1955	3(미국, 소련, 영국)	2,636	+2,632
1965	5(미국, 소련, 영국, 프랑스, 중국)	37,741	+35,105
1975	6(미국, 소련, 영국, 프랑스, 중국, 이스라엘 [ii])	47,454	+9,713
1985	6(상동)	63,632	+16,178
1995	6(상동)	39,123	−24,509
2005	8(미국, 소련, 영국, 프랑스, 중국, 이스라엘, 인도, 파키스탄)	26,388	−12,735
(2015)	9(미국, 소련, 영국, 프랑스, 중국, 이스라엘, 인도, 파키스탄, 북한)	~16,300	−10,088

[i] Robert Norris and Hans Kristensen, "Global Nnuclear Weapons Inventories, 19452010," *Bulletin of the Atomic Scientists*, 66:7 (July/August 2010) pp. 81–82 and Ploughshares Fund, "World Nuclear Stockpile Report," updated 28 August 2014, available at http://ploughshares.org/world-nuclear-stockpile-report.
[ii] 이스라엘은 이 시점에 핵무기를 개발했다고 알려져 있지만 공식적으로 핵보유를 선언하지 않았다 (제6장 참조).

주로 냉전의 종식에 기인한 것이다.
- 1985년 이후 보유량 축소는 점차 느려지고 있고, 2015년을 넘어서는 축소가 매우 힘들 것으로 전망된다.
- 핵무기 보유국 수는 전 세계 핵무기 보유량에 거의 영향을 미치지 않았다.

본질적으로 이 표는 냉전 초기 특히 1950년대 초반과 1980년대 초반 사이에 핵보유량이 급증하였지만, 이후 25년 동안 핵보유량은 상당히 축소되었음을 보여준다. 또한 미국의 보유량은 소련/러시아보다 상당히 이른 시점(약 19년 앞서[8])에 정점을 찍었다는 점과 핵무기 보유국가의 증가가 세계 전체의 무기 보유량에 미친 영향은 거의 없었다는 점이 흥미롭다. 이 시기에 다른 많은 국가들이 핵프로그램을 가졌다가 포기하였다. 가장 주목할 만한 사례가 아르헨티나, 브라질, 리비아, 남아공, 한국, 스웨덴, 스위스의 경우(제9장 참조)이고, 시리아와 이라크는 제재와 강제에 의해 보유하고 있던 핵무기 프로그램이 축소된 경우이다. 아래에서 자세히 다루는 것처럼, 이들(다른 주요 국가들도) 중 몇 국가는 원한다면 핵무기를 제조할 수 있는 이론적 능력을 보유하고 있다.

새로운 주체로의 핵무기 확산과 전 세계 핵무기 보유 수준의 증가는 몇 가지 위험 요인을 수반하는데, 어떤 점을 더 심각하게 고려하는가에 따라 약간 다른 처방을 제시할 수 있다. 표 9에서 볼 수 있듯이, 수평적 확산에 대해서는 비확산 노력이 요구되고, 수직적 확산에 결부된 위협에 대해서는 핵군축을 위한 더 많은 압력이 요구된다. 그러나

표 9 수직적 vs 수평적 확산 위협

수평적 확산	수직적 확산
핵무기의 새로운 주체로의 확산	기존 핵보유국들의 핵보유량 증가
새로운 핵보유 주체가 기존 핵보유국만큼 '합리적'이지 않거나 노련하지 않을 수 있음	다수의 핵보유는 다른 국가들에게도 핵무기를 매력적으로 보이게 함
핵주체의 증가는 사고, 오용, 심지어 의도적 핵사용의 가능성 증가를 의미	핵무기 숫자의 증가는 사고나 오용 가능성 증가를 의미
	수직적 확산은 군비경쟁과 불안정으로 이어질 수 있음
더 많은 주체는 위험의 증가를 의미	더 많은 핵무기는 위험의 증가를 의미
비확산에 우선순위가 부여되어야 함 (NPT 1조와 2조)	핵군축에 우선순위가 부여되어야 함 (NPT 6조)

두 가지는 사실 연결되어 있다. 수직적 확산은 핵무기가 없는 국가에게 핵무기가 더욱 매력적으로 느껴지도록 할 수 있고, 수평적 확산은 이미 핵무기를 보유한 국가에게 핵무기 감축의 필요성을 감소시킬 수 있다. 이는 국제 핵의제의 주요 역설이자, 1968년 핵확산금지조약(NPT: Nuclear Non-Proliferation Treaty)에 내포된 핵심적 문제 중의 하나이다 (이 점에 대해서는 제5장과 제7장에서 자세히 다룬다).

3. 제2 핵시대에 있어서 핵확산 논쟁

핵확산 논쟁은 국제정치의 핵심적 문제를 중심으로 이어져 왔다. 핵무기의 확산이 세계안보와 안정을 증가시키는가 아니면 감소시키는가? 아래에서 설명되는 것처럼, 이 논쟁은 **확산 낙관주의자**(*proliferation optimists*)와 **확산 비관주의자**(*proliferation pessimists*) 사이의 치열한 지적 주장들의 핵심에 위치한다. 그리고 이 논쟁의 중요성은 우리가 제2의 핵시대로 불리는 시기에 들어가면서 기하급수적으로 증가하였다. 이 절은 핵확산과 관련하여 다음과 같은 광범위한 질문들에 대해 다룬다.

- 새로운 핵무기 보유국들은 기존 핵보유국과 같은 절제력을 발휘할 것인가?
- 냉전 동안 핵무기가 평화를 유지하였는가, 만약 그렇다면 오늘날에도 그럴 수 있을까?
- 핵폭탄의 확산이 미래에 의도적 또는 우발적 핵무기의 사용 가능성을 증가시킬까 아니면 감소시킬까?

1) 제2 핵시대에 있어 핵확산

옳건 그르건, 핵시대가 두 개의 시기로 구분될 수 있다고 이해하는 것이 통념이 되었다. 제1 핵시대는 미국과 '서방' 그리고 소련과 '동방' 진영 간의 초강대국 핵경쟁에 의해 지배된 1945년부터 1991년 사이의 시기이다. 제2 핵시대는 냉전의 종식과 함께 시작되어 보다 유동적인 전략적 환경 속에 더 많은 핵주체가 관련되는 시기이다. 제1 핵시대가 (최소한 돌이켜보면) 안정으로 대변되는 반면, 제2 핵시대에 대한 예상은 그렇게 낙관적이지 않다. 브래큰(Paul Bracken)은 다음과 같이 설명한다.

> 신중함과 행운이 합쳐져서 세계는 제1 핵시대를 핵재앙이 없이 헤쳐 나올 수 있었다. 더 진지한 태도로 제2 핵시대를 대비하지 않는다면, 우리는 이번에 그렇게 행운이 따르지 않을 것이다.[9]

제2 핵시대의 핵확산 위협은 아래에서 보다 자세히 다룬다.

가장 기본적으로 우리가 이제 제2 핵시대를 살고 있다는 주장은 냉전 종식과 더불어 국제 핵정치가 포괄적인 변화를 경험했다는 생각에 기반을 두고 있다. 핵전략이 양자적 세계질서(동서냉전)를 통해 구사되고 오직 5개국만이 공개적으로 핵무기를 배치했던 세상이 아니라, 두 번째 핵시대는 대신에 보다 유동적이고 미묘한 국제환경에서 핵폭탄과 관련 기술이 새로운 주체에게 확산된다는 특징을 가지고 있다. 차(Victor Cha)의 표현을 빌리면,

> 제2 핵시대는 제1 핵시대와 상당히 다르다. 제1 핵시대에는, 이 개념이 미국과 소련 또는 그 다음의 핵보유국(영국, 프랑스, 중국)을 지칭하는가에 상관없이, 소수의 주체만 있었고 일반적으로 얘기하자

면 그들 사이에 상당한 균일성이 있었다. 대조적으로, 제2 핵시대는 사과와 오렌지를 비교하는 것과 같다. 확산의 수준만 크게 변한 것이 아니라, 모든 차원에 걸쳐 다르다.[10]

제2 핵시대에 가장 큰 핵위험은 강대국들 사이의 대규모 충돌에서 비롯될 가능성이 거의 없는 반면에, 지역적 불안정이나 비국가 행위자(비국가 행위자로부터의 위협에 대해서는 제8장 참조)로부터 비롯될 가능성이 크다. 다시 브래큰의 말을 인용한다.

> (가장) 큰 핵전쟁 위험은 강대국들 사이가 아니라 지역(남아시아, 중동, 동아시아)에 있다. 어떻게 이들 경쟁이 진행되는지가 제2 핵시대의 가장 중요한 문제 중의 하나가 될 것이다.[11]

이 위협은 대량살상무기(WMD: weapons of mass destruction) 기술의 확산, 특히 원자력과 탄도미사일 능력이 결합하여 전 세계에 걸쳐 새로운 행위자들에게 확산되면서 악화되었다.

결과적으로 첫 번째 핵시대는 미국과 소련 사이의 초강대국 경쟁에 따른 주로 수직적 확산에 의해 주도되었다면, 두 번째 핵시대는 수평적 확산과 새로운 범주의 핵도전에 의해 특징지어진다. 최근 20여 년 동안 3개국이 핵능력을 보여주었으며, 다른 나라들도 핵능력 확보를 시도하였거나 미래에 시도할 수도 있다. 이런 점 때문에 핵위협의 성격은 변화한 것으로 보인다. 이러한 두 시기의 차이점에 대해서 표 10에서 비교한다.

궁극적으로 제2 핵시대의 핵심 주제는 새로운 행위자에게 핵폭탄이 제조수단 및 운반수단과 함께 확산됨으로써 게임이 변화하였다는 것이다. 이제 더 이상 제1 핵시대를 생존할 수 있도록 도왔던 핵도구에 의

표 10 제1, 제2 핵시대의 비교

	제1 핵시대(1945~1991년)	제2 핵시대(1991년~현재)
행위자	미국, 소련, 영국, 프랑스, 중국	미국, 러시아, 영국, 프랑스, 중국, 인도, 파키스탄, 북한, 이스라엘, 몇 몇 비국가행위자
위협	미국 및 NATO가 주도하는 '서방'과 소련 및 바르샤바조약기구(Warsaw Pact) 국가가 주도하는 '동방' 간 대규모 핵전쟁	지역 위기가 핵무기 사용으로 확대될 가능성 비국가행위자가 핵무기를 획득할 가능성
원인	초강대국 또는 그들 대리인들 사이의 위기/오산이 대규모 핵교전으로 결과 어느 일방의 1차 공격능력 확보 시도	소규모의, 어쩌면 승인되지 않은, 지역적 핵교전 국가가 전쟁 수행을 위해 의도적으로 핵무기 사용 비국가행위자에 의한 소규모 핵 사용
주제	상호확증파괴(MAD: mutual assured destruction) 이론이 안정에 핵심. 이는 2차 공격능력의 확보에 기초를 둠	MAD가 완전히 적용될 수 있는가의 질문 신규 핵무기 보유국 대부분은 확실한 2차 공격능력 보유하지 못함
초점	핵위협을 다루기 위해 군비통제와 핵군축에 초점	핵위협을 다루기 위해 비확산, 핵안보 및 군축에 초점
특징	수직적 핵확산	수평적 핵확산(과 수직적 핵군축)
요약	핵무기는 동서 냉전 시기 교착 상태에서 평화 유지에 일조(또는 최소한 대 전쟁 예방)	더 많은 행위자에게 핵무기가 확산되면 새로운 일련의 지구적 도전이 발생하고 핵무기의 사용 가능성 증대

존할 수 없다. 이클레(Fred Ikle)의 표현을 빌리면,

> 핵드라마는 시작된 지 반 세기가 지나 서막의 결론에 도달했다. 그것은 애초에 무대를 어둡게 했던 문명에 대한 암울한 전망에도 불구하고 행복한 결말이었다. 그러나 이 휴식이 핵전쟁의 위험으로부터 영

원한 구원을 의미하지는 않는다.[12]

제2 핵시대에 있어 핵확산 도전은 한 가지 핵심 질문과 관련된다. 핵무기는 국제정치를 보다 안정적이고 평화적으로 만드는가 아니면 그 반대인가?

2) 낙관주의자와 비관주의자: 왈츠-세이건 논쟁

아마 제2 핵시대에 있어서 가장 중요한 도전 중의 하나는 새로운 행위자에게의 수평적 핵확산이고, 이는 제1 핵시대를 규정했던 동서 냉전 와중의 수직적 핵확산과는 상당히 다른 도전이다. 결과적으로 이론의 여지없이 제2 핵시대에 가장 본질적 질문은 새로운 행위자에게의 핵확산이 국제정치를 안정화시키는가 아니면 그 반대인가, 그리고 핵확산이 국가 간(아마도 핵) 전쟁 가능성을 높이는가 아니면 감소시키는가 하는 것이다. 이 주제는 두 명의 저명한 정치학자인 왈츠(Kenneth Waltz)와 세이건 사이 논쟁의 핵심이다. 논쟁은 다음과 같이 간단히 설명될 수 있다.

> 왈츠는 핵무기 확산의 공포는 과장된 것이라고 주장한다. "많은 것이 좋을 수도 있다." 왜냐하면 핵무기 보유 국가들은 그것을 다른 국가들의 공격을 억지하는 데에 사용할 것이기 때문이다. 세이건은 핵무기의 확산이 세상을 더 불안정하게 만들 것이라고 주장한다. "많으면 더 나빠질 것이다." 왜냐하면 새로 핵무기를 보유하는 몇 국가는 예방전쟁을 하거나, 생존 가능한 전력을 구축하지 못하거나, 심각한 핵무기 사고를 경험할 것이기 때문이다.[13]

이러한 논쟁을 확산 낙관주의자와 확산 비관주의자 사이의 의견 대립으로 볼 수 있다. 왈츠는 핵확산 낙관주의자의 대표적 인사이고 세이건은 비관주의자이다. 두 입장의 핵심적 논리는 다음에서 설명된다.

확산 낙관주의자. 핵확산 낙관주의자는 제2 핵시대에 있어서 수평적 핵확산이 자동적인 불안정으로 인식될 필요는 없다고 주장한다. 왈츠가 설명하듯이,

> 더 많은 국가들이 핵무기를 보유한 세상을 두려워하는 이들은, 새로운 핵무기 보유 국가들이 기존 핵보유국들보다 더 무책임하고 자제력이 없을 것임을 입증하지도 않고 단지 더 많은 것이 더 나쁘다고 주장하고 있을 뿐이다. 그러한 공포는 핵무기가 점진적으로 확산되면서 근거가 없는 것임이 입증되었다. 더 많은 국가들이 핵무기를 가지더라도 미래의 전망이 밝을 것이라고 믿을만한 많은 이유가 있다.[14]

그 이유는 부분적으로,

> 새로운 핵보유국들은 기존 핵보유국들이 경험했던 가능성에 직면하고 제약을 느끼게 될 것이기 때문이다. 새로운 핵보유국들은 몇 몇 기존 핵보유국들이 경험했던 것보다 더 자국의 안보에 신경을 쓰고 위험에 유념할 것이다.[15]

궁극적으로 이러한 견해는 "합리적으로 사용되는 핵무기는 전쟁발발을 어렵게 한다"고 믿는다.[16] 따라서 낙관주의자들은 핵무기의 확산이 특정 조건 하에서는 사실상 환영받아야 하고, 보복적 핵억지는 세계 핵관계의 기반으로 유지되어야 한다고 주장한다.

확산 비관주의자. 반면, 비관주의적 견해에 다르면 수평적 핵확산은 핵위험성과 핵무기 사용 가능성을 증가시킬 뿐이다. 비관주의자들은 수평적 확산이 위험의 개연성을 증가시킬 다수의 요인들을 지적한다. 핵테러리즘과 불법 네트워크의 증가 (제8장 참조), 핵사고의 가능성과

민간 원자력 발전소의 통제 문제와 보다 광범위한 핵무기 지휘통제에 있어서의 문제 (제10장 참조), 공격적인 핵보유국에 대한 예방전쟁의 공포 (제7장 참조), 그리고 무엇보다도 생존 가능한 2차 공격능력을 구축하는 데에 있어서의 문제가 그것이다.[17]

그러나 이들 중 가장 중요한 것은 핵무기가 제1 핵시대에 있어서 평화를 유지하는 데에 도움이 되었다는 잘못된 믿음에 대한 비판이다. 세이건의 말을 빌리면,

> 억지 낙관론은 잘못된 향수와 불완전한 유추에 기반을 두고 있다. 비록 억지가 (미국과) 소련과 중국의 경우에 작동되었지만, 많은 위기 일발의 상황이 있었다. 냉전 동안 핵평화를 유지하는 일은 오늘날 미국 정부관계자들과 대중이 기억하는 것보다 훨씬 더 어렵고 불확실한 것이었다.[18]

확산 비관주의자들은 또한 핵무기가 새로운 핵주체들로 확산됨에 따라 조직 문화에 있어서의 문제와 계속 증가하는 사고 및 승인되지 않은 핵무기의 사용 위협에 주목한다. 왜냐하면 '일상적인 편견, 융통성 없는 루틴, 그리고 편협한 이익들'이 '억지 실패, 의도적 또는 우발적 핵전쟁'의 가능성을 더욱 높이기 때문이다.[19] 결과적으로 비관주의자들은 보복적 핵억지는 확산 낙관주의자들이 보는 것처럼 만병통치약이 아닐 수 있다고 주장한다. 이러한 두 견해는 표 11에서 대비하여 볼 수 있다.

4. 핵잠재력과 실질적 핵무기

소수의 국가들만 핵무기 제조를 선택하고 다수의 국가들은 핵무기를 제조하지 않기로 결정했다. 그러나 핵기술의 특징 때문에 현재 핵무장을

표 11 핵확산 논쟁

확산 낙관주의자	확산 비관주의자
논지 "많은 것이 좋을 수도 있다"	논지 "많으면 더 나빠질 것이다"
핵무기의 확산은 신규 핵보유국들이 자국 핵무기를 다른 국가들의 공격을 억지하는 수단으로 활용하게 할 것이기 때문에 더 나은 안정성을 유도할 것이다.	더 많은 국가들이 핵무기를 보유하면 예방적 핵전쟁과 심각한 핵사고의 가능성이 높아져 불안정성 증대로 이어진다. 합리적 억지이론의 성공을 기대하는 것은 낙천적이다.
핵무기는 제1 핵시대에 대전쟁을 예방하였다. 핵테러리즘 위협은 과장된 것이다.	대부분 분별력보다는 운 때문에 현재까지 핵사용을 피할 수 있었다. 핵테러리즘과 승인되지 않은 핵사용의 위협은 상존하고 핵무기가 확산됨에 따라 더 증가할 것이다.
행위자들은 근본적으로 합리적이다. 따라서 더 많은 핵무기는 안정성을 증대할 것이다. 핵억지는 작동한다.	핵보유국이 증가하면 핵사용 가능성이 높아진다. 미래에 핵억지는 실패할 가능성이 높다.
이란의 핵무기는 중동 지역을 안정화시킬 수 있다.	이란의 핵무기는 중동 지역의 안정성을 근본적으로 흔들 것이다.
핵억지 능력이 증대될수록 전쟁 가능성은 감소한다. 핵무기는 전쟁 발발을 힘들게 한다.	핵무기에 대한 수요를 축소시키고, 비확산 레짐을 강화하고, 군축을 위해 노력해야 한다.

하지는 않은 것으로 여겨지지만, 원한다면 이론적으로는 즉시 핵무기를 제조할 능력을 보유한 다수의 국가가 존재한다. 이들 국가는 민수용 원자력 프로그램을 가지고 있고, 종종 고농축 우라늄235를 생산하거나 무기급 플루토늄239를 분리할 수 있는 능력이 있다. 또한 핵무기를 개발하는데 사용될 수 있는 상대적으로 선진화된 군사 기반시설을 보유한다(자세한 내용에 대해서는 제10장 참조). 이들이 하루아침에(또는 완전히

비밀리에) 실제 작동하는 핵무기를 만들 수는 없지만 결정을 한다면, 비록 전문가들 사이에서 그 시간에 대한 평가는 사안별로 달라지지만, 상당히 단 기간 내에 제조를 할 수 있을 것이다. 이들은 핵잠재력으로 일컬어지는 입장의 채택 때문에 **실질적 핵무기 국가**(*virtual nuclear-weapon states*) 또는 **핵무기 문턱 국가**(*threshold nuclear-weapon states*)로 불린다. 코헨(Avner Cohen)과 필라트(Joseph Pilat)의 설명에 따르면,

> 실질적 무기는 실제로 물리학의 현실이자 무시될 수 없는 것이다. 왜냐하면 핵무기를 만들기 위한 지식, 경험, 물질 및 다른 요건들이 널리 확산되기 때문이다. 일반적인 기술의 전파와 원자력 프로그램의 존재로부터 군사적으로 중요한 핵무기 능력의 개발 및 유지에 이르는 일련의 실질적 능력의 연속체가 존재한다.[20]

핵잠재력은 오늘날 국제사회가 직면한 가장 중대한 확산 도전 중의 하나로 남아있다.

왜 이것이 문제인가? 핵잠재력의 문제는 민수용 원자력 프로그램에 필요한 기술이 핵폭탄을 위한 분열물질을 생산하는 데에 필요한 기술과 아주 유사하고 재래식 무기를 위해 고안된 군사장비들이 (예를 들면 비행기나 미사일로) 핵폭탄을 운반하도록 변경될 수 있다는 사실에서 기인한다. 문제는 모든 국가들이 민수용 원자력 에너지를 생산할 권리가 있다고 규정한 1968년 NPT의 핵심 거래에 의해 더욱 복잡해졌다 (자세한 내용에 대해서는 제7장 참조). 그 결과, 국가들은 실제로 NPT를 약화시키거나 국제법을 위반하지 않고서도 핵 '탈출(breakout)' 능력을 획득하는데 상당히 근접할 수 있다. 이 점이 이란의 명시적 민수용 원자력 프로그램과 그 시설이 핵무기 개발을 위한 기초로 사용될 수 있는지 여부를 둘러싼 최근 논쟁의 핵심적 사안이다 (제6장 참조). 전 세계

가 새로운 에너지 자원을 모색함에 따라 더 많은 국가들이 민수용 원자력 프로그램을 선택하고 있어서 핵잠재력의 이론적 도전 또한 증가하고 있다. 전임 국제원자력기구(Atomic Energy Agency) 사무총장 엘바라데이(Mohammed Elbaradei)에 따르면,

> 어떤 자료에 따르면 40개국 이상이 핵무기 제조법을 보유하고 있다. 이는 그들이 필요한 분열물질(고농축 우라늄 또는 플루토늄)을 가지고 있다면, 우리는 기본적으로 그 국가들의 지속적인 선의에 의존하고 있다는 것을 의미한다. …[21]

엘바라데이의 언급이 이들 모든 국가가 핵무기를 쉽게 제조할 수 있을 것이라는 의미로 해석될 필요는 없지만, 그것은 이 새로운 도전의 중요성을 강조하고 있다. 실제로 최근의 후쿠시마(Fukushima) 핵재난과 민수용 원자력을 단계적으로 폐기하기로 한 독일의 2011년 결정[22]에도 불구하고, 전 세계적 추세는 미래에 원자력 발전이 축소되기보다는 더 증가하는 방향일 것이다 (이 함의에 대해서는 제10장 참조).

    누가 관련되어 있는가? 이론적으로는 민간 원자력 산업이 활발하고 현대적 첨단 군사 기반시설을 갖춘 국가는 핵폭탄을 제조할 수 있다. 그러나 어떤 국가가 핵폭탄을 제조하기로 결정하더라도 그것이 간단한 일은 아니다. 가장 좋은 여건을 가진 국가는 핵연료주기를 완벽히 통제하는 국가이다. 즉 그런 국가는 핵연료를 농축(우라늄)시키거나 핵분열의 부산물을 분리(플루토늄)시킬 수 있다. 민수용 원자력 발전시설을 보유하지만 핵연료를 해외에서 구입해야 하는 국가는 확산 위험이 훨씬 적다. 왜냐하면 비록 플루토늄이 우라늄 분열(제1장 참조)의 부산물이지만, 이들 민간 원자력 발전시설은 반드시 국제원자력기구(IAEA) 등의 국제적 기관에 의해 면밀히 감시를 받아야하기 때문이다. 그러나

기술적 능력은 확산의 하나의 동인일 뿐이다. 이는 정치적 의지와 폭탄 제조를 위해 필요한 더 광범위한 기술적 전문성과 합치되어야 한다. 예를 들어 핵탄두를 미사일에 탑재할 수 있도록 소형화하고 비행 시의 압력이나 대기권 재진입을 견딜 수 있게 하는 것은 비록 현대 국가에서는 불가능하지는 않지만 매우 힘든 일이다. 일반적으로 한 국가가 잠재력에서 완전한 핵무기 제조 능력으로 이동하기 위해서는 IAEA와 국제사회로부터 프로그램의 비밀을 유지하는 것 외에도 몇 가지 중요한 도전에 직면하게 된다.

아래에 다양한 수준의 핵잠재력을 보유하고 있는 것으로 평가되는 몇 나라의 사례를 소개한다.

- **일본**은 대개 핵잠재력을 보유한 국가의 전형으로 인식된다. 왜냐하면 일본은 선진적인 민간 원자력 산업, HEU 또는 플루토늄(기존에 보유하고 있는 것과는 별도로)을 생산할 능력, 그리고 현대화된 군대를 보유하고 있다. 동북아시아의 지정학적인 갈등을 고려할 때, 비록 일본이 실제로 핵보유를 전적으로 추진할 가능성은 낮다고 전문가들이 평가하고 현재 일본이 NPT의 핵심 국가이지만, 일본이 '핵추구(go nuclear)'를 결정할 위험은 상존한다. 또한 일본은 원한다면 상대적으로 짧은 기간 동안에 투발될 수 있는 핵폭탄을 제조할 수 있을 것이다.[23] 루블리(Maria Rost Rublee)에 따르면,

    일본이 계속 비핵국가로 남았다는 것은 다소 이상한 일이다. 경제적, 과학적, 기술적으로 발전하고 정교한 원자력 프로그램을 가지고 있으며…, 무력충돌을 경험했던 핵무장 국가와 이웃하고 있어서, 일본도 핵무기를 획득할 동기를 가지고 있다.[24]

만약 동북아 지역의 지전략적 상황이 바뀐다면 일본은 아마 핵대안을 심각히 고려할 것이다.

- **한국**은 다수의 민간 원자력 발전시설을 운영하고 있고 핵연료주기를 통제하기 위해 필요한 기술을 획득하는 데에 관심을 표명해왔다.[25] 일본과 대만처럼 한국도 잠재적으로 불안정한 지역에 있기 때문에 미래의 변화가 핵무기 추구를 추동할 수도 있다. 한국은 1970년대에 폐기된 독자적인 핵프로그램을 가지고 있었고, 1991년까지는 한국에 미국의 전술 핵무기가 배치되어 있었다.[26] 폴락(Jonathan Pollack)과 리스(Mitchell Reiss)에 따르면, "한국은 의심할 여지없이 독자적인 핵무기 프로그램을 지원할 기반시설과 생산 기반을 보유하고 있다."[27]
- **대만**은 국제사회에서의 특이한 위상 때문에 NPT의 구성원이 아니고, 1970년대에 초보적 핵무기 프로그램을 시작한 바 있다. 현재 대만이 농축 능력을 갖지 않고 있다고 믿어지지만 대만도 (일본처럼) 핵무기 능력의 확보를 찬성하는 주장으로 이어질 수 있는 특별한 지역적 우려를 가지고 있다. 물론 현재로서는 그러한 비용(미국의 반대, 국제적 비난, 또는 중국의 선제적 공격)이 너무 클 것이다. 그럼에도 불구하고, 대만은(비록 적절한 미사일과 탄두의 개발이 있어야 하겠지만) 만약 미래에 의도가 변화한다면 핵무기 보유에 필요한 기반시설을 가지고 있다고 볼 수 있다.[28] 그러나 딩(Arthur Ding)은 "전략적 논리가 적정한 핵무기 획득을 지시함에도 불구하고, 대만은 핵무기를 개발하지 않을 것이다"라고 주장한다.[29]
- **브라질**은 핵폭탄에 사용될 분열물질의 생산을 위한 모든 주요 요소를 갖추고 있으나, 폭탄개발을 결정하더라도 그것을 투발할 수 있는 수단을 가지고 있지 않다. 비록 브라질이 과거에 핵폭탄 프로그램을 진행시켰다는 의심(제9장 참조)을 받고 있지만, 브라질은 NPT의 현존 멤버이고 따라서 미래에 핵보유국이 될 가능성은 크지 않다고 보인다.[30]

- 이란은 NPT의 회원국이지만 많은 이들이 이란의 원자력 프로그램이 군사적 목적을 위한 것일 수 있다고 의심해왔다. 이란은 현재 HEU와 플루토늄239를 생산할 수 있는 능력을 의미하는 연료주기의 완전한 통제를 추구하고 있다. 그리고 이란은 대규모 군대와 상대적으로 선진화된 탄도미사일 프로그램을 보유하고 있다. 현재의 지정학적 상황(자세한 내용은 제6장 참조) 때문에 이란은 향후 확산과 관련된 가장 큰 우려 사항이다.[31]
- 사우디아라비아는 변화무쌍한 안보 요건(특히 지척에 핵무장한 이란의 가능성과 미국 영향력의 축소)을 가진 지역의 중심에 위치하고 선진화된 기반시설과 함께 경제 성장을 경험하고 있어서, 핵확산의 관점에서 심각한 우려 사항 중의 하나이다. 러셀(James Russell)이 지적하듯이, "사우디아라비아는 중요한 확산 후보 중의 하나이며 중동 지역의 핵태세를 변화로 이끌 가능성이 가장 큰 국가이다."[32] 사우디아라비아는 현재 민간 원자력 시설을 가동하고 있지 않지만 그런 시설이 있는 파키스탄이나 다른 국가와 핵연계를 가지고 있다는 소문이 있다.[33]

다른 몇 나라도 이론적으로는 원한다면 핵폭탄을 제조할 수 있는 능력을 가지고 있다 (부록3 참조). 그러나 그런 일이 발생할 가능성은 크지 않은데, 몇 가지 이유를 아래에 제시한다 (민간 원자력 발전 프로그램과 관련된 핵무기 확산의 측면에 대해서는 제10장 참조).

잠재력에서 실제 능력으로 이행하는 데 있어서의 도전. 어떤 국가가 잠재력에서 완전한 핵무기 보유로 옮겨가는 데에는 여러 어려움이 있을 수 있고, 그 중 가장 중요한 것들을 아래에 소개한다.

- 아마 가장 어렵고 중요한 문제는 비밀유지이다. 핵보유를 희망하는 행위자에게 있어서 발각의 결과는 가혹할 것이다. 만약 발각되면, 무기

화를 방지하기 위한 국제조치들이 취해질 것이고, 아마 제재와 더불어 군사력 사용도 고려될 수 있을 것이다. 국가들은 핵폭탄 제조를 진행하는 과정에서 IAEA의 사찰과 위성사진 및 다른 형태의 국제적 정보 감시를 우회해야만 한다.
- 신뢰할 수 있는 소형 핵탄두를 개발하는 것이 또 다른 커다란 도전이 될 것이다. 목표물에 탄두를 운반할 수 있는 신뢰할 만한 미사일이나 다른 수단을 개발하는 것도 마찬가지이다.
- 핵능력을 갈망하는 그 어떤 누구도 그것이 작동하는지 확인하기 위해 폭탄시험을 원할 것이다. 이러한 시험이 가지는 의미는 그것이 NPT와 다른 국제적 합의의 위반이라는 것이고, 위에서 설명한 것처럼 비밀유지에도 문제를 발생시킨다.
- 핵무기 제조를 추진하는 경우 외교적으로는 국제사회에서 따돌림 당하는 상황에 봉착하게 되며 광범위한 심각한 경제제재(북한과 정도가 덜 심각하지만 이란의 경우에서 관찰할 수 있다)를 초래하게 될 것이다.
- 무엇보다도 잠재력을 현실화하는 데에는 강력한 정치의지와 고도로 선진화된 기술적·과학적 기반시설이 요구된다.

핵잠재력은 민간 원자력 생산과 핵폭탄 제조에 필요한 기술 간의 밀접한 관련성에서 비롯된 자연적인 결과이다. 핵잠재력이 원자력 발전소, 농축 또는 재처리 능력과 관련 기술을 보유한 모든 국가가 쉽게 핵무기를 제조할 수 있다거나 제조할 것이라는 의미는 아니다. 만약 핵무기 제조결정이 내려진다 하더라도 실제 구현할 수 있는 잠재력에는 다양한 정도가 존재한다. 가장 걱정되는 국가들은 핵연료주기를 통제(농축 및 재처리 능력)하고, 선진화된 과학 및 군사기술적 기반(특히 탄도미사일 능력)을 가지며, 현존하거나 미래의 지정학적인 안보 우려를 가지고 있는 국가들이다. 이란, 보다 적게는 일본, 한국, 대만, 아마 사우디아라비아 등이 현재로서는 여기에 속한다. 물론 미래에 지정학이 변화하면 다른 국가들이 포함될 수도 있다. 마자르(Michael Mazarr)가 설명하듯이 "대부분의 선진국과 소수의 개발도상국에게 있어서 문제는 그들이 핵무기를 가질 수 있느냐가 아니라 그것을 실전배치하기에 얼마나 걸리는가 하는 것이다."[34]

5. 요점, 추가정보 및 자료

이 장은 국가가 핵무기 제조여부를 결정하는 이유에 대해 소개하였다. 그 요점은 아래와 같다.

- 국가안보에 대한 위협이 한 국가가 핵폭탄을 제조하기로 결정하는 이유 중의 하나이기는 하지만, 이것이 핵무기 획득과 보유를 설명하는 유일한 모델은 아니다. 다른 주요 요인으로는 국내정치, 문화적 규범, 기술결정론을 들 수 있다.
- 수직적 확산은 기존 핵보유국들의 핵무기 증식을 의미하고, 수평적 확산은 새로운 행위자들의 핵무기 획득을 의미한다. 둘 다 세계 핵질서에 대한 도전이다.
- 핵시대 초기 40여 년 동안, 세계의 전체 핵보유량은 기하급수적으로 증가하였지만, 1980년대 이후에는 그 숫자가 상당히 축소되었다. 이 시기에는 새로운 주체에게 느린 핵확산이 진행되었다. 그러나 핵주체의 증가가 핵무기 수의 증가를 의미하지는 않았다.
- 핵시대를 제1(1945~1991년)기와 제2(1991년 이후)기로 구분

➔ 계속

➙ 계속

하는 것이 점차 보편화되었다. 두 시기 사이에 주요 행위자, 도전, 위험 등의 내용이 변화하였다고 인식된다.
- 핵확산의 영향은 치열한 논쟁의 주제이다. **확산 비관론자들은 핵무기 확산이 사고, 비인가 사용, 또는 의도적 핵교전의 가능성을 더 높인다고 주장하고, 확산 낙관론자들은 그러한 공포가 과장된 것이며 핵확산이 핵억지를 통해 안정으로 이어질 수 있다고 주장한다.** 비관론자들은 이 문제가 제2 핵시대에 더욱 악화되었다고 주장한다.
- 핵잠재력은 어떤 국가가 핵무기를 생산할 수 있는 잠재적 능력은 가지고 있지만 제조 결정을 내리지 않은 상황을 의미한다. 잠재적 핵보유국은 핵폭탄 제조에 필요한 대부분의 구성 요소들을 보유하고 원한다면 상대적으로 단시일 내에 제조할 수 있을 것으로 여겨지나, 그 정도는 국가마다 다르다. 일본, 한국, 브라질이 대표적인 잠재적 핵보유국으로 언급되는데, 이란도 같은 경로에 있다고 볼 수 있다.

추가정보 및 자료

국가가 핵무기 제조를 결정하는 이유에 대한 대표적인 연구는 세이건의 논문인 "Why Do States Build Nuclear Weapons?" (1996-1997)이다. 또한 학술지 『안보연구(Security Studies)』의 1993년 특집호(2: 3-4)를 참고할 수도 있다. 하이만스(Jacques Hymans)의 『핵확산의 심리(The Psychology of Nuclear Proliferation)』 (2006)는 국가가 핵무기를 개발할 수 있음에도 불구하고 그렇게 하지 않는 이유에 대해서 흥미있는 분석을 시도한다.

리스(Mitchell Reiss)의 『억제된 야망(Bridled Ambition)』(1995); 폴(T.V. Paul)의 『권력 대 신중: 왜 국가는 핵무기를 포기하는가(Power versus Prudence: Why Nations Forgo Nuclear Weapons)』(2000); 그리고 루블리의 『비확산 규범(Nonproliferation Norms)』(2009)도 마찬가지이다. 캠벨(Kurt Campbell, et. al.) 등이 공편한 『핵전환점(Nuclear Tipping Point)』(2004)와 워츠(James Wirtz)와 라보이(Peter Lavoy)가 공편한 『수평적 확산 위협을 넘어서(Over the Horizon Proliferation Threats)』(2012)도 이 주제와 관련된 유용한 자료이다. 리드(Thomas Reid)와 스틸먼(Danny Stillman)의 『핵 급행열차(Nuclear Express)』(2009)는 핵확산 일반의 역사적 전개를 개괄적으로 다루고 있다. 이스라엘, 인도, 파키스탄, 북한이 '핵무장'을 한 자세한 이유에 대해서는 제6장을 참고하면 좋을 것이다. 왜 어떤 국가는 핵폭탄을 포기했는지에 대한 자세한 설명은 제9장을 참고하면 된다.

제2 핵시대와 새로운 핵확산 도전의 증가에 대해서는 브래큰의 『제2 핵시대(The Second Nuclear Age)』(2013); 그레이(Colin Gray)의 『제2 핵시대(The Second Nuclear Age)』(1999); 이클레의 『제2 핵시대의 도래(The Coming of the Second Nuclear Age)』(1996); 요시하라(Toshi Yoshihara)와 홈즈(James Holmes)의 『제2 핵시대의 전략(Strategy in the Second Nuclear Age)』(2012); 페인(Keith Payne)의 『제2 핵시대의 억지(Deterrence in the Second Nuclear Age)』(1996)를 참고하기를 권장한다.

확산 논쟁과 관련해서는 우선 세이건과 왈츠가 공저한 『핵무

➤ 계속

➤ 계속

기의 확산(*The Spread of Nuclear Weapons*)』(1995) 및 2003년 증보판이 필독서이다. 아울러 오길비-화이트(Tanya Ogilvie-White)의 "Is There a Theory of Nuclear Proliferation"(1996); 칼(David Karl)의 『확산 비관론과 신흥 핵국가들(*Proliferation Pessimism and Emerging Nuclear Powers*)』(1996); 크노프(Jeffrey Knopf)의 『확산 낙관론-비관론 논쟁의 재조명(*Recasting the proliferation Optimism-Pessimism Debate*)』(2002); 하이만스의 『핵확산의 이론들(*Theories of Nuclear Proliferation*)』(2006); 포터(William Potter)와 무카차노바(Gaukhar Mukhatzhanova)의 『핵 의도를 추측하며(*Divining Nuclear Intentions*)』(2008)도 좋은 자료들이다. 또한 학술지 『안보연구』의 1995년 특집호(4: 4)도 참고할 만하다.

세이건의 북 챕터인 "Nuclear Latency and Nuclear Proliferation"(2010)은 핵잠재력에 대해 잘 설명하고 있고, 하이만스의 논문 "When Does a State Become a 'Nuclear Weapon State?'"(2010)도 마찬가지이다. 마자르의 『전환된 세상의 핵무기(*Nuclear Weapons in a Transformed World*)』(1997)와 『실질적 핵무기(*Virtual Nuclear Arsenals*)』(1995)도 훌륭한 참고자료이다. 프랭클(Benjamin Frankel)의 『불투명한 핵확산(*Opaque Nuclear Proliferation*)』(1991)과 코헨과 필라트의 『실질적 핵무기의 평가(*Assessing Virtual Nuclear Arsenals*)』(1998)도 유용할 것이다. 루블리의 『핵무장 문턱 국가(*The Nuclear threshold States*)』(2010)는 브라질과 일본의 임계적 상황에 대해 흥미로운 분석을

하고 있다. 핵위협구상(Nuclear Threat Initiative)의 웹페이지는 국가별 핵과 WMD 프로그램의 현황에 대한 자료를 지속적으로 업데이트한다 (www.nti.org/country-profiles/).

주

1. John Fitzgerald Kennedy, Presidential News Conference, The American Presidency Project (21 March 1963), www.presidency.ucsb.edu/ws/?pid=9124.
2. Scott Sagan, 'Why Do States Build Nuclear Weapons? Three Models in Search of the Bomb," *International Security*, 21:3 (1996-7), p. 55.
3. Jacques Hymans, *The Psychology of Nuclear Proliferation: Identity, Emotions and Foreign Policy* (Cambridge, Cambridge University Press: 2006), p. 1.
4. Ibid, pp. 4-5.
5. Robert Norris Hans Kristensen, "Global Nuclear Weapons Inventories, 1945-2010," *Bulletin of the Atomic Scientists*, 66:7 (July/August 2010), p. 78.
6. Ibid.
7. Ibid.
8. Robert Norris and Hans Kristensen, "Global Nuclear Weapons Inventories, 1945-2010," *Bulletin of the Atomic Scientists*, 66:7 (July/August 2010), pp. 81-82.
9. Paul Bracken, *The Second Nuclear Age: Strategy, Danger and the New Power Politics* (New York: St. Martin's Press, 2013), p. 274.
10. Victor Cha, "The Second Nuclear Age: Proliferation Pessimism versus Sober Optimism in South Asia and East Asia," *The Journal of Strategic Studies*, 24:2 (2001), p. 81.
11. Paul Bracken, *The Second Nuclear Age: Strategy, Danger and the New Power Politics* (New York: St. Martin's Press, 2013), p. 95.
12. Fred Ikle, "The Coming of the Second Nuclear Age," *Foreign Affairs*, 75:1 (1996), p. 119.

13. Scott Sagan and Kenneth Waltz, *The Spread of Nuclear Weapons: A Debate* (London: W.W. Norton & Company, 1995), p. viii.
14. Kenneth Waltz, "The Spread of Nuclear Weapons: More May be Better," *Adelphi Paper* 171 (London: International Institute for Strategic Studies, 1981), pp. 29-30.
15. Ibid, p. 30.
16. Ibid.
17. Scott Sagan and Kenneth Waltz, *The Spread of Nuclear Weapons: A Debate Renewed* (London: W.W. Norton & Co., 2005), p. 158.
18. Scott Sagan, "How to Keep the Bomb from Iran," *Foreign Affairs*, 85:5 (2006), p. 46.
19. Scott Sagan and Kenneth Waltz, *The Spread of Nuclear Weapons: A Debate Renewed* (London: W.W. Norton & Co., 2005), p. 47.
20. Avner Cohen and Joseph Pilat, "Assessing Virtual Nuclear Arsenals," *Survival*, 40:1 (1998), p. 130.
21. John Mueller, *Atomic Obsession: Nuclear Alarmism from Hiroshima to Al-Qaeada* (Oxford: Oxford University Press, 2010), p. 93에서 재인용.
22. Judy Dempsey and Jack Ewing, "Germany, in Reversal, Will Close Nuclear Plants by 2022," *New York Times* (20 May 2011), www.nytimes.com/2011/05/31/world/europe/31germany.html?_r=0.
23. Nuclear Threat Initiative, "Country Profile - Japan," www.nti.org/country-profiles/japan 참조.
24. Maria Rost Rublee, *Nonproliferation Norms: Why States Choose Nuclear Restraint* (London: University of Georgia Press, 2009), p. 53.
25. Daniel Horner, "S Korea, US at Odds Over Nuclear Pact," *Arms Control Today* (September 2012), www.armscontrol.org/act/2012_09/Sout-Korea-US-at-Odds-Over-Nuclear-Pact.
26. Mark Hibbs, "Will South Korea Go Nuclear?", *Foreign Policy* (15 March 2013), www.foreignpolicy.com/articles/2013/03/15/will_south_korea_go_nuclear 참조.
27. Jonathan Pollack and Mitchell Reiss, "South Korea the Tyranny of Geography and the Tyranny of History," chapter in Kurt Campbell, Robert Einhorn and Mitchell Reiss (eds.), *The Nuclear Tipping Point: Why States Reconsider Their Nuclear Choices* (Washington DC: The Brookings Institution Press, 2004), p. 258.

28. Nuclear Threat Initiative, "Country Profile - Taiwan," www.nti.org/country-profiles/taiwan 참조.
29. Arthur Ding, "Will Taiwan Go Nuclear?" chapter in James Wirtz and Peter Lavoy (eds.), *Over the Horizon Proliferation Threats* (Stanford: Stanford University Press, 2012), p. 34.
30. Nuclear Threat Initiative, "Country Profile - Brazil," www.nti.org/country-profiles/brazil 참조.
31. 여기에 대해서는 Mark Fitzpatrick, "Can Iran's Nuclear Capability be Kept Latent?" *Survival*, 49:1 (2007) 참조.
32. James Russell, "Nuclear Proliferation and the Middle East's Security Dilemma: the Case of Saudi Arabia," chapter in James Wirtz and Peter Lavoy (eds.), *Over the Horizon Proliferation Threats* (Stanford: Stanford University Press, 2012), p. 48 참조.
33. Ibid, pp. 58-59.
34. Michael Mazarr, "The Notion of Virtual Nuclear Arsenals," in Michael Mazarr (ed.), *Nuclear Weapons in a Transformed World: the Challenge of Virtual Nuclear Arsenals* (Basingstoke: Macmillan, 1997), p. 14.

제4장

핵전략:
상호확증파괴의 이해

· 핵억지와 안보딜레마   111
· 상호확증파괴(MAD)   114
· 준비태세, 목표선정, 확장 핵억지   119
· 확전과 핵전쟁   125
· 요점, 추가정보 및 자료   134

핵시대에 흥미로운 점 중 하나는 핵무기 능력을 보유한 국가들이 더 강력한 핵무기를 점점 많이 제조했지만(특히 냉전 초기에 미국과 소련은), 그렇게 많은 핵무기 보유량이 실제로 무엇을 위한 것인지, 실제 어떻게 사용될 것인지, 보다 폭넓은 안보전략에 어떻게 부합할 것인지에 대해 이들이 뚜렷한 생각을 가지고 있지 않았다는 것이다. 실제로 현재 핵무기를 보유하고 있는 개별 국가들의 정책결정자들이 직면한 질문 중 다수가 수십 년 전 정책결정자들이 직면했던 질문들과 거의 동일하다.

• 다른 국가를 억지하기 위해 얼마나 많은, 그리고 어떤 유형의 핵무기가 필요한가?

- 선제공격용으로 인식되지 않으면서 동시에 신뢰할 수 있는 핵보복공격 능력을 어떻게 창출할 것인가?
- 인구 밀집지역과 군사시설 중 어느 곳을 목표로 해야 하는가? 그리고 그 둘 사이에 구분이 의미가 있는가?
- 핵공격에 대해 방어를 시도하는 것이 좋은가 아니면 취약하게 남아있는 것이 좋은가?
- 핵전력이 효과적이기 위해서는 비상대기 상태에 있어야 하는가?
- 핵전쟁에서 '승리'가 가능한가? 무엇이 승리를 의미할 것인가? 아울러 '제한적 핵전쟁'이 가능할 것인가?
- 핵전력과 보복 위협의 신뢰성을 어떻게 보장할 것인가?

핵시대가 시작된 이래로 핵전략가들이 가지고 있었던 고민이 바로 이런 종류의 질문이었고, 이런 질문에 대해 궁극적이고 유효한 답변을 찾을 수 있는지는 분명하지 않다. 사실, 개별 핵무기 보유국에게 적합한 핵무기 전술 및 전략은 시대에 따라서도 달라질 수밖에 없다. 왜냐하면 문화, 지리, 역사 및 전략적 요구 상황이 달라지기 때문이다. 그럼에도 불구하고, 이 장에서는 핵전략의 개념을 검토하고, 특히 핵무기를 보다 광범위한 전략 및 군사안보 계획에 접목하고자 하는 국가들이 직면할 수밖에 없는 도전들을 다룬다.

이 장은 다음과 같이 네 개의 절로 구성된다. 첫째 절에서는 안보딜레마 개념을 소개하고 상호불신과 이른바 군사적 우위의 추구가 어떻게 핵군비경쟁과 보다 강력하고 다양한 핵전력의 추구 필요성에 대한 인식으로 이어졌는지를 설명한다. 둘째 절에서는 상호확증파괴(MAD: mutual assured destruction) 개념을 설명하고 어떻게 핵공격에의 취약성이 핵관련 사고의 핵심적인 관념으로 자리하게 되었는지를 설명한다. 셋째 절에서는 핵 준비태세의 동인, 목표설정전략 및 핵확장억지 개념을 설명한다. 넷째 절에서는 확전 위협과 제한적 핵교전의 전망을 검토하고, 인류가 핵전쟁 직전까지 갔으나 행운과 적절한 판단의 도움으로 지구종말 대전쟁을 회피했던 네 가지 사례를 다룬다. 마지막으로 제4장의 요점과 추가 자료에 대한 안내가 이어진다.

1. 핵억지와 안보딜레마

1945년에 있었던 히로시마와 나가사키에 대한 공격(제1장 참조)에도 불구하고 대부분의 전문가들은 핵무기의 주요 기능이 핵억지라는 데에 동의할 것이다. 즉 국가는 다른 국가의 자국에 대한 핵무기 사용(또는 다른 형태의 폭력행사)을 억지하는 것을 목적으로 핵무기를 제조한다는 것이다. 이러한 시나리오에 따르면 합리적 행위자는 상대방이 보복(핵) 공격으로 자신을 파괴하는 대응을 할 것이라고 생각하는 한 핵무기의 사용을 선택하지는 않게 된다. 결과적으로 핵억지가 작동하기 위해서는 핵무장 국가가 공격에 대한 징벌로 핵무기를 사용할 의지와 능력 면에서 신뢰성이 있어야 한다. 본질적으로 억지가 성립하기 위해서는 잠재적 공격자가 상대 핵무장 국가가 핵(또는 다른 압도적 공격으로)보복공격을 선택할 것이고, 그런 보복공격에 충분한 핵전력이 기습 1차 공격에도 생존할 것이라는 확신을 가져야만 한다. 따라서 핵무기 보유와 그 사용에 대한 신뢰할 수 있는 의지를 통해 위협을 억지하는 것이 핵억지의 기본이다. 운에 의한 것이든 적절한 판단에 의한 것이든, 핵시대에 있어서 가장 커다란 역설은 국가는 기본적으로(비록 항상 그런 것은 아니지만) 핵무기를 제조하고 그 사용계획을 세우면서 그 핵무기가 결코 사용되지 않기를 바라는 희망을 가진다는 점이다.

신뢰성 있는 핵억지력 보유의 필요성, 즉 적의 기습적 1차 공격으로부터 생존할 수 있는 능력은 물론 진공 상태에서 나오는 것이 아니다. 자국 핵전력의 신뢰성을 증가시키기 위해 취하는 행동, 예를 들면 더 많은 탄두의 제조, 비상대기 태세유지 또는 다양한 투발수단의 확보(제2장 참조) 등은 불가피하게 상대 국가의 사고와 핵억지 계산에 연쇄 효과를 가져온다. 이런 현상은 **안보딜레마**라고 지칭되고, 매우 불안정한 전략적 상황으로 귀결될 수 있다. 왜냐하면, 경쟁하는 핵무장 국가들이 핵군비경쟁을 통해서 우월성과 군사적 이점, 따라서 신뢰성을 제고하려는 경쟁을 하게 되기 때문이다. 단순히 얘기하자면, 국가 A가 자국 핵억지력의 신뢰성을 높이려는 결정을 한다면 국가 B도 마찬가지로 행동해야한다고 생각하게 될 것이다. 그러면 국가 A는 안보 상 우위를 유지하기 위해(또는 제3장에서 다룬 다른 이유들 때문에) 더 많은(또는 더 선진화된) 핵무기를 제조할 필요성을 느끼게 되고, 이는 다시 국가 B의 대응적 결정으로 귀결된다. 이런 과정은 각국이 자국 안보를 위해 필요하다고 인식하는 것을 추구하기 때문에 나선형으로 상승하게 되고, 특히 핵무기 영역에 있어서는 고비용의 종종 불안정한 핵군비경쟁으로 이어지게 된다. 그런 과정은 다음과 같이 생각해볼 수 있다.

- 국가 A가 핵무기를 제조한다. 그 이유는 여러 가지일 수 있고, 국가 B와 관계없을 수 있다.
- 그럼에도 불구하고, 국가 B는 A가 핵무기를 제조하는 것을 보고 (국가 A가 핵무기를 제조한 이유에 상관없이) 자국 안보에 위협이 된다고 판단한다. 결과적으로, 국가 B도 핵무기를 제조하기로 결정한다.
- 국가 A는 국가 B의 핵무기 제조를 관찰하고 자국 안보를 증진시키고 전략적 균형을 맞추기 위해 더 많은 핵무기를 제조해야 한다고 판단한다.
- 국가 B도 마찬가지라고 판단한다. 결과적으로 나선형 군비경쟁이 시

작되고, 불안정이 결과적으로 이어진다.

결과적으로, 국가 A가 특별한 전략적 이유없이(예를 들어 이유는 기본적으로 정체성이나 위신이 될 수도 있다) 핵무기를 제조한다고 해도, 다른 국가(종종 핵군비경쟁은 둘 이상의 국가가 관련된다)에게는 이러한 행동이 위협으로 인식될 수 있다. 핵시대에 있어서, 이런 불확실성과 오인은 관련된 잠재적(어떤 이는 실존적이라고 주장한다) 위험성 때문에 상당히 확대되어왔다. 부쓰(Ken Booth)와 휠러(Nicholas Wheeler)가 주장하듯이, "안보딜레마는 국가 간 정치의 바로 핵심에 자리한다. 이것이 인간사의 불확실성이라는 실존적 조건이다."[1]

이러한 현상은 냉전 초기(특히 1950년대와 1960년대) 미국과 소련 사이의 군비경쟁에서 가장 잘 살펴볼 수 있다. (1945년에 처음 실험된) 미국의 핵무기는 소련에게 위협으로 인식되었고, 소련도 핵무기를 제조해야 한다고 결정했다. 이것은 미국 핵무기의 엄청난 증가로 이어졌고, 소련도 마찬가지로 대응하였다. 그 결과로 1960년대 초반에 수천 개의 핵무기(그 중 일부는 막대한 파괴력을 지녔다)를 양국이 보유하기에 이르렀지만, 점차 이러한 무기가 어떻게 사용될 것인지에 대한 생각보다는 표면적으로는 '핵억지'(이 개념의 역사적 확산에 대해서는 제3장 참조)라는 기치 하에 제조가 이뤄졌다. 최근에도 특히 남아시아를 중심으로 지역적인 경쟁관계가 불안정하게 하는데 유사한 동력이 작용하고 있음을 볼 수 있다. 남아시아에서는 긴장이 고조되고 있으며, 인도와 파키스탄 간 불안정과 핵군비경쟁의 전망이 상존하는 우려 사항이다.[2] 그러나 대중동 권역(greater Middle East)에서도 이란이 핵무기 제조를 결심한다면 대단히 심각한 핵확산이 진행될 위험이 있다.[3] 또한 동북아시아에서도 북한의 핵무기 개발 또는 중국 핵정책[4]

의 변화(지역적 확산과 억지의 도전에 대해서는 제6장 참조)에 대응하기 위해, 일본, 한국, 심지어는 대만을 중심으로 핵확산의 전망이 높아질 가능성이 있다.

핵군비경쟁은 단순히 핵폭탄 숫자(비록 이것이 일반적으로 핵심적 기준으로 인정되어 왔지만)에 관한 것이 아니다. 그것은 핵무기 체제(또는 재래식 무기와의 조합)의 서로 다른 유형과 능력에 대한 것이기도 하다. 예를 들어, 미·소 사이의 핵군비경쟁은 방어체제, 여러 유형의 미사일과 폭탄, 그리고 다양한 배치 계획을 포함하도록 이내 확장되었고, 이는 적국의 기습 선제공격으로부터 자국 전력을 보호하여 그 공격에서 생존할 수 있는 보복 핵공격 능력을 확보할 수 있도록 설계되었다. 그러나 이 모두는 단순히 적국을 불안하게 만드는데 기여하였다. 이런 맥락에서 보자면 냉전기 핵군비경쟁은, 제조될 수 있는 모든 유형의 체제는 제조되어야 하고 새로운 유형의 공격체제는 반드시 방어체제에 의해 대응되어야 한다는 생각에 좌우되었다고 볼 수 있다. 그 결과는 계속 증가하는 체제, 탄두 및 전쟁계획, 그리고 막대한 비용이었으며, 위에서 언급한 지역에서 다른 현대적 경쟁자들 사이에 동일한 일이 반복될 수 있음을 예견하는 것은 당연한 일이다.

2. 상호확증파괴(MAD)

상호확증파괴(보통은 영어 단어 첫 자를 따서 MAD로 지칭)는 핵군비경쟁 — 또는 더 광범위한 국제 핵관계에 있어서 — 의 안정성이 핵공격에 대한 상호 취약성을 통해 달성될 수 있다고 주장하는 이론이다. 그런 시나리오 하에서는 핵무장한 상대편에 대해서 먼저 핵공격을 감행하는 것은 결코 유익한 일이 아니다. 왜냐하면 상대편도 자국을 절멸시킬(또는 최소한 애초에 상대국을 선제공격한 비용을 감내할 수 없을 정도로 높게 만들) 수 있는 보복공격에 보유하고 있는 핵무기를 사용할 수 있기 때문이다. 그 결과, MAD 상황 하에서는 합리적 행위자라면 핵무기를 선제적으로 사용하거나 핵전쟁을 개시할 수 없을 것이라고 믿어진다. 그 논리는 다음과 같다.

- 만약 국가가 보복 핵공격에 취약하다면 그 국가는 보복의 두려움 때문에 핵 1차 공격을 감행하지 않을 것이다.
- 만약 두 국가(또는 두 개 이상의 국가)가 서로 동등하게 보복공격에 취약하다면 양자는 핵교전을 시도하지 않을 것이다.
- 따라서 국가들은 억지를 위해서는 보복공격을 보장하는 데 충분한 수량의 핵무기만 필요로 한다.
- 억지는 취약성을 극대화하기 위해서 방어를 금지하거나 제한함으로써 증대될 수 있다.
- 결과적으로 억지에 필요한 핵무기의 숫자는 제한되거나 심지어 축소될 수 있다.

상호확증파괴는 상대방을 약화시키기 위해(따라서 소위 전략적 우위를 위해) 핵무기로 먼저 공격하는 것이 자멸적이 되는 상황이라고 생각할 수 있다 (대부분의 시나리오에 있어서 심지어는 현대적인 탄도미사일로 기습공격을 감행하더라도 반격 명령을 내릴 수 있는 충분한 시간이 주어지기 때문에 공격자는 상대방을 100퍼센트 무장해제 시킬 수 있다고 확신할 수 없다). 결과적으로 MAD 상황(MAD는 정책이라기보다는 상황으로 인식된다) 하에서 억지는 거부(상대방 핵시설에 대한 선제공격을 통해 상대방을 무장해제 시키고 방어를 통해 상대방 반격의 피해를 제한)보다는 징벌(기습 선제공격에 이어지는 보복공격 능력을 의미하며 인구밀집 지역을 목표로 할 수 있다)의 위협을 통해 달성된다.

그러므로 역설적이게도 MAD이론에 따르면 안정을 보장하기 위한 최선의 방법은 양 측이 확실히 핵공격에 취약하도록 만드는 것이다. 미국과 소련 간의 군비경쟁 기간에 있었던 이러한 대표적인 사례는 바로 양 측의 미사일방어망(탄도미사일방어에 대해서는 제7장 참조) 배치를 금지한 1972년 반탄도미사일(ABM: Anti Ballistic Missile) 조약이었다. 그 배경 논리는 미사일방어는 보복공격의 문제를 복잡하게 하기에 MAD의 조건적 기반을 약화시킬 것이라는 것이었다. 프리드먼(Lawrence Freedman)의 설명처럼,

> 상호확증파괴 이론의 기본 전제는 가까운 미래에 공격이 방어에 우위를 점하게 될 것이라는 것이다. 따라서 상대방이 강력한 파괴를 자행하지 못하게 방지하기 위해 할 수 있는 유일한 일은 보복을 위협하는 것이었다. … 어느 한 쪽의 방어를 증진하기 위한 조치가 안보를 증진시키지 못하고 단지 상대방의 공격력 증진을 초래하는 상황에서 도출된 군비통제를 위한 교훈은 일단 양 측이 방어 증진을 위한 노력을 멈추면 현 수준에서 안정을 도모할 수 있다는 것이었다.[5]

MAD 개념은 도덕적 측면에서 공격을 받아왔다. 사람들의 질문은 어떻게 한 국가의 인구 전체를 핵공격의 위협에 취약하게 만드는 정책에 의존할 수 있는가 하는 것이었다. 기본적으로 그에 대한 대답의 일부는 전략적이고 일부는 실질적인 것이다. 어떤 특별한 핵무기의 가치는 점점 더 제한적이 될 수밖에 없고, 대규모 핵공격(여기에 대해서는 제7장 참조)에 대한 신뢰할 수 있는 방어수단이 (현재로서는) 없으므로 핵공격에의 취약성은 (이론적으로는) 군비경쟁의 제한을 용이하게 한다. 하지만, 보다 새로운 핵경쟁 관계에 있어서는 이 모델이 보다 복잡하다고

입증되어 왔다.

따라서 MAD를 통한 핵억지가 작동하기 위해서는 핵보복의 위협이 반드시 신뢰할 수 있어야 한다. 즉 국가는 적으로부터의 '날벼락' 같은 1차 공격을 견뎌낼 수 있어야 하고, 이어서 적에게 자국이 반격하여 감내할 수 없는 수준의 피해를 가할 것이라는 확신을 주어야 한다. 이 두 가지 모두 가능하다는 점을 적에게 확신시키지 못하면 핵억지는 기본적으로 흔들리게 된다. 따라서 핵능력은 항상 반격이 가능할 수 있도록 설계되어야 한다. 이것이 여러 국가들이 다양한 운반수단을 채택하고, 또한 1차 공격에 상대적으로 덜 취약한 SSBN이 핵억지 태세의 필수적인 역할을 하는 이유이다 (여기에 대해서는 제2장 참조). 이러한 맥락에서 핵억지의 논리는 핵무기를 사용하는 상황에 처하지 않기 위해서 핵무기를 사용할 능력과 의지가 있다는 점을 확신시키기 위해 모든 노력을 기울여야 한다는 것이다. 이것이 MAD를 지탱하는 것이다. 번스타인(Jeremy Bernstein)이 설명하듯이, MAD는 "결정이 내려져야 했던 시기에 존재했던 불확실성, 새로운 무기, 그리고 단순히 더 나은 대안을 찾을 능력의 부족"을 반영한 것이었다.[6] 그럼에도 불구하고 MAD는 세계 핵사고의 핵심으로 남아있다.

MAD이론이 핵시대 국제관계의 기반(물론 새로운 억지 개념에 의한 도전이 증대되고 있지만)이라고 주장할 수 있지만 관련한 논쟁과 비판이 존재한다. 특히 다음과 같은 세 가지 논쟁점에 주목할 필요가 있다.

- **합리성**. 전통적 핵억지와 MAD는 모든 행위자가 합리적이라는 가정을 기반으로 한다. 즉 그들은 자살적인 1차 공격을 감행하는 결정을 내리지 않아야 한다. 그러나, 실제로는 어떤 행위자가 합리적이지 않을 수 있고 특정 상황에서는 합리적이지 않은 방식으로 행동할 수도 있다.

이런 주장이 종종 새로운 '불량 국가'와 테러리스트와 같은 비국가 행위자에 대해 제기된다 (자세한 내용에 대해서는 제6장과 제8장 참조).
- **우발적 사고**. 신뢰할 수 있는 제2차 공격을 확보하기 위해서는 일정량의 핵무기가 비상경계태세(소위 "사용하지 않으면 잃고 만다"는 현상, 오랫동안 사용하지 않더라도 정비하고 활용해야 기능을 제대로 유지할 수 있다는 의미 – 역자 주)에 있어야 한다. 이것은 결국 오산이나 사고(이에 대해서는 제10장에서 보다 자세히 다룬다)의 가능성을 높이게 한다. 핵시대에 있어 지금까지는 운이 좋았지만 특히 새로운 주체에 핵무기가 확산되고 있기 때문에 향후에도 운이 좋을 것이라는 보장이 없다. 핵무기에 대한 안전하고 안심할 수 있는 지휘·통제를 확보하는 것이 항상 존재하는 문제이다 (제10장 참조).
- **도덕성**. MAD는 공격에 대한 취약성에 의존하기 때문에 많은 이들에게 도덕적으로 옳지 않은 것으로 인식된다. 소규모 핵공격조차도 대량의 살상자를 발생시킬 것임을 고려할 때, 핵공격에 대해 방어의 노력을 기울이지 않는 것이 어떻게 정당화될 수 있을 것인가? 물론 여기에는 전략적 이유가 있지만 위에서 언급한 합리성과 사고와 관련된 이슈들을 고려한다면 대중들에게 취약성의 지혜를 납득시키는 것은 더욱 어려운 일이다.

MAD독트린에 내재된 이러한 문제들 때문에 단순히 보복과 취약성 정책(징벌에 의한 억지)에 의존하는 것에 대한 강력한 반대가 항상 존재해 왔다. 최근에는 특히 미국을 중심(제5장 참조)으로 MAD를 통한 단순한 보복적 핵억지에 의존하는 정책에서 탈피하는 모습을 관찰할 수 있다.

3. 준비태세, 목표선정, 확장 핵억지

'핵억지'에 대한 전략적 공약이란 포괄적인 개념인데 실제로 특정 국가가 억지력을 획득하고 설계하기 위해 취할 수 있는 방법은 매우 다양하다. 핵무기의 총체적 목적, 핵무기의 유형, 숫자, 그러한 전략적 목적을 달성하기 위한 핵무기 운용 계획, 이들 요건을 충족시키기 위해 갖춰져야 할 핵무기 준비 및 비상 태세의 수준, 그리고 어떤 주체와 대상이 이들 무기에 의해 억지되어야 하는지가 결정되어야 한다. 각각의 결정은 전체 핵전략에 가지는 함의가 있고, 특정 시간에 요구되는 전략적 필요성이 어떻게 인식되는지와 관련된 요인들에 의해서 결정된다.

1) 핵 준비태세

핵억지 개념은 다양한 유형의 핵 준비태세와 연관된다고 생각할 수 있다. 즉, 그것은 특정 국가가 생각하는 핵무기의 유용성 및 역할에 관련된 아이디어 및 전략과 관련된 것이다. 예를 들어 이러한 준비태세가 최소 억지(핵공격에 대한 억지를 위한 최소한의 군사력)에서 제한적 억지(다양한 위협에 대응하여 사용될 수 있는 소규모 핵무기) 및 최대 억지(핵우위 또는 핵전쟁을 위해 고안된 대규모의 정교한 군사력)로 이어지는 하나의 연속선 위에 있다고 상정할 수 있다. 이러한 다양한 억지 태세를 아래와 같이 비교할 수 있다.

- **최소 핵억지**: 보복 — 대체적으로 대규모 민간 목표에 대한(대가치) — 위협을 통해 한 국가의 핵공격을 억지하려는 태세를 의미한다. 이것은 소규모의 핵탄두 및 운반 수단과 '선제불사용(NFU: no first use)' 공약과 관련이 있고, 이 태세 하에서 핵무기의 탄두는 운반체와 분리된다. 억지는 공격을 받은 후 징벌적 보복의 위협을 통하게 된다.

- **제한적 핵억지**: 제한적 핵억지는 최소 핵억지와 유사하지만 핵무기가 보다 다양한 위협에 대하여 그리고 핵공격을 받기 전에도 사용이 가능할 수 있고, 대군사 역할도 염두에 두고 있다는 점에서 차별화된다. 그러나 이 태세 역시 소규모의 핵무기와 운반 수단으로 구성된다. 억지는 주로 보복 위협을 통하게 되는데, 일부 예외적인 환경에서는 거부에 의해서도 추구된다.
- **최대 핵억지**: 이 태세 하에서는 모든 가능한 대안이 고려된다 — 핵무기는 정교화되고, 다양해지며, 규모가 커지고, 전세계적 배치가 가능해진다. 핵무기는 징벌이나 거부의 목적으로 신속히 사용이 가능해지며, 필요하다면 어떠한 목표물에 대한 공격도 염두에 두며 대규모의 핵공격도 가능해진다. 이 교리의 목표는 우위의 확보이며, 다른 국가들에 대한 핵확장억지 제공 조치가 포함될 수도 있다. 최대 핵억지의 추구는 불안정과 핵군비경쟁으로 귀결될 수 있다.

표 12는 세 가지 핵 준비태세의 특징을 비교한다.

중국이 최소 핵억지 태세의 가장 전형적인 경우라고 할 수 있다. 왜냐하면 중국의 핵무기는 발사 준비 상태에서 대기하지 않고 소량(최소한 미국과 러시아와 비교할 때)의 핵탄두만 운용중이기 때문이다.[7] 또한 중국은 NFU정책을 가지고 있으며, 이는 (이론적으로는)[8] 자국 영토에 대한 핵공격이 발생한 후에만 핵무기를 사용하겠다는 의미이다. 영국과 프랑스가 아마 제한적 핵억지 태세를 가장 잘 대변할 것이다. 왜냐하면 두 나라는 제한적 경보에도 지속적으로 핵무기를 발사할 수 있는 능력을 보유하고 있기 때문이다. 두 나라의 핵무기 보유량이 아주 많지는 않지만(각각 수 백 개), 두 나라는 결코 위기 시 핵무기의 선제 사용 가능성을 배제하지 않는다. 인도, 파키스탄, 이스라엘은 핵무기 보유량이 더 적고, 이들 나라의 현 상황과 종합적인 준비태세가 불명확하여

표 12 핵억지의 세 수준

구분	최소 핵억지	제한적 핵억지	최대 핵억지
교리	자국에 대한 핵공격 억지	자국 안보와 관련된 모든 유형의 위협 억지	전략적 이점 및 핵우위 추구
운반수단/무기 규모	소량의 생존 가능한 운반수단 저위력 무기/정확도는 유리하지만 본질적이지 않음 제한적 수량의 무기	소규모의 탄두와 생존가능한 핵전력 정밀도가 높은 다양한 파괴력의 무기의 조합	핵 삼각체제 및 다수의 다양한 운반 수단 전략, 전술 핵탄두 조합 고도의 정확도와 관통능력을 보유한 파괴력 높은 무기
경계 상태	핵무기가 즉시대기 상태에 있지 않고, 표적 미부여, 탄두와 운반체 분리	필요시 신속히 보복할 수 있도록 소량의 핵무기 대기 상태	필요시 즉시 대기 상태에서 전 세계적으로 배치된 핵무기가 대규모의 공격 개시할 준비 경보 즉시 발사될 수 있음
공식 핵전략	핵무기는 오직 핵공격에 대한 대응으로만 사용 선제불사용 정책	핵무기는 예외적인 특정한 상황에서 사용될 수 있음	모든 대안 고려 필요시 핵무기 선제적(pre-emptive)으로 사용
목표	연성 목표물 및 대가치	대가치와 대군사의 조합	모두
사례	중국	영국, 프랑스, 인도, (파키스탄, 이스라엘)	미국, 러시아

구분하기가 조금 더 어렵다. 하지만 (논쟁의 여지는 있지만) 인도는 선제불사용 정책을 가지고 있는 것으로 여겨진다.[9] 미국과 정도는 덜하지만 러시아는 최대 핵억지력을 지닌 강대국으로 여겨진다. 두 나라는 순수하게 보복적 억지에 요구되는 것을 훨씬 초과한 핵무기를 구축하였

고, 둘 다 핵무기로 선제공격할 수 있는 능력과 대안을 가지고 있다(여기에 대한 자세한 내용은 제5장과 제6장 참조).

2) 목표선정 전략

다른 유형의 핵 준비태세는 서로 다른 핵능력을 요구하고 이는 핵무기가 공격할 목표의 유형에 반영된다. 대체로 다른 행위자를 억지하기 위해서 핵무기가 사용되는 방식은 두 가지로 나누어 볼 수 있다. 첫째는 적의 군사력을 목표로 하는 것이고, 둘째는 적의 국민을 목표로 하는 것이다. 각 전략이 요구하는 능력과 전술은 서로 다르다. **지면폭발**은 요새화된 군사시설을 공격하는데 사용되는데, 이는 소규모 지역에 폭발력을 집중시켜 위력을 최대화하기 위함이다. **공중폭발**(목표물의 수백 피트 상공에서 폭발)은 주로 도시를 목표로 하여 폭발력의 확산과 영향을 최대화하거나 전자기파(EMP: electromagnetic pulse)를 만들어내기 위한 것이다 (제2장 참조). 히로시마와 나가사키는 둘 다 공중폭발이었다.

적의 군사력(대부분 방어망이 좋을 수 있기 때문에 **경성 목표**[hard target]라고도 부른다)을 목표로 하는 것은 거대 인구밀집 지역(연성 목표[soft target])을 목표로 하는 것보다 공격적인 전략으로 여겨진다. 왜냐하면 적의 군사력을 공격한다는 것은 결국 무장해제적인 1차 공격(즉 적의 핵전력이 반격하지 못하도록 파괴하는 것)의 일환일 수 있기 때문이다. 인구밀집 지역 대신 군사력을 목표로 하는 것은 핵교전의 대상을 군사적 목표물로 한정하는 (이 개념에 대해서는 아래에서 논의한다) 이론적 가능성을 제시하는 반면, 도시와 인구밀집 지역을 목표로 하는 것은 일반적으로 1차 공격에 대한 대응으로 보복적인 2차 공격을 위협하는 것으로 인식된다. 왜냐하면 대규모의 연성 목표를 공격하거나 취약하게 하는 것이 더 용이하기 때문이다. 표 13에서 알 수 있듯이 두 전략은 서로 다른 비용과 이점을 가진다.

이 표가 목표선정 전략에 정량화할 수 있는 차이점이 있음을 보여주고 있기는 하지만 현실은 그렇게 명확하지 않다. 군사시설은 통제사령부와 마찬가지로 인구밀집 지역 근처나 지역 내에 위치할 수도 있다. 또한 (영국, 이스라엘, 북한의 경우처럼) 소규모 국가의 경우에는 영토 내의 어떤 목표에 대해 핵공격이 있으면 그 효과는 전체 국가와 사회에 영향을 미치게 된다. 이러한 점은 핵교전이 제한될 수 있으며 확전으로 이

표 13 대군사 타격과 대가치 타격

구분	대군사 타격	대가치 타격
목표물	군대, 군사시설, 공군기지, 사령부, ICBM 발사기지, 잠수함 대피소	인구밀집 지역, 도시, 도심, 공공시설
무기 요건	정밀도, 방어돌파 능력, 대개 고위력 폭탄, 대개 목표 당 다수 겨냥 고수준의 관통력과 정확도 목표물 대개 강화기지에 의해 보호 지면폭발	기초적 핵무기, 소량, 고위력이 필수적이지 않음 저비율의 관통 무방/정확도는 본질적이지 않음 목표물 잘 보호될 가능성 낮음 공중폭발
장점	(최소한 이론적으로는)인구밀집 지역 회피 전쟁을 군사력에 대한 것으로 제한 가능(아래 참조)	효과를 발휘하기 위해 기본적 무기면 충분 최소보복 핵억지 정책과 양립
약점	고도의 선진화된 무기 필요 그런 능력은 제1차 공격력으로 인식될 가능성 높아 불안정성 증대 강화기지에 있는 목표물 파괴의 확실성 계산 어려움	민간인을 의도적으로 공격하는 것에 대해 윤리적 문제 있음 신뢰성 문제 있음 – 과연 어떤 이가 다수의 민간인 학살을 명령할 것인가?

어지지 않을 수 있다(아래 참조)는 이론에 대해 중요한 함의를 지닌다.

3) 확장 핵억지

비록 현재 9개국만 핵무기를 보유하고 있지만, 다른 많은 국가들도 확장억지정책을 통해 핵무기로 보호받고 있다. 사실, 냉전 동안에 세계의 많은 부분이 핵억지 보증에 의해 보호받았다. 기본적으로 확장 핵억지는 한 핵무장 국가가 다른 비핵국가(보통 가까운 동맹국)에 대한 핵공격을 상정하여 그 국가의 안보를 보장하는 정책이다. 이런 비핵국가가 다른 핵 행위자에 의해 핵공격 위협을 받거나 실제 공격을 받는 경우, 그 핵무장한 보증 국가가 대신 핵무기로 보복을 할 것임을 위협하게 된다. 그 논리는 아래와 같다.

- 핵무장한 국가 A는 핵무기를 가지지 않은 동맹국 B에 확장 핵억지 보증을 제공한다.
- 국가 B가 적대국 C로부터 핵무기(또는 재래식 공격)의 위협을 받는다.
- 국가 A는 C국가가 B국가를 공격하면 핵무기로 공격하겠다고 위협한다.

확장억지가 작동하기 위해서는 국가A가 핵무기를 사용할 것임을 국가 B와 국가C가 확신해야 하는데, 이 시나리오에서는 국가A의 국가이익이 반드시 위태롭지 않은 경우에도 국가A가 결과를 감수할 수 있어야 한다.

전형적인 확장 핵억지의 현존 사례는 북대서양조약기구(NATO: North Atlantic Treaty Organization)이다. 이 기구는 미국과 영국의 핵무기 그리고 표면적으로는 유럽에 배치된 소규모의 비전략 핵무기를 통해 28개국[10] 회원국들의 안전을 보장하고 있다.[11] 미국은 또한 아시아·태평양 지역의 주요 동맹인 호주, 일본, 필리핀, 한국에 양자적인 확장 핵억지 보장 관계를 유지하고 있다. 냉전 동안 소련은 중부와 동부 유럽의 바르샤바조약기구(Warsaw Pact) 동맹국들과 쿠바에 확장 핵억지 보증을 제공한 바 있다. 이러한 확장억지 보증은 현재 유럽의 경우나 과거 동아시아의 사례에서처럼 동맹국 영토 내에 핵무기를 배치하거나 잠수함, ICBM, 또는 항공모함에서 발진하는 비행기 등을 이용한 '역외(offshore)' 핵능력을 통해 실행될 수 있다 (제2장 참조).

확장 핵억지 보증은 특히 유럽과 동북아시아의 국가들(독일, 일본, 한국의 경우)이 핵 프로그램을 실행하는 것을 방지하는데 기여했다고 인식되어 왔다. 그럼에도 불구하고 NATO 보증의 신뢰도는 냉전 초기 영국이나 프랑스에게는 충분하다고 여겨지지 않았고, 특히 프랑스는 프랑스를 보호하기 위해 워싱턴의 정책결정자들이 미국에 대한 핵공격 위험을 감수할 의지가 있는지 의심하였다.[12] 이렇듯 확장억지 보증에 대한 불신이 영국과 프랑스가 냉전 초기에 독자적인 핵무기 프로그램을 발전시킨 주된 이유였다 (제5장 참조). 그렇다면 미국이 유럽과 아시아·태평양 다수의 국가에 제공하고 있는 확장 핵억지 보증은 과거와 미래의 핵비확산과 그 지역의 국가안보와 필수불가결한 요소라고 할 수 있다. 동시에 확장 핵억지 보증의 제공은 교리, 목표선정 정책 및 핵무기 보유고에 분명한 영향을 미칠 수밖에 없다.

4. 확전과 핵전쟁

핵억지와 MAD이론에 내재되어 있는 역설은 마지막 수단으로(혹은 징벌적인 보복에 있어서) 핵무기를 사용할 의지와 능력이 반드시 확실해야 한다는 점이다. 이것은 한 국가가 핵전쟁을 원하지 않는다고 하더라도 논리적으로는 시나리오가 전개되는 경우에는 핵전쟁을 할 계획을 가져야 하고, 최악의 경우에도 필요하다면 핵전쟁을 수행할 것이라는 점을 상대방에게 확신시켜야 한다는 의미이다. 결과적으로 핵무장 국가는 핵무기 사용원칙, 공격할 목표물, 그리고 핵전력과 핵교전을 어떻게 운영할 것인지에 대한 신뢰할 수 있는 계획을 가져야만 한다. 이런 점에서 갈등 시 핵사용에 대한 신뢰할 수 있는 계획은 핵억지의 본질적인 기반이자 억지가 실패할 경우에도 필수적인 부분이다.

따라서 재앙적 상황에 직면하거나 억지정책이 실패하는 경우 최소한 한 국가는 자국의 안보나 생존을 보장하기 위해 핵무기 사용에 대해 검토할 것이다. 그 국가는 '제한적' 방식의 핵사용을 고려할 수 있는데, 이는 비단 광범위한 핵사용과 참사를 회피하는 것만 아니라 의지를 과시하기 위한 것일 수 있다. 동시에 위기는 사고나 공인되지 않은 행동, 또는 단순한 오산(제10장 참조)에 의해서 핵수준으로 확대될 수 있다. 일단 이 수준에 진입하면 부분적으로는 앞에서 논의한 안보딜레마의 압력 때문에 추가적인 갈등의 악화와 핵사용의 가능성이 증가하게 된다.

1) 확전과 제한적 핵전쟁

확전은 핵보유국(또는 확장 핵억지 대상 국가)들 사이의 분쟁이나 소규모 충돌이 핵무기 사용으로 이어질 가능성과 잠재적 충돌이 수습할 수 없게 될 가능성을 의미한다. 퀸란(Michael Quinlan)의 표현에 따르면,

> 확전은 경쟁 상황 하에서 또는 일방에 의한 갈등적 행동 때문에 우위를 회복하거나 약점을 상쇄하려는 상대방의 대응이 초래되는 익숙한 보편적 사실을 의미한다. 전쟁에서는 이러한 과정이 싸움의 강도를 점진적으로 상승시키게 됨을 의미한다.[13]

확전은 세 가지 형태로 발생할 수 있다. (1) 의지를 전달하는 수단으로

써 또는 무장해제적인 1차 공격으로써 핵무기를 선제 사용하는 의도적 결정이 내려질 수 있다, (2) 위기 중에 핵무기가 우발적으로 또는 승인 없이 폭발될 수 있다, (3) 적의 의도에 대한 오인이나 잘못된 정보에 의한 오산의 결과로 핵무기가 사용될 수 있다. 표 14는 이 세 가지 시나리오에 대해 상술한다.

핵금기와 비사용 규범(제10장에서 다룰 예정)은 의도적인 핵무기 사용 가능성이 현저히 낮아졌음을 시사한다. 그럼에도 불구하고 여전히 행위자들이 갈등을 핵무기 수준으로 상승시킬 가능성이 있는 시나리오가 존재한다. 대표적으로 남아시아에서 인도와 파키스탄 간의 갈등, 대

표 14 핵무기 사용 확전 시나리오

의도적 사용	우발적/비인가 사용	오산
핵시설에 대한 무장해제적 1차 공격	폭탄 및 탄두의 우발적 폭발	소규모 교전 또는 재래식 교전에서 확전
확전되는 재래식 위기에서 의도를 전달하기 위해 핵무기 사용	불량 사령관에 의한 승인되지 않은 공격	상대방이 곧 핵무기를 사용할 것이라는 믿음이 선제 타격으로 이어짐
파멸에 직면한 국가가 최후의 수단으로 핵무기 사용	조기경보/첩보와 같은 지휘통제 체제의 실패	"쓰지 않으면 소용없다" – 너무 늦기 전에 사용하려는 압력
군사기지나 군대(대개 전장에서)에 대한 소규모의 핵무기 사용	인간 또는 컴퓨터 실수에 의한 우발적 핵무기 발사 또는 폭발	공격이 개시되었기에 핵무기가 즉시 사용되어야 한다는 잘못된 확신
테러리스트에 의한 핵무기 사용	불량 군사지휘관에 의한 승인되지 않은 핵무기 사용 결정(대개 전장에서)	(적을 시험하려는) 벼랑 끝 전술의 악화
	스트레인지 러브 박사(Dr. Strange Love)의 시나리오	

만을 둘러싼 갈등, 동북아시아에서 북한의 행동, 중동에서의 이스라엘과 이란 간의 다툼, 특히 미국/NATO와 러시아 사이의 향후 위기가 여기에 포함된다. 궁극적으로 핵무기가 존재하는 이상 오산, 사고, 승인되지 않은 핵무기 사용 가능성은 항상 존재한다 (사고와 관련해서는 제10장 참조).

일단 위기가 핵무기 수준으로 상승하게 되면 — 즉, 일방 또는 양측이 어떤 형태로든 핵무기를 사용하게 되면 — 중요한 점은 다음에 어떤 일이 일어나는가의 문제이다. 과연 보유한 핵무기 중 일부만 사용되고 사회 전체가 파괴되지 않고 협상을 통해 휴전과 평화가 달성되는 제한 핵전쟁이 가능할까? 영국의 전략가 그레이(Colin Gray)는 "소규모 핵전쟁은 모순이다"라고 주장했다.[14] 왜냐하면 모든 갈등을 악화되기 때문이다. 다른 이들은 소규모 핵전쟁, 즉 핵 및 전략 전력에 대한 제한적 공격 — 인구밀집 지역의 회피 — 이 가능할 수 있다고 제언한다. 예를 들어, 볼(Desmond Ball)은 아래와 같이 주장했다.

> 모든 제한적 또는 선택적 핵작전이 반드시 전면전으로 이어진다고 할 수는 없다. 정치적 의지를 과시하기 위해 계획된 소규모의, 신중하게 실행된 공격이 바람직한 결과를 도출할 수도 있다. 그러나 수십 발의 핵무기 폭발을 넘어서는 상황에서 통제력 유지를 예상하는 것은 어려운 일이다.[15]

제한적 핵사용의 개념과 이론, 특히 전장에서의 전술 핵무기 사용 개념 (제2장 참조)은 핵시대에 결코 사라진 적이 없다. 그러나 일단 핵무기가 사용된 이후 대규모 핵교전이 방지될 수 있는지는 핵시대가 시작된 이래 전략가들과 정책결정자들을 고민하게 만들었던 질문이고, 오늘날에도 상황은 마찬가지이다. 보편적인 견해는 그 답을 찾지 못하는 것이 최선이라는 것인데, 이런 규범이 미래에도 지속될 것인지는 전혀 확실하지 않다 (제10장 참조).

2) 핵전쟁에서의 생존과 승리

일반 상식으로는 대규모로 핵무기가 사용되는 전쟁에서는 전통적인 군사적 관점에서 승리할 수 없다고 할 수 있다. 왜냐하면 핵무기의 엄청난 파괴력과 핵확전의 가능성 때문이다. 소규모의 핵교전이라도 심각하고도 복구할 수 없는 피해(제1장 참조)를 초래할 수 있다. 따라서 승리라는 개념은 본질적으로 무의미해진다. 하워드(Michael Howard)의 견해에 따르면,

> 물론 확실한 점은 핵전쟁을 하거나 전략 핵무기를 '전투(warfighting)'를 위해 사용하려 시도하는 것은 미지의 알 수 없는 세계로 들어가는 것이고, 그것을 우리가 잘 모른다는 점이 끔찍한 일이다.[16]

이런 논리는 당사자들이 (종종 인지된) 전략적 우위를 상대방으로부터 되찾아오려고 노력하기 때문에 위기가 거의 불가피하게 확전으로 이어진다. 이는 핵전쟁을 통제하거나 제한하려는 시도는 부질없는 것이라는 전제를 기반으로 하고 있다. 제1장과 제2장에서 설명했듯이, 상대적으로 소규모의 핵교전도 파멸적인 결과를 가져올 수 있다. 따라서 결과로서 초래될 파괴, 죽음, 혼란 등의 가능성을 고려할 때 지리적으로 작은 국가는 물론 어떠한 국가도 제한적 핵전쟁을 감내할 수 있을 것으로 확신하기 힘들다. 실제 전 소련 수상 후르시초프(Nikita Khrushchev)는 핵전쟁이 발발하면 "생존자는 사망자를 부러워하게 될 것"이라는 유명한 말을 남겼다.[17]

그럼에도 불구하고 핵시대를 통틀어 전략가들과 관료들은 핵전쟁이

라는 질문을 끊임없이 재검토하였다. 거기에는 두 가지 근본적인 이유가 있었다. 우선, 정책결정자들은 억지가 실패할 경우 어떻게 핵전쟁을 수행해야 할지 고려해야만 한다고 주장하였다. 둘째, 어떤 이는 핵전쟁에서도 승리할 수 있는 이론을 고안할 수 있을 것이라고 주장하였다. 미국 전략가 칸(Herman Khan)의 표현을 빌리면,

> 만연한 생각과는 달리, 객관적인 연구는 비록 전후 세계에서 인간 비극의 수준이 상당한 정도로 증가되겠지만 그러한 증가가 대다수 생존자와 그 후손들의 정상적인 행복한 생활을 아예 불가능하게 하는 것은 아니라는 점을 시사해준다.[18]

과거 중국의 지도자 마오쩌둥(毛澤東)도 보다 냉정한 방식으로 칸과 비슷한 생각을 얘기한 바 있다.

> 원자폭탄은 두려워할 필요가 없다. 중국은 인구가 매우 많다. 중국 사람들은 폭탄으로 완전히 제거될 수 없다. 만약 어떤 사람이 원자폭탄을 투하할 수 있다면 나도 할 수 있다. 1,000만 또는 2,000만 명의 죽음은 두려워할 것이 아니다. … [19]

사실 제한적이던 아니던 어떤 형태의 핵사용의 결과로 많은 사람들이 죽고 심각한 파괴가 발생할 것이라는 점 외에는 우리 가정(assumption)의 기반이 될 만한 확실한 자료가 없기 때문에 핵교전에서 어떤 일이 벌어질 지에 대해서는 짐작만 할 뿐이다. 그러나 발생할 수 있는 일에 대한 공포는 분명하다. 제한적인 핵교전은 매우 신속히 확전시킬 수 있고, 승리가 가능할 수 있다는 생각은 공허하고 의미 없는 일이 될 것이다. 레이건(Ronald Reagan)과 고르바초프(Mikhail Gorbachev)의 표현을 빌리면, "핵전쟁은 승리할 수 없고, 시작되어서는 안 된다."[20]

3) 핵전쟁 근접 사례

핵시대의 역사는 많은 핵전쟁 근접 사례로 점철되었는데, 그 중 많은 사례가 최근에야 밝혀지고 있고 아마 향후에도 파악되지 않을 더 많은 사례가 존재하고 있을 것이다. 아래에 제시된 네 개의 사례를 통해 오산과 오판이 어떻게 파멸적인 결과로 이어질 수 있는지에 대해 생각할 수 있을 것이다. 이 중 세 개의 상황에서 두 개의 완전 무장한 핵국가 (미국과 소련 및 러시아)가 핵전쟁을 개시할 뻔한 위태로운 지경에 이르렀다. 전쟁이 시작되지 않은 이유는 아마 관련된 인사들 덕분일 수도 있지만, 동시에 상당한 행운 때문이기도 하다. 다른 하나의 사례에서는 새롭게 핵무장한 두 개의 국가(인도와 파키스탄)가 쉽게 핵수준으로 확전될 수 있었던 제한적 재래식 전쟁을 수행하였다.

- 쿠바미사일 위기(1962년). 1962년 10월의 쿠바미사일 위기는 미국의 U2 정찰기가 공산주의 국가인 쿠바에 건설되고 있던 다수의 소련 탄도미사일 기지를 발견하면서 시작되었다. 위기는 미국이 쿠바에 대한 직접적인 공격을 포함해 다양한 대안을 모색하는 가운데 13일 동안 지속되었다. 후에 문서가 공개되면서 밝혀진 것은 미국과 소련이 핵교전을 개시할 수 있었다는 점이다. 믿기 힘든 긴장의 시간이 지난 후, 당시 미국 대통령 케네디(John F. Kennedy)는 쿠바의 봉쇄를 명령했고, 위기는 케네디와 소련 지도자 후르시초프의 외교적 노력으로 해소되었다.
- 에이블 아처 83(1983년). 에이블 아처는 1983년에 NATO가 열흘 동안 실시한 실전과 매우 유사한 군사훈련이었다. 여기에는 소련에 대한 핵공격을 개시하는 절차들이 포함되어 있었다. 훈련이 실시되던 시기는 냉전 동안 긴장이 고조되던 시점이었다 (유럽에 새로운 핵미사일이 배

치되었고, 전략방위구상[SDI: Strategic Defense Initiative]이 선언되었고, 미국의 과장적 표현이 확대되었다). 소련 지도부는 이 훈련을 소련에 대해 1차 핵공격을 준비하는 서방의 관심전환 전술이라고 잘못 해석하였다. 그 결과 소련은 자국 핵전력을 준비시켜 유럽에 배치된 여러 부대를 비상경계 태세에 돌입시켰다. 심지어 소련 조기경보 체제에 다수의 잘못된 경보가 발령되어 긴장을 더욱 고조시켰다. NATO 지도자들은 몇 년이 지난 후에야 소련 정치국이 그 훈련을 얼마나 심각하게 생각하였고 얼마나 핵전쟁에 가깝게 갔었는지를 알게 되었다.[21]

- 노르웨이 로켓사건(1995년). 1995년 1월에 노르웨이와 미국 과학자들이 4단 로켓을 노르웨이 북서부 해안에서 발사했다. 그 목적은 스발바드(Svalbard) 제도 상공의 오로라 보리엘리스(Aurora Borealis, 북극광)를 연구하기 위한 과학 장비를 우주 공간에 보내기 위한 것이었다. 로켓의 비행경로는 모스크바를 겨냥한 미국의 핵탄두 탑재 탄도미사일의 경로와 매우 유사하였고, 또한 해상에서 발사되는 미국 SLBM과 매우 흡사한 비행 특징 — 전술적으로 이는 미국과 NATO의 전면적인 공격 이전에 러시아 전력을 무력화하기 위해 전자기파 폭발을 발생시킴 — 을 보여주었다. 러시아의 핵전력은 비상경계 태세에 돌입하였고 러시아 대통령 옐친(Boris Yeltsin)은 핵보복 명령이라는 결정을 내릴 순간에 있었다 (실제 그는 러시아 ICBM과 다른 핵무기들의 발사 코드가 들어있는 유명한 '핵가방'을 전달받은 상태였다). 모두에게 다행이게도 그는 기다리기로 결정하였다.[22]

- 카길전쟁(1999년). 인도와 파키스탄이 공개적으로 핵실험을 실시한 1998년 중반에서 몇 개월 경과하지 않은 1999년에 두 나라는 분쟁지역인 카시미르(Kashmir)의 통제선(LOC: Line of Control)을 따라서 전투를 시작하였다 (이는 1947년 이래 4번째 사례였다). 전투는 두 달

(5월부터 6월까지) 동안만 지속되었지만 양 측이 모두 핵수준으로 전쟁을 확전시킬 것을 고려했다는 주장들이 있었다.[23] 남아시아에서 향후에 발생할 어떤 갈등도 핵교전으로 이어질 수 있다는 우려가 남아있다 (인도-파키스탄의 핵관련 관계에 대해서는 제6장 참조).

과거에 세계가 얼마나 핵전쟁에 근접했었는지를 진정으로 파악하기는 아마 불가능할 것이다. 침착한 판단 또는 단순한 행운이 여태까지 우리를 구해왔는지 모른다. 그러나 미래에도 그렇게 운이 계속 좋을 수 있을지는 장담할 수 없다. 이스라엘이 특히 이란으로부터의 실제적인 1차 핵공격의 가능성에 직면한다면 절제력을 가지고 행동할 것인가? 비슷한 상황에서 인도와 파키스탄 사이의 균형이 유지될 수 있을 것인가? 또는 동북아시아에서 북한이 긴장을 고조시킬 때에도 과거처럼 균형이 유지될 수 있을 것인가? 마찬가지로 최근 우크라이나(Ukraine)를 둘러싼 미국/NATO와 러시아 간의 충돌과 같은 미래 위기에 있어서는 핵무기라는 요소가 반드시 기억되어져야 할 것이다. 오산과 오판은 인간의 본질적 특징이지만, 핵무기가 등장함으로써 이런 잘못의 비용은 재앙적인 수준이 될 가능성이 높다.[24] 이 질문들은 답이 정해지지 않은 어려운 것들이지만 우리가 핵미래의 안전을 도모하기 위해서는 반드시 고려되어야 할 사항들이다.

5. 요점, 추가정보 및 자료

이 장은 핵전략과 핵무기의 개발 및 배치 결정을 내리는 데에 현재에도 영향을 미치는 다양한 생각들을 소개하였다. 그 요점은 아래와 같다.

- 핵억지는 핵보복의 위협을 통해 재래식 또는 핵공격을 단념시키거나 방지하는 능력을 의미한다. 핵무기 사용 의지와 능력은 핵억지의 기본적인 부분이다.
- 핵군비경쟁은 핵무기 획득의 애초 이유와 무관하게 안보딜레마 — 국제정치를 규정하는 상대방 행동과 의도의 불확실성이라는 조건 — 때문에 추동된다.
- MAD의 핵심은 양 측 모두가 핵공격에 취약하고 동시에 양 측 모두 보복할 수 있도록 하는 것이다. 이론적으로 이는 합리적 행위자라면 핵무기로 먼저 공격할 생각을 할 수 없도록 하는 것이지만, 실제로 일반 대중이 이를 받아들이기는 힘들었다.
- 국가마다 다른 핵무기 필요 요건들을 가지고 있고, 이는 핵준비태세에 반영된다. 준비태세는 소규모의 핵무기 보유량과 탄두와 발사체가 분리된 최소 억지로부터 대규모의 정교한 핵무기와 운반체제 및 선제적 공격의 가능성을 포함하는 최대 억지까지 구분된다.
- 핵전쟁은 '승리'할 수 없다는 것이 상식이다. 그럼에도 불구하고 국가들은 위기 시 재래식 분쟁이나 소규모 충돌로부터 확전될 수 있는 제한적 핵교전의 대안을 지속적으로 고려하여 왔다. 실제로 핵억지의 논리는 핵을 실제 사용할 준비가 신뢰성과 따라서 안정성의 확보에 본질적임을 의미한다.
- 오산과 오판은 인간의 본질적인 특징이다. 그러나 핵시대에 있

어서 이런 잘못의 비용은 재앙적인 수준이 될 가능성이 높다.

추가정보 및 자료

1945년 이후 핵전략 및 핵관련 생각의 변화에 대한 최고의 책은 프리드먼(Lawrence Freedman)의 『핵전략의 발전(The Evolution of Nuclear Strategy)』(2003)이다. 아울러 브로디(Bernard Brodie, et. al.) 등이 공저한 『절대 무기(The Absolute Weapon)』 (1946)와 『미사일 시대의 전략(Strategy in the Missile Age)』 (2008[1959])도 유용하다. 두 책은 모두 미국의 초기 핵관련 생각들을 잘 소개하고 있다. 셸링(Thomas Schelling)의 『무기와 영향력(Arms and Influence)』(1966)도 마찬가지이다. 칸(Herman Kahn)의 『열핵 전쟁에 관하여(On Thermonuclear War)』(2007 [1960])는 냉전 초기 미국 핵관련 생각의 파격성을 잘 보여준다. 부스(ken Booth)와 휠러(Nicholas Wheeler)의 『안보딜레마(The Security Dilemma)』(2008)와 저비스(Robert Jervis)의 『국제정치에 있어서 인식과 오인(Perception and Misperception in International Politics)』(1976) 및 "Cooperation under the Security Dilemma"(1978)는 안보딜레마를 다루는 최고의 자료이다.

확장억지에 대해서는 요스트(David Yost)의 『미국과 유럽의 확장억지(The U.S. and Extended Deterrence in Europe)』(1999) 와 『NATO의 확장억지(Extended Deterrence in NATO)』(2009);

➤ 계속

➤ 계속

프리드먼의 『핵확장억지의 발전과 미래(The Evolution and Future of Extended Nuclear Deterrence)』(1989); 그리고 퍼먼(Matthew Fuhrmann)과 세셔(Todd Sechser)의 최근 책 『동맹 공약 신호보내기(Signalling Alliance Commitments)』(2014)를 참고하면 좋을 것이다.

핵전쟁의 수행, 제한 및 승리에 대해서는 키신저(Henry Kissinger)의 『핵무기와 외교정책(Nuclear Weapons and Foreign Policy)』(1957); 그레이(Colin Gray)의 "Nuclear Strategy: the Case for Victory" (1979); 하워드(Michael Howard)의 "On Fighting a Nuclear War" (1981); 그레이와 페인(Keith Payne)의 "Victory is Possible" (1980); 그리고 시어(Robert Scheer)의 『삽이 충분하다면: 레이건, 부시, 핵전쟁(With Enough Shovels: Reagan, Bush, and Nuclear War)』(1983)을 참고하면 된다. 아울러 클라크(Ian Clarke)의 『제한 핵전쟁(Limited Nuclear War)』(1982); 볼(Desmond Ball)의 "Can Nuclear War be Controlled?" (1981); 그리고 브로디의 "Escalation and the Nuclear Option" (1966)도 유용한 자료이다.

쿠바미사일 위기와 관련해서는 돕스(Michael Dobbs)의 『자정 1분전(One Minute to Midnight)』(2009); 앨리슨(Graham Allision)과 젤리코우(Phillip Zelikow)의 『결정의 엣센스(The Essence of Decision)』(1999[1971]); 또는 푸르센코(Aleksandr Fursenko)와 나프탈리(Timothy Naftali)의 『대단한 도박(One Hell of a Gamble)』(2001[1997])을 참고할 수 있다. 아울러 1962

년의 쿠바미사일 위기 당시의 사건들을 묘사한 영화 〈13일(*13 days*)〉도 유용할 수 있다. 에이블 아처 83과 관련해서는 만찬다(Arnav Manchanda)의 "When Truth is Stranger than Fiction" (2009)을 참고하고 카길전쟁에 대해서는 제6장 말미에 제시된 권장 자료를 참고하면 될 것이다.

슐로서(Eric Schlosser)의 『지휘 통제(*Command and Control*)』 (2013)는 미국 핵무기가 관련된 사고나 근접사례들을 잘 정리해주며, 그레고리(Shaun Gregory)의 『억지의 숨은 비용(*The Hidden Cost of Deterrence*)』 (1990)과 프라이(Peter Pry)의 『전쟁 공포(*War Scare*)』 (1999)도 훌륭한 참고자료이다. 핵전쟁 근접사례는 할리우드 영화의 소재로 많이 활용되어 왔는데, 그 중 주목할 만한 것은 버딕(Eugene Burdick), 휠러(Harvey Wheeler), 프로시노(William Prochnau) 공저의 소설 『트리니티의 자식(*Trinity's Child*)』 (부록 4 참조)을 기반으로 한 영화 〈페일 세이프(*Fail Safe*)〉이다.

주

1. Ken Booth and Nicolas Wheeler, *The security dilemma: fear, cooperation and trust in world politics* (Basingstoke: Palgrave Macmillan, 2008), p. 1.
2. S. Paul Kapur, "India and Pakistan's unstable peace: why nuclear South Asia is not like Cold War Europe," *International Security*, 30:2 (2005), pp. 127-152 참조.
3. 여기에 대해서는 David Blair, "Iran's nuclear programme 'may spark Middle East' weapons race," *Telegraph*, (20 May 2008), www.telegraph.

co.uk/news/worldnews/middleeast/iran/1994117/Irans-nuclear-programme-may-spark-Middle-East-weaponsrace.html. 참조.
4. 예를 들어 James Clay Moltz, "Future nuclear proliferation scenarios in Northeast Asia," *The Nonproliferation Review*, 13:3 (2006), pp. 591-604 참조.
5. Lawrence Freedman, *The evolution of nuclear strategy* (Basingstoke: Palgrave Macmillan, 2003), p. 245.
6. Stephen Younger, *The bomb: a new history* (New York: HarperCollins, 2009), p. 45.
7. 여기에 대해서는 Taylor Fravel and Evan Medeiros, "China's search for assured retaliation: the evolution of Chinese nuclear strategy and force structure," *International Security*, 35:2 (2010), pp. 48-87 참조.
8. 선제불사용 정책은 실제로는 선언적인 것이다. 중국을 포함한 어떤 핵무장 국가라도 필요하다고 판단되면 이론적으로는 핵무기를 먼저 사용할 수 있다.
9. 이 논쟁에 대한 최근의 견해에 대해서는 Vipin Narang, "Five myths about India's nuclear posture," *The Washington Quarterly*, 36:3 (2013), pp. 143-157 참조.
10. 알바니아, 벨기에, 불가리아, 캐나다, 크로아티아, 체코공화국, 덴마크, 에스토니아, 프랑스, 독일, 그리스, 헝가리, 아이슬란드, 이탈리아, 라트비아, 리투아니아, 룩셈부르크, 네덜란드, 노르웨이, 폴란드, 포르투갈, 루마니아, 슬로바키아, 스페인, 터키, 영국, 미국.
11. 소규모(약 200개)의 중력 핵폭탄이 벨기에, 독일, 이탈리아, 네덜란드, 및 터키에 배치되어 있다. 여기에 대해서는 Robert Norris and Hans M. Kristensen, "US tactical nuclear weapons in Europe, 2011," *Bulletin of the Atomic Scientists*, 67:1 (2011), pp. 64-73 참고.
12. Bruno Tertrais, "The last to disarm? The future of France's nuclear weapons," *The Nonproliferation Review*, 14:2 (2007), p. 251.
13. Michael Quinlan, *Thinking about nuclear weapons: principles, problems, prospects* (Oxford: Oxford University Press, 2009), p. 62.
14. Colin Gray, *The second nuclear age* (Boulder CO: Lynne Rienner Publishers, 1999), p. 94.
15. Desmond Ball, "Can nuclear war be controlled?" *Adelphi Paper* 165, (London: The International Institute for Strategic Studies, 1981), p. 2.
16. Michael Howard, "On fighting a nuclear war," *International Security*, 5:4 (1981), p. 14.
17. Fred Shaprio (ed.), *The Yale book of quotations* (Newhaven CT: Yale Uni-

versity Press, 2007), p. 426.
18. Herm an Kahn, *On thermonuclear war* (London: Transaction Publishers, 2007[1960]), p. 21.
19. David Halberstam, *The coldest winter: America and the Korean War* (London: Pan Macmillan Ltd, 2009), p. 355에서 재인용.
20. Ronald Reagan and Mikhail Gorbachev, "Joint Soviet-United States statement on the summit meeting in Geneva," (21 November 1985), www.reagan.utexas.edu/archives/speeches/1984/112185a.htm.
21. Arnav Manchanda, "When truth is stranger than fiction: the Able Archer incident," *Cold War History*, 9:1 (2009), pp. 111-133 참조.
22. 여기에 대한 개괄적인 이해를 위해서는 Peter Pry, *War scare: Russia and America on the nuclear brink* (Westport CT: Greenwood Publishing Group, 1999), pp. 183-185 참조.
23. Feroz Hassan Khan, *Eating grass: the making of the Pakistani bomb* (Stanford: Stanford University Press, 2012), pp. 313-315 참조.
24. 여기에 대해서는 *Robert Jervis, Perception and misperception in international politics* (Princeton NY: Princeton University Press, 1976) 참조.

제5장

수직적 핵확산의 도전:
핵확산금지조약 제6조

· 핵확산금지조약 제6조와 군축 약속   143
· 미국과 신삼각체제   147
· 러시아와 강대국 지위   151
· 영국과 트라이던트 대체   154
· 프랑스와 억지력(*force de dissuasion*)   158
· 중국과 최소 억지   161
· 요점, 추가정보 및 자료   164

핵확산금지조약(NPT: nuclear Non-Proliferation Treaty)은 5개국 — 미국, 러시아, 영국, 프랑스, 중국 — 이 핵무기를 보유할 수 있는 권리를 인정한다. 그리고 이들 국가는 일반적으로 핵보유국(NWS: nuclear-weapon states) 또는 P5로 지칭된다. 이는 이들 국가가 유엔 안전보장이사회의 상임이사국이기 때문이다 (물론 UN안전보장이사회는 이들 국가 대부분이 핵무기를 획득하기 이전에 설립되었다). 대신 NPT 제6조(제7장 참조)에 따르면 이들 국가는 완전한 핵군축을 추진하여야 한다. 그러나 이들은 다른 국가들로부터 이러한 중요한 약속을 지키지 않고 핵무기 보유를 정당화할 구실을 지속적으로 찾고 있다고 반복적으로 비난받아 왔다. 로트블랫(Joseph Rotblat)은 다음과 같이 말한 바 있다.

> 핵군축은 유엔의 다수 결의안에 표현된 것처럼 단순히 사람들의 열망이 아니다. 그것은 5개 공식 핵보유국의 법적 의무이고 그들이 핵확산금지조약에 서명할 때 발효되었다.[1]

결과적으로 새로 핵무기를 추구하는 국가 및 비국가 행위자에 의한 도전(제6장 및 제8장 참조)으로 세계 핵질서가 위협받는 것은 사실이다. 하지만 P5 국가가 자신들의 조약 상 의무를 충실하게 이행하는 것을 주저하는 일이 국제 비확산 의제에 지속적인 문제로 남아있다. 더구나 NPT로부터 인정받지 않은 핵무장 국가들은, 조약 상 특정 국가가 핵무기를 보유하는 것은 합법이지만 다른 국가(1968년 이후 핵무기를 개발한 국가)가 가지는 것은 불법이 되는 현 상황을 '핵차별(nuclear apartheid)'이라고 주장한다.[2] 이 장은 P5 국가의 현재 핵 관련 사고들과 핵전략, 그리고 향후 NPT 6조의 군축 약속의 이행에 영향을 미칠 요인들을 개괄적으로 검토하는 것을 목적으로 한다.

이 장은 다음과 같이 6개의 부분으로 구성된다. 우선 P5 NWS가 NPT 제6조에 따라 제시한 핵군축 약속과 최근의 약속 이행과정을 개략적으로 검토한다. 2절에서는 미국의 최근 핵 관련 사고를 군축과 보다 미묘해진 억지 전략을 위한 변화 및 새로운 전략 삼각체제를 중심으로 살펴본다. 3절에서는 러시아를 위해 전략적 및 정치적으로 핵무기가 수행하는 중요한 역할을 분석한다. 4절에서는 영국에서 최근 진행되는 핵논쟁을 트라이던트(Trident) 핵무기체제의 대체 관련 논란을 중심으로 논의한다. 5절에서는 프랑스의 핵무기와 핵군축에 대한 입장을 살펴본다. 6절에서는 최근 중국의 핵전략과 정책이 분석된다. 이어서 요점과 추가정보 및 자료가 제시된다.

1. 핵확산금지조약 제6조와 군축 약속

1968년 NPT체제 협상의 핵심 내용으로, 조약에 의해 NWS로 승인된 5개국(미국, 러시아, 영국, 프랑스, 중국) — 일반적으로 P5로 불림 — 은 조약 제6조에 의거하여 '성실히(in good faith)' 완전한 핵군축을 위해 노력할 것을 다짐하였다. 대신, 조약상 다른 비핵국가(NNWS: non-nuclear-weapon sates)는 핵무기 능력을 추구하지 않기로 합의하였다. 결과적으로 조약이 '핵보유국과 비핵국가로 분리된 세계'를 승인하고 합법화하였지만, 이런 구분은 '영구적인 것이 아니라, 궁극적으로 핵보유국은 자국의 무기를 폐기할 계획'이었다.[3] NPT 제6조의 내용은 다음과 같다.

> 조약당사국은 조속한 시일 내에 핵군비경쟁의 중지와 핵군축과 관련한 효과적인 조치 및 엄격하고 효과적인 국제적 통제 하의 전면적이고 완전한 군축에 관한 협상을 성실히 추구할 것을 약속한다.[4]

완전한 핵군축을 위해 노력하겠다는 법적 의무가 합의의 핵심 부분이었고, 만약 이 부분이 없었다면 어떠한 국제레짐도 구축되기가 힘들었을 것이다. 기본적으로 궁극적 무장해제에 대한 약속은 추가 핵확산 방지를 위한 노력과 균형을 맞추는 일이었다. 로드가르드(Sverre Lodgaard)의 표현에 따르면, 핵군축은 비확산의 대가였다(disarmament *quid* for the non-proliferation *quo*).[5] 핵무기 폐기를 위한 진전이 없는 것이 냉전 중에는 마지못해 받아들여졌지만, NWS들이 제6조의 법적 의무를 충실히 이행하는 노력을 해야 한다는 압력은 지난 20여 년 동안 상당히 증가하였다.

제6조의 실질적 의미는 핵보유국(NWS)과 비핵국가(NNWS) 사이에서 항상 논쟁이 되는 사안이었지만, 1968년부터 제1 핵시대가 종결되는 1991년 사이에는 이러한 차이가 큰 역할을 하지 않았다. 하지만 최근 20여 년 동안 NPT에서 핵보유국으로 인정받은 국가들이 제6조의 핵군축 약속의 이행을 심각하게 추진하지 않는다는 우려가 상당히 늘어났다. 버거(Andrea Berger)와 찰머스(Malcolm Chalmers)는 다음과 같이 설명한다.

> 비확산조약 상 비핵국가(NNWS)들은 핵보유국(NWS)으로 인정받는 5개국 — 중국, 프랑스, 러시아, 영국, 미국 — 이 냉전의 종식 이후 국제 환경이 극적으로 변화했음에도 불구하고, 성실히 군축을 추진하겠다는 자신들의 약속 이행을 너무 등한시한다고 비판한다. 그들은 1990년대 이래 NWS가 일련의 NPT 회의에서 합의한 군축관련 계획이 달팽이 걸음처럼 실질적인 진전을 보여주지 않는다고 비판한다. 반면 NWS는 지난 20여 년 동안 자신들은 핵무기 보유고를 상당히 축소시켰고, 군축의 지속적 추진을 위한 의무를 다하고 있다고 주장한다.[6]

기본적으로 NNWS의 비판은 (제6조에서 요구하는) 핵무기 폐기를 위한 실질적인 진전을 P5 국가들이 보여주지 않고, NWS 및 보다 포괄적으로 NPT레짐 자체가 군축보다는 비확산에 너무 중점을 두어왔다는 것이다. 밀러(Steven Miller)의 주장처럼,

> NWS는 명백히 제6조를 핵무기의 다른 국가로의 확산을 방지하는 NPT의 기본적 목적에 보조적이고 부차적인 것으로 인식하여 왔다.[7]

더구나, P5 국가들이 NPT상 군축 의무의 충족을 주저하는 모습이 1968년 이후 수평적 핵확산의 주요 동력으로 작용했다고 간주하는 시각도 있다.[8]

이 문제는 제6조의 애매함에서 기인한다. 실제로 NPT 상 군축 의무를 규정하는 모호한 표현이 핵보유국(NWS)과 비핵국가(NNWS) 양측에 의해 현재 자신들의 핵정책을 정당화하는 데에 공히 인용된다. P5 핵보유국은 **성실히 협상할 것**을 명시한 첫 번째 부분에 주목하면서 최근의 군축을 이러한 신의의 증거라고 인용하는 반면, NNWS는 그 조항이 **핵군축을 의무화한** 것이라고 주장하면서 NWS가 이를 심각하게 받아들이지 않고 핵무기를 폐기할 의도가 거의 없다고 비판한다. 어느 쪽이 옳은지에 상관없이 이러한 분열은 NPT레짐 전체의 미래에 상당한 영향을 줄 것이다. 제6조와 관련하여 진행 중인 논쟁은 표 15에서 보다 자세히 다룬다.

제6조의 요구 사항을 이행하라는 압력이 지난 수십 년간 증가했다. 특히 1995년, 2000년, 2005년, 2010년에 뉴욕에서 개최되었던 NPT 검토회의(RevCons으로 불림)와 소위 비동맹운동(NAM: Non-Aligned Movement) 국가들로부터 압력이 상당히 증가하였다.[9] 또한 2010년 RevCon에서 핵무기금지협약(NWC: Nuclear Weapons Convention)을 추진하려던 계획이 실패로 돌아갔지만, 결과 문서에서 제6조의 중심적 역할을 다음과 같이 명확히 한 바 있다.

> 본 회의는 핵보유국들이, 비가역성 원칙에 부합되게, 조약의 제6조에 따라 모든 국가들의 의무인 핵무기 폐기를 위해 자국 핵무기의 완전한 폐기를 달성할 수 있도록 하는 분명한 과제를 추진할 것을 재확인한다.[10]

결과 문서는 또한 P5 국가들이 2015년 본 회의에 앞서 개최되는 2014

표 15   NPT 제6조와 관련된 논쟁

P5 핵보유국(NWS)	비핵국가(NNWS)
제6조는 P5 NWS가 향후 적절한 시점에 핵폐기를 향해 노력할 의무를 부여한다.	제6조는 P5가 자신들의 핵무기를 가능한 빨리 폐기하도록 하는 공식적인 법적 책임을 부여한다.
NWS — 특히 미국과 러시아 — 는 최근에 핵전력을 상당히 축소시켰고, 앞으로도 지속적으로 감축시킬 것이다.	NWS는 NPT 상 군축 약속을 성실히 이행하지 않고 있으며, 이것이 조약의 핵심에 대한 합의의 기반을 약화시키고 있다.
NWS의 핵무기는 세계 평화와 안정의 유지에 기여한다.	군축 실현의 실패가 새로운 행위자에의 핵확산을 추동하고 있다.
NWS는 점진적으로 '최소 핵억지' 태세로 이행하고 있다.	NWS의 핵폐기 실패가 핵 열외자와의 협상을 더욱 어렵게 하고 있다.
핵군축보다 핵무기의 수평적 확산 방지(제1조 및 2조)에 집중하는 것이 더욱 중요하다.	수평적 핵확산의 방지보다 핵군축(제6조)에 집중하는 것이 더욱 중요하다.
핵무기가 존재하는 한 P5는 핵무기를 보유해야만 한다.	P5가 핵무기를 유지하는 한 더 많은 국가들이 같은 능력을 추구할 것이다.

년 NPT 준비회의(preparatory committee meeting)에서 자국의 핵군축 활동을 보고하도록 명문화하였다.[11]

P5 국가들에 대해 증가하는 압력은 2009년에 소위 「P5 프로세스」의 선언으로 이어졌다. 이 프로세스에 따라 P5는 런던에서 궁극적인 핵무기 폐기를 위한 방식에 대한 논의를 시작하였다. 버거와 찰머스는 아래와 같이 자세히 설명한다.

> 2009년에 NNWS의 우려를 완화시키기 위한 후속 조치로, NWS는 군축과 관련된 이슈를 다루기 위한 다자주의적 협의 및 협력 프로세스를 출범시키는 이례적인 진전을 보여주었다. NPT가 이미 40년 동안 유지되고 있음에도 불구하고, 모든 NWS가 정기적으로 모여서 조

약에 따른 의무를 어떻게 충족시킬 것인가를 집단적으로 토론하는 대화의 장을 구축하려는 시도가 없었다. 따라서 이러한 'P5 프로세스'의 구축은 의미 있는 진전이었다.[12]

P5 간의 후속 회의가 2011년에 파리, 2012년에 워싱턴, 2013년에 제네바에서 각각 개최되었지만[13] 별다른 진전이 없었고, 논의는 핵관련 용어의 통일, 핵보유고의 투명성 신장, 분열물질 생산금지를 위한 노력 등에 국한되었다. 리치(Nick Ritchie)에 따르면,

「P5 프로세스」는 2015년 NPT 검토회의에서 의미있는 결과가 도출될 것이라는 비핵국가들의 희망을 증가시켰다. 그러한 결과가 도출되지 않는다면 레짐이 가지고 있는 현재 고질병들을 악화시켜 불만 있는 NNWS들이 검토 과정에서 이탈할 위험성을 증가시킬 것이다.[14]

이어지는 절에서 보이듯이, 「P5 프로세스」— 궁극적인 핵무기 폐기는 물론이고 — 는 대부분 P5 국가들에게 아직 먼 훗날의 일로 남아있고, 이것은 중요하고도 보다 광범위한 함의를 지닌다. 기본적으로 P5 핵보유국(NWS)이 제6조의 의무를 달성하지 못하는 한(또는 최소한 이 목표를 위해 '성실히' 노력한다고 인식되지 않는 한), 다른 행위자들에게 핵확산을 중단시키는 것이 불가능하지는 않지만 매우 어려워질 것이다. 로드가르드의 표현처럼, "몇 국가가 핵무기를 보유하는 한, 다른 이들도 그것을 추구할 것이다."[15]

2. 미국과 신삼각체제

핵무기를 개발한 최초의 국가, 그리고 그것을 사용한 유일한 국가인 미국은 세계 핵질서에 있어서 특별한 책임을 지니는 것으로 간주되고 오

바마(Barack Obama) 대통령은 이 점을 잘 인식하고 있다. 2009년 이래 오바마 행정부는 핵군축과 NPT 제6조를 미국의 정치논쟁의 핵심적 이슈로 만들기 위해 노력했다. 수사적으로는 프라하와 베를린에서의 연설, 그리고 보다 구체적으로는 2010년에 러시아와 체결한 「신전략무기감축조약(New START)」이 이런 노력의 일환이었다 (제7장 참조). 이렇듯 오바마 대통령이 미국과 세계정치에서 핵군축 아이디어에 활기를 불어넣은 것은 사실이지만, 그는 동시에 핵무기는 미국안보의 핵심으로 남을 것이라는 점을 명확히 하였다.

> 나는 미국이 일방적으로 무장을 해제하지 않을 것임을 명확히 밝혔다. 실제로, 국가들이 핵무기를 보유하는 한, 미국은 강하고, 안전하고, 확실하고, 신뢰할 수 있는 핵억지를 유지할 것이다.[16]

마찬가지로 최근 미국은 핵무기에의 의존을 탈피하여 국가안보와 관련된 능력을 다양화하여 선진적인 재래식 무기를 추구하고 있다. 미국이 이 분야에서 가지는 상당한 질적 우위는 결국 다른 강대국들이 핵무기를 감축시키는 것을 매우 어렵게 할 수도 있다.

오바마 행정부가 국제 비확산레짐을 다시 중시하여 NPT 제6조에 따르는 미국의 의무에 대한 우려를 불식시키려고 노력해왔지만, 단 시일 내의 완전한 핵군축을 향한 정치적 흐름이 미국 내에 형성되어 있지는 않다. 더구나 미국은 여전히 많은 다양한 핵능력을 보유하고 있으며, 핵무기를 미국안보와 세계안보 공약을 이행하는 데에 필수적 요소로 간주하고 있다. 또한 미국은 아직 CTBT를 비준하지 않았으며, 한동안 핵강대국의 선두 주자로 남아있을 계획이다. 그렇지만, 미국은 지난 20여 년 동안 핵보유고를 감축하는 절차(단독 및 러시아와 쌍무적으로)를 밟아 왔고, 미국안보를 위한 핵무기 의존도를 줄이려고 노력해왔다. 실제로 신전략삼각체제(핵 및 비핵공격 옵션, 능동적 및 수동적 방어, 선진 기반시설)의 일환으로 핵무기에 할당되었던 임무와 역할을 선진 재래식무기가 더욱 확대하거나 대체하려는 점진적인 움직임이 진행되었다. 2010년 미국 핵태세검토(Nuclear Posture Review)에 따르면,

> 미국 재래식 군사력의 우위와 미사일방어와 생화학무기의 영향에 대처하고 완화할 수 있는 능력의 지속적 신장에 따라, 비핵공격 — 재래식 및 생화학 무기공격 — 을 억지하기 위한 미국 핵무기의 역할도 상당히 축소되었다. 미국은 비핵공격을 억지하기 위한 핵무기의 역할을 지속적으로 축소시켜 나갈 것이다.[17]

기본적으로 이런 광범위한 군사력의 스펙트럼은 핵문제를 다룰 때의 유연성을 증대시키기 위해 계획된 것이다. 이들 새로운 능력은 억지가 실패할 때 — 특히 탄도미사일방어의 배치를 통해 — 추가적 보장(및 보호)을 제공한다. 또한 이들 능력은 — 소위 핵금기로 대표되는 (제10장 참조) — 핵무기 사용의 위협과 관련된 본질적 문제들을 회피할 수 있도록 해준다. 왜냐하면 기술적 진보가 과거에는 핵무기만 수행할 수 있었던 역할을 재래식 무기도 수행할 수 있게 해주기 때문이다. 맥도너(David McDonough)의 설명에 따르면,

> 신삼각체제는 미국의 자기 억지(self-deterrence)를 축소시키기 위한 복합적이고 잠정적으로 모순되는 노력을 대표한다. 이는 미국의 억지 계산에서 비핵요소들을 확장함으로써 핵무기의 역할을 덜 강조하고, 동시에 핵무기는 잠재적 적에 대해 보다 맞춤형 억지력을 발휘하도록 미국 핵전력을 조정하려는 시도를 의미한다.[18]

그럼에도 불구하고, 미국 — 특히 오바마 행정부 — 은 이러한 진전을

NPT 상 의무를 다시 이행하기 위한 종합적인 노력의 일환으로 어느 정도 받아들여 왔다.

그러나 이런 방향으로의 진전에 문제가 전혀 없는 것은 아니다. 미국의 재래식 전력(특히 미사일방어와 재래식무기로 원거리에서 정밀 타격하는 프로그램 등)에의 의존성 증가는 다른 국가의 안보에 있어서 핵무기의 가치를 보다 높일 수 있어, 핵군축을 향한 폭넓은 노력을 약화시킬 가능성이 있다.[19] 잘라(Benjamin Zala)의 얘기처럼,

> 최종 결과는 미국의 방어와 안보적 고려에 있어서 핵무기의 역할을 축소시키려는 노력이 BMD나 글로벌신속타격(PGS: Prompt Global Strike) 등 프로그램의 질적·양적 진전과 분리될 수 없다면 오바마식 접근이 핵군축이라는 과제를 실제로는 더욱 어렵게 만들 수 있다는 것이다.[20]

아래에서 논의되는 것처럼, 미국 재래식 전력 — 특히 BMD — 에 있어서의 진전과 질적인 우위는 러시아와 중국이 핵전력의 감축에 대한 고려를 꺼리게 만드는 중요한 이유 중의 하나이다. 이러한 맥락에서 재래식 전력에 더 의존하는 것이 미국 핵무기의 감축을 촉진시킬 수는 있지만, 폭넓은 다자적 핵군축을 위한 조건을 창출하는 데에는 거의 기여하지 못할 것이다.

러시아와의 관계에서 이런 점을 분명히 살펴볼 수 있다. 지난 20여 년 동안 핵군축에 상당한 진전이 있었는데, 이는 핵무기가 국가안보에 미치는 심각한 함의가 없었기 때문에(제3장 참조) 가능했다. 하지만, 현재의 2010 New START에서 합의된 수준을 넘어서는 축소는 보다 큰 함의를 가지게 될 것이다. 여기에는 두 가지 중요한 고려 사항이 있다. (1) 미국 핵무기 숫자를 더 줄이기 위해서는 러시아의 동일한 행동

이 요구될 것이다. 그런데 이런 논의가 미국 내에서 정치적으로 받아들여지기 위해서는 어떠한 협상도 미국 탄도미사일방어체제를 제한하지 않아야 할 것이다. (2) 러시아는 탄도미사일방어의 배치를 제한하는 법적 장치 없이는 추가적인 군비통제/군축에 대한 논의를 꺼리는 것으로 보인다. 따라서 최종적인 결과는 현재 상황을 넘어서는 추가적 감축 ─ 그리고 보다 소규모 핵보유고의 다른 핵보유국과의 군축논의 ─ 전망이 어둡다는 것이다.

 미국은 NPT 제6조의 법적 요구를 '성실히' 이행하는 데에 있어서 가장 중요한 행위자라고 할 수 있다. 미국의 행동은 러시아와 중국 핵정책의 본질적인 부분에 영향을 미친다. 또한 미국의 행동은 핵군비통제/군축 의제가 진정으로 다자화하고 궁극적인 핵폐기가 달성되기 위해서 가장 중요한 부분이다. 그러나 오바마 행정부에 의해서 군축 약속이 수사적으로는 받아들여졌지만, 미국은 다른 국가들이 핵능력을 보유하는 한 핵무기를 계속 보유할 것으로 보이며 현재 미국의 행동은 실제로 다른 P5 국가의 폭넓은 핵감축의 유도를 더욱 어렵게 만들 수 있다.

3. 러시아와 강대국 지위

이제 냉전은 한참 과거의 일이지만, 핵무기는 1949년에 최초의 소비에트 원자폭탄 실험이 실시되었을 때처럼 현재도 러시아 안보에 필수적 요소로 남아있다. 사실, 러시아의 국가안보 관련 사고에 있어서 핵무기의 중요성이 줄어들기보다 증가하고 있음을 시사하는 다양한 증거들이 존재한다. 러시아 영토에 대한 핵 (또는 재래식) 공격에 대한 억지 이외에도 핵무기는 다른 방식으로 러시아를 위한 중요성을 증가시켜 왔다. 여기에는 재래식 군사력의 약점에 대한 보완만이 아니라 국가적 지위와 위신에 대한 보완도 포함된다.²¹ 블랭크(Stephen Blank)는 다음과 같이 설명한다.

> 러시아의 핵능력은 국제적 행위자로서 러시아의 전략적 독립성을 보장한다. 하지만 더 중요한 점은 다른 국가의 행위가 아니라 순수하게 자국 국가이익에 대한 계산을 통해 정책을 입안하는 진정한 주권 국가로서의 정체성이다.²²

결과적으로 현재로서는 러시아의 핵폐기 전망이 희박하고 추가적 핵군축의 달성은 상당한 도전으로 남을 것으로 보인다.

러시아의 핵관련 사고의 근본에는 '강대국'이라는 자아인식과 핵무기를 '러시아의 영향력, 독립성, 안보의 상징이자 보증으로 궁극적으로 세계권력정치에 있어서 무적의 카드'로 간주하는 견해가 자리하고 있다.²³ 또한 러시아 정책결정자들은 냉전 동안 미국 및 NATO와의 관계를 특징지은 무기를 기초로 한 전략 균형과 핵억지에 향수를 느낀다.²⁴ 드보르킨(Vladimir Dvorkin)의 지적처럼,

> 점증하는 이 요인의 중요성은 다른 무엇보다도 미국과 비교할 때 초강대국으로서의 소련의 주요 특징인 군사력, 세계 발전에의 영향력, 선진 군산복합체 및 다른 특징 중 유일하게(영토의 크기 외에) 남아 있는 것이 핵균형(nuclear parity)이라는 것이다.²⁵

MAD를 기반으로 한 국제체제는 현재 러시아의 핵관련 사고를 이끄는 또 다른 주된 요인을 반영한다. 이는 바로 러시아의 재래식 전력 약화와 동시에 선진화된 미국/NATO 재래식 전력과 탄도미사일방어의 성장이다. 과거에 미국과 NATO의 핵무기 프로그램이 소련의 압도적인 재래식 전력의 우위에서 비롯되었다면, 이제 유럽에서만이 아니라 아시아에

서도 그 역할이 바뀌었다. 소코프(Nikolai Sokov)가 설명하듯이,

> 핵무기에 대한 관심은 러시아와 미국/NATO의 현대적 기술 사이의 (아마 메울 수 없는) 넓은 간극에 의해 더욱 강화된다. 이 간격이 러시아가 주안점을 핵에서 재래식 자산으로 변화시키기가 힘들게 하고 국가안보 정책에 있어서 핵무기에 대한 장기적 의존을 심화시킨다.[26]

마찬가지로, 이는 결국 러시아가 BMD와 미국/NATO-러시아 간의 재래식 군사력 균형에 대한 일정한 합의 없이는 미국-러시아의 추가 핵감축에 동의하기가 힘들다는 것을 의미한다. 아르바토프(Alexei Arbatov)가 설명하듯이,

> 러시아는 New START 이후 추가 군축 약속을 주저한다. 그 이유는 미국/NATO의 재래식 무기체계와 전력 및 BMD 기술에서의 우위, 다른 핵보유국(핵무기를 보유한 8개국 모두 러시아 영토에 도달할 수 있는 무기를 보유하고 있다)으로부터의 잠재적 위협, 그리고 글로벌신속타격(PGS: Prompt Global Strike) 개념과 체계에 구현된 미국의 우주지원 및 잠재적 공격 능력에 대한 인식 때문이다.[27]

더 넓게 본다면, 미국과 러시아의 추가 핵감축이 없이 다른 핵보유국(특히 중국)을 군축 과정에 참여시키기는 힘들 것이다.

최근 몇 년간 러시아 핵사고의 핵심 흐름은 핵전력을 현대화하고 핵무기가 러시아 안보정책에서 수행하는 역할의 확대였다. 예를 들면 1993년에 러시아는 선제불사용(no first use) 공약을 철회하면서 위기 시에 핵무기를 선제적으로 사용하는 것도 고려할 것이라고 선언하였다. 또한 러시아는 1998년에 자국 핵삼각체제의 세 축 모두 현대화될 것이고 정확한 내용은 알려지지 않았지만 핵전력의 임무도 확대될 것이라고

선언하였다.[28] 2010년에 발표된 러시아 군사독트린(Russian Military Doctrine)은 이런 점을 명확히 하였다.

> 러시아연방은 핵무기와 다른 대량살상무기가 러시아와 동맹국들에 대해 사용되는 상황, 그리고 러시아연방의 국가안보가 위태로운 상황에서 대규모의 재래식 공격에 대응하기 위해 핵무기를 사용할 권리를 보유할 것이다.[29]

이런 관점에서 본다면 — 러시아의 핵전력이 향후 '통제되지 않고 예측할 수 없는 방식으로 쇠락'할 가능성이 있다는 사실에도 불구하고[30] — 러시아에 핵무기의 중요성은 감소하기보다는 증가할 것이다. 쇼미크닌(Andrei Shoumikhnin)은 이 상황을 아래와 같이 설명한다.

> 핵무기는 러시아 국가안보 전략에서 여전히 중요성을 가지고 있고 당분간 중요성을 유지할 것이다. 공식성명에도 불구하고, 러시아가 대규모의 자국 핵무기의 군축(폐기는 물론)에 합의할 수 있을 것이라고 믿을 이유가 없다.[31]

결론적으로 러시아가 가까운 장래에 제6조의 의무 준수를 위해 의미 있는 행보를 할 가능성은 거의 없다고 해야 할 것이다.

4. 영국과 트라이던트 대체

영국은 1952년에 처음 핵실험을 하여 세 번째로 핵클럽에 가입하였다. 이후 영국은 제한적 또는 최소 핵억지 능력을 유지하여 왔다. 1958년 이후 영국은 핵전력의 일부분을 「핵상호방위조약(MDA: Mutual Defense Agreement)」에 따라 미국에 의존해왔고, WE177 자유낙하 핵폭탄이 퇴역한 1997년 이후에는 한 척의 탄도미사일 잠수함만을 배치하고 있다. 200개 이하의 가용 핵탄두와 이런 능력의 향후 필요성에 대한 논쟁을 고려할 때, 영국은 P5 국가 중에 핵폐기에 가장 근접한 나라로 간주된다. 리치(Nick Ritchie)의 설명에 따르면,

> 영국이 핵능력을 보유하기로 결정한 것은 냉전이라는 맥락과 전후 강대국 지위를 위한 허세로부터 기인했는데, 그 맥락은 극적으로 바뀌었다. 이제 전략핵무기 재생산에 많은 투자를 해야 하는지에 대해 영국의회와 대중은 깊은 고민에 빠져있다.[32]

그럼에도 불구하고 단언하기는 힘들지만 영국이 현존하는 트라이던트 억지체계를 대체하고 금세기 중반까지 핵보유국으로 남을 가능성은 높다. 안소니(Ian Anthony)가 지적하듯이,

> 현재의 국가 억지체계 결정이 번복되기 위해서는 아주 많은 타성이 극복되어야 하는데 정치적, 기술적, 산업적 이슈들이 이런 타성을 만들어낸다는 상당한 증거가 존재한다.[33]

영국은 현존하는 잠수함 기반 핵억지력을 대체하기 위한 결정을 향후 총선 이후인 2016년에 내리기로 예정되어 있다.

영국의 핵정책은 몇 개의 핵심 기둥을 기반으로 한다. 첫 번째는 최소 핵억지 능력의 유지인데, 영국은 이를 위해 한 척의 탐지 불가능한 잠수함에서 발사하는 탄도미사일과 최소 수준의 신뢰할 수 있는 핵탄두를 보유한다. 예를 들어 1998년의 「전략방위보고서(SDR: Strategic Defense Review)」는 작전 배치할 수 있는 탄두의 숫자를 200개 이하로 축소시켰다. 이는 2006년에 160개로 축소되었고, 2020년대 중반까지 120개 이하로 더욱 축소될 계획이다.[34] 두 번째는 지속적해상억지력

(CASD: continuous-at-sea deterrence) 정책이다. 이는 한 척의 핵무장 잠수함(영국은 현재 네 척의 SSBN으로 구성된 함대를 보유하고 있다)이 항상 바다에서 초계중이고 필요하다면 공격할 준비가 되어 있다는 의미이다. 셋째, 영국은 비록 자국의 핵전력을 독자적으로 통제하면서 상기 잠수함과 탄두들을 구축하여 유지하고 있지만, 동시에 억지를 위해 필요한 트라이던트 탄도미사일의 공급을 위해 미국과 긴밀한 관계를 유지하고 있다.[35] 넷째, 영국의 핵전력은 NATO 동맹의 공동 방위를 위한 공식적인 의무를 지닌다. 다섯째, 영국은 공개적으로 핵폐기 목표를 천명하였고, CTBT를 비준하여 분열물질의 생산을 중단하였다.[36] 영국은 이들이 종합된 결과를 억지 목표를 위해 필요한 최소한의 신뢰할 수 있는 전력구조라고 인식하고 있는 것이다. 알렉산더(Danny Alexander) 영국 재무부차관은 2013년 7월에 다음과 같이 설명하였다.

> 영국은 공인된 핵보유국 중 가장 소규모의 핵무기를 가지고 있다. 어떤 이들은 영국이 이미 핵폐기를 위한 자국의 역할을 수행했고 모두가 사다리에서 함께 내려오기 이전에 가능한 최소의 신뢰할 수 있는 핵억지 수준에 도달했다고 주장할 것이다.

계속하여 알렉산더는 다음과 같이 지적한다.

> 이러한 주장은 지난 20여 년 간 우리가 군축을 추진하는 각 길목에서마다 제기되었는데, 매번 그것이 사실이 아니라는 점이 입증되었다. 동일한 주장이 지속적인 핵억지의 유지를 위해 제기될 것이다. 하지만 실행할 정치적 의지를 찾아냈을 때 핵사다리에서 내려올 수 있는 능력이 있음을 발견할 것이다.[37]

영국이 최소 핵억지의 모델로 인정되기는 하지만, 동시에 영국은 실존적 위협에 직면하면 핵을 선제 사용한다는 정책도 가지고 있다.

영국은 최근에 자국 핵억지 태세와 능력에 대한 포괄적 검토를 진행했는데, 이는 두 개의 연결된 논쟁으로 이어졌다. 첫째는 영국이 핵무기를 보유해야 하는지, 아니면 단독으로 핵무기를 폐기해야 하는지에 관한 논쟁이었다. 두 번째는 만약 핵무기를 보유해야 한다면 어떤 형식의 전력구조가 필요한지에 관한 것이었다. 실제로는 4척 이하의 SLBM 탑재 SSBN이 운용되는 CASD로는 신뢰할만한 핵억지를 달성할 수 없다는 것이 일반적인 의견이다. 큰 논쟁을 야기한 2013년에 공개된 「트라이던트대체검토(Trident Alternative's Review)」의 결론은 현존 핵억지 체제의 동급 대체(like-for-like replacement)가 진행되지만 차기 영국정부가 최종 결정을 2016년에 내린다는 것이었다.[38] 이 논쟁의 핵심은 표 16에 정리되어 있다.

만약 영국이 2016년에 현재의 잠수함 기반 핵억지를 대체하는 것으로 결정한다면 이는 영국이 21세기 후반기까지 핵무기 능력을 보유하게 된다는 의미가 된다.

그러나 트라이던트 대체와 영국의 계속적 핵보유국(NWS) 지위 유지와 관련된 논쟁은 2014년 9월에 스코틀랜드 독립 관련 국민투표에 의해 새로운 국면에 접어들었다. 당시에 스코틀랜드 민족당(SNP: Scottish National Party)은 스코틀랜드가 독립에 '찬성'하는 결과가 나온다면 모든 영국의 핵무기와 관련 시설 — 잠수함과 핵탄두는 현재 글래스고(Glasgow) 근처의 파스래인(Faslane) 기지에 있다 — 을 스코틀랜드 영토에서 이전하도록 명령내릴 것임을 명확히 한 바 있다.[39] 잠수함 기지를 위한 적합성과 이전에 필요한 막대한 비용(만약 이전이 가능하다고 하더라도)을 고려할 때, 그런 움직임은 트라이던트 대체 논쟁을 더욱 복잡하게 만들었을 것이고 아마 영국 핵무기에 조종을 울리

표 16 영국 핵무기 관련 논쟁

핵무기 보유	단독 핵폐기
핵무기는 영국의 불확실한 미래 대비 보장이다.	영국이 핵무기로 억지하려고 하는 상대 또는 영국이 핵무기를 사용할지 모르는 상대가 누군지 분명하지 않다.
핵무기가 제공하는 궁극적 안보는 비용대비 가치가 있다.	영국 핵무기는 다른 용도에 사용될 수 있는 비용을 너무 많이 사용한다.
영국의 비무장 결정은 다른 국가들에 영향이 거의 없고 핵무기 획득을 조장할 수도 있다.	핵폐기는 NPT 레짐에 절실하게 필요했던 동력을 제공하고 제6조에 따르는 영국의 의무를 충족시킬 것이다.
핵무기는 영국의 정체성과 세계적 역할에 핵심적 부분이다.	핵무기는 영국의 세계적 역할에 핵심이 아니다. 금융, IT, 문화, 교육 등이 세계적으로 보다 중요한 자산이다.
핵무기는 많은 고숙련 일자리를 제공하고 첨단 지식 기반시설을 제공한다. 영국이 향후 이런 능력을 재구축하기 힘들 것이다.	영국은 억지 요건을 충족시킬 수 있는 다른 재래식 군사적 대안을 가지고 있다.
왜 영국이 이미 가지고 있고 미래에 필요할 수 있는 것을 포기해야 하는가?	왜 비용도 많이 들고 현재의 안보 요건을 제대로 다루지 못하는 것으로 보이는 것을 보유해야 하는가?

는 결과가 되었을 것이다.[40]

5. 프랑스와 억지력(*force de dissuasion*)

1960년에 프랑스는 핵실험을 실시한 네 번째 국가가 되었고, 이후 프랑스의 핵관련 사고는 소위 *force de dissuasion*(이전에는 *force de frappe*)이라는 특정한 견해를 중심으로 진행되고 있다. 프랑스가 핵무기를 제조한 것은 핵무기가 세 가지 중요한 이점을 가지고 있다고 판단했기 때문이다. (1) 핵무기는 소련으로부터의 위협에 대해 궁극적인 국가안보를 제공했다. (2) 핵무기는 위기 시에 정치적·군사적으로 미국으로부터의 독립성을 보장하였다 (즉 프랑스는 미국이 와서 도와주는 것에 의존하지 않아도 되었다). (3) 독자적 핵무기 프로그램은 영국과의 동등성을 제공하여 광범위한 국가 위신의 원천이었다.[41] 이후 50년이 지나 국제체제에 구조적 변화가 발생했음에도 불구하고 프랑스는 핵무기가 오늘날 자국 안보와 방위정책에 불가결한 요소라고 믿고 있다. 2013년에 프랑스 올랑드(François Holland) 대통령은 다음과 같이 말하였다.

> 세계적인 안보위협이 유럽대륙에서 유일한 핵보유국인 프랑스에 핵무기가 불가결한 것으로 만들었다. … 핵무기는 모든 위협에 대한 보호를 제공하고 세계무대에서 큰 역할을 수행할 수 있게 하는 억지력이다.[42]

특히, 핵무기는 만약 유럽에서 새롭게 중요한 위협이 출현할 때 또는 대량살상무기로 무장한 다른 국가로부터의 협박이나 강요를 방지하기 위해 필수적인 보험으로 인식된다.[43] 테트라이스(Bruno Tertrais)에 따르면,

> 프랑스 핵프로그램의 최초 이유는 여전히 유효한 것으로 인식된다. 프랑스의 관점에서 본다면 유럽안보에 잠재적인 전략적 위협이 소멸되지 않았고, NATO를 통한 유럽의 보장이 과거보다 더욱 신뢰할 수 있다고 인식되지도 않는다.[44]

마찬가지로, 그리고 공식적으로 인정되지는 않지만, 핵무기는 프랑스의 위신과 강대국 또는 세계 강국으로서의 지위에 중요한 의미를 지닌다. 모란(Matthew Moran)과 코티(Matthew Cottee)가 지적하듯이, "프랑스의 핵보유국 지위가 프랑스의 민족 서사에 깊게 각인되어 있는

위신과 위상을 위한 염원을 충족시켰다".[45]

프랑스가 1996년 이래 지난 20여 년 간 현대화와 합리화라는 이중 정책을 추진하면서 모든 지상발사 핵미사일이 해체되었고 잠수함 전력은 5척에서 4척으로 축소되었다.[46] 2008년에 당시 사르코지(Nicolas Sarkozy) 대통령은 비행기로 운반할 수 있는 핵무기 숫자의 감축을 선언한 바 있다. 프랑스는 여전히 두 가지(잠수함과 비행기) 핵무기 운반수단과 300여 개의 배치 가능한 핵탄두를 보유하고 있다.[47] 이외에 프랑스 내에서 핵폐기에 대한 내부적 논쟁은 거의 없다. 사실상 영국의 경우와는 달리, 핵이슈는 거의 금기 사항이어서 공개적으로 토론이 되지 않는다.[48] 프랑스 관료들은 글로벌 제로(Global Zero) 의제(글로벌 제로는 2008년 12월에 파리에서 시작된 핵무기의 완전 폐기를 위한 일련의 지도자들의 계획이다 – 역자 주)에 특별히 침묵을 지켜왔고, 당시 사르코지정부는 핵폐기에 대한 2009년 오바마 대통령의 프라하 연설에 매우 신중한 반응을 보였다.[49] 쥬르네(Venance Journé)가 지적하듯이,

> 핵제로(nuclear zero)를 향한 압력에 대한 프랑스정부의 반응은 핵억지가 핵확산에 대응하는 최선의 방식이며 가까운 장래에 프랑스 안보의 핵심으로 유지될 것이라는 것이었다.[50]

결론적으로, 최근 프랑스의 핵전력 추가 감축 움직임은 핵폐기로 향하는 진전이기보다 효율과 재정절감을 위한 것으로 보인다.[51] 따라서 테트라이스의 지적처럼, 장기적으로 "프랑스의 핵정책은 향후 20~25년 간 신중, 보수주의 및 절제의 경로를 따를 것으로 보인다."[52]

핵이슈에 대한 프랑스 내부의 분명한 정치적 합의와 핵폐기에 대한 보편적인 회의론이 프랑스를 '서방의 세 핵보유국 중 가장 보수적인 나

라'로 만들어 왔다.[53] 따라서 단 시일 내에 프랑스가 핵폐기를 향해 움직이게 하는 상황을 상상하기는 힘들다. 오히려 핵무기는 1960년대처럼 프랑스의 사고에 핵심으로 남아있고 이런 점이 금방 변화하지는 않을 것이다.

6. 중국과 최소 억지

중국은 1964년에 핵클럽에 가입한 다섯 번째 국가가 되었고 이는 1968년에 NPT가 합의되기 전 마지막 사례였다. 중국은 이후 소규모의 효과적 핵무기와 이를 선제적으로 사용하지 않겠다는 정치적 약속, 그리고 제6조에 포함된 완전한 핵폐기 목표에 대한 전폭적 지지를 유지하여 왔다.[54] 결과적으로 중국의 핵전력 수준은 미국과 러시아의 경우처럼 치솟지는 않았고 이 수준이 시간이 지나도 상당히 일관되게 유지되어 왔다. 그렇지만 중국도 자국 핵능력을 현대화하고 있는데, 이는 미국 — 특히 탄도미사일방어의 배치 — 의 움직임에 대한 대응으로 볼 수 있다. 미국의 행동은 중국으로 하여금 자국 핵전력의 감축을 갈수록 꺼리게 만들고 있다. 더구나 중국 관료들은 중국이 다자주의적 핵군축 논의에 참여하기 이전에, 미국과 러시아가 추가적으로 큰 폭의 핵군축을 실시해야 한다고 믿는다.

중국은 다른 P5 국가와는 약간 다른 핵철학을 채택하여 핵무기를 전쟁의 무기로 인식한 적이 없다. 선제불사용 선언과 핵전력의 탄두와 운반체의 분리를 통해 중국은 핵억지를 위해 절대적인 최소의 전력으로 인식되는 수준을 유지해오고 있다. 2010년 국방백서는 "선제사용 옵션을 포기함으로써 중국은 핵무기 사용을 보복공격으로 제한하였고, … 핵무기의 선제 사용은 결코 가능성이 없는 것이었다"라고 설명한다.[55] 궁극적으로 중국 핵전력의 구성은 중국이 공격당했을 때 보복적 2차 공격을 확실히 보장하는데 필요한 수준에 의해 거의 결정되었고 앞으로도 그런 관점에서 유지될 것이다.

> 중국의 최소 억지정책은 1차 공격을 받은 후 최소한 몇 개의 핵탄두가 생존하여 적의 도시와 같은 연성 목표(soft target)에 대한 보복을 실행할 수 있도록 하는 것이다.[56]

결과적으로 중국은 국가안보를 위해 가능한 최소의 수준으로 핵전력을 유지하는 정책을 유지할 것이다.

중국은 1964년에 최초의 핵실험을 실시한 후 공개적으로 핵무기의 폐기라는 궁극적 목표를 주장해왔다.[57] 그러나 핵폐기에 대한 중국의 견해는 국제적 상황의 변화에 따라 점차 흐려지고 있다. 가장 중요한 도전은 중국의 주요 경쟁자 — 미국과 러시아 — 가 중국보다 훨씬 대규모의 핵전력을 보유하고 있다는 점이다. 결국 중국관료들은 중국이 신뢰할 수 있는 군축대화에 참여하기 전에 추가적인 핵감축이 반드시 선행되어야 한다고 믿는다. 장후이(張惠)는 다음과 같이 설명한다.

> 중국과 미국 및 러시아 핵무기 사이의 질적·양적 격차를 고려할 때, … 미국과 러시아가 더 광범위하게 자국 핵무기를 감축하기 이전에 중국의 자국 핵무기 감축을 기대할 수는 없다.[58]

중국의 전략적 경쟁자들의 훨씬 큰 핵능력 외에도 중국은 재래식무기의 발전(특히 미국의)과 미국 탄도미사일방어(BMD: ballistic missile defense) 배치의 증가를 우려하고 있다. 프레이블(Tayler Fravel)와 메데이로스(Evan Medeiros)에 따르면,

신뢰할 수 있는 2차 (핵)공격력의 보유와 관련하여 인민해방군(PLA)의 고민은 주로 미국의 세 가지 비핵전략 능력의 발전에서 기인한다. (1) 미사일방어, (2) 장거리 재래식 타격능력, (3) 중국 핵전력의 위치를 파악하여 공격하는 데에 사용할 수 있는 정교한 지휘·통제·통신·컴퓨터·정보·감시·정찰(C4ISR: command, control, communications, computers, intelligence, surveillance, and reconnaissance) 자산이 여기에 해당된다. 중국 입장에서는 이 세 가지 능력이 결합되면, 미국이 위기 시 핵무기를 사용하지 않고 중국의 억지력을 제거할 수 있는 능력을 갖추게 되어 중국을 강제할 수 있는 기회를 가지게 될 것으로 여겨진다.[59]

기본적으로 "중국은 위기 시, 미국의 감시기술이 중국 핵전력을 탐지하는 데에 사용될 수 있고, PGS 체계가 그것을 파괴하는 데 사용될 수 있으며, 동시에 미사일방어가 차후의 보복공격을 흡수할 수 있다는 것을 두려워한다."[60] 결과적으로 미국이 재래식 1차 공격 능력을 구현하면서 중국은 2차 핵공격 능력을 개선해야 한다고 판단하고 있다. 따라서 중국은 자국 전략 핵전력을 질적·양적으로 현대화하고 있다.[61]

이런 움직임은 세계 핵질서와 핵폐기의 전망과 관련하여 두 가지 중요한 함의를 지닌다. 첫째, 미국에 의해 위협 — 또는 최소한 강압에 노출되거나 — 받는다고 생각하는 한, 그리고 미국과 러시아가 더 큰 핵전력을 유지하는 한, 중국은 핵폐기 아이디어를 환영하지 않을 것이다. 둘째, 이러한 현재의 안보 상황에 대한 중국의 반응, 특히 핵전력 현대화는 다른 국가 — 특히 인도, 그리고 아마 일본, 한국, 대만, 또한 간접적으로는 파키스탄, 미국, 러시아 — 에 중요한 의미를 부여할 것이다. 살만(Lora Saalman)은 다음과 같이 설명한다.

운반체계와 현대화의 관점에서 중국의 핵능력은 하나의 잠재적 적국인 미국에 대해 자국의 생존력을 증가시키는 것에 집중되고 있다. 그러나 이들 체계의 상당수는 중국이 해결되지 않은 분쟁이나 긴장관계를 가지고 있는 인도를 포함한 다른 국가들에게도 영향을 준다.[62]

결론적으로 중국은 공식적으로 NPT 제6조의 의무 준수를 유지할 것이지만 핵폐기를 위한 움직임을 보일 전망은 단기적으로는 거의 없다.

7. 요점, 추가정보 및 자료

이 장은 핵보유국(NWS) P5 그룹의 현재 핵관련 사고 — 그리고 이에 따른 핵폐기의 전망 — 의 개요와 평가를 소개하였다. 그 요점은 아래와 같다.

- NPT 제6조에 따라 공인된 5개 핵보유국은 핵폐기를 위해 성실하게 노력할 의무를 지닌다. 그러나 냉전 종식 이후 지난 20여 년 동안 미국, 러시아, 영국, 프랑스, 중국이 이런 의무를 준수하지 않고 있다는 비판이 점증해왔다. P5 프로세스는 이런 문제를 다루기 위한 최근의 외교적 시도이다.
- 미국은 '신삼각체제'에서 드러나듯이 보다 다양한 억지전략을 추구하고 있다. 이런 전략이 미국의 핵무기에 대한 의존도를 어느 정도 경감시키기는 하지만 — 그리고 추가 핵감축을 가능하게 할 수 있지만 — 결국 미국의 전략적 경쟁자와 잠재적 적국에는 새로운 우려를 안겨줄 것이다.
- 핵무기는 러시아의 전략 및 안보 사고에 핵심으로 남을 것이고, 이런 상황이 금방 변화할 가능성은 거의 없다. 실제로 몇 가지 움직임 — 특히 미국 미사일방어계획, 약화되는 러시아의 재래

식 전력, 국가 위신과 '중국의 부상' — 이 핵무기를 러시아에 더욱 매력적인 것으로 만들고 있다.
- 영국은 P5 국가 중 핵폐기에 가장 근접한 국가이고, 이 책의 집필 시점에 여전히 트라이던트 핵무기 체제의 대체를 완전히 결정하지 않는 상태이다. 그럼에도 불구하고 트라이던트 대체에 대한 최종 결정은 2016년 이전에 내려지지는 않았지만, 몇 가지 국내적·문화적 동력 때문에 영국이 단독으로 핵폐기를 추진하기는 굉장히 힘들 것이다.
- 프랑스는 안보와 위신 때문에 핵무기의 보유를 확고하게 지속한다. 그리고 서방의 세 핵보유국 중 가장 보수적이라고 할 수 있다. 실제로 미국과 영국과는 달리, 핵무기는 프랑스에서 금기 주제이고 거의 공개적으로 토론하지 않는다.
- 중국은 핵무기와 관련하여 복합적인 생각을 하고 있다. 이는 소규모 핵전력 유지 및 핵폐기 약속, 동시에 핵전력 현대화를 추동하는 실질적인 안보 우려 등으로 대변된다. 중국의 핵관련 사고는 핵 및 재래식 전력과 관련한 미국과 러시아의 행동 및 동북아시아의 안보상황의 변화에 상당히 영향을 받는다.

추가정보 및 자료

P5 국가의 핵군축 약속에 대해서는 로드가르드(Sverre Lodgaard)의 『핵군축과 비확산(Nuclear Disarmament and Non-proliferation)』 (2011); 크노프(Jeffrey Knopf)의 『핵군축과 비확산(Nuclear Disarmament and Nonproliferation)』 (2012); 포드(Christopher Ford)의 『군축 논쟁(Debating Disarmament)』

➤ 계속

➤ 계속

(2007); 루지카(Jan Ruzicka)의 "Reflections on the 2010 NPT Review Conference" (2010)를 참고하면 된다. P5 프로세스에 대해서는 버거와 찰머스의 "Great Expectations" (2013) 및 리치(Nick Ritchie)의 "Pathways and Purposes for P-5 Nuclear Dialogue" (2013)을 참고하면 된다.

미국에 대해서는 워렌(Aidan Warren)의 『오바마 행정부의 핵무기 전략(The Obama Administration's Nuclear Weapons Strategy)』 (2014); 맥도너의 『핵 우위(Nuclear Superiority)』 (2006); 세이건(Scott Sagan)과 바인먼(Jane Vaynman)의 "Introduction: Reviewing the Nuclear Posture Review" (2011) 및 "Conclusion: Lessons Learned from the 2010 Nuclear Posture Review" (2011); 파이퍼(Steven Pifer)와 오핸런(Michael O'Hanlon)의 『기회(The Opportunity)』 (2012); 뮬러(Harald Muller)의 『핵확산 테스트(A Nuclear Proliferation Test)』 (2011); 및 퍼터(Andrew Futter)와 잘라(Benjamin Zala)의 "Advanced US Conventional Weapons and Nuclear Disarmament" (2013)를 참고하면 된다.

러시아에 대해서는 블랭크(Stephen Blank)가 편집한 『러시아의 핵무기(Russian Nuclear Weapons)』 (2012); 포드빅(Pavel Podvig)의 『러시아의 전략 핵무기(Russian Strategic Nuclear Forces)』 (2004); 잘로가(Steven Zaloga)의 『크레믈린의 핵무기(The Kremlin's Nuclear Sword)』 (2002); 슈나이더(Mark Schneider)의 『러시아 연방의 핵무기와 독트린(The Nuclear

Forces and Doctrine of the Russian Federation)』(2008); 및 소코프(Nikolai Sokov)의『러시아 핵 교리의 기원과 전망(*The Origins of and Prospects for Russian Nuclear Doctrine)*』(2007)을 참고하면 된다.

영국에 대해서는 리치의『핵무기 없는 세상(*A Nuclear Weapons Free World)*』(2012); 찰머스와 워커(William Walker)의『미지의 바다(*Uncharted Waters)*』(2001)와 "Will Scotland Sink the United Kingdom's Nuclear Deterrent?" (2013); 패터슨(Robert Paterson)의『영국의 전략 핵억지(*Britain's Strategic Nuclear Deterrent)*』(1997); 바나비(Frank Barnaby)와 홀드스톡(Douglas Holdstock)의『영국의 핵무기 프로그램, 1952-2002(*The British Nuclear Weapons Programme, 1952-2002)*』(2003); 찰머스의 "Towards the UK's Nuclear Century" (2013)를 참고하면 된다. 미국과 영국의 핵협력에 대해서는 맥비(Jenifer Mackby)와 코니시(Paul Cornish)의 "US-UK Nuclear Cooperation after 50 Years" (2008)를 참고하면 된다.

프랑스에 대해서는 테트라이스(Bruno Tertrais)의 "The Last to Disarm" (2007); 요스트(David Yost)의 "France's New Nuclear Doctrine" (2006) 및 "France's Evolving Nuclear Strategy" (2005); 비요(Pierre Billaud)와 쥬르네(Venance Journé)의 "The Real Story Behind the Making of the French Hydrogen Bomb" (2008); 모란(Matthew Moran)과 코티(Matthew Cottee)의 "Bound by History?" (2011); 및 싸망(Jean-Loup Samann)과

➤ 계속

> 계속

곰퍼트(David Gompert)의 "French Nuclear Weapons, Euro-deterrence, and NATO" (2009)를 참고하면 된다.

중국에 대해서는 루이스(Jeffrey Lewis)의 『최소의 보복 수단(The Minimum Means of Reprisal)』 (2007); 볼트(Paul Bolt)와 윌너(Albert Willner)의 『중국의 핵 미래(China's Nuclear Future)』 (2005); 프레이블과 메데이로스의 "China's Search for Assured Retaliation" (2010); 장후이(Hui Zhang)의 "China's Perspective on a Nuclear-free World" (2010); 로버츠(Brad Roberts) 등이 공저한 『중국: 잊혀진 핵강국(China: the Forgotten Nuclear Power)』 (2000); 슈나이더(Mark Schneider)의 "The Nuclear Doctrine of the People's Republic of China" (2008); 살만이 편집한 『중국-인도의 핵 기로(The China-India Nuclear Crossroads)』 (2012); 볼트와 윌너의 『중국의 핵 미래(China's Nuclear Future)』 (2005); 및 장바오후이(Baohui Zhang)의 "US Missile Defense and China's Nuclear Posture" (2011)를 참고하면 된다.

주

1. Joseph Rotblat, "Nobel lecture 1995," www.nobelprize.org/nobel_prizes/peace/laureates/1995/rotblat-lecture.html?print=1.
2. 여기에 대해서는 Jaswant Singh, "Against nuclear apartheid," *Foreign Affairs*, 77:5 (1998), pp. 41-53 및 Shane Maddock, *Nuclear apartheid: the quest for American atomic supremacy from World War II to the present* (Chapel Hill, NC: University of North Carolina Press, 2010) 참조.
3. Steven Miller, "Proliferation, disarmament and the future of the Non-Pro-

liferation Treaty," chapter in Morten Bremer Maerli and Sverre Lodgaard (eds.), *Nuclear proliferation and international security* (Abingdon: Routledge, 2007), pp. 50–51.
4. "Treaty on the Non-Proliferation of Nuclear Weapons," www.un.org/en/conf/npt/2005/npttreaty.html 참조.
5. Sverre Lodgaard, *Nuclear disarmament and nonproliferation: towards a nuclear free world?* (Abingdon: Routledge, 2011), p. 85.
6. Andrea Berger and Malcolm Chalmers, "Great expectations: the P5 process and the Non-Proliferation Treaty," *RUSI Whitehall Report* (August 2013), p. 1, www.rusi.org/downloads/assets/WHR_3-13_Web.pdf.
7. Steven Miller, "Proliferation, disarmament and the future of the Non-Proliferation Treaty," chapter in Morten Bremer Maerli and Sverre Lodgaard (eds.), *Nuclear proliferation and international security* (Abingdon: Routledge, 2007), p. 53.
8. 여기에 대해서는 Jeffrey Knopf, "Nuclear disarmament and nonproliferation: examining the linkage argument," *International Security*, 37:3 (2012), pp. 92–132 참조.
9. 여기에 대해서는 William Potter and Gaukhar Mukhatzhanova, *Nuclear politics and the Non-Aligned Movement: principles vs. pragmatism*, Adelphi Paper 427 (London: Routledge for the International Institute for Strategic Studies, 2012) 참조.
10. "2010 Review Conference of the Parties to the Treaty on the Non-Proliferation of Nuclear Weapons," Final Document (New York, 2010), section 79, p. 12, www.un.org/ga/search/view_doc.asp?symbol=NPT/CONF.2010/50%20(VOL.%20II).
11. Harald Müller, "The 2010 NPT review conference: some breathing space gained, but no breakthrough," *The International Spectator* 45:3 (2010), pp. 5–18.
12. Andrea Berger and Malcolm Chalmers, "Great expectations: the P5 process and the Non-Proliferation Treaty," *RUSI Whitehall Report* (August 2013), p. 1, www.rusi.org/downloads/assets/WHR_3-13_Web.pdf.
13. "Fourth P5 Conference: on the way to the 2015 NPT Review Conference," (19 April 2013), www.state.gov/r/pa/prs/ps/2013/04/207768.htm.
14. Nick Ritchie, "Pathways and purposes for P-5 nuclear dialogue," *European Leadership Network Policy Brief* (September 2013), p. 9, www.europeanleadershipnetwork.org/medialibrary/2013/09/03/ca6e5ece/Nick%20

Ritchie%20Pathways%20and%20Purposes%20for%20P%205%20Nuclear%20
Dialogue%20ELN%20Policy%20Brief%20September%202013.pdf.
15. Sverre Lodgaard, *Nuclear disarmament and nonproliferation: towards a nuclear free world?* (Abingdon: Routledge, 2011), p. 85.
16. Barack Obama, "Presidential Q & A: President-elect Barack Obama," *Arms Control Today* (December 2008), www.armscontrol.org/print/3360.
17. United States Department of Defense, "Nuclear Posture Review" (April 2010), www.defense.gov/npr/docs/2010%20nuclear%20posture%20review%20report.pdf 참조.
18. 여기에 대해서는 David McDonough, "Nuclear superiority: the 'new triad' and the evolution of nuclear strategy," *Adelphi Paper 383* (Abingdon: Routledge for IISS, 2006), p. 11 참조.
19. 여기에 대해서는 Andrew Futter and Benjamin Zala, "Advanced conventional weapons and nuclear disarmament: why the Obama plan won't work," *The Nonproliferation Review*, 20:1 (2013), pp. 107-122 참조.
20. Ibid, p. 119.
21. Richard Weitz, "Russian tactical nuclear weapons: current policies and future trends," chapter in Stephen Blank (ed.), *Russia nuclear weapons: past, present and future* (Carlisle PA: US Army War College, 2011), pp. 365-366.
22. Stephen Blank, "Russia and nuclear weapons," chapter in Stephen Blank (ed.), *Russia nuclear weapons: past, present and future* (Carlisle PA: US Army War College, 2011), p. 307.
23. Nikolai Sokov, "Nuclear weapons in Russian national security strategy," chapter in Stephen Blank (ed.), *Russia nuclear weapons: past, present and future* (Carlisle PA: US Army War College, 2011), p. 187.
24. Andrei Shoumikhin, "Nuclear weapons in Russian strategy and doctrine," chapter in Stephen Blank (ed.), *Russia nuclear weapons: past, present and future* (Carlisle PA: US Army War College, 2011), p. 138.
25. Vladimir Dvokin, "The nuclear policy of Russia and the perspective for nuclear disarmament," chapter in Olav Njolstad (ed.), *Nuclear proliferation and international order: challenges to the Non-Proliferation Treaty* (Abingdon: Routledge, 2011), p. 169.
26. Nikolai Sokov, "Nuclear weapons in Russian national security strategy," chapter in Stephen Blank (ed.), *Russia nuclear weapons: past, present and future* (Carlisle PA: US Army War College, 2011), p. 188.

27. Alexei Arbatov, "Nuclear deterrence, disarmament, and nonproliferation," chapter in Catherine McArdle Kelleher and Judith Reppy (eds.), *'Getting to zero': the path to nuclear disarmament* (Stanford: Stanford University Press, 2011), pp. 100–101.
28. Pavel Podvig, *Russia's strategic nuclear forces* (Cambridge MA: The MIT Press, 2001), pp. 574–579.
29. "The Military Doctrine of the Russian Federation," (5 February 2010), http://carnegieendowment.org/files/2010russia_military_doctrine.pdf.
30. Steven Zaloga, *The Kremlin's nuclear sword: the rise and fall of Russia's strategic nuclear forces, 1945–2000* (Washington DC: The Smithsonian Institution Press, 2002), p. 229.
31. Andrei Shoumikhin, "Nuclear weapons in Russian strategy and doctrine," chapter in Stephen Blank (ed.), *Russia nuclear weapons: past, present and future* (Carlisle PA: US Army War College, 2011), p. 249.
32. Nick Ritchie, *A nuclear weapons-free world? Britain, Trident and the challenges ahead* (Basingstoke: Palgrave Macmillan, 2012), p. 2.
33. Ian Anthony, "British thinking on nuclear weapons," chapter in Catherine McArdle Kelleher and Judith Reppy (eds.), *'Getting to zero': the path to nuclear disarmament* (Stanford: Stanford University Press, 2011), pp. 119–120.
34. Nick Ritchie, *A nuclear weapons-free world? Britain, Trident and the challenges ahead* (Basingstoke: Palgrave Macmillan, 2012), p. 2.
35. John Simpson and Jenifer Mackby, "The special nuclear relationship: a historical chronology," chapter in Jenifer Mackby and Paul Cornish (eds.), *US-UK nuclear cooperation after 50 years* (Washington DC: CSIS Press, 2008), p. 12.
36. Nick Ritchie, *A nuclear weapons-free world? Britain, Trident and the challenges ahead* (Basingstoke: Palgrave Macmillan, 2012), p. 20.
37. Malcolm Chalmers, "Towards the UK's nuclear century," *The RUSI Journal*, 158:6 (2013), p. 25.
38. HM Government, "Trident Alternatives Review" (16 July 2013), www.gov.uk/government/uploads/system/uploads/attachment_data/file/212745/20130716_Trident_Alternatives_Study.pdf.
39. Malcolm Chalmers and William Walker, "Will Scotland sink the United Kingdom's nuclear deterrent?" *The Washington Quarterly*, 36:3 (2013), pp. 107–122 참조.

40. 여기에 대해서는 Malcolm Chalmers and William Walker, *Unchartered waters: the UK, nuclear weapons and the Scottish question* (East Lothian: Tuckwell Press, 2001) 참조.
41. Jean-Loup Samaan and David Gompert, "French nuclear weapons, Euro-deterrence and NATO," *Contemporary Security Policy*, 30:3 (2009), p. 488.
42. Jamey Keaten, "France affirms nuclear arms despite military cuts," *Associated Press* (9 January 2013), http://news.yahoo.com/france-affirms-nuclear-arms-despitemilitary-cuts-161816266.html.
43. Bruno Tertrais, "The last to disarm? The future of France's nuclear weapons," *The Nonproliferation Review*, 14:2 (2007), p. 253.
44. Ibid, p. 251.
45. Matthew Moran and Matthew Cottee, "Bound by history? Exploring challenges to French nuclear disarmament," *Defense & Security Analysis*, 27:4 (2011), p. 354.
46. Declan Butler, "France seeks to clean up nuclear image," *Nature*, 380:6569 (1996) 참조.
47. Molly Moore, "Sarkozy announces cuts in nuclear arsenal," *The Washington Post* (22 March 2008), www.washingtonpost.com/wpdyn/content/article/2008/03/21/AR2008032102979.html.
48. Venance Journe, "France's nuclear stance: independence, unilateralism, and adaptation," chapter in Catherine McArdle Kelleher and Judith Reppy (eds.), *'Getting to zero': the path to nuclear disarmament* (Stanford: Stanford University Press, 2011), p. 140.
49. Jean-Loup Samaan and David Gompert, "French nuclear weapons, Euro-deterrence and NATO," *Contemporary Security Policy*, 30:3 (2009), p. 486.
50. Venance Journe, "France's nuclear stance: independence, unilateralism, and adaptation," chapter in Catherine McArdle Kelleher and Judith Reppy (eds.), *'Getting to zero': the path to nuclear disarmament* (Stanford: Stanford University Press, 2011), p. 124.
51. Ibid, p. 133.
52. Bruno Tertrais, "The last to disarm? The future of France's nuclear weapons," *The Nonproliferation Review*, 14:2 (2007), p. 270.
53. Jean-Loup Samaan and David Gompert, "French nuclear weapons, Euro-deterrence and NATO," *Contemporary Security Policy*, 30:3 (2009),

p. 486.
54. Nie Hongyi, "Comparing nuclear pledges and practice: the view from China," chapter in Lora Saalman (ed.), *The China-India nuclear crossroads* (Washington DC: The Carnegie Endowment for International Peace, 2012), p. 39.
55. Yao Yunzhu, "China's policy on nuclear weapons and disarmament," chapter in Olav Njolstad (ed.), *Nuclear weapons and international order: challenges to the Nonproliferation Treaty* (Abingdon: Routledge, 2011), p. 250.
56. Hui Zhang, "China's perspective on a nuclear-free world," *The Washington Quarterly*, 33:2 (2010), p. 141.
57. Ibid, p. 139.
58. Ibid, p. 143.
59. Taylor Fravel and Evan Medeiros, "China's search for assured retaliation: the evolution of Chinese nuclear strategy and force structure," *International Security*, 35:2 (2010), p. 83.
60. Andrew Futter and Benjamin Zala, "Advanced conventional weapons and nuclear disarmament: why the Obama plan won't work," *The Nonproliferation Review*, 20:1 (2013), p. 113.
61. Mark Schneider, "The nuclear doctrine and forces of the People's Republic of China," *Comparative Strategy*, 28:3 (2009), p. 244.
62. Lora Saalman, "Introduction," chapter in Lora Saalman (ed.), *The China-India nuclear crossroads* (Washington DC: The Carnegie Endowment for International Peace, 2012), p. 2.

제6장

수평적 핵확산의 도전:
핵 열외자

· 이스라엘과 핵불투명성   177
· 인도, 파키스탄과 남아시아 안정성에 대한 도전   183
· 핵무장한 북한의 문제   191
· 이란 핵문제의 미래 전망   197
· 요점, 추가정보 및 자료   203

냉전의 종식으로 수직적 핵군축의 시기(주로 미국과 러시아 간 - 제5장 및 7장 참조)가 시작되었지만, 많은 이들은 일련의 새로운 국가(잠재적으로 비국가 행위자도)가 배타적인 핵클럽에의 가입을 추구하는 수평적 핵확산에 의해 보다 큰 핵도전이 올 수 있다는 우려를 했다. 이런 맥락에서 보면, 비록 핵무기 숫자가 지난 20여 년 간 상당히 줄어들었지만 현재에는 새롭게 핵을 추구하는 행위자들과 핵무기에 대한 접근과 보유를 희망하는 국가의 숫자가 늘어나는 문제가 있다. 이들 중 몇 국가는 책임감이 있다거나 합리적인 태도를 보이지 않고, 제1 핵시대의 국가들처럼 안정적으로 여겨지지 않는다. 따라서 많은 이들이 핵무기 사용의 위험성이 냉전 시기보다 현재에 더욱 증가하였다고 우려한다. 왜냐하면 냉전 시기와 동일한 '규칙'과 '합의'가 탈냉전기의 새로운 환경에 그대로 적용되기가 어렵기 때문이다 (제3장 참조). 1993년에 미국 중앙정보국(CIA: Central Intelligence Agency) 국장 후보였던 울시(James Woolsey)는 이런 상황을 다음과 같이 설명한 바 있다.

> 우리는 거대한 용을 물리쳤다. 하지만 우리는 이제 엄청나게 다양한 독사로 가득 찬 밀림에 살고 있다. 여러모로 용을 추적하는 일이 더 쉬웠다고 할 수 있다.[1]

비국가 행위자에 의한 핵무기의 사용 위험(제8장 참조)과는 별도로 이스라엘, 남아시아의 인도와 파키스탄, 북한, 그리고 이란이라는 핵무기 사용에 대한 네 개의 도전이 남아 있다. 이라크, 리비아, 시리아 및 버마와 연관된 최근의 도전은 모두 (최소한 한동안은) 종식된 것으로 볼 수 있다. 이들 네 나라 중 이란만이 현재 NPT 가입국이다. 따라서 이들 국가들 대부분이 공식적인 국제 핵질서의 외부에 자리하고 있기 때문에, 이들을 집단적으로 '핵 열외자'로 지칭할 수 있다.

이 장은 네 개의 절로 진행된다. 제1절은 이스라엘의 사례와 핵불투명성 유지정책을 자세히 다룬다. 이스라엘은 현재 핵무기의 보유를 긍정도 부정도 하지 않는다. 제2절은 인도와 파키스탄이 1998년에 공개적인 핵실험 결정을 한 이유를 검토하면서 양국 사이의 불안한 핵균형과 남아시아의 안정을 위한 미래 전망을 시도한다. 제3절은 북한에 의한 핵도전과 북한이 핵무기와 관련하여 과연 '합리적' 행위를 할 수 있는지에 대한 논쟁을 분석한다. 제4절은 지난 10여 년간 국제사회와 이란 사이에 진행된 핵교착 상태를 정리한다. 이어서 제6장의 요점과 추가 자료에 대한 소개가 이어진다.

1. 이스라엘과 핵불투명성

비록 핵무기 보유를 인정하지도 부정하지도 않고 있지만, 이스라엘은 1960년대 후반부터 핵클럽에 가입했고 현재 정교한 핵무기 기반시설과 능력을 보유하고 있다고 인정받고 있다. 핵불투명성 정책이란 이스라엘이 핵무장한 9개국 중에서 유일하게 핵무기 보유를 공개적으로 인정하지 않고 있으며, 1979년 사건(아래의 설명 참조)에 대한 소문에도 불구하고 핵능력을 검증하기 위해 공개적인 실험을 실시하지 않았다는 의미이다. 이스라엘은 상당한 국제적 압력에도 불구하고 NPT에 가입한 적이 없고 — 그 이유는 NPT에 가입하는 것이 이스라엘의 사활적 국가안보 이익을 침해할 것이기 때문이라는 것이다 — 중동 지역에 핵무기를 처음 도입한 국가가 아닐 것이라는 점을 명확히 하였다.

(1) 이스라엘의 핵무기 보유 방법과 이유

이스라엘이 핵무기를 개발하기로 결정한 이유는 분명하다. 요컨대, 이스라엘 지도자들은 제2차 세계대전 당시 나치 독일에 의해 자행된 홀로코스트(Holocaust)와 같은 사례가 발생할 위험을 감수할 수 없었던 것이다. 특히 1948년 독립을 선언할 당시 이스라엘은 적대적이고 강력한 주변 국가들에 둘러싸여 있었다. 그럼에도 불구하고 1940년대 후반에 이스라엘이 원자력 에너지와 관련한 연구를 시작하였을 때에는 핵무기를 제조하겠다는 분명한 계획은 없었다. 그러나 지정학적인 지역의 현실 — 1948년과 1956년 두 차례에 걸친 주변 아랍국가와의 전쟁 등 — 때문에 이스라엘 지도자들은 핵무기 제조에 나서도록 설득되었다. 1960년대에 핵능력을 구현했음에도 불구하고 이스라엘은 1967년과 1973년에 주변 국가와 다시 전쟁을 치렀는데 이는 핵무기 능력이 이스라엘을 외부 공격으로부터 안전을 보장해 줄 것이라는 생각을 반박하는 계기가 되었다.

이스라엘원자력위원회(IAEC: Israeli Atomic Energy Commission)는 1952년 봄에 설립되어 (프랑스의 도움으로) 1958년 네게브사막(Negev Desert)의 디모나(Dimona)원자로를 가동하기 시작하였다. 1967년 6일전쟁(Six-Day War) 당시 이스라엘은 두 세 개의 핵폭탄을 보유하고, 추가로 핵폭탄을 생산할 수 있는 기반시설을 가지고 있는 것으로 여겨졌다.[2] 6일전쟁 이후 이스라엘은 핵무기 프로그램을 본격적으로 시작하였고, 1973년 욤키푸르전쟁(Yom Kippur War) 동안에는 이스라엘이 실제로 군사적 패배에 대한 두려움으로 자신들의 강력함을 아랍 적대국에 과시하기 위해 핵무기 배치를 검토했다는 소문이 있었다.[3] 결과적으로 1980년대에 이스라엘의 핵무기 프로그램의 존재는 일반적으로 인정되지는 않으나 주지의 사실이었다.

이런 상황은 1986년 10월에 바뀌었다. 디모나의 네게브 핵연구소의 전직 기술자였던 바누누(Mordachai Vanunu)가 런던의 『선데이타임즈(Sunday Times)』에 구체적인 사진 증거를 포함하여 이스라엘 핵 프로그램의 존재를 폭로한 것이다.[4] 바누누의 사진과 정보가 외부 전문가에 의해 입증되었지만 이스라엘 정부는 핵무기 프로그램의 존재를 계속하여 부정하였다. 바누누는 나중에 이스라엘 비밀정보기관인 모사드(Mossad)에 의해 로마에서 납치되어 반역죄로 18년형을 선고받았고, 2004년 그의 석방 조건은 출국 및 외국인과의 대화 금지였다. 바누누의 폭로로 이스라엘 정부에 자국 핵프로그램에 대해 '실토하라'는 압력이 급증하였지만, 이스라엘 정부는 그런 압력을 외면하거나 단순히 부정하기만 하였다.[5] 이후 이스라엘이 점차 핵무기 보유고와 운반체 능력을 늘려서 현재 약 60~80개의(아마 더 많을 수도 있음) 핵무기가 비행기와 바다 및 지상 발사 미사일에 의해 운반될 수 있는 것으로 믿어지고 있다 (제2장 참조).

(애초에 필수적인 원자력 기술을 제공한 것은 프랑스였지만) 이스라엘이 미국으로부터의 실질적 지원이 없었다면 핵무기를 개발했을 가능성은 거의 없다. 이스라엘이 핵무기를 개발하는 각 단계마다 이스라엘의 행동은 미국에 의해 외교적으로 보호되었고, 이러한 점은 오바마 행정부 하에서도 마찬가지이다.[6] 이러한 조치의 기원은 미국 대통령 닉슨(Richard Nixon)과 이스라엘 총리 메이어(Golda Meir) 사이의 1969년 합의로 거슬러 올라갈 수 있는데, 합의의 내용은 공개적으로 밝히지만 않는다면 이스라엘은 핵무기를 개발할 수 있다는 것이었다.

> 닉슨-메이어 협약에 따르면, 이스라엘이 자국이 핵무기를 보유하고 있음을 공개적으로 선언하거나 핵실험을 하는 것을 알리지 않는 한, 미국은 이스라엘의 핵프로그램을 용인하고 보호하는 것으로 되어 있다.[7]

이 협상은 (비록 공개적으로는 결코 인정되지 않아 왔지만) 증가하는 국제적 압력에도 불구하고 현재까지도 그 유효성이 지속되고 있다. 그리고 미국과 이스라엘 사이의 연계는 이란의 핵무장 가능성이 증가하면서 그 중요성이 증가하고 있다.

이스라엘은 현재 핵무기를 보유한 다른 모든 국가들과는 달리 결코 공개적으로 핵무기 실험을 실시하지 않았지만, 1979년 9월 22일에 이스라엘이 남아프리카공화국의 도움으로 남인도양에서 소규모의 비밀 핵실험을 실시했다는 소문이 있었다. 남부 아프리카 상공의 궤도에 있던 미국의 벨라(Vela) 스파이 위성(벨라는 미국이 타국이 핵실험금지조약을 성실하게 수행하는지 감시하기 위해서 만든 인공위성을 총칭하는 이름이다 – 역자 주)이 전문가들이 핵폭발이라고 믿는 것을 탐지했고, 이 일은 후에 '벨라 사건'으로 불리게 되었다. 이스라엘이나 남아프리카공화국은 2~4킬로톤 규모로 평가된 그 실험을 결코 확인해주지 않았다.[8]

(2) 핵정책: 불투명성과 예방

이스라엘의 핵정책의 중심에는 **핵모호성**(nuclear ambiguity) 또는 **핵불투명성**(nuclear opacity)의 유지가 자리하고 있다. 이스라엘은 이에 따라 핵무기의 보유를 자인하지 않는다. 이스라엘이 핵무기를 보유하고 있음이 (특히 1986년 바누누의 폭로 이후) 널리 인정되고 있음에도 불구하고, 핵무기의 존재를 긍정도 부정도 하지 않는 이 정책 때문에 이스라엘은 국제적 비난을 외면하여 왔고 동시에 자국의 국가안보를 증진시킨다(고 인식한다). 코헨(Avner Cohen)에 따르면,

> 시간이 흐르면서 상당한 절제를 통해 이스라엘은 자국의 딜레마에 대한 거의 불가능하고 유례없이 창조적인 대응책을 만들어 유지하여 왔다. 이스라엘의 해답은 핵무기를 보유하지만 동시에 핵무기 보유가 초래하는 많은 부정적 결과들을 상대하지 않는 가능한 최선의 세계에서 살 수 있도록 하는 교묘한 솜씨를 발휘하는 것이다.[9]

핵무기 보유를 긍정도 부정도 하지 않는 것 외에도, 모호성은 이스라엘이 '중동에 처음으로 핵무기를 도입한 국가'가 아니라는 점과 연결된다. 이 정책은 1965년에 체결된 에쉬콜-코머 양해각서(Eshkol-Comer Memorandum of Understanding, 이스라엘과 미국 사이에 합의된 문서 – 역자 주)로 그 연원을 거슬러 올라갈 수 있다.[10] 그럼에도 불구하고 이스라엘은 보통 삼손 옵션(Samson Option) — 이스라엘의 실존이

위협받는 상황에서 대량(핵)보복을 실시하겠다는 억지 전략 — 이라는 핵사용정책을 채택하고 있는 것으로 여겨진다.

핵무기 보유를 긍정도 부정도 하지 않는 이중정책, 그리고 중동지역에 핵무기를 '도입'한 국가가 되지 않겠다는 약속 외에도, 이스라엘의 핵전략은 지역 경쟁자들이 핵무기 능력을 획득하는 것을 허용하지 않겠다 — 실제로 무력으로 막겠다 — 는 약속과도 관련이 있다. 이 정책은 실질적인 안보 우려에 의해 촉발된 것이긴 하지만, 이스라엘이 잠재적 위협이라고 인식하는 것에 대해 단독으로 선제적인 행동을 함으로써 국제적인 문제를 야기하기도 하였다. 이런 행동은 암살과 비밀폭격 및 컴퓨터 바이러스를 이용한 시설의 공격 등 여러 방식으로 표출되었다.

- 1962년 8월, 이스라엘의 모사드 요원이 이집트가 방사능 또는 핵탄두를 탑재할 수 있는 탄도미사일을 개발하도록 지원하고 있다고 여겨지던 독일 로켓 과학자를 암살하였다.[11]
- 1981년 6월, 이스라엘 공군이 이라크 바그다드(Baghdad) 외곽에 건설 중이던 오시락(Osirak) 원자로를 폭격하여 파괴하였다.[12]
- 2007년 9월, 이스라엘 공군이 시리아 내 핵무기 프로그램과 연계되었다고 의심되던 시설을 공격하여 파괴하였다.[13]
- 2010년 6월, 이란 정부가 이란의 농축 원심분리기를 공격하기 위한 스턱스넷(Stuxnet) 컴퓨터 바이러스를 발견했는데, 이는 이스라엘과 미국에 의해 개발되었다고 여겨졌다.[14]

이후로도 모사드 요원들이 이란 원자력 프로그램과 관련된 기술자들을 암살했다는 혐의를 받고 있다.

이스라엘은 중동 지역의 어떤 다른 행위자가 핵능력을 획득하는 것을 방지하겠다는 입장을 가지고 있으며, 만약 국제외교적 방법이 이란의 의심되는 원자력 프로그램(아래 참조)을 축소시키는 데에 실패한다면 군사력을 사용할 가능성을 배제하지 않고 있다. 그럼에도 불구하고 이스라엘은 대량살상무기 없는 중동을 지지하는데, 이는 포괄적인 지역 평화협정이 체결된 이후에 가능하다는 것이 이스라엘의 입장이다.[15] 따라서 최근에 이스라엘은 중동 대량살상무기(WMD) 금지 지역에 관한 외교적 협상에의 동참을 거부한 바 있다 (제9장 참조).

(3) 최근 정책 논쟁

최근에는 전례 없이 이스라엘에 많은 압력(특히 세계 열강들로부터)이 가해지고 있다. 그 핵심은 이스라엘이 핵정책의 핵심적 교리를 재고하고 과거에 그 교리를 잘 뒷받침했던 정책들을 포기하라는 것이다. 사실 이스라엘 핵정책의 핵심적 측면 — 불투명성, 선제, 비밀 — 중 많은 부분이 과거에는 장점으로 여겨졌지만, 점차 이스라엘의 폭넓은 안보 및 지정학적 이익을 저해하는 오류로 인식되고 있다. 이는 부분적으로 이스라엘 정부와 이스라엘 국민들로부터 표출되는 투명성과 책임성에 대한 열망이라는 국내적 압력에 의해 주도되고 있다. 동시에 외부적으로는 중동비핵지대(nuclear weapon-free zone in the Middle East)에 대한 요구(제9장 참조)와 이스라엘이 자국 능력을 '인정'해야 한다는 압력의 증가에 따른 것이기도 하다. 코헨과 밀러(Marvin Miller)는 다음과 같이 주장하였다.

> 이스라엘은 책임 있는 핵국가로서 다양한 방식으로 자국의 신뢰성을 증진시킬 수 있었다. 하지만 거의 모든 조치에 있어서의 관건은 불투명성 정책을 완화시키는 것이다.… 이 정책은 40년 전에는 전략적·정치적 의미가 있었다. 그러나 현재의 지역적·국제적 환경에서 이 정책은 장점보다 많은 단점을 지닌다.[16]

그러나 이 논쟁에도 다양한 측면이 존재하고, 그 내용은 표 17에서 설명된다.

이스라엘의 핵옵션과 관련된 논쟁의 핵심은 유대인 민족의 역사(특히 홀로코스트) 및 건국 이후 초기 격동의 시기와 관련되어 있다. 이런 이유 때문에 이스라엘은 자국의 행동과 입장에 특별한 이유가 있다고 주장하고 있지만, 이것이 무한정 지속될 수 있는지는 지켜봐야 할 것이다.

2. 인도, 파키스탄과 남아시아 안정성에 대한 도전

1947년에 당시 영국령 인도가 분리되어 두 개의 독립국가 인도와 파키스탄이 탄생하는 격변을 경험한 이후, 이 지역에서는 네 차례의 전쟁과 다수의 군사적 충돌이 발생하여 왔다. 이들 갈등의 대부분 — 1962년과 1971년 경우를 제외하고 — 은 분쟁지역이었던 카시미르(Kashmir)와 잠무(Jammu)를 둘러싼 싸움이었고, 1998년 이후 이런 갈등은 두 국가가 모두 핵무기를 보유했음에도 불구하고 격화되었다. 인도와 파키스탄 둘 다 NPT에 가입하지 않았고 남아시아는 가장 위험한 지역적 핵발화점 중의 하나로 남아있어 국제 비확산과 관련하여 광범위한 함의를 가진다. 브래큰(Paul Bracken)이 경고하듯이, "핵억지라는 허상과 지휘통제라는 외양 아래에 매우 위험한 동력이 남아시아에서 축적되고 있다."[17]

(1) 남아시아의 핵무장 방법과 이유

다른 핵무장 국가와 마찬가지로 인도와 파키스탄은 여러 이유 때문에 핵무기를 제조하였다. 그러나 그 중 중요한 요인은 안보와 위신이었다. 인도는 부분적으로 중국으로부터의 위협에 대한 인식(그러나 동시

표 17 이스라엘 핵정책의 장단점

비용	편익
이스라엘의 핵무기가 지역 내 다른 국가들의 WMD 획득을 추동했고, 이것이 부분적으로는 이라크, 이란, 이집트, 리비아 및 시리아의 핵 및 WMD 프로그램의 원인이었다.	핵무기는 이스라엘 안보에 독자성을 부여한다. 과거와는 달리 이스라엘은 국가생존을 위해 다른 국가들에게 의존할 필요가 없다.
핵불투명성은 중동비핵지대를 달성하는데 장애가 되고 있다. 이 생산적인 군비통제 과정은 이스라엘이 자국 핵무기에 대해 '자인'하기 이전에는 시작되기 힘들 것이다.	핵불투명성은 이스라엘의 시설이 IAEA의 사찰 대상이 아니라는 것을 의미한다. 이는 이스라엘이 NPT 서명국이 아니기 때문이며 따라서 기술적으로는 불법이 아니다.
핵무기는 이스라엘에 가장 중요한 현존하는 위협인 테러리스트 공격을 거의 방지하기 못한다.	핵무기는 최소한 1973년부터 지역의 적국들이 이스라엘을 재래식무기나 WMD로 공격하는 것을 억지하는 데에 도움이 되었다.
이스라엘 핵무기 정책은 미국과의 관계에 부담을 주고 있으며 미국이 이스라엘의 핵정책에 대한 조건 없는 지지를 얼마나 더 유지할지 분명하지 않다.	핵불투명성은 다른 핵추구 국가나 핵무기 보유국가의 경우와는 달리 이스라엘이 핵프로그램 때문에 제재를 받지 않도록 하여 왔다.
타국의 핵의심 시설에 대한 선제적 군사공격(과 암살)은 국제외교 및 법적 차원의 비용을 수반하고 이스라엘의 정당성을 약화시킨다.	선제적 공격과 특정 인사의 암살이 지역 내의 WMD 확산을 방지하여 왔다. 이집트, 이라크, 시리아 및 최근 이란의 핵야망 모두 이스라엘에 의해 좌절되었다.
지금의 정책은 이스라엘이 현재 세계 핵질서의 주요 이해당사자가 되는 것을 막고 있다.	이스라엘은 국제사회로부터 공식적으로 핵능력을 포기하라는 요구를 받은 적이 없다.
핵무기는 이스라엘의 안보를 약화시키고 복잡하게 해왔으며 가장 중요한 위협을 다루는 데 실패하고 있다.	핵무기는 적대적이고 불확실한 지역 환경 속에서 이스라엘의 안보를 증진시켜왔다.

에 국제비확산레짐의 명백한 실패)때문에 핵무기 제조를 결정했다. 파키스탄은 기본적으로 인도에 대한 우려 때문에 핵무기 제조를 결정했다. 두 나라 모두 핵무기를 근대화와 국제적 위상 제고의 경로로 인식하였지만 동시에 전통적인 안보상 이유 때문에 핵무기를 제조하였다. 그럼에도 불구하고 두 나라는, 1980년대 말에 암묵적인 군사적 핵능력을 보유했을 수 있지만, 1998년에 이르러서야 공개적으로 핵무기 실험을 실시하였다.

인도와 파키스탄은 분리독립 후 곧바로 민수용 원자력 프로그램을 시작하였지만, 두 나라 모두 바로 폭탄의 제조를 결정하지는 않았다. 아마 인도는 1962년에 중국과의 소규모 국경충돌에서 패전하고 중국이 1964년에 최초의 핵실험을 실시한 이후인 1960년대 초반에 핵무기개발결정을 내렸을 것이다.[18] 1965년에 있었던 인도와 파키스탄(당시 중국이 강력히 지원하던) 사이의 전쟁은 핵프로그램을 더 촉진시키는 결과를 가져왔다. 그럼에도 불구하고, 개발이 진행되는 과정에서 인도의 공식적인 정책은 '평화적 핵옵션(peaceful nuclear option)'이었다. 이는 만약 미래에 핵무기개발이 바람직하거나 필요해질 때를 위해 폭넓은 핵무기 프로그램을 위한 문을 애매모호하게 열어 놓는 것이었다. 파키스탄에서는 1965년에 당시 외무장관(후에 총리) 부토(Zulfikar Ali Bhutto)가 "만약 인도가 원자폭탄을 만든다면, 우리가 목초로 연명해야만 하더라도 — 또는 굶주려야 하더라도 — 우리는 원자폭탄을 만들 것이다.…"라는 유명한 선언을 하였다.[19] 그럼에도 불구하고 파키스탄이 핵무기를 제조하겠다고 결정한 것은 1971년 인도-파키스탄 전쟁(동파키스탄이 독립하여 방글라데시가 될 당시)에 이르러서였다. 이어서 1972년 1월에 소위 '파키스탄을 위한 물탄회의(Multan Meeting)'에서 핵무기제조 결정이 내려졌다. 이러한 결정은 1974년 인도의 '평화적 핵실험(일반적으로 '스마일링 붓다[Smiling Buddha]'로 알려짐)'에 의해 더욱 강화되었다. 실제로 1971년의 전쟁과 1974년의 실험은 과학자 칸(A.Q. Khan)이 문제가 많은 파키스탄 폭탄 프로그램을 돕기 위해 유럽에서 파키스탄으로 돌아가게 하는데 촉매작용을 하였다 (칸에 대해서는 제8장 참조).

1980년대 전반 동안 인도와 파키스탄 두 나라가 (표면적으로는 평화적 원자력 능력과 연구라는 구실 하에) 핵무기 프로그램에 대한 비밀 연구를 계속함에 따라 갈등이 증가하였다. 인도는 1982년에 공개적인 핵실험을 거의 실시할 뻔했다 (당시 간디[Indira Gandhi] 총리가 취소시켰다). 반면 1983년부터 1990년 사이에 파키스탄 원자력위원회(PAEC: Pakistan Atomic Energy Committee)는 파키스탄 편잡 주(Punjab Province)의 키라나 힐즈(Kirana Hills)에서 총 24회의 지하 비폭발 실험(cold test, 이는 핵폭발을 수반하지 않기 때문에 임계 전 핵실험[subcritical test]라고 불린다)을 실시하였다 (이 실험들은 나중에 키라나 I으로 불리게 되었다).[20] 1984년에 인도는 파키스탄 핵시설에 대한 선제공격을 고려했지만, 이는 "그런 공격에 대해 인도의 핵시설에 대한 공습을 감행할 것"이라는 파키스탄의 위협에 의해 억지되었다.[21] 두 나라는 1980년대 말까지 초보적인 핵무기 능력을 보유하기에 이르렀다. 1987년 파키스탄 대통령 지아울하크(Mohammad Zia-ul-Haq)는 "파키스탄은 원하면 언제든지 폭탄을 제조할 수 있다"고 선언하였다.[22] 불투명하지만 핵능력이 성장하는 가운데, 1987년(소위 브라스택스 위기[Brasstacks crisis], 인도군의 대규모 기동훈련 – 역자 주)과 1990년에 두 나라는 거의 전쟁을 시작할 뻔하였다 — 실제로 한 CIA 정보장교는 후에 1990년 위기를 "쿠바미사일 위기보다 더 무시무시하였다"고 회상하였다.[23] 비록 인도가 1950년대 초기의 핵실험금지 협상에서 중요한 역할을 했음에도 불구하고 파키스탄과 인도는 둘 다 1996년의 CTBT에 조인하기를 거부하였다 (제9장 참조).

(2) 1998년의 핵무기 실험

1998년 5월, 인도와 파키스탄은 공개적으로 핵실험을 실시함으로써 핵보유를 선언한 여섯 번째와 일곱 번째 국가가 되었지만, NPT 체제 외부에 있다. 두 나라는 핵무기 능력을 이미 보유하고 있을 것으로 추정되어 왔지만, 이 실험은 지역 내의 안보 동학을 현저히 변화시켰다. 특히 두 나라는 1년 후에 카길(Kargil)에서 전쟁에 거의 돌입할 뻔하였다. 이후 남아시아의 핵균형은 불안한 상태로 남아있고, 갈등 — 아마 핵수준으로까지 상승할 수 있는 — 은 상존하는 가능성이다.

- **핵실험** 1998년 5월에 인도는 핵무기 실험(1974년의 '평화적 실험'이 있지만)을 실시한 여섯 번째 국가가 되었다. 인도는 라자스탄(Rajasthan) 주 타르 사막(Thar Desert)의 포크란 시험장(Pokhran Test Range)에서 11일에 세 개의 폭탄(그 중 하나는 1mt 규모의 폭발력을 위한 증폭 핵분열[boosted-fission]탄으로 알려졌다), 그리고 13일에 (소규모) 폭탄 두 개를 더 실험하였다. 이 실험은 따라서 포크란 II(포크란 I은 1974년의 스마일링 붓다를 지칭한다)로 명명되었다.[24] 이에 대한 직접적 대응으로 정확히 2주 후에 파키스탄은 발루치스탄(Baluchistan) 주 차가이(Chagai)에 있는 라스코 힐즈(Ras Koh Hills) 시험장에서 28일에는 다섯 개의 핵폭탄을, 30일에 하나를 더 실험했다. 이 실험은 차가이 I과 II로 명명되었다.[25]
- **카길전쟁** 1년 후인 1999년 5월과 6월 사이에 파키스탄과 인도는 카시미르와 잠무라는 오래된 이슈를 둘러싸고 카길전쟁을 수행하였다. 이는 두 개의 핵무장한 국가가 직접적인 재래식 무력 충돌을 벌인 유일

한 사례이다. 전쟁은 인도가 관할하던 지역에 파키스탄 군인들과 카시미르 민병대가 침입하면서 촉발되었고, 인도는 파키스탄 병력을 축출하기 위해 대규모 군사공격으로 대응하였다. 양측은 충돌 중에 어떤 종류(핵을 포함한)의 무기도 사용될 수 있다고 모호하게 선언하였다.[26]

- **후속 군사적 충돌** 카길전쟁 이후 지역 내에 긴장이 잔존하면서 대립하는 양측 군사력의 충돌이 지속되었다. 이는 기본적으로 인도가 자국 내 테러리스트 공격을 파키스탄 군정보부(ISI: Inter-Service Intelligence)가 지원하여 왔다고 믿었기 때문이다. 2001년과 2002년 사이에 인도의회에 대한 테러리스트 공격에 이어 양측이 핵무기와 미사일 전력을 사용할 준비를 하고 있었다는 소문이 있었다. 또한 2008년에는 뭄바이(Mumbai) 테러공격에 이어 인도와 파키스탄 군대가 충돌하였다.[27] 카시미르와 다른 영토분쟁 또한 미해결 상태로 남아있고 향후에도 갈등을 증폭시킬 가능성을 가지고 있다.

1998년의 공개 핵실험 이후에도, 그리고 2004년에 핵 핫라인(hotline)을 구축했음에도 불구하고, 인도와 파키스탄은 한 차례 전쟁을 경험하였고 다수의 소규모 군사적 충돌과 다른 적대적 국경분쟁을 경험하였다. 칸(Feroz Hassan Khan, 파키스탄의 퇴역 장군 – 역자 주)이 지적하듯이, 핵실험 이후 "이 지역은 점증하는 지역 긴장, 종교 극단주의의 증가, 군비경쟁의 진행, 긴장 교착상태, 심지어 무력충돌을 경험하여 왔다."[28]

(3) 향후 남아시아에서의 핵도전

남아시아는 현존 세계 핵질서에 가장 큰 도전 중의 하나이고, 1998년 이후 진행된 상황 중에 이러한 위험의 감소를 시사한 것은 거의 없다. 향후 남아시아의 핵질서에 대한 중요한 도전을 네 가지로 생각할 수 있다. (1) 지역안정과 억지가 유지될 것인가, (2) 핵시설과 저장고가 안전하게 지켜지고 배치된 전력에 대한 지휘통제가 성공적으로 유지될 것인가, (3) 2005년에 있었던 미국-인도 핵협력협정이 비확산에 주는 광범위한 함의, (4) 남아시아의 사건들이 인근지역과 보다 광범위하게 세계 비확산레짐에 가지는 연쇄반응.

- **지역안정.** 남아시아에서 가장 큰 공포는 지역의 핵군비경쟁이 오산이나 실제 핵사용으로 이어질 가능성이다. 이 문제의 핵심은 인도의 핵무기는 파키스탄과 중국을 억지하기 위해 계획되었고, 파키스탄의 핵무기는 주로 인도의 재래식 전력에서의 우위를 상쇄하기 위해 계획되었다는 점이다.[29] 이 문제는 인도의 콜드 스타트 독트린(Cold Start doctrine)때문에 더 심각해지는데, 이 독트린은 신속한 재래식 공격을 통해 파키스탄의 핵무기가 사용되기 전에 제거한다는 것이다. 이는 어떤 재래식전쟁 또는 소규모 충돌일지라도 핵수준으로 확전될 수 있다는 의미이다.[30] 더구나 파키스탄 핵무기의 지휘통제와 관련한 우려 — 특히 핵무기가 민간 통제 하에 있지 않기 때문에 — 가 아주 많다. 이는 파키스탄 핵무기가 (부분적으로는 인도의 콜드 스타트 독트린 때문에) 비상대기 상태에 있기 때문이다. 어느 일방에 의한 전술 핵무기의 도입도 이러한 균형을 보다 안정적으로 만들지는 않을 것이다.[31]
- **지역 핵안보.** 두 번째 도전은 남아시아 핵무기의 안보와 안전 — 그 중에서도 파키스탄 소재의 — , 승인되지 않은 핵무기의 사용가능성 및 이들 핵무기가 비국가 행위자의 수중에 들어가게 될 위험이다. 이 문제는 인도가 파키스탄정부 또는 파키스탄 ISI가 카시미르 및 인도에 대한 테러리스트 공격을 거들고 있다고 우려하고, 실제로 파키스탄이 칸(A.Q. Khan)의 핵불법거래 네트워크와 관련 있다 (제7장 참조)는 점을 고려할 때 더욱 심각해진다. 칸의 네트워크에 대해서 코레라

(Gordon Corera)는 "그들[파키스탄]이 전혀 몰랐고 그들의 가장 민감한 국가안보 프로그램이 근본적으로 통제불능 상태였거나, 그들이 칸의 행동을 알았지만 그것을 막는데 실패한 것이다"라고 지적했다.[32] 이들 요인들 모두가 인도와 남아시아 전체의 안보불안을 증가시키는 데에 기여한다.

- **미국-인도 핵협상.** 남아시아의 핵정치는 2005년에 미국과 인도 사이에 체결된 민간 원자력협상 때문에 더욱 복잡해졌다. 이 협상을 통해 인도는 자국의 민수용 원자력 시설(군사시설은 제외)을 IAEA의 안전조치와 사찰(safeguards and inspection)의 통제 하에 두기로 하고 대신 미국과 전면적인 원자력 협력을 하는 데에 합의하였다. 「123협정(123 Agreement)」으로 불리는 이 거래(또는 인도-미국 핵협상이라고도 불린다)는 암묵적으로 인도의 NPT 밖 현재 지위를 묵인하는 동시에 인도에게 NPT 회원국으로서의 특혜를 제공하는 것으로 보인다 — 특히 핵공급자그룹(NSG: Nuclear Suppliers Group)은 2008년에 인도에 국제원자력시장에의 접근을 허용하는 면제 조치를 부여하였다.[33] 이 거래에 대한 반응은 — 특히 파키스탄 내에서 — 엇갈렸고, 이 거래가 다른 잠재적 핵확산 국가에 강한 신호를 보낼 것에 대한 큰 우려가 있다.[34]

- **광범위한 지정학적 영향.** 이 지역에서 진행되는 일은 보다 넓은 범위에서 상당한 정치적·안보적 함의를 지닌다. 남아시아 핵균형의 가장 직접적인 영향은 중국으로 향한다. 인도와 중국 사이의 긴장된 관계를 고려한다면, 파키스탄으로부터의 인지된 위협에 대응하기 위한 인도의 조치는 중국에도 비슷하게 인식될 것이다.[35] 중국 대응의 연쇄적 효과 또한 동북아시아의 안보 동학에 불가피하게 함의를 지니게 될 것이다. 마찬가지로 인도를 고려한 파키스탄의 핵정책은 중동지역의 안보 관련 사고에 연쇄적 효과를 지닐 가능성이 있다. 보다 넓게 보자면 남

아시아에서의 진행은 NPT의 미래와 국제 비확산레짐에 본질적인 이슈인 것이다 — 인도와 파키스탄이 이 체제 외부에 머무는 한, 비확산체제의 궁극적 목적을 달성하기는 확실히 어려울 것이다 (제7장 참조).

남아시아 대륙은 근본적으로 분열된 상태이고, 핵무기의 도입이 이런 상황의 타개에 거의 도움이 되지 못하는 상황이다. 인도와 파키스탄의 핵무기는 향후 갈등 또는 오산의 잠재적 비용을 기하급수적으로 증가시킨다. 이 지역의 추세는 더 많은 핵무기로 진행하는 상황이고, 이들 두 국가 — NPT 외부에 존재하는 — 가 가까운 장래에 세계 핵레짐의 테두리 안으로 들어올 가능성을 점치기는 힘들다.

3. 핵무장한 북한의 문제

조선민주주의인민공화국(DPRK: Democratic People's Republic of Korea) — 북한으로 잘 알려진 — 은 제2 핵시대에 세 번째 주요 도전이었고, 여러 측면에서 북한은 한 국가가 핵무기제조를 결심하면 그것을 막기가 힘들다는 것을 보여주는 전형적 사례이다. 폴락(Jonathan Pollack)의 표현에 따르면,

> 사반세기 동안 조선민주주의인민공화국은 핵무기 추구를 억제하고 평양이 비핵화선언을 준수하도록 하려는 동맹국, 적대국, 그리고 국제원자력기구(IAEA: International Atomic Energy Agency)의 반복되는 노력을 거부, 방해, 지연, 기만하여 왔다.[36]

궁극적으로 이런 국제적 노력은 실패로 귀결하였다. 2003년에 북한은 NPT를 탈퇴하였고(제10조), 2006년에 최초의 핵무기실험을 실시하였

다. 동북아 지역의 지정학적 관계는 이후 긴장을 유지하고 있다.

(1) 북한의 핵보유 방법과 이유

북한 지도자들은 항상 외부의 위협(주로 미국으로부터의)을 핵무기 추구의 주요 이유로 인용하여 왔고, 이는 1950년대 초의 한국전쟁으로 기원이 거슬러 올라갈 수 있을 것이다. 영변(Yongbyong, Yougbyon의 오기 – 역자 주) 원자로가 1965년부터 가동을 시작했지만, 체계적인 핵무기 프로그램이 시작된 것은 1970년대에 이르러서였다. 이후의 북한 핵프로그램의 진전은 세 단계로 나눠서 살펴볼 수 있다. 첫째는 대략 1970년부터 1991년까지로 이 시기에 북한은 초기 핵무기 프로그램을 구축하였다. 둘째는 1991년부터 2006년까지로 이 시기에 국제사회는 북한이 NPT를 탈퇴하는 것을 막으려고 노력하였다. 셋째는 2006년부터 2013년 사이로 이 시기에 북한은 공개적 핵실험을 실시하였고 지역적 긴장이 고조되었다.

북한의 핵무기 프로그램은 김일성에 의해 1970년대 초기에 시작되었다. 이는 당시 지역의 지정학적 상황이 악화되고 있다는 판단에 따른 대응이라고 할 수 있고 동시에 국내적 불만의 고조에 따른 결과이기도 하다. 북한은 1985년에 NPT에 가입(1992년까지는 안전조치에 대한 합의는 이뤄지지 않았다)했지만, 1980년대에 북한의 핵무기 프로그램에 대한 증거가 축적되기 시작하였고, 1990년대 초반에 북한 핵프로그램의 진전과 냉전종식 이후 새로워진 한반도에 대한 관심은 이 문제를 국제적 초점 중의 하나로 만들었다. 결과적으로 1991년에 — 미국으로부터의 상당한 압력으로 — 북한은 대한민국(ROK: Republic of Korea)과 「한반도비핵화선언」에 합의하였다.

공동선언에 따라, 조선민주주의인민공화국과 대한민국은 핵무기의 시험, 제조, 생산, 접수, 보유, 저장, 배비(配備), 사용을 하지 않고, 원자력 에너지를 오직 평화적 목적에만 이용하고, 핵재처리 시설과 우라늄 농축시설을 보유하지 않기로 합의하였다.[37]

이 선언 이후, 북한은 IAEA의 사찰 대상이 될 일곱 군데 시설을 신고하였다. 이에 따라 북한의 핵무기 추구는 중단된 것처럼 보였다. 하지만, 북한의 핵의도와 관련해서 북한과 국제사회가 거의 20여 년 간 '위기'를 경험하게 되면서 평화적 미래에 대한 희망은 금방 사라졌다.

제1차 북핵위기(1993~1994). 1993년 4월에, IAEA의 무기사찰단은 NPT 합의사항을 북한이 위반했다고 UN안전보장의사회에 보고하였다. 그 주된 이유는 북한이 모든 핵관련 시설을 고지하지 않았고 그 중 일부는 비밀 핵무기 프로그램과 관련될 수도 있다는 것이었다. 이에 대해 김일성은 북한이 NPT를 탈퇴할 것이라고 선언하였다. 탈퇴는 1993년 6월에 일단 중지되었지만, 그 이후 몇 개월 동안 그 위기와 북한의 핵무기화를 방지하기 위한 외교적 해법을 찾기 위해 치열한 노력이 전개되었다. 1994년 초에 미국 클린턴(Bill Clinton) 대통령은 「기본합의서(Agreed Framework)」라고 불리는 협상을 중재하였는데, 그 내용은 북한이 자국 핵프로그램을 동결하고, 서방이 민수용 원자력 프로그램 — 두 개의 경수로 포함 — 을 지원하고 재원을 제공하며, IAEA 사찰단이 복귀하는 것이었다. 몇 달 후 아들 김정일이 김일성을 대체하였고 북한이 일본 위로 탄도미사일을 시험 발사한 1998년까지는 상대적으로 상황이 안정되었다.

제2차 북핵위기(2002~2006). 2002년 말에 북한이 핵프로그램의 무기화를 추진하고 있다는 우려가 제기되기 시작하였고, 2003년 1월에 국제적 압력에 대한 대응으로 북한은 무기 사찰단을 추방하고 NPT를 탈퇴(이번에는 영구적으로)할 것이라고 선언하였다. 2003년 8월에 다자 6자회담이 개시되었고,[38] 이는 북한 핵프로그램에 대한 다 년 간 대부분 비생산적이었던 협상의 시작이었다. 위기는 2006년 10월에 절정에 이르렀는데, 북한은 (플루토늄을 이용한) 최초의 실험을 중국 국경 근처 함경북도의 풍계리 핵실험장에서 실시하였고 그 위력은 약 500t에서 1kt 정도로 추정되었다.[39]

2007년 8월 14일에 북한은 6자회담에서 철수하였는데, 이는 당시 북한의 (실패한) 위성발사 시도에 대한 UN의 비난에 대한 대응이었다. 2년 후인 2009년 5월 25일에 북한은 두 번째 핵실험을 실시하였다. 2~7kt 규모로 추정된 이 실험은 첫 번째 실험보다 위력이 컸으며, 첫 번째 실험이 상대적으로는 실패였을 것이라고 믿어졌다. 폴락의 표현에 따르면, "북한이 2006년에 핵임계점을 넘었을 가능성이 있다. 그러나 첫 번째 실험은 기대하던 결과를 얻지는 못했다."[40] 보다 최근인 2013년 2월 11일에 북한은 세 번째 핵실험을 실시했고 그 위력은 6~9kt으로 추정되어 북한의 핵폭탄 운용의 가능성을 한층 열어놓았다.[41]

(2) 긴장의 증대

1990년대 초반 이래, 특히 2006년의 핵실험 이후, 동북아시아의 긴장은 지속되어 왔고, 북한정권의 합리성과 안정성에 대한 우려가 증가되어 왔다. 이런 긴장은 김정일 정권 하에서 시작되었고 그의 후계자 김정은 정권에서 더욱 악화되었다. 최근에는 남북한 사이에 수차례의 직접적 충돌이 발생하여 사상자가 발생하고 군사적 위협의 수준도 높아졌으며, 북한은 공격적 언사의 수위를 높이고 있다. 대표적인 세 개의 사례를 소개하면 다음과 같다.

- 2009년 11월에 북한과 한국의 해군함정이 서해에서 교전하였는데, 양측은 서로 상대방이 충돌에 책임이 있다고 주장하였다.[42]
- 2010년 3월에, 서해에서 북한의 어뢰에 의해 한국 해군 '천안함'이 침몰하여 46명의 수병이 사망하였다. 북한은 공식적으로 자국의 책임을 부인했지만, 이는 북한의 행위라고 일반적으로 받아들여지고 있다.[43]
- 2010년 10월에, 북한군이 서해에 있는 한국의 섬인 연평도를 포격하였다. 한국군도 대응 사격을 실시하였다. 이 과정에서 네 명의 한국 장병이 사망하였고, 섬의 자산에 상당한 피해가 발생하였다.[44]

이런 행동들 외에도, 김정일의 사망 이후 그의 아들인 김정은에게 권력이 이양되는 과정에서 긴장은 더욱 고조되었다. 2011년 12월에 권력을 장악한 이후, 김정은은 다양한 군사적 도발을 감행하면서 지역 내의 우려를 고조시켰다. 『이코노미스트(The Economist)』지는 다음과 같이 설명하였다.

> 김정은 정권은 인공위성을 우주로 발사하였고 … 핵폭탄을 실험하였고 … 영변의 플루토늄 원자로를 재가동할 것이라고 선언하였고, 남북한 사이에 유일하게 작동하는 공동 경제계획인 개성공단에 한국 근로자들의 출입을 막았다. 3월에는 북한의 소행으로 추정되는 사이버 공격이 한국의 세 곳의 은행과 세 곳의 방송사의 컴퓨터 네트워크를 교란하였다. 이후 괌(Guam), 오키나와(Okinawa), 하와이(Hawaii)와 미국 본토를 공격하겠다는 히스테리적인 위협이 이어졌다.[45]

이들 대부분이 국내정치적 요인 — 특히 김정은 정권의 권력기반 공고화라는 — 에서 기인한 것으로 판단되었지만, 이러한 행위 자체는 북한 정권의 의도와 합리성에 대한 우려를 증폭시켰다.

2014년 현재, 지배적인 평가는 북한이 10개 정도의 핵무기를 보유하고, ICBM 능력을 개발하고 있으며, 우라늄 농축 및 플루토늄 분리 능력을 증가시키고 있다는 것이다. 이런 북한의 움직임이 지역과 세계 전체의 안보에 미치는 영향에 대한 논쟁이 아래에 소개된다.

(3) 핵위협에 대한 논쟁

북한의 핵무기 보유는 전반적으로 환영받지 않지만, 북한의 초보적 핵무기가 주는 위협이 얼마나 심각한 지에 대해서는 전문가들의 의견이 나뉜다. 비관론자들은 북한이 책임 있는 핵행위자로서 행동할 것임을 보여주는 증거가 거의 없다고 주장한다. 즉 김정은 정권이 '합리적'이지 않을 수 있으며, 따라서 핵오산과 재난의 가능성이 있다는 것이다. 반면에 낙관론자들은 북한에게는 정권유지가 최우선의 과제이기 때문에, 지도부가 국가의 미래를 위험에 빠뜨릴 일은 하지 않을 것이라고 주장한다. 북한 정권의 본질적 불확실성에 대해 로이(Denny Roy)는 다음과 같이 요약한다.

> 첫 번째 이론은 북한 지도자들이 비합리적이거나 극단적이어서 그들의 행동이 전략적 의미가 없을 것이라는 것이다. 만약 그렇다면, 다른 아시아-태평양의 국가들은 합의와 협력을 통해 평양과의 의견 차이를 해소할 수 없을 것이다. 극도로 공격적이고 심지어 자멸적인 북한의 정책을 예상하고 준비해야 하는 것이다. 두 번째 통설은 북한 지도자들이 국내정치적 목적을 위해 외부의 적이 필요하다고 믿고 있다는 것이다. 따라서 그들은 외부세계와의 끊임없는 긴장 유지를 위해 자기소외 상황을 만든다. 이런 견해에 따르면 평양은 결코 핵무기를 포기하거나 적들과 화해하지 않을 것이다. 세 번째 이론은 긴장의 조성이 안보와 양보의 획득이라는 두 가지 북한의 목적에 도움이 된다는 것이다. 즉 평양은 갈등 고조 정책의 위험성은 잠재적 보상과 다른 대안의 부재 때문에 받아들일 수 있다는 것이다.[46]

이 논쟁은 표 18처럼 정리할 수 있다.

궁극적으로 북한으로부터의 도전의 핵심에는 북한 정권에 대한 이해의 부족이 자리하고 있다. 이런 이유 때문에 최악의 경우에 대한 생각들이 등장하고 그런 생각들이 보편적으로 받아들여지고 있다.

4. 이란 핵문제의 미래 전망

제2 핵시대의 도전을 가장 잘 대표하는 것이 지난 10년 동안 진행되어 왔던 이란의 미심쩍은 핵무기 프로그램을 둘러싼 교착상태이다. 이란

표 18 북한 핵위협에 대한 평가

북한은 합리적 핵행위자이다.	북한은 합리적 핵행위자가 아니다.
지역에서의 생존이 북한의 핵심 목표이고, 북한은 핵무기 사용이 엄청난 보복과 거의 확실한 파괴를 초래할 것임을 알고 있다.	북한의 권력은 고도로 집중되어 있고, 이는 비합리적 지도자가 핵사용을 명령할 수 있다는 의미이다.
북한은 주로 미국 군사행동의 위협에 대항하기 위한 억지 목적으로 핵무기를 획득하였다.	최근의 적대적 행동은 북한 지도자가 불안정할 수 있다는 인식을 증가시킨다. 마찬가지로 이는 오산의 가능성을 증가시킨다.
북한은 1945년 이후 지속되어 온 MAD 논리를 수용할 것이다.	북한 국가의 붕괴 — 아주 현실적인 가능성이다 — 는 북한 핵무기에 어떤 일이 벌어질 것인가라는 불편한 질문들을 제기한다.
북한의 공격적인 태세는 주로 국내정치적 목적과 협상 및 양보의 추구에서 비롯되는 것이다.	북한은 핵기술과 무기를 다른 행위자, 심지어는 테러리스트들에게 확산시킬 가능성이 있다 — 그들은 이미 과거에 이런 일을 했다고 의심받고 있다.
북한은 생존을 위해 중국, 한국, 그리고 미국이 필요하다.	북한은 핵무기를 장거리로 투발할 수 있는 능력을 구현하기 위해 전력을 다하고 있다.

지도자들은 일관되게 자국은 NPT 체제 내에서 보장된 민수용 원자력 에너지 능력과 평화적 연구프로그램을 개발하기 위한 권리를 행사하는 것이라고 주장하여 왔지만, 국제사회 — P5+1이 주도하는[47] — 는 이는 단지 핵무기 프로그램의 개발을 위한 은폐일 뿐이라고 주장한다. 최근의 외교적 진전에도 불구하고 이란이 가지고 있는 야망의 미래는 어떤 것인지가 불투명한 상태로 남아있다. 그리고 이런 이유 때문에 이란은 제2 핵시대의 핵확산 문제에 있어서 가장 중요하고도 근본적인 도전을 의미한다고 볼 수 있다.

(1) 전개 과정

이란은 당시 친서방적인 왕이 미국 주도의 원자력평화이용계획(Atoms for Peace proposal)을 기회로 활용하여 핵프로그램을 시작한 1950년대부터 원자력 에너지에 관심을 가졌다. 이어 테헤란연구용원자로(Tehran Research Reactor)는 1967년에 이미 가동을 시작하였다. 이란에서의 민수용 원자력 기술 개발에 미국과 서유럽으로부터의 지원은 1979년에 새롭게 이슬람 국가가 친서방적 왕을 대체하는 혁명이 발생하기 이전까지 지속되었다. 이후 20년 동안 이란은 무기화를 포함하여 전 방위적 핵능력을 구현하기 위해 연구를 진행하였다고 일반적으로 믿어지고 있다. 1980년대와 1990년대에도 이란의 핵의도에 대한 의구심은 존재하였지만,[48] 2002년에 이란 반체제 인사인 자파르자데(Alireza Jafarzadeh)가 나탄즈(Natanz)의 우라늄 농축시설과 아라크(Arak)의 중수 생산시설의 존재를 세계에 폭로함으로서 국제사회가 다시 경각심을 가지게 되었다.[49] 이후로 이란이 점진적으로 핵경로를 밟아감에 따라 긴장이 고조되어 왔다. 2003년에 IAEA는 이란이 재처리 및 농축활동과 관련된 민감한 정보를 공개하지 않았다고 보고하였다. 2006년에 당시 이란 아마디네자드(Mahmoud Ahmadinejad) 대통령은 이란이 우라늄 농축에 성공했다고 선언하였다. 2009년에 포르도(Fordow)의 비밀 우라늄 농축 시설이 마침내 공개되었다. 이런 과정에서 다수의 정부 관계자들은 이란이 핵무기 생산을 위해 노력하고 있다는 비판을 강하게 부정하였고, 대신 이란의 핵프로그램은 국내의 민수용 목적을 위한 것 — NPT 체제 하에서 보장된 — 이라고 주장하였다.[50]

2013년 11월에 이란과 P5+1 국가들 사이에 잠정적으로 우라늄 농축을 중단하고 대신 시급한 제재경감을 실시하는 데에 합의에 도달했다. 소위 「제네바잠정합의(Geneva Interim Agreement)」에 따라 이란은 우라늄 농축의 수준을 (최대한 U235의 5퍼센트로)제한하고, 새로운 농축 또는 재처리 시설의 건설을 중단하고, 자국 핵 기반시설을 IAEA의 사찰에 공개하는 것에 합의하였다.[51] 그럼에도 불구하고, 협상과 이란 핵프로그램의 향후 경로는 불확실한 영역으로 남아있다. 보웬(Wyn Bowen)은 다음과 같이 지적한다.

> 이란 정권이 향후의 가능한 대안들, 예를 들면 우라늄 농축의 수준을 높이고 핵무기를 개발하거나 실험하는 것을 포함하는 추가적인 기술적 문턱을 넘는다든지 아니면 NPT를 탈퇴하는 등의 추가적인 외교적 움직임의 모색 등에 대해 어떤 시간표를 가지고 있는지는 미지수이다.[52]

(2) 이란이 달성하고자 하는 것

이란과 관련된 논쟁의 핵심에는 이란이 핵프로그램을 통해 달성하고자 하는 것이 무엇인지에 관한 질문이 자리하고 있다. 이란 지도부는 일관되게 자국 핵프로그램은 평화적 목적을 위한 것이라고 주장하여 왔다. 예를 들면 이란 최고지도자 하메네이(Ayatollah Ali Khamenei)는

2006년에 다음과 같이 선언한 바 있다.

> 서방은 우리가 핵무기 제조를 추진하지 않는다는 점을 잘 알고 있다. 핵무기는 우리의 정치적·경제적 이익과 우리의 이슬람 신념에 반하는 것이다. 따라서 이슬람공화국은 논란을 두려워하지 않을 것이며 우리의 원칙에 입각하여 과학적 진보의 경로를 따라갈 것이다. 세계는 우리 국민의 의지에 영향을 미칠 수 없다.[53]

그러나 이란이 추구하는 것이 정확히 무엇인지에 대해서는 의견이 갈린다. 이란이 추구하는 것은 기본적으로 네 가지로 구분하여 볼 수 있는데, 각각 서로 다른 도전을 내포하고 있다. 여기에 대한 구체적 설명을 아래에 제시한다.

1. 이란은 실제로 민수용 원자력 에너지를 추구한다. 이란은 현대화의 상징으로 그리고 연구와 전력생산의 이유 때문에 민수용 원자력을 추구한다 — 이란은 NPT 하에서 원자력 에너지와 연구와 관련된 권리를 보유한다. 하지만, 이란은 현재로서도 방대한 양의 가스와 유전을 보유하고 있어서 원자력 에너지의 생산은 불필요하고, 이란은 프로그램의 대부분을 비밀로 유지하고 있다.
2. 이란은 핵탈출 또는 잠재적 핵무기 능력의 보유를 추구한다. 이란은 만약 자국이 결정한다면 신속히 — 이는 몇 년 또는 몇 주가 될 수 있다 — 핵무기를 제조할 수 있는 지점에 도달하기를 원한다. 이것이 아마 가장 가능성이 높은 경우이고, 현재 협상의 핵심 사항이다.
3. 이란은 프로그램의 미래에 대해 결정하지 않았다. 이란의 지도부는 모든 대안을 열어놓고 있다. 폴락(Kenneth Pollack)이 지적하듯이,

   > 이란의 프로그램이 군사용이라는 증거가 있다. … 그럼에도 불구하

고 증거가 이란이 핵무기 제조능력을 획득하려는 의도가 있다는 점을 시사하지만, 그것이 결정적으로 이란이 핵무기를 만들고 배치하려고 결정했다는 것을 입증하지는 않는다. 이것이 국제사회 내에서 현재 논쟁의 핵심사항이다.[54]

따라서 프로그램의 미래는 다수의 국내적 외부적 동학에 의해 결정될 수 있다.

4. **이란은 자국 프로그램의 전면적 무기화를 추구한다.** 이란은 NPT의 체제 내에서 민수용 원자력 프로그램이라는 외피를 쓰고 핵폭탄을 만들려고 노력한다.

(3) 이란 핵무기의 함의

압도적 다수의 견해는 핵무장한 이란 — 또는 핵무기를 제조할 수 있는 능력을 보유한 잠재적 핵무장 이란 — 은 매우 다양한 부정적 결과를 초래할 수 있다는 것이다. 이란의 핵폭탄 추구의 여섯 가지 부정적 함의를 아래와 같이 생각해볼 수 있다.

- **지역적 핵확산.** 핵무장한 이란에 대한 가장 큰 우려는 그것이 지역 내 다른 국가들이 독자적인 핵무기 능력(대부분 안보 목적, 그러나 지역적 위신 확보를 위한 목적도 가능)을 추구하도록 촉발할 가능성에 대한 것이다. 가장 가능성 높은 후보는 사우디아라비아와 아랍 에미리트 연합(Gulf Emirates)이지만 터키와 이집트도 여기에 포함될 수 있다.
- **비확산레짐의 약화.** 위와 관련된 가능성은 만약 이란이 핵보유를 인정받게 된다면 그것이 국제 핵비확산레짐을 근본적으로 약화시키고 핵무기 개발을 염두에 둔 다른 행위자들에게 청신호를 제공하게 될 것이라는 점이다. 그것은 아마 NPT 체제의 종말을 알리는 일이 될 것이다

(제7장 참조).

- **대담해진 이란과 지역적 불안.** 핵무장한 이란이 중동지역에서 보다 대담하고 능동적인 행보를 할 것이라는 우려가 있다. 이렇게 함으로써 이란은 적국을 불안하게 하고 약화시키며 이란 외부의 다양한 시아(Shia)파 그룹에 대한 지원을 확대할 가능성이 있다. 핵무장한 이란은 또한 그런 불안정에 대응하기 위한 외부의 노력을 더욱 힘들게 할 가능성이 있다.
- **이스라엘의 우려.** 이란은 과거에 이스라엘을 위협하였다 — 아마디네자드 대통령은 이스라엘이 "지도에서 사라져야 한다"[55]고 말했다고 인용된다 — 따라서 이스라엘 지도자들은 핵무장한 이란을 용인하지 않을 것이다. 두 나라 사이에 고조된 긴장이 조성될 것이고 직접적 군사적 충돌 가능성도 배제할 수 없다. 에델만(Eric Edelman) 등이 설명하는 것처럼, "당분간 가장 큰 우려는 이란-이스라엘 핵경쟁의 불안정성이 증가함에 따라서 막대한 위험과 비용에도 불구하고 일방에 의해 다른 국가에 대한 선제적 공격의 위험성이 증가한다는 것이다."[56]
- **테러리즘과의 연계.** 마지막으로 핵무장한 이란이 테러리스트들 — 대리인인 헤즈볼라(Hezbollah)를 통해서 — 에게 (의도적으로 또는 다른 이유 때문에) 핵물질 또는 심지어 핵폭탄을 제공할 가능성에 대한 우려가 있다. 논쟁의 여지는 남아있지만, 이란이 헤즈볼라에게 핵폭탄을 제공할 가능성은 거의 없다고 보아야 할 것이다. 하지만 핵물질이 도난당할 가능성은 남아있다 (여기에 대해서는 제8장 참조).

그러나 소수의 학자들 — 대표적으로 왈츠(Kenneth Waltz) — 은 핵무장한 이란을 반드시 두려워할 필요는 없다고 주장하여 왔다.

이란이 핵 문턱을 넘어서면 이란의 핵무기 숫자가 적더라도 억지가 적용될 것이다. 지역 내의 어떤 국가도 독자적 핵능력을 보유할 유인을 가지지 않을 것이다. 현재의 위기는 소멸될 것이고 이는 중동 지역을 현재보다 더욱 안정적으로 이끌 것이다.[57]

이란을 다루기 위한 대안들은 이란 정권이 추구하는 것이 무엇이라고 믿는지에 상당 부분 달려있다. 만약 정권의 목적이 실제로 민수용 프로그램의 추구라면 외교적 협상을 통한 해결책이 모색되어야만 한다. 만약 그것이 핵잠재력이라면 정권은 억제될 수 있다. 만약에 최악의 경우 그것이 전면적 무기화라면 매우 어려운 정책적 선택이 이뤄져야 할 것이다.

5. 요점, 추가정보 및 자료

이 장은 최근 가장 중요한 수평적 핵확산 도전과 관련된 논쟁과 배경을 소개하였다. 그 요점은 아래와 같다.

- 냉전 종식 이래, 인도, 파키스탄, 북한이 핵실험을 실시하였다. 이스라엘과 함께 이들 국가는 NPT에 의한 핵보유국으로 인정받지 않는다. 따라서 일반적으로 핵 열외자로 인식된다. 최근에 NPT 비핵국가로 남아있음에도 불구하고 이란이 핵무기 제조를 시도하고 있다는 우려가 고조되었다.
- 이스라엘은 핵무기를 보유하고 있다고 인정되고 있지만, 이스라엘이 결코 그 사실을 공개적으로 확인한 적은 없다 — 이것은 핵불투명성 또는 핵모호성으로 불린다. 이런 입장 — 지역 내 다른 국가들의 핵무기 보유를 방지(필요하면 군사력을 통해서라도)한다는

➤ 계속

➜ 계속

정책 — 은 점차적으로 국제사회의 긴밀한 논의 대상이 되고 있다.
- 인도와 파키스탄은 1998년에 핵실험을 실시하였다. 그 이후 남아시아의 긴장은 지속되어 왔고 소규모 전쟁이 1999년에 있었다 (이것은 핵무장한 두 나라가 직접적으로 재래식 전쟁을 수행한 유일한 사례이다). 미래의 위기에서 핵수준으로의 확전 위험은 상존한다.
- 북한은 2003년에 NPT를 탈퇴한 이후 2006년에 처음 핵실험을 실시하였다. 북한은 2009년과 2013년에도 핵실험을 실시하였고, 소규모의 사용가능한 핵무기를 보유하고 있을 것으로 추정된다. 최근에 북한이 새로운 지도자와 초보적 핵무기를 가지고 '합리적으로' 행동할 것인지에 대한 우려가 증가하여 왔다.
- 이란의 핵무기 프로그램은 2003년에 공개되었지만, 이란의 궁극적인 목표가 핵무기 제조인지, 아니면 핵탈출 또는 잠재력 능력의 획득인지는 확실하지 않은 상태로 남아있다. 그러나 이란은 NPT 가입국가로 남아있고, 자국이 핵폭탄 제조를 시도한다는 비판을 일관되게 부인하여 왔다.

추가정보 및 자료

이스라엘에 대해서는 카핀(Michael Karpin)의 "The Bomb in the Basement" (2006), 코헨(Avener Cohen)의 『공공연한 비밀(*The Worst Kept Secret*)』(2012)과 『이스라엘과 폭탄(*Israel and the Bomb*)』(1999); 허쉬(Seymour Hersh)의 『삼손 옵션(*The Samson Option*)』(1991); 코헨과 밀러(Marvin Miller)의 "Bringing Israel's Bomb out of the Basement" (2010)를 참고하

고, 바누누에 대해서는 코헨(Yoel Cohen)의 『내부고발자들과 폭탄(*Whistleblowers and the Bomb*)』(2005)을 참고하면 된다. 보다 비판적인 견해에 대해서는 마오즈(Zeev Maoz)의 "The Mixed Blessing of Israel's Nuclear Policy"(2003)을 참고하면 된다.

남아시아에 대해서는 차크마(Bhumitra Chakma)의 『남아시아 핵무기의 정치(*The Politics of Nuclear Weapons in South Asia*)』(2011); 세이건(Scott Sagan)이 편집한 『남아시아 핵의 해부(*Inside Nuclear South Asia*)』(2009); 칸(Feroz Hassan Khan)의 『목초 먹기(*Eating Grass*)』(2012); 아흐메드(Samina Ahmed)의 "Pakistan's Nuclear Weapons Program"(1999); 갱걸리(Sumit Ganguly)와 케이퍼(Paul Kapur)의 『남아시아의 핵확산(*Nuclear Proliferation in South Asia*)』(2010)과 『인도, 파키스탄, 핵폭탄(*India, Pakistan and the Bomb*)』(2012); 카란자(Mario Carranza)의 "An Impossibel Game"(1999); 팬트(Harsh Pant)의 『미국-인도 핵 협정(*The US-India Nuclear Pact*)』(2011); 쿠마르(A. Vinod Kumar)의 『인도와 핵비확산레짐(*India and the Nuclear Non-proliferation Regime*)』(2014); 그리고 싱(Jaswant Singh)의 "Against Nuclear Apartheid"(1998)를 참고하면 된다.

북한에 대해서는 폴락의 『출구 없음(*No Exit*)』(2011); 치노이(Mike Chinoy)의 『용융(*Meltdown*)』(2009); 위트(Joel Wit) 등이 공저한 『임계점을 향하여(*Going Critical*)』(2004); 프리차드(Charles Pritchard)의 『실패한 외교(*Failed Diplomacy*)』

➤ 계속

➤ 계속

(2007); 힐(Christopher Hill)의 "The Elusive Vision of a Non-nuclear North Korea" (2013); 몰츠(James Clay Moltz)와 만수로프(Alexander Mansourov)가 공편한 『북한 핵 프로그램(The North Korean Nuclear Program)』 (2012); 그리고 로이(Denny Roy)의 "Parsing Pyongyang's Strategy" (2010)를 참고하면 된다. 미국과 북한 사이 협상의 자세한 시간표는 군비통제협회(Arms Control Association)의 홈페이지 website: https://www.armscontrol.org/factsheets/dprkchron에서 확인할 수 있다. 북한에 대한 또 다른 좋은 자료는 www.nknews.org에서 볼 수 있다.

이란에 대해서는 자파르자데(Alireza Jafarzadeh)의 『이란의 위협(The Iran Threat)』 (2007); 칼(Colin Kahl)과 왈츠(Kenneth Waltz)의 "Iran and the Bomb" (2012); 린지(James Lindsay)와 타케이(Ray Takeyh)의 "After Iran Gets the Bomb" (2010); 세이건의 "How to Keep the Bomb from Iran" (2006); 골드(Dore Gold)의 『핵무장한 이란의 등장(The Rise of a Nuclear Iran)』 (2009); 조쉬(Shashank Joshi)의 『영구적 위기(The Permanent Crisis)』 (2012); 폴락의 『상상할 수 없는 일(Unthinkable)』 (2013); 홉스(Christopher Hobbs)와 모란(Matthew Moran)의 『핵 도미노 현상(Nuclear Dominoes)』 (2013); 칸(Saria Khan)의 『이란과 핵무기(Iran and Nuclear Weapons)』 (2010); 및 보웬(Wyn Bowen)과 브루어(Jonathan Brewer)의 "Iran's Nuclear Challenge" (2011)를 참고하면 된다.

주

1. Douglas Jehl, "CIA nominee wary of budget cuts," *New York Times* (3 February 1993), www.nytimes.com/1993/02/03/us/cia-nominee-wary-of-budget-cuts.html 참조.
2. 이스라엘 핵무기 프로그램에 대한 자세한 역사적 개관에 대해서는 Seymour Hersh, *The Samson option: Israel, America and the bomb* (New York: Random House, 1991) 참조.
3. Seymour Hersh, *The Samson option: Israel, America and the bomb* (New York: Random House, 1991), pp. 225-240 참조.
4. Ibid., pp. 307-316.
5. 바누누 사건의 자세한 내용에 대해서는 Yoel Cohen, *Whistleblowers and the bomb: Vanunu, Israel and nuclear secrecy* (London: Pluto Press, 2005) 참조.
6. Avner Cohen, *The worst kept secret: Israel's bargain with the bomb* (New York: Columbia University Press, 2010), p. xxx.
7. Avner Cohen and Marvin Miller, "Bringing Israel's bomb out of the basement: has nuclear ambiguity outlived its shelf life?" *Foreign Affairs*, 89:5 (2010), p. 31.
8. Jeffrey Richelson, *Spying on the bomb: American nuclear intelligence from Nazi Germany to Iran and North Korea* (New York: W.W. Norton & Co., 2007), pp. 282-316 참조.
9. Avner Cohen, *The worst kept secret: Israel's bargain with the bomb* (New York: Columbia University Press, 2010), p. xxxiii.
10. Ami Gluska, *The Israeli military and the origins of the 1967 war: government, armed forces and defence policy 1963-67* (Abingdon: Routledge, 2006), p. 30.
11. 여기에 대해서는 Roger Howard, *Operation Damocles: Israel's secret war against Hitler's scientists, 1951-1967* (New York: Pegasus Books, 2013) 참조.
12. 여기에 대해서는 Rodger Claire, *Raid on the sun: inside Israel's secret campaign that denied Saddam the bomb* (Random House Digital Inc., 2004) 참조.
13. Leonard Spector and Avner Cohen, "Israel's airstrike on Syria's reactor: implications for the nonproliferation regime," *Arms Control Today* 38:6

(2008), www.armscontrol.org/act/2008_07-08/SpectorCohen 참조.
14. William Broad, John Markoff and David Sanger, "Israeli test on worm called crucial in Iran nuclear delay," *New York Times* (15 January 2011), www.nytimes.com/2011/01/16/world/middleeast/16stuxnet.html?pagewanted=all&_r=0 참조.
15. Marvin Miller and Lawrence Scheinman, "Israel and a nuclear weapons free zone in the Middle East," chapter in Morten Bremer Maerli and Sverre Lodgaard (eds.), *Nuclear proliferation and international security* (Abingdon: Routledge, 2007), p. 137.
16. Avner Cohen and Marvin Miller, "Bringing Israel's bomb out of the basement: has nuclear ambiguity outlived its shelf life?" *Foreign Affairs*, 89:5 (2010), p. 32.
17. Paul Bracken, *The second nuclear age: strategy, danger and the new power politics* (New York: St. Martin's Press, 2013), p. 187.
18. S. Paul Kapur, "The Indian nuclear programme: motivations, effects and future trajectories," chapter in Olav Njolstad (ed.), *Nuclear proliferation and international order: challenges to the Non-Proliferation Treaty* (Abingdon: Routledge, 2011), p. 13.
19. Feroz Hassan Khan, *Eating grass: the making of the Pakistani bomb* (Stanford CA: Stanford University Press, 2012), p. 7.
20. Ibid., pp. 182-186.
21. Sumit Ganguly and Devin Hagerty, *Fearful symmetry: India-Pakistan crises in the shadow of nuclear weapons* (Seattle WA: University of Washington Press, 2005), p. 6.
22. Jeffrey Richelson, *Spying on the bomb: American nuclear intelligence from Nazi Germany to Iran and North Korea* (New York: W.W. Norton & Co., 2007), p. 331.
23. Seymour Hersh, "A reporter at large: on the nuclear edge," *The New Yorker* (29 March 1993), www.newyorker.com/magazine/1993/03/29/on-the-nuclear-edge 참조.
24. 여기에 대해서는 George Perkovich, *India's nuclear bomb: the impact on global proliferation* (London: University of California Press, 2002), pp. 161-189 참조.
25. Feroz Hassan Khan, *Eating grass: the making of the Pakistani bomb* (Stanford CA: Stanford University Press, 2012), pp. 278-283.
26. Sumit Ganguly and S. Paul Kapur (eds.), *Nuclear proliferation in South*

Asia: crisis behaviour and the bomb (Abingdon: Routledge, 2010), 특히 제6장, 7장 참조.
27. 이에 대한 개괄적 논의에 대해서는 Sumit Ganguly and S. Paul Kapur (eds.), *Nuclear proliferation in South Asia: crisis behaviour and the bomb* (Abingdon: Routledge, 2010) 참조.
28. Feroz Hassan Khan, "Challenges to nuclear stability in South Asia," *The Nonproliferation Review*, 10:1 (2003), p. 62.
29. Raja Menon, "A mismatch of nuclear doctrines," *The Hindu* (22 January 2014), www.thehindu.com/opinion/op-ed/a-mismatch-of-nuclear-doctrines/article5602609.ece.
30. Mario Carranza, "An impossible game: stable nuclear deterrence after the Indian and Pakistani tests," *The Nonproliferation Review*, 6:3 (1999) 참조. 콜드 스타트에 대해서는 Zafar Khan, "Cold start doctrine: the conventional challenge to South Asian stability," *Contemporary Security Policy*, 33.3 (2012), pp. 577-594 참조.
31. Shashank Joshi, "Pakistan's tactical nuclear nightmare: déjà vu?" *The Washington Quarterly*, 36:3 (2013), pp. 159-172 참조.
32. Gordon Corera, *Shopping for bombs: proliferation, global insecurity, and the rise and fall of the A.Q. Khan network* (London: C. Hurst & Co., 2006), p. xv.
33. 이 협상의 개요에 대해서는 Harsh Pant, *The US-India nuclear pact: policy, process, and great power politics* (New Dehli: Oxford University Press, 2011) 참조.
34. 여기에 대해서는 Mario Carranza, "From non-proliferation to post-proliferation: explaining the US-India nuclear deal," *Contemporary Security Policy*, 28.3 (2007), pp. 464-493.
35. 여기에 대해서는 대표적으로 Lora Saalman (ed.), *The China-India nuclear crossroads: China, India and the new paradigm* (Washington DC: Carnegie Endowment, 2012) 참조.
36. Jonathan Pollack, "No exit: North Korea, nuclear weapons and international security," *Adelphi Papers* 418-419 (Abingdon: Routledge for the International Institute for Strategic Studies, 2011), p. 13.
37. "Joint Declaration of South and North Korea on the Denuclearization of the Korean Peninsula," (20 January 1992), www.nti.org/treaties-and-regimes/joint-declarationsouth-and-north-korea-denuclearization-korean-peninsula.

38. 6자회담의 참가국은 조선민주주의인민공화국(북한), 대한민국(남한), 일본, 미국, 러시아와 중국이다.
39. Richard Garwin and Frank von Hippel, "A technical analysis: deconstructing North Korea's October nuclear test," *Arms Control Today* (November 2006), www.armscontrol.org/act/2006_11/tech.
40. Jonathan Pollack, "No exit: North Korea, nuclear weapons and international security," *Adelphi Paper* 418–419 (Abingdon: Routledge for the International Institute for Strategic Studies, 2011), p. 163.
41. Kelsey Davenport, "North Korea conducts nuclear test," *Arms Control Today* (March 2013), www.armscontrol.org/act/2013_03/North-Korea-Conducts-Nuclear-Test.
42. Tania Branigan, "North and South Korean navies exchange fire," *Guardian* (10 November 2009), www.theguardian.com/world/2009/nov/10/north-korea-southnavy-ships-exchange-fire.
43. Choe Sang-Hun, "South Korea publicly blames the North for ship's sinking," *New York Times* (19 May 2010), www.nytimes.com/2010/05/20/world/asia/20korea.html?ref=global-home&_r=0.
44. 이와 보다 광범위한 지역적 영향에 대해서는 Scott Snyder and See-Won Byun, "Cheonan and Yeonpyeong: the Northeast Asian response to North Korea's provocations," *The RUSI Journal*, 156:2 (2011), pp. 74–81 참조.
45. "North Korea: bad or mad? Kim Jong Un is likely to realise his nuclear ambitions, but the two sides already face military stalemate," *The Economist* (26 October 2013), www.economist.com/news/special-report/21588196-kim-jong-un-likely-realise-hisnuclear-ambitions-two-sides-already-face.
46. Denny Roy, "Parsing Pyongyang's strategy," Survival, 52:1 (2010), pp. 111–112.
47. 미국, 러시아, 영국, 프랑스, 중국 및 독일.
48. 예를 들어 Shahram Chubin, "Does Iran want nuclear weapons?" *Survival*, 37:1 (1995), pp. 86–104 참조.
49. Alireza Jafarzadeh, *The Iran threat: President Ahmadinejad and the coming nuclear crisis* (Basingstoke: Palgrave Macmillan, 2008) 참조.
50. 예를 들어 이란 대통령 루하니(Hassan Rouhani)의 유엔총회 연설 (24 September 2013), http://gadebate.un.org/sites/default/files/gastatements/68/IR_en.pdf 참조.

51. Anne Gearan and Joby Warrick, "Iran, world powers reach historic nuclear deal," *The Washington Post* (23 November 2013), www.washingtonpost.com/world/nationalsecurity/kerry-in-geneva-raising-hopes-for-historic-nuclear-deal-with-iran/2013/11/23/53e7bfe6-5430-11e3-9fe0-fd2ca728e67c_story.html.
52. Wyn Bowen and Jonathan Brewer, "Iran's nuclear challenge: nine years and counting," *International Affairs*, 87:4 (2011), p. 923.
53. Nazila Fathi, "Iran's Ayatollah affirms peaceful nuclear plans," *New York Times* (19 January 2006), www.nytimes.com/2006/01/19/international/middleeast/19iran.html?_r=0.
54. Kenneth Pollack, *Unthinkable: Iran, the bomb, and American strategy* (New York: Simon & Schuster, 2013), p. 39.
55. Ewen MacAskill and Chris McGreal, "Israel should be wiped off map, says Iran's president," *Guardian* (27 October 2005), www.theguardian.com/world/2005/oct/27/israel.iran.
56. Eric Edelman, Andrew Krepinevich and Evan Braden Montgomery, "The dangers of a nuclear Iran," *Foreign Affairs* (2011), p. 67.
57. Kenneth Waltz, "Why Iran should get the bomb: nuclear balancing would mean stability," *Foreign Affairs*, 91:4 (2012), p. 5.

제7장

핵확산 도전의 관리:
제한, 예방, 방어

· 제한: 핵군비통제협상   215
· 예방: 국제 비확산레짐   224
· 방어: 적극적, 소극적 방어   232
· 요점, 추가정보 및 자료   238

앞의 두 장에서 제시된 것처럼 현재 세계 핵질서는 두 개의 분리된, 그러나 연관되어 있는 동력에 의해 형성되고 있다. 그 중 하나는 핵폐기를 위한 믿을만한 노력의 경주를 분명히 주저하는 승인된 핵보유국(NWS)인 P5 그룹의 모습이다. 또 다른 것은 새로운 '열외자' 국가들에게 핵무기가 수평적으로 확산되면서 제기되는 문제들이다 (제5장 참조). 함께 고려하면 — 물론 제8장에서 다루는 핵테러리즘의 문제도 있지만 — 이들 두 가지 도전은 21세기 국제 핵정치의 복잡한 본질의 핵심이다. 핵억지와 상호확증파괴(MAD, 제4장 참조)가 핵시대에 있어서 일정 정도의 안정성을 유지해왔다는 점이 인정될 수는 있지만, 이런 기제들은 핵무기에 의해 제기되는 무수히 많은 다양한 위협들을 완화하거나 축소하려는 의식있는 노력이기보다 현상유지의 수용을 의미한다.

즉 이들은 MAD 상황에 내재하는 본질적인 문제들을 다루거나 핵기술의 존재와 확산에 의해 더 복잡해지는 문제들을 방지하는데 거의 역할을 하지 못한다. 이런 기본적인 틀을 넘어서기 위해 과거에 핵무기의 위험이 관리되었던 방식과 향후에 관리가 가능한 방식에 대해 세 가지로 생각해볼 수 있다.

1. 핵군비통제에 의해 핵무기의 종류를 제한·축소하고 더 나아가 제거하기 위한 핵보유국들 사이의 외교적 협상 — 가끔은 일방적 행동 포함 — 을 통한 방식.
2. NPT와 같은 국제레짐, 합의 및 광범위한 규범에 의해 핵위험을 방지하고 최소화하기 위한 조치를 통한 방식 — 필요시 경제제재나 군사력 사용 또는 그 위협에 의해.
3. 의도적이거나 우발적인 핵위협 — 주로 핵탑재 탄도미사일에 의한 공격 — 을 줄이기 위한 시도를 통한 방식 — 적극적(미사일방어와 대공방어) 방어와 소극적(민방위 조치들, 시설 및 낙진대피소 강화) 방어의 활용.

이들 조치 모두 각각 장점과 약점을 가지고 있으며, 아래에서 설명되는 것처럼 각각 특정한 종류의 핵위협에 대처하는 데 있어서 다른 것보다 더 적합하다. 그럼에도 불구하고 이들 중 어느 것도, 심지어 동시에 추구되더라도, 완벽하지 않다. 마지막(이론의 여지없이 더 복잡한) 대안인 전 세계적 핵폐기는 제9장에서 다뤄진다.

  이 장은 세 개의 절로 구성된다. 제1절은 핵위험을 다루기 위한 기제로서의 핵군비통제의 중요성을 살펴본다. 초점은 미국-러시아의 양자군축에 주어지지만, 향후에 직면하게 될 핵군비통제의 성공을 방해할 수 있는 요인들도 아울러 살펴본다. 제2절에서는 NPT의 중요성을 구체적으로 다룬다. 특히 이 국제 비확산레짐의 준수를 보장할 수 있게 하고 필요시 강제할 수 있는 방식들에 대해 논의한다. 제3절에서는 핵공격에 대한 다양한 방식의 방어 수단들을 분석한다. 아울러 핵시대에 있어서 방어에 대한 논의가 전통적으로 초래했던 문제들도 검토한다. 마지막으로 제7장의 요점과 추가 자료에 대한 소개가 이어진다.

1. 제한: 핵군비통제협상

현존하는 핵확산 도전을 관리하기 위한 첫 번째 대안은 세계의 핵무기로부터 초래되는 위협을 제한·규제·감축시키기 위한 군비통제협상을 통하는 것이다. 핵군비통제는 미국과 러시아 핵무기 보유고 축소와 냉전 기간의 핵군비경쟁(이 시기에 개발된 엄청난 규모의 핵무기 때문)을 안정화시키고 그 추이를 역전시키는 주요 촉매제로 역할을 해왔다. 그러나 이 방식은 보다 포괄적인 핵도전에는 — 최소한 지금까지는 — 상대적으로 역할이 미미하였다고 할 수 있다. 어떤 이들은 군비통제 과정들이 궁극적 목표인 핵무기 폐기로 진전하도록 도와주기보다 지체시키고 있다고 비판하여 왔다 (제5장 참조). 어느 쪽이던 핵군비통제협상은 현재의 세계 핵환경을 관리하고자 노력할 때 필수적인 부분이다.

(1) 핵군비통제란 무엇인가?

핵군비통제는 국가들이 핵위험을 줄이기 위해 협상과 합의를 통해 안정과 안보를 추구하는 과정이다. 셸링(Thomas Schelling)과 할퍼린(Morton Halperin)의 표현에 따르면,

> 군비통제는 호혜나 잠재적 적국과의 협력에 의해 이들 현대 무기의

특성들과 군사적 기대를 최소화하고, 상쇄하고, 벌충하거나 축소시키기 위한 노력으로 생각할 수 있다.[1]

또는 라슨(Jeffrey Larson)과 스미스(James Smith)가 얘기하듯이, 군비통제는 "전쟁 가능성을 축소시키고, 전쟁준비비용을 제한하고, 전쟁발생 시의 결과를 축소시키기 위한 조치들을 포함한다."[2] 따라서 군비통제 협정과 체제들은 핵군축(제9장의 주제)에 집중하기보다 핵무기의 개발과 확산을 **규제**하고 그 사용과 영향의 **통제**를 지원하기 위해 계획된다. 그렇다면 핵군비통제와 핵군축이 상호배타적이지는 않지만 같은 것도 아니다 – 군비통제는 핵관계를 관리하고 핵억지를 대체하기보다 강화하려는 것이다.[3] 불(Hedley Bull)이 지적하듯이,

> 군축은 무장의 축소나 폐기이고, 군비통제는 무장 정책-무기의 숫자만이 아니라, 그 특징, 개발 및 사용에 국제적으로 행사되는 억제이다.[4]

군비통제 협정이 핵폐기가 보다 실현가능해지는 지점으로 이동할 수 있게 도와줄 것이라는 폭넓은 믿음이 있지만, 그럼에도 불구하고 그 과정은 많은 논쟁거리를 제공하고 있다. 반대자들은 군비통제 과정이 (특히 P5에게)핵무기의 역할을 축소시키기보다 오히려 강화하는데 기여하고 있다고 비판하는 반면, 지지자들은 이러한 협정들과 제한들이 핵군비경쟁을 안정화시키고 완화하는데 도움을 줘왔고 따라서 국제적 안정을 강화하였다고 주장한다.

핵군비통제는 전통적으로 핵무기 실험제한, 핵무기 개발과 배치 제한, 핵무기 사용범위 제한에 집중하여 왔다. 군비통제 협정은 다양한 모습으로 진행될 수 있지만, 다음과 같이 단독, 양자, 그리고 다자로 구분하는 것이 가장 쉬울 것이다.

- **단독**(*unilateral*). 이는 한 국가가 독립적으로 군비통제 조치를 실행하는 것을 의미하며, 다른 국가의 상응하는 행동이 반드시 요구되지는 않는다. 이러한 좋은 예는 1991년 미국의 대통령 핵이니셔티브(PNIs: Presidential Nuclear Initiatives), 남아프리카공화국의 1990년대 초반 핵폐기 결정, 그리고 1998년 영국 정부의 핵보유고 감축 결정 등이다.
- **양자**(*bilateral*). 이는 두 나라 사이의 협정을 의미하는데 — 냉전 시기 동안에는 주로 미국과 소련/러시아 사이를 의미했다. 양자 협정은 호혜적인 조치를 필요로 하고 준수를 보장하기 위한 사찰 및 검증레짐에 의해 종종 강화된다.
- **다자**(*multilateral*). 이는 두 개 이상의 국가들 사이의 협정을 의미하고, 잠재적으로 지역적 또는 세계적 함의를 지니게 된다. 다자적 군비통제 또한 사찰과 감시에 의해 강화되는데 — 이는 보통 국제연합을 통하지만 국제원자력기구와 같은 전문 기구에 의해서도 수행된다.

아래에서 자세히 설명하는 것처럼, 양자협정이 현재까지 가장 일반적이고 성공적인 것으로 평가받아 왔다. 다수의 다자군비통제협정 — 예를 들면 포괄적핵실험금지조약(CTBT: Comprehensive Test Ban Treaty), 핵분열물질금지조약(FMCT: Fissile Material Cut-off Treaty), 핵무기금지협약(NWC: Nuclear Weapons Convention) 등 — 은 협상과 이행의 측면에서 매우 힘들다고 판명되었다.

이론의 여지없이 향후 어떤 형태의 군비통제 협상과정에서든 존재할 수밖에 없는 가장 큰 장애물은 상대방이 협정을 준수하고 속임수를 통해 이득을 추구하지 않는다는 것을 어떻게 검증하는가의 문제이다. 속임수에 대한 우려와 국가들 간에 기본적으로 존재하는 불신은 제4장에서 소개한 안보딜레마 문제와 직결된다. 이는 최초에 핵군비경쟁을 촉발시킨 핵심적인 추동력으로 평가된다. 국가들이 준수를 보장하는 다양한 대안들이 존재하는데, 여기에는 위성기술과 같은 국가적인 기술적 수단부터, 적절한 인물과 국제기구에 의한 정기적 사찰, 그리고 스파이 활동을 포함한 비밀 수단 등이 포함된다.[5] 투명성과 검증 조치에 합의하는 것은 핵군비통제협상 과정에서 항상 복잡한 일이었으며, 미국과 러시아의 핵전력이 감축되는 상황에서 더욱 중요해질 것이다. 특히 만약 다른 핵보유국이 군비통제 과정에 참여한다면 상황은 더욱 복잡해질 것이다.

(2) 주목할 만한 핵군비통제협정

역사적으로 대부분의 핵군비통제협정은 양자적이었으며 미국과 소련/러시아 사이에 이뤄졌다. 이는 이 두 나라가 이전 시기에 엄청난 양의 핵보유고를 축적했고 전 세계 핵무기의 대부분을 두 국가가 보유했기 때문이다 (제3장 참조). 따라서 다른 핵보유국들이 군비통제 논의에 동참하기 위해서는 미국과 러시아의 핵무기가 (추가적으로) 더 많이 감축되어야 한다는 것이 일반적인 견해이다.

양자 간 핵군비통제를 두 시기로 구분하여 살펴볼 수 있다. 첫째 시기는 미국과 소련 사이의 냉전 후반기(1969~1987)로서 이 시기에는 주로 핵군비경쟁을 제한하기 위한 방법에 집중하였다. 두 번째 시기는 냉전이 종식된 이후(1991~현재)로 여기서는 주로 미국과 러시아의 핵보유고를 감축시키는 협정이 주로 진행되었다. 표 19와 표 20에서 1945년 이후 체결된 주요 군비통제조약과 협정이 소개된다.

냉전 이후 체결된 미국과 러시아 사이의 모든 양자 군비통제조약은 전적으로 배치된 전략 핵무기에 국한되었다는 점에 유의할 필요가 있다. 비-전략 핵무기와 예비 무기들, 그리고 퇴역 대기 중인 무기들은 이

표 19 냉전기 주요 양자 군비통제조약

조약	체결일	내용
전략무기제한조약 (SALT: Strategic Arms Limitation Treaty)	1972	1969년 11월부터 1972년 5월까지 진행된 미국과 소련 사이의 전략무기제한협상(Strategic Arms Limitation Talks)의 결과. 이 협정은 양 측이 배치한 전략 탄도 미사일 발사대의 숫자를 동결.
반탄도미사일조약 (ABM: Anti-Ballistic Missile Treaty)	1972	양국에 탄도미사일을 요격하기 위한 방어 체제를 두 개로 제한. 이 조약은 MAD 조건에 내재된 취약성 원칙을 보전함. 1974년에 추가의정서가 채택되어 각국에 방어 사이트를 하나로, 요격 미사일 숫자를 100기로 제한. 미국 부시(George W. Bush) 대통령이 2002년에 조약 폐기.
전략무기제한조약 II (SALT II: Strategic Arms Limitation Treaty II)	1979	1972년 11월부터 1979년 6월 사이에 진행된 미국과 소련 사이의 협상결과. 협정은 탄도미사일을 제한하고 우주 기반 핵무기를 금지. 정치적 이유 때문에 비준되어 효력을 발휘한 적 없음.[i]
중거리핵전력조약 (INF: Intermediate-Range Nuclear Forces Treaty)	1987	3년에 걸쳐 미국과 소련이 보유한 모든 중거리 및 단거리 핵미사일 폐기. 엄격한 사찰레짐 포함. 이 협상으로 약 2,500기의 무기 폐기.[ii]

[i] Strobe Talbott, *Endgame: the Inside Story of SALT II* (New York: Harper & Row, 1979) 참조.
[ii] Lynn Davis, "Lessons of the INF Treaty," *Foreign Affairs*, 56:4 (1988), pp. 720–734 참조.

조약에서 다루지 않았다.

이 외에 몇 가지 중요한 군비통제 조치들이 이들 보다 공식적인 조약과 무관하게 취해졌다. 그중 아마도 가장 주목할 만한 조치들은 1991년 9월과 1992년 1월 사이에 진행되었는데, 당시 미국 조지 H. W. 부시(George H. W. Bush) 대통령은 그가 지시한 PNI의 일환으로 단독

표 20 탈냉전기 양자 군비통제조약[i]

조약	체결일	내용
전략무기감축조약 I (START I : Strategic Arms Reduction Treaty I)	1991	양측에 전략 공격무기(투발수단)를 1,600으로, 관련된 탄두를 최대 6,000개로 제한. 조약에는 이 숫자를 검증하기 위한 광범위한 현장 사찰을 포함. START I은 1995년 12월 5일에 발효, 2009년 12월에 만료.
전략무기감축조약 II (START II : Strategic Arms Reduction Treaty II)	1993	양측이 보유한 운용 가능한 탄두의 숫자를 3,000~3,500개로 줄이고 다탄두각개유도장치(MIRVs: Multiple Independently Targetable Re-entry Vehicles) 폐기를 명시. 이 조약은 2000년 4월 14일부터 (러시아가 탈퇴한) 2002년 6월 14일까지만 발효.
전략공격무기감축조약 (SORT/Moscow Treaty: Strategic Offensive Reduction Treaty)[ii]	2002	미국과 러시아가 배치한 전략 탄두 숫자를 2012년까지 1,700~2,200개로 감축하기로 약속. 체결된 양자 군비통제 조약 중 가장 단기. 검증, 사찰, 준수에 대한 조항 포함하지 않음. 초과되는 탄두의 파기를 요구하지도 않음.[iii]
신전략무기감축조약 (New START: New Strategic Arms Reduction Treaty)[iv]	2010	START I과 SORT를 대체하기 위한 협정으로 양 측이 배치된 전략 핵탄두를 1,550으로 감축하고, 배치된 투발수단을 700기(추가로 100기는 예비로 가질 수 있음)로 감축할 것을 요구. 이전 협정을 대체하기 위한 새로운 검증 및 사찰레짐 포함. 2021년에 만료. 2026년까지 연장 가능.

i 미국이 체결한 모든 군비통제조약은 미국 국무부 웹사이트: www.state.gov/www/global/arms/bureau_ac/treaties_ac.html에서 확인할 수 있음.
ii www.nti.org/treaties-and-regimes/strategic-offensive-reductions-treaty-sort/
iii Amy Woolf, "Nuclear arms control: the Strategic Offensive Reductions Treaty," Congressional Research Service, (7 February 2011), www.fas.org/sgp/crs/nuke/RL31448.pdf
iv "The Treaty between the United States of America and the Russian Federation on Measures for the Further Reduction and Limitation of Strategic Offensive Arms," United States Department of State, www.state.gov/t/avc/newstart 참조.

으로 몇 차례의 핵무기감축을 선언하였고, 여기에 당시 소련 고르바초 프(Mikhail Gorbachev) 서기장이 대응하는 조치를 취하였다. 대표적 인 내용은 다음과 같다.

- 전 세계적으로 미국의 모든 전술 핵무기를 해상함정, 공격 잠수함 및 지상의 해군 항공기에서 제거
- 신형 단거리 핵공격미사일(SRAM II: short-range nuclear attack missile) 및 피스키퍼(Peacekeeper) ICBM 개발 계획 취소
- 모든 다탄두각개유도장치(MIRVs: Multiple Independently Targetable Re-entry Vehicles) 장착 ICBM 폐기 계획(후에 START II에 명문화)

이에 대한 대응으로 고르바초프와 옐친(Boris Yeltsin, 1991년 말에 고르바초프를 대체함)은 소련과 이후 러시아가 유사한 범위의 포괄적인 핵감축을 실시할 것이라고 약속하였다.[6] 이런 조치들이 1991년에 체결된 보다 공식적인 START I으로 이어지는 상황을 조성하고 기반을 공고히 하였다. 이후 영국과 프랑스도 마찬가지로 자국의 핵전력을 단독으로 감축하였다 (자세한 내용은 제5장 참조).

(3) 핵군비통제의 미래

핵군비통제가 핵확산과 핵무기와 관련된 광범위한 위협을 관리하기 위한 국제적 노력의 핵심에 남아있을 가능성이 매우 높다. 군비통제 협정들이 (위에서 논의한 것처럼) 과거에 성공적이었다는 것을 부정하기는 힘들지만, 핵무기의 숫자가 줄어들면서 협상은 단순히 복잡해지기만 하는 것이 아니라 보다 광범위한 요인들에 의해 좌우되는 측면도 증가하였다. 기본적으로 미국과 러시아는 지난 20여 년 동안 자국 안보에 실

질적인 영향을 주지 않고 핵무기를 상당한 규모로 감축시킬 수 있었다. 그러나 만약 세계의 핵보유고가 동등해지기 시작한다면(만약 미국과 러시아의 보유량이 다른 핵보유국 수준으로, 즉 500개 이하에 근접하기 시작한다면), 질적인 차이와 문화적 변수가 한층 보다 중요해질 것이다.

향후 핵군비통제협정의 성공 가능성을 배제할 수는 없지만, 미래의 진전을 위한 과정에 자리한 두 가지 중요한 도전을 생각해볼 수 있다. 하나는 미국-러시아 핵무기의 추가 감축 방법이고, 다른 하나는 다른 핵보유국들을 군비통제 과정에 참여시키는 방법이다.

- 도전 1: 미국-러시아 핵무기의 추가 감축. 핵군비통제의 다음 단계는 미국과 러시아가 다른 핵보유국의 수준에 근접하게 현재의 핵전력을 감축하는 일이 될 것이다. 이는 전략무기의 추가 공동 감축, 전술 핵무기 또는 예비 전력에 대한 협정, 또는 이들 모두가 포함되는 형태가 될 것이다. 또한 여기에는 BMD와 같은 미국의 재래식 전력에 대한 항목이 포함될 가능성도 있다. 디아코프 등(Anatoli Diakov et al.)이 지적하듯이, "탄도미사일방어가 핵심 이슈이다. 한편으로 미사일방어에 대한 양측의 인식 격차를 줄이는 것이 다른 두 가지 이슈의 해결을 촉진할 수 있을 것이다. 다른 한편으로 미사일방어와 관련된 진전이 없이는 전략 핵무기의 추가적 감축은 물론 전술 핵무기와 재래식 전략 무기에 대한 대화가 막힐 것이다."[7] 만약 미국과 러시아가 추가적 감축에 합의할 수 없다면, 다자간 핵군비통제의 미래는 어두워 보인다 (자세한 내용은 제5장 참조).
- 도전 2: 핵군비통제 과정의 다자화. 미국과 러시아 핵보유고의 추가적 감축이 가능하다고 가정한다면, 다른 핵보유국들을 포함하여 군비통제 과정을 확대하는 방법에 주의가 집중될 것이다. 이 과정은 반드시 논의에 참가하는 국가들에 불이익을 주지 않는 방식으로 진행되어야

한다. 파이퍼(Stephen Pifer)와 오핸런(Michael O'Hanlon)은 이 질문을 간단하게 표현한다.

전통적 핵강대국이 자국의 보유고를 감축시킬 때, 하나 이상의 핵보유국들과 두 핵강대국 사이에 새로운 군비경쟁을 초래하지 않으려면 어느 시점에서 다른 국가들을 군비통제 과정에 참여시켜야 하는가?[8]

핵군비통제를 어떻게 다자화할 것인가 하는 일반적인 문제 외에도, 두 가지 본질적인 도전이 논의되어야 할 것이다. 첫째는 영국, 프랑스, 중국이 현재 자국은 이미 최소한의 핵전력 구조를 유지하고 있다고 주장하는 상황에서 NPT 상 P5 국가를 모두 포괄하는 군비통제 대화를 어떻게 시작할 것인가 하는 점이다 (제5장 참조). 둘째는 더욱 복잡한 문제인데, 인도, 파키스탄, 북한과 이스라엘 모두 무장해제에 거의 관심이 없는 가운데 어떻게 이들 NPT 외부 국가들을 군비통제 대화에 참여시키는가 하는 것이다 (제6장 참조).

아마 군비통제 의제와 관련하여 가장 큰 과제는 추가적인 핵무기의 수직적·수평적 확산을 방지하는 일이다. 수직적 확산 — 가장 가능성이 큰 것은 BMD와 같은 미국의 재래식 능력의 진전에 대응하기 위한 러시아나 중국의 움직임이지만 다른 행위자에 의해서도 가능하다 — 은 새로운 행위자에로의 핵무기의 추가적 확산이 초래할 문제에 못지않게 문제의 핵심적인 측면이다. 더구나 현재의 핵보유국 — 특히 P5 국가들 — 이 핵폐기 약속의 이행 또는 최소한 자국 핵전력의 감축을 꺼리는 것처럼 보일수록 핵무기는 다른 행위자들에게 더욱 매력적이 될 것이고, 따라서 비확산을 강제하기는 더욱 힘들어질 것이다.

2. 예방: 국제 비확산레짐

국제 비확산레짐의 기반은 1968년에 합의된 NPT이다. 이 조약은 미국, 러시아, 영국, 프랑스와 중국을 합법적으로 핵무기를 보유할 수 있는 다섯 개의 나라로 인정하였다. 이들은 핵보유국(NWS: nuclear-weapon-states)으로 불리고 다른 모든 조약 체결국(핵무기를 보유하지 않은 나라들)은 비핵국가(NNWS: non-nuclear-weapon states)로 불린다. 1968년 이후 핵무기를 획득한 국가는 NPT조약의 현 체제 하에서는 합법적으로 핵보유국으로 인정받을 수 없다. 조약은 이 다섯 나라가 반드시 성실하게 핵폐기를 위해 노력하고(제5장 참조), 모든 국가는 원자력에너지의 혜택에 접근할 수 있는 권리를 가지고 있다(제10장 참조)는 점을 원칙으로 수립하였다. 이 규범들을 집행하기 위해 국제 비확산레짐은 국제원자력기구(IAEA: International Atomic Energy Agency)가 수행하는 사찰부터 경제제재와 군사력 등을 포함하는 준수를 보장하기 위한 다양한 기제에 의존하고 있다.

(1) 핵확산금지조약

핵확산금지조약(NPT: nuclear Non-Proliferation Treaty), 또는 보다 공식적으로 핵무기의 비확산에 관한 조약(Treaty on the Non-Proliferation of Nuclear Weapons)은 1968년 7월 1일에 체결되어 1970년 3월 5일에 발효되었다. 조약은 동서 진영 사이의 양극적 핵군비경쟁에 대한 증가하는 두려움의 결과이자 핵무기가 더 많은 국가에 확산될 것에 대한 우려 — 따라서 세계가 더 불안해지고 핵무기가 실제로 사용될 가능성이 높아질 것에 대한 우려 때문에 태동되었다. NPT는 조약 체결국에게 세 가지 주요 원칙을 의무화하였다.

1. 핵보유국은 핵무기나 핵무기에 대한 관리를 직·간접적으로 어떤 주체에게도 양도하는 것이 금지된다. 또한 핵보유국은 비핵국가가 핵무기를 제조 또는 획득하거나, 아니면 핵무기에 대한 관리를 추구하는 것을 돕는 것을 금지한다.
2. 핵보유국은 비핵국가가 원자력 에너지를 평화적 목적으로 사용할 수 있도록 도와야 한다.
3. 핵보유국은 반드시 완전한 핵폐기를 위해 적극적으로 노력해야 한다.

이렇듯 NPT는 **핵심 거래** ― 비핵국가는 핵무기를 획득하지 않는다는 것을 약속하고 그 대신 핵보유국은 평화적인 원자력 기술의 혜택을 공유하고 궁극적인 핵무기 폐기를 위한 핵군축을 추진할 것을 약속 ― 에 기반을 두고 있는 것으로 인식된다.

  NPT의 모든 조항의 자세한 목록은 표 21에 수록되어 있다.

  2014년 현재 190개 국가가 NPT에 가입한 상태이며, 여기에 포함되지 않는 핵무기를 보유한 것으로 알려진(또는 믿어지는) 주요 국가는 인도, 이스라엘, 파키스탄, 북한(2003년에 탈퇴)인데 이들은 현재 체제의 조항 하에서는 결코 핵보유국으로 인정받을 수 없다. 1995년에 뉴욕에서 열린 검토회의에서 NPT를 무기한(원래 기한은 25년간이었다) 연장하는 것이 합의되었다. 이후 2000년, 2005년, 2010년에 뉴욕에서 후속 검토회의가 개최되었으며, 다음 검토회의는 2015년에 예정되어 있다 (제9차 검토회의가 2015년 4월 27일부터 5월 22일까지 개최되었으나 합의문이나 조치의 채택 없이 종료되었다 ― 역자 주).

(2) NPT를 둘러싼 논쟁

NPT가 1970년대 이후 세계 핵질서를 통제하는데 핵심적인 역할을 하

표 21 확산금지조약*

1조	핵보유 조약당사국은 여하한 핵무기 또는 기타의 핵폭발장치 또는 그러한 무기 또는 폭발장치에 대한 관리를 직접적으로 또는 간접적으로 어떠한 수령자에 대하여도 양도하지 않을 것을 약속하며, 또한 핵무기 비보유국이 핵무기 또는 기타의 핵폭발장치를 제조하거나 획득하며 또는 그러한 무기 또는 핵폭발 장치를 관리하는 것을 여하한 방법으로도 원조, 장려 또는 권유하지 않을 것을 약속한다.
2조	핵무기 비보유 조약당사국은 여하한 핵무기 또는 기타의 핵폭발장치 또는 그러한 무기 또는 폭발장치의 관리를 직접적으로 또는 간접적으로 어떠한 양도자로부터도 양도받지 않을 것과, 핵무기 또는 기타의 핵폭발장치를 제조하거나 또는 다른 방법으로 획득하지 않을 것과, 또한 핵무기 또는 기타의 핵폭발장치를 제조함에 있어서 어떠한 원조를 구하거나 또는 받지 않을 것을 약속한다.
3조	핵무기 비보유 조약당사국은 원자력을, 평화적 이용으로부터 핵무기 또는 기타의 핵폭발장치로, 전용하는 것을 방지하기 위하여 본 조약에 따라 부담하는 의무이행의 검증을 위한 전속적 목적으로 국제원자력기구규정 및 동기구의 안전조치제도에 따라 국제원자력기구와 교섭하여 체결할 합의사항에 열거된 안전조치를 수락하기로 약속한다.
4조	본 조약의 어떠한 규정도 차별 없이 또한 본 조약 제1조 및 제2조에 의거한 평화적 목적을 위한 원자력의 연구생산 및 사용을 개발시킬 수 있는 모든 조약당사국의 불가양의 권리에 영향을 주는 것으로 해석되어서는 아니 된다.
5조	본 조약 당사국은 본 조약에 의거하여 적절한 국제감시 하에 또한 적절한 국제적 절차를 통하여 핵폭발의 평화적 응용으로부터 발생하는 잠재적 이익이 무차별의 기초위에 핵무기비보유 조약당사국에 제공되어야 하며, 또한 사용된 폭발장치에 대하여 핵무기비보유 조약당사국이 부담하는 비용은 가능한 한 저렴할 것과 연구 및 개발을 위한 어떠한 비용도 제외할 것을 보장하기 위한 적절한 조치를 취하기로 약속한다.
6조	조약당사국은 조속한 일자내의 핵무기 경쟁중지 및 핵군비 축소를 위한 효과적 조치에 관한 교섭과 엄격하고 효과적인 국제적 통제하의 일반적 및 완전한 군축에 관한 조약 체결을 위한 교섭을 성실히 추구하기로 약속한다.

7조	본 조약의 어떠한 규정도 국가의 집단이 각자의 영역 내에서 핵무기의 전면적 부존재를 보장하기 위하여 지역적 조약을 체결할 수 있는 권리에 영향을 주지 아니한다.
8조	조약당사국은 어느 국가나 본 조약에 대한 개정안을 제의할 수 있다.
9조	본 조약은 서명을 위하여 모든 국가에 개방된다.
10조	각 당사국은, 당사국의 주권을 행사함에 있어서, 본 조약상의 문제에 관련되는 비상사태가 자국의 지상이익을 위태롭게 하고 있음을 결정하는 경우에는 본 조약으로부터 탈퇴할 수 있는 권리를 가진다.

* www.un.org/disarmament/WMD/Nuclear/NPT.shtml에서 발췌(한국 외교부의 번역을 따랐음 – 역자 주).

였지만, NPT의 과거의 기록과 미래의 적실성은 논쟁의 주제로 남아있다. 지지자들은 다수의 중요한 성공을 지적한다. NPT 가입국은 다른 어떤 국제 군비통제 및 군축 조약보다도 많다. 오직 한 나라(북한)만 조약을 탈퇴하였다. 조약 외부에서 핵무기 능력을 획득한 나라는 단 세 나라(인도, 파키스탄, 북한, 이스라엘을 포함시키면 네 나라)이다. 다수의 국가가 핵무기 프로그램을 포기하였고, 특히 남아프리카공화국, 벨라루스, 카자흐스탄과 우크라이나는 조약에 가입하기 위해 핵무기를 포기하였다 (제9장 참조).

그러나 많은 이들이 여전히 NPT를 중요한 성과라고 인정하고 있지만 거기에 문제가 없는 것은 아니다. NPT 비판자들은 세 가지 중요하고 본질적인 이슈를 제기한다.

1. **핵폐기를 위한 진정한 의도가 없기 때문에 현상을 유지시킨다.** NPT에 대한 비판의 핵심은 NPT가 핵폐기로 진행하도록 하는 진정한 기제 없이 승인된 핵보유국들이 계속하여 핵무기를 배치하도록 허용해왔다

는 것이다. 비판자들은 또한 진정한 핵폐기보다는 비확산과 반확산에 너무 많은 중점이 부여되어 왔다고 주장한다. 조이너(Daniel Joyner)가 지적하듯이, "이 조약은 … 불균형적으로 비확산 원칙을 우선시하고, 평화적 사용과 군축 원칙을 우선시하지 않음으로써 부당하게 왜곡되어 왔다."[9]

2. 국가들이 핵무기 획득 직전까지 가도록 허용한다. 민수용 원자력 발전과 관련된 법적 권리와 핵무기 프로그램의 구축 능력 사이의 내재적인 관계는 국가들이 이 조약 하에서도 핵잠재력 지위를 획득하여 이론적으로는 상대적으로 짧은 기간 동안에 핵무기를 제조할 수 있다 (제3장과 10장 참조)는 것을 의미한다. 현재 국제사회와 이란의 대립은 직접적으로 이 문제와 관련되어 있다.

3. 조약 외부에서 핵무기를 보유하고 있는 국가들을 다루지 않는다. NPT 외부에 있는 핵무기 보유국가(인도, 파키스탄, 북한과 이스라엘)들은 조약의 원칙을 준수할 법적인 의무가 없다. 더구나 이들 국가는 조약 하에서 법적으로 핵보유국으로 인정받을 수 없다 (현재 상태로는). 따라서 이들 NPT 외부의 국가들을 군비통제, 군축 및 핵안보 대화에 어떻게 참여시킬 것인지가 국제사회 및 NPT에 남아있는 중요한 도전이다.

최근에 이런 비판들이 더욱 세를 얻어왔다 — 특히 냉전의 종식으로 — 그리고 그 결과 NPT가 개혁되던가 아니면 완전히 폐기되어야 한다는 주장도 제기되었다. 웨슬리(Michael Wesley)는 다음과 같이 주장하였다.

> 핵무기의 수평적 확산은, NPT의 유무에 상관없이, 아마 10년마다 하나 또는 두 개의 국가가 추가적으로 핵무기를 획득하는 속도로 계속될 것이다. NPT를 고집한다면 보다 실천적인 레짐으로 NPT를 대체

할 때보다 이런 확산을 보다 위험하게 할 것이다. … NPT는 상당히 불안정하고 핵무기의 요소들을 테러리스트들에게 이양할 공산이 국가보다 더욱 큰 초국적 불법거래 네트워크를 이용하는 불투명한 확산의 주요 원인이다.[10]

그러나 소위 NPT의 역설에 대한 쉬운 답은 존재하지 않는다. 이에 대해 핸슨(Marianne Hanson)은 다음과 같이 지적하였다.

> NPT를 폐기하기 위해서는 대체 레짐이 있거나 추가적인 확산을 허용하고 받아들여야 하는데, 전자는 주요 국가들 사이에 실질적인 변화와 정치적 의지가 없는 한 기존의 변칙과 불만을 반복할 수밖에 없고, 후자는 추가적 확산이 '관리되기'를 단순히 희망한다는 점에서 둘 다 매력적이지 않다.[11]

궁극적으로 많은 것이 P5 핵보유국, NPT 외부에서 핵무기를 보유한 국가들(제5장과 6장에서 다뤘음), 그리고 NPT 내의 비핵국가들 사이의 지속적인 균형에 의존하게 될 것이다.

(3) 국제 비확산레짐의 강제

세계 비확산레짐을 강제하는 적용 가능한 여러 대안들이 존재하는데, 각각 서로 다른 기제와 기구들을 필요로 하고, 또한 각각 고유한 문제와 어려움을 가지고 있다. 이 대안들을 크게 세 가지로 구분하여 세계 핵시설을 감시하고 위법의 간파를 위해 노력하는 IAEA의 활동, 국제 핵규범을 위반하는 것으로 의심되는 국가에 대한 제재의 활용, 그리고 준수를 보장하기 위한 군사력의 실제 사용이나 사용 위협 등으로 살펴볼 수 있다. IAEA와 제재는 비확산레짐이 시작될 때부터 핵심적인 부분이었고, 지난 20년 간 특히 중요했던 반면, 군사력의 사용에 대해서

는 — 특히 2003년 이라크침공 이후 — 논쟁이 많다.[12]

NPT는 상설사무국 또는 관리기구를 가지고 있지 않다. 따라서 NPT는 다른 국제기구, 특히 유엔에 일상 업무를 의존한다. 비엔나에 있는 IAEA는 조약의 준수와 핵심 조항의 실행을 감시하는 기구이다. 기본적으로 IAEA의 주된 기능은 전 세계적으로 신고된 핵시설을 감시함으로서 평화적 핵프로그램이 핵무기를 생산하는데 전용되지 않도록 하는 것이다. IAEA 헌장 2조는 다음과 같이 되어 있다.

> 기구는 전 세계를 통하여 평화, 보호 및 번영에 대한 원자력의 공헌을 촉진하고 확대함에 노력한다. 기구는 가능한 한 기구에 의하여 또는 기구의 요청이나 감독 또는 통제 하에 제공된 원조가 군사적 목적을 조장시키는 방법으로 사용되지 않을 것을 보증한다.[13] (국가법령정보센터의 번역을 따랐음 - 역자 주)

IAEA가 확산 우려를 감시하는데 동원하는 주요 기제는 회원국 모두가 의무적으로 가입해야 하는 포괄적 안전조치협정(Comprehensive Safeguards Agreement)이다. 추가적으로 IAEA는 확산 우려가 있는 시설에 대한 사찰을 보다 강화한 추가의정서(Additional Protocol)를 채택하였다 — 하지만 이는 해당 국가와 양자 합의가 되어야 한다.[14] 이 두 가지 기제는 IAEA 요원에 의한 집행, 국가정보기구의 지원 및 UN 안전보장이사회를 통한 협조를 통해 운영된다.

IAEA나 다른 기관(국가정보기구들)이 잠재적으로 핵무기와 관련된 함의를 지니는 불법 시설을 발견한 경우, 해당 주체가 국제 비확산 조치를 따르도록 압력을 증가시키는 조치들이 취해질 수 있다. 이런 조치의 핵심은 경제(또는 다른 형태의)제재이다. 제재는 포괄적이거나 선별적일 수도 있고 국제연합을 통하거나 특별한 근거에 따라 부과될 수 있으며, 다

양한 수단을 동원할 수도 있다. 솔링건(Etel Solingen)의 표현에 따르면,

> 제재(부정적 유인이라고 불릴 수 있는)의 실무적 정의는 특정 국가의 지도자, 통치자, 연합, 또는 보다 광범위한 구성원들을 처벌하거나 그들에게 가는 혜택을 거부하도록 하는 국제적 치세술이다.[15]

그러나 제재가 세계 비확산 규범을 강제하는 데에 유용한 하나의 대표적인 수단이기는 하지만 그런 접근법에 대한 비판이 존재한다. 제재와 관련된 세 가지 중요한 문제를 생각해볼 수 있다. 첫째, 제재가 여론을 악화시키고 종종 일반 대중들에게 가장 큰 피해를 준다 — 뮐러 등(John and Karl Mueller)에 의하면, "경제 제재는 … 탈냉전 시기에 역사상 모든 대량살상무기보다 더 많은 사망자를 발생시켰을 수 있다."[16] 둘째, 제재는 의심받는 국가가 자국의 핵프로그램을 포기할 의사가 있을 때에만 효과가 있다. 이에 대해 네이더(Alireza Nader)는 다음과 같이 지적한다.

> 이란에 대한 미국 및 다자적 제재는 수년 간 이란경제에 피해를 주었을 수 있다. 하지만 제재가 잠재적으로 군사적 핵프로그램을 추구하는 이란의 의지를 변화시켰는지는 분명하지 않다.[17]

셋째, 제재가 효과적이기 위해서는 광범위한 국제적 지원이 필요하다 — 특히 주요 선진경제 국가의 도움이 필요하다. 이런 이유 때문에 제재는 핵비확산과 관련하여 엇갈리는 결과를 보여주어 왔다.[18]

비확산 국제레짐의 준수를 보장하기 위한 마지막 대안은 군사력 사용과 그 위협이다. 마찬가지로 이 조치도 제한적이고 선별적일 수 있다 — 강압외교를 통하거나 보다 폭넓은 군사적·전략적 목표와 연계될 수 있다. 비확산레짐을 강화하기 위해 군사력을 사용하는 것은 매우

문제가 있으며 상대적으로 최근까지는 핵과 관련된 영역에서 제한적인 영향력만을 발휘하여 왔다. 강압외교와 군사력 사용과 관련된 중요한 복잡성을 세 가지로 구분하여 볼 수 있다. 강압외교가 성공하기 위해서는 동시에 위협과 보장을 해야 하며, 행동이 변화할 수 있음을 전제로 해야 한다. 군사력의 선제적 또는 예방적 사용은 적법성, 정당성 그리고 증거와 관련하여 중요한 문제를 제기한다. 국제사회에 의한 군사력 사용이 신뢰성을 가지기 위해서는 거의 확실히 미국과 다른 강대국을 포함시킬 필요가 있게 된다. 이런 질문과 관련된 가장 대표적인 예는 2003년에 미국 주도의 침공으로 이어졌던 이라크의 대량살상무기와 관련된 논쟁이었다. 퀘스터(George Quester)가 지적하듯이,

> 대량살상무기가 확산되는 위험한 세계에서는 어느 정도의 선제적 또는 예방적 전쟁이 필요할 수 있다. 그러나 그런 공격이 실제로 필요했다는 증거를 정확히 파악하는 것은 항상 어려운 일로 남을 것이다.[19]

국제사회가 NPT를 강화하기 위해 군사력의 사용 또는 심지어 핵추구자에 대한 예방전쟁을 실행 가능한, 효과적인 그리고 정당한 수단으로 간주할 수 있는 것인지는 상당한 논쟁의 주제로 남아 있다. 그럼에도 불구하고 이들 문제와 도전과 상관없이 NPT는 세계비확산기구의 핵심 축이다.

3. 방어: 적극적, 소극적 방어

핵무기가 발명되자마자 이 새롭게 고조된 위협을 방어하기 위한 방법을 찾으려는 경쟁이 바로 시작되었다. 하지만 핵시대의 방어는 그 이전의 것과 다를 수밖에 없다는 것이 금방 자명해졌다. 탄도미사일, 스텔스 비행기, 그리고 정숙한 잠수함의 등장은 핵공격을 방지하는 것을 거

의 불가능하게 했다. 또한 핵폭탄의 막대한 파괴력과 투발되는 속도 때문에 이에 대한 안전한 민방위를 구축하는 것도 마찬가지로 감당할 수 없는 일이었다. MAD가 핵공격 위협에 대처하기 위한 최선의 방법이라고 여겨진 — 그리고 현재에도 그렇게 판단되는 — 이유가 바로 이것이다 (제4장 참조). 그럼에도 불구하고 방어에 대한 생각은 핵시대에도 결코 사라지지 않았고, 이런 생각은 크게 적극적 방어 — 공격이 성공하는 것을 방지하기 위한 조치들(대공 및 미사일방어, 대잠수함 무기, 대위성 무기) 포함 — 와 소극적 방어 — 공격이 개시된 이후 피해를 최소화하기 위한 조치들(미사일 격납고 강화, 민방위, 핵대피소 및 비상대응 계획)로 구분할 수 있다. 아래에서 이에 대해 보다 구체적으로 논의한다.

(1) 적극적 방어

적극적 방어는 폭탄/탄두가 예정된 목표물에 도달하기 이전에 요격함으로써 핵공격을 저해하거나 무력화하기 위한 군사적 체제를 의미한다. 이는 대개 탄도미사일방어(BMD: ballistic missile defense)를 의미하지만, 또한 대공 방어, 대잠수함 및 대위성 무기와 핵공격이 목표물에 도달하기 전에 차단하고 요격하기 위한 다른 모든 능력을 포함한다. 이런 방어 능력, 특히 BMD는 종종 불안정성을 증가시킨다고 여겨져 왔다. 왜냐하면 이런 능력은 보복 2차 공격 능력 — 억지의 핵심(제4장 참조) — 의 신뢰성을 악화시키기 때문이다. 그럼에도 불구하고 1967년에 당시 소련 수상 코시긴(Alexei Kosygin)이 지적한 것처럼, "방어는 도덕적이고, 공격은 비도덕적이다"라는 생각을 떨치는 것은 항상 어려운 일이었다.[20]

BMD체제는 적의 핵(또는 재래식) 탄도미사일을 비행 중에 추적하고, 위치를 식별하여 격추하기 위한 것이다. 이 체제는 목표를 탐지 및 추적하기 위한 여러 개의 레이더와 위성(지상, 해상 및 우주), 수집된 모든 정보를 처리하기 위한 정교한 지휘통제 시설, 그리고 다가오는 탄두를 격추시키기 위한 요격 미사일(이 또한 지상, 바다, 공중에 배치될 수 있다) 등 여러 부속 체제로 구성된다. 탄도미사일은 **탄도 궤적**(*ballistic* trajectory) — 즉, 대기권(가끔은 대기권 밖)으로 상승하였다가 지상에 있는 목표물을 향해 하강한다 (탄도미사일에 대한 자세한 내용은 제2장 참조). 적의 미사일은 비행 중 어떤 단계에서도 요격할 수 있다. 상승 단계(발사 직후), 중간 단계(대기권에서 이동), 종말 단계(탄두가 지상의 목표물을 향해 하강). 어떤 단계이던지 요격을 성공시키는 것은 굉장히 복잡한 일이다 — 예를 들면, 중간단계에서 탄도는 약 시속 15,000km 속도로 이동하기 때문에 요격은 그야말로 "총알로 총알을 명중시키는 것"과 다르지 않다.[21]

미사일방어는 다른 목적을 위해 다른 방식으로 계획되어 구성될 수 있다. 첫 번째 구분은 전술(tactical)/전장(battlefield)/전역(theatre) 미사일방어(TMD) (전장의 병력을 보호하는 등의 제한적 방어 목적을 위한 것)와 국가(national)/전략(strategic) 미사일방어(NMD) (국가 전체를 방어하기 위한 것)이다. 이 구분은 다른 표현으로 **국지 방어**(*point defense*, 미사일 격납고나 비행장 등의 특정 군사시설의 방어)와 **주민 방어**(*population defense*, 도시와 인구밀집 지역 방어)로도 생각할 수 있다. 전장과 국지방어는 전략 핵억지력을 저해하지 않기 때문에 본질적으로 불안정성을 증대시킨다고 간주되지는 않는다. 반면 국가 및 주민 방어는 핵보복의 위력을 감소시킬 수 있기 때문에 불안정성을 증대시킨다고 간주된다. 이런 이유 때문에 전략/국가/주민 미사일방어는 미국과 소련 사이에 1972년에 체결된 반탄도미사일(ABM: Anti-Ballistic Missile) 조약에서 금지되었다. 부분적으로 1983년 미국의 전략방위구상(SDI: Strategic Defense Initiative) 계획이 많은 논쟁의 원인을 제공한 이유도 마찬가지이다.[22] 기본적으로 대규모의 주민 방어 — 억지의 고유한 문제 때문에 도덕적으로 타당해 보이는 — 는 MAD를 약화시킨다. 왜냐하면 그런 방어는 보복 공격의 신뢰도를 근본적으로 저하(따라서 핵무기로 1차 공격하는 것을 더욱 매력적으로 만듦)시키기 때문이다. 반면 국지 방어 — 예를 들어 ICBM 격납고 방어 — 는 보복 2차 공격력을 보호함으로써 억지력을 증가시킨다. 그러나 BMD의 효과에 대해서는 항상 의문이 존재하여 왔고, 그 중 하나는 탄도미사일방어는 다량의 탄두나 보다 고도화된 탄두 기술에 의해 무력화될 수 있을 것이라는 것이다.

최근 몇 년 간 미사일방어 아이디어가 새로 강하게 부활했음을 볼 수 있었는데, 이는 주로 제2 핵시대의 새로운 핵도전에 대한 인식 때문이기도 하였지만 다른 한편으로 기술이 계속하여 진보하였기 때문이기도 하다. 특히 미국은 표면적으로 '불량 국가' 미사일 위협으로부터 보호를 위한 제한적 국가미사일방어를 지속적으로 추진하였고, 전 세계적으로 다양한 전역 및 전장 미사일방어 체제의 배치에 착수하였다.[23] 그러나 이런 움직임은 공인된 핵강대국, 특히 미국과 러시아, 정도는 덜 하지만 미국과 중국 사이의 전통적 핵관계에 여러 문제를 초래하였다. 이는 하나의 특정한 위협(미국의 경우에는 북한과 이란)에 대응하기 위해 배치된 방어 체계가 다른 국가(러시아와 중국)의 핵전력에 대해서도 어느 정도 능력을 발휘할 수 있기 때문이다.[24] 결과적으로 실전 배치된 미사일방어의 추가적 확대는 핵안정성을 위한 노력 — 핵군축과 폐기(여기에 대해서는 제5장 참조)는 물론이고 — 을 약화시킬 가능성을 가지고 있다.

핵공격에 대한 적극적 방어는 대공방어도 포함한다 — 이는 장거리 탄도미사일 능력(지상 또는 잠수함 기반)이 없는 핵무장 국가에 대한 방어를 위해 특히 중요하다. 대공방어 체제는 레이더와 조기경보체제, 대공미사일 및 요격기 등의 조합으로 구성될 수 있다. 대잠수함, 대위성 그리고 사이버 무기들도 적극적 방어 체제로 고려될 수 있다. 하지만 이들은 잠재적으로 1차 공격력으로도 간주될 수 있다. 왜냐하면 적국의 공격이 발사되기 이전에 사용될 수 있기 때문이다.

(2) 소극적 방어

소극적 방어는 적극적 방어 체제가 다가오는 공격을 요격하거나 무력화하는 데에 실패한 경우에 한 사회 또는 국가에 대한 핵공격의 효과를 최소화하기 위해 취할 수 있는 조치들을 의미한다. 따라서 소극적 방어는 주로 공격(의도적 또는 우발적)이 개시된 이후 사용될 수 있는 수단들이다. 물론 고도화된 민방위체제는 1차 공격으로부터 얻을 수 있는 이득을 최소화함으로써 한편으로 공격에 대한 억지로도 기능할 수 있다.

소극적 방어는 두 가지로 구분하여 생각할 수 있다. 하나는 보호를 강화함으로써 군사 자산(미사일 격납고, 국가 지휘통제소 또는 비행장)을 방어하기 위한 조치들이고, 다른 하나는 핵공격의 영향으로부터 광범위한 주민을 보호하기 위한 조치들이다. 아래에서 보다 자세히 설명하는 것처럼, 소극적 군사 방어의 주된 역할은 핵보복공격 능력과 지휘통제 체제의 보호이고, 소극적 민방위는 인명 살상을 줄이기 위해 계획된다. 적극적 방어와는 달리 미사일 격납고의 보호를 강화하는 것은 불안정성의 증대로 간주되지는 않는다. 왜냐하면 그런 조치는 1차 공격의 분명한 이점을 제공하기보다는 핵전력의 생존성과 2차 공격력을 증가시키기 때문이다. 미사일 격납고의 보호 강화는 다량의 콘크리트를 밑에 벙커를 만드는 것 외에 미사일 발사대를 이동식(따라서 정확한 목표로 삼기 어렵게)으로 하는 방식이 있다. 이런 사례는 1980년대 미국에서 검토하였던 계획에서 찾아볼 수 있는데, 그 핵심은 지하에 거대한 터널 네트워크를 구축하고 이는 지하철도로 연결되어 여기에 이동식 MX ICBM을 보관한다는 것이었다.[25]

민간의 방어 조치들은 핵공격의 영향을 줄이고 제한하도록 하는 것이다. 여기에는 핵폭탄 대피소와 일반 대중을 위한 핵벙커를 건설하고 비상사태에 대응하기 위한 계획(약품과 음식의 제공과 발전의 확보)을 구축하는 것이 포함된다. 마찬가지로 공격 이후에 정부가 지속될 수 있도록 하는 계획도 포함된다. 그러나 소극적 군사 방어와는 달리 광범위한 민방위는 억지를 복잡하게 할 가능성을 지닌다. 개리슨(Dee Garrison)은 다음과 같이 지적한다.

> 전 국민을 확실한 파괴로부터 보호하려는 진지한 시도는 그러한 대규모 민방위 프로그램을 가지는 국가가 1차 공격을 계획하고 있다는 위험한 메시지를 보낼 수 있다.[26]

그렇긴 하지만, 광범위한 신뢰할 수 있는 민방위 체제의 구축은 항상 국가 기획자들의 능력을 벗어난 것으로 입증되어 왔고, 대부분의 국가에서 대개 포기되었다. 그럼에도 불구하고 민방위 조치들과 비상대응 능력에 대한 고민이 잠재적 — 이론적으로 보다 제한적인 — 테러리스트들의 핵무기 공격 위험(제8장 참조) 때문에 다시 활성화되기에 이르렀다.

(3) 방어 딜레마

전략적·정치적 어려움에도 불구하고 핵공격에 대한 방어는 1945년 이후 항상 인기 있는 선택이었고, 이것은 제2 핵시대에 더욱 확대되었다. 특히 적극적 방어는 이 새로운 형식의 핵위협에 대응하기 위한 보다 정교한 억지에 있어서 불가결한 부분으로 인식된다. 동시에 소극적 민방위도 보다 포괄적인 비상대응과 국토안보(homeland security) 체제에 포함되었다. 궁극적으로 방어는 항상 대중의 공감을 얻을 것이다. 왜냐하면 그것이 본질적으로 좋은 생각으로 보이기 때문이다. 1983년에 레이건(Ronald Reagan)이 얘기한 것처럼,

> 자유 국민들이 자신들의 안보가 소련의 공격을 억지하기 위한 미국의 즉각적 보복 위협에 의존하지 않는다는 것, 그리고 전략 탄도미사일이 우리 영토나 우리 동맹 영토에 도달하기 전에 우리가 요격하여 파괴할 수 있음을 알고 안전하게 살 수 있다면 어떨까?[27]

그러나 현재의 세계 핵질서에 적극적 방어의 결합은 억지 목적을 위해 필요한 핵공격력과의 고유한 균형관계 때문에 어려운 문제로 남아 있다.

4. 요점, 추가정보 및 자료

이 장은 핵위협과 싸우고 관리하기 위한 주요 기제들을 개략적으로 소개하고, 각각의 장점과 약점을 설명하였다. 그 요점은 아래와 같다.

- 핵확산으로부터 비롯되는 위협을 다루기 위한 방법을 세 가지 즉 외교와 군비통제, 국제레짐과 규범, 적극적·소극적 방어로 구분할 수 있다. 각각 상대적인 장점과 약점을 지니고, 어떤 대안도 현재의 핵도전에 대한 포괄적 처방이 되지 못한다.
- 군비통제는 외교와 법적 구속력이 있는 협정을 통해 핵위협이 관리되고, 감축되고, 완화되는 과정이다. 이들 협정은 양국이 보유한 대량의 핵무기 때문에 대부분이 미국과 소련/러시아에 의

해 체결되었다. 군비통제에 있어서 다음 단계는 핵무기를 보유한 다른 국가들을 참여시키는 것이며, 따라서 향후에 더욱 복잡하고 어려워질 것이다.
- 국제 비확산레짐의 핵심은 NPT이다. 하지만 NPT에 대한 도전이 점차 증가하고 있다. NPT 조항의 준수를 보증하기 위한 핵심 장치가 IAEA이다.
- 적국을 포기시키거나 무장해제하기 위한 제재와 군사력 사용은 핵위협에 대응하기 위한 중요한 대안 중의 하나이지만, 이런 방식은 매우 어렵고 심지어 비생산적이라고 입증될 수 있다.
- 핵공격에 대한 방어는 적극적 방어(위협이 도달하기 전에 대응하기 위한 것)와 소극적 방어(공격이 실행된 이후 결과를 최소화하기 위한 것)으로 구분할 수 있다. 어느 것도 핵무기에 대한 완벽한 방어적 대안이 아니고, 적극적 방어의 추구는 전통적으로 불안정성을 증대시키는 것으로 간주되어 왔다.

추가정보 및 자료

핵시대 군비통제에 대한 중요한 연구는 불(Hedley Bull)의 『군비경쟁의 통제(The Control of the Arms Race)』(1961)와 셸링(Thomas Schelling)과 핼퍼린(Morton Halperin)의 『전략과 군비통제(Strategy and Arms Control)』(1961)이다. 또한 뮐러(Harald Muller)와 분더리히(Carmen Wunderlich)의 『다자 군비통제에 있어서 규범의 동학(Norm Dynamics in Multilateral Arms Control)』(2013)도 참고할 만하다. 라슨(Jeffrey Larsen)

➤ 계속

➤ 계속

과 스미스(James Smith)의 『군비통제와 군축 역사 사전(*Historical Dictionary of Arms Control and Disarmament*)』(2005)은 최근의 유용한 자료를 수록하고 있다. 냉전기 미-소 군비통제에 대한 개요는 시한(Michael Sheehan)의 『군비통제(*Arms Control*)』(1988)에서 확인할 수 있다. 레비(Michale Levi)와 오핸런(Michael O'Hanlon)의 『군비통제의 미래(*The Future of Arms Control*)』(2005)도 유용한 자료이다.

냉전기 미-소 군비통제에 대해서는 뉴하우스(John Newhouse)의 『추운 새벽(*Cold Dawn*)』(1973)과 탈보트(Strobe Talbott)의 『종반전(*Endgame*)』(1979)을 참고하면 된다. 미국과 러시아 사이의 탈냉전기 군비통제에 대해서는 포바스키(Ronald Powaski)의 『인류종말로의 복귀(*Return to Armageddon*)』(2000) 또는 카치너(Kerry Kartchner)의 『START협상(*Negotiating START*)』(1992)을 참고하면 된다. New START에 대해서는 리베인(Alisa Rebane)의 『미-러 신 START 조약(*The new START Treaty between the US and Russia*)』(2011); 울프(Amy Woolf)의 "The New START Treaty" (2014) 또는 심발라(Stephen Cimbala)의 "New START or Not?" (2010)을 참고하면 된다. New START의 조문은 미국 국무부 웹사이트: www.state.gov/t/avc/newstart/ 에서 확인할 수 있다. 향후 군비통제의 도전에 대해서는 파이퍼(Steven Pifer)와 오핸런의 『기회(*The Opportunity*)』(2012)와 이 책 제5장과 6장의 추가자료 안내를 참고하면 된다.

NPT에 대해서는 욜스타드(Olav Njolstad)의 『핵확산과 국제질서(*Nuclear Proliferation and International Order*)』(2011); 조이너(Daniel Joyner)의 『비확산 조약의 해석(*Interpreting the Non-Proliferation Treaty*)』(2011); 프라이(Michael Fry)와 키팅(Patrick Keating)의 『핵비확산과 비확산 조약(*Nuclear Non-Proliferation and the Non-Proliferation Treaty*)』(2011); 웨슬리(Michael Wesley)의 "It's Time to Scrap the NPT" (2005); 핸슨(Marianne Hanson)의 "The Future of the NPT 1" (2005); 태이어(Bradley Thayer)의 "The Causes of Nuclear Proliferation and the Utility of the Non-Proliferation Regime" (1995); 필라트(Josheph Pilat)와 펜들리(Robert Pendley)의 『NPT를 위한 새 출발?(*A New Beginning for the NPT?*)』(1995) 등을 참고하면 된다. 비확산 조약의 전문은 국제연합의 웹사이트: www.un.org/disarmament/WMD/Nuclear/NPT.shtml에서 확인할 수 있다.

IAEA에 대해서는 엘바라데이(Mohammed Elbaradei)의 『기만의 시대(*The Age of Deception*)』(2012); 케인(Chen Kane)의 『핵무기 탐지하기(*Detecting Nuclear Weapons*)』(2015); 윙(Christine Wing)과 심슨(Fiona Simpson)의 『탐지, 분해, 무장해제(*Detect, Dismantle, Disarm*)』(2013); 허쉬(Theodore Hirsch)의 "The IAEA Additional Protocol" (2004)과 IAEA의 웹사이트 www.iaea.org를 참고하면 된다.

제재, 강압 외교 및 군사력 사용에 대해서는 셸링의 『무기와 영향력(*Arms and Influence*)』(1966); 솔링건(Etel Solingen)의 『제

➤ 계속

➤ 계속

재, 정치력, 핵확산(*Sanctions, Statecraft, and Nuclear Proliferation*)』(2012); 뮐러(John Mueller)와 뮐러(Karl Mueller)의 "Sanctions of Mass Destruction" (1999); 로페스(George Lopez)와 코트라이트(David Cortright)의 "Containing Iraq" (2004); 젠틀슨(Bruce Jentlesen)과 와이토크(Christopher Whytock)의 "Who "Won" Libya?" (2005/6); 한나(Susan Allen Hannah)의 "The Determinants of Economic Sanctions Success and Failure" (2005); 프리드먼(Lawrence Freedman)의 "Prevention, not Preemption" (2003); 크렙스(Sarah Kreps)와 퍼먼(Fuhrmann)의 "Attacking the Atom" (2011); 그리고 퀘스터(George Quester)의 『선제, 예방 그리고 확산(*Preemption, prevention and Proliferation*)』(2009) 등을 참고하면 된다.

적극적·소극적 방어에 대해서는 번스(Richard Burns)와 브루인(Lester Brune)의 『미사일방어의 추구(*The Quest for Missile Defenses*)』(2003); 퍼터(Andrew Futter)의 『탄도미사일방어와 미국 국가안보 정책(*Ballistic Missile Defence and US National Security Policy*)』(2013); 심발라의 『꿈의 방패(*Shield of Dreams*)』(2008); 윌크닝(Dean Wilkening)의 『탄도미사일방어와 전략적 안정(*Ballistic Missile Defence and Strategic Stability*)』(2000); 이바노프(Igor Ivanov)의 "The Missile-Defense Mistake" (2000) 등을 참고하면 된다. 민방위에 대해서는 개리슨(Dee Garrison)의 『최후전쟁의 대비(*Bracing for Armageddon*)』(2006); 데이비스(Tray Davies)의 『비상사태의 단계들(*Stages of Emergency*)』

(2007); 헤네시(Peter Henessey)의 『비밀 국가(The Secret State)』 (2010); 그리고 그랜트(Matthew Grant)의 『폭발 이후(After the Bomb)』 (2010)를 참고하면 된다. 브릭스(Raymond Briggs)의 애니메이션 영화 〈바람이 불 때(When the Wind Blows)〉는 DVD 〈방어와 생존(Protect and Survive)〉과 마찬가지로 냉전기 민방위 관련 아이디어를 잘 묘사하였다.

주

1. Thomas Schelling and Morton Halperin, *Strategy and Arms Control* (New York: Twentieth Century Fund, 1961), p. 3.
2. Jeffrey Larsen and James Smith, *Historical Dictionary of Arms Control and Disarmament* (Oxford: Scarecrow Press, 2005), p. 23.
3. Michael Sheehan, *Arms Control: Theory and Practice* (Oxford: Basil Blackwell Ltd, 1988), pp. 1-7 참조.
4. Hedley Bull, *The Control of the Arms Race: Disarmament and Arms Control in the Missile Age* (New York: Frederick Praeger, 1961).
5. Michael Sheehan, *Arms Control: Theory and Practice* (Oxford: Basil Blackwell Ltd, 1988), p. 123.
6. Matthew Fuhrmann and Bryan Early, "Following START: Risk Acceptance and the 1991-1992 Presidential Nuclear Initiatives," *Foreign Policy Analysis*, 4:1 (2008), pp. 21-43.
7. Anatoli Diakov, Eugene Miasnikov and Timur Kadyshev, "Nuclear Reductions after New START: Obstacles and Opportunities," *Arms Control Today*, 41:4 (2011), p. 15.
8. Steven Pifer and Michael O'Hanlon, *The Opportunity: the Next Steps in Reducing Nuclear Arms* (Washington DC: The Brooking Institution Press, 2012), p. 6.
9. Daniel Joyner, *Interpreting the Non-Proliferation Treaty* (Oxford: Oxford University Press), p. 2.

10. Michael Wesley, "It's Time to Scrap the NPT," *Australian Journal of International Studies*, 59:3 (2005), pp. 283-284.
11. Marianne Hanson, "The Future of the NPT 1," *Australian Journal of International Affairs*, 59:3 (2005), p. 301.
12. Robert Litwak, "Non-Proliferation and the Dilemmas of Regime Change," *Survival*, 45:4 (2003), pp. 7-32 참조.
13. www.iaea.org/About/statute.html.
14. 여기에 대해서는 Theodore Hirsch, "The IAEA Additional Protocol: What It is and Why It Matters," *The Nonproliferation Review*, 11:3 (2004), pp.140-166 참조.
15. Etel Solingen, "Introduction: the Domestic Distributional Effects of Sanctions and Positive Inducements," chapter in Etel Solingen (ed.), *Sanctions, Statecraft, and Nuclear Proliferation* (Cambridge: Cambridge University Press, 2012), p. 5.
16. John Mueller and Karl Mueller, "Sanctions of Mass Destruction," *Foreign Affairs*, 78:3 (1999), p. 43.
17. Alireza Nader, "Influencing Iran's Decisions on the Nuclear Program', chapter in Etel Solingen (ed.), *Sanctions, Statecraft, and Nuclear Proliferation* (Cambridge: Cambridge University Press, 2012), p. 213.
18. 여기에 대해서는 Susan Allen Hannah, "The Determinants of Economic Sanctions Success and Failure," *International Interactions*, 31:2 (2005), pp. 117-138 참조
19. George Quester, *Preemption, Prevention and Proliferation: the Threat and Use of Weapons in History* (London: Transaction Publishers, 2009), p. 183.
20. Richard Dean Burns and Joseph Siracusa, *A Global History of the Nuclear Arms Race: Weapons, Strategy, and Politics* (Santa Barbara CA: Praeger Security International, 2013), p. 198.
21. 자세한 내용에 대해서는 "Missile Defense Basics," www.nuclearfiles.org/menu/key-issues/missile-defense/basics/general_principles.htm 참조.
22. Harold Brown, "The Strategic Defense Initiative: Defensive Systems and the Strategic Debate," *Survival*, 27:2 (1985), pp. 55-64.
23. 여기에 대해서는 Andrew Futter, *Ballistic Missile Defence and US National Security Policy: Normalisation and Acceptance after the Cold War* (London: Routledge, 2013) 참고.

24. 여기에 대해서는 Andrew Futter, "Getting the Balance Right: US Ballistic Missile Defense and Nuclear Nonproliferation," *Comparative Strategy*, 30:3 (2011), pp. 254-267 참고.
25. 여기에 대해서는 Desmond Ball, "The MX Basing Decision," *Survival*, 22:2 (1980), pp. 58-65 참고.
26. Dee Garrison, *Bracing for Armageddon: Why Civil Defense Never Worked* (New York: Oxford University Press, 2006), p. 7.
27. Ronald Reagan, "Address to the Nation on Defense and National Security," (23 March 1983), www.atomicarchive.com/Docs/Missile/Starwars.shtml.

제8장

핵무기와 새로운 글로벌 행위자들

· 불법 핵거래와 A.Q. 칸(Khan) 네트워크　248
· 핵테러리즘　254
· 테러리스트의 핵무기 획득 경로와 사용 방식　259
· 핵테러리즘으로부터의 안전　262
· 요점, 추가정보 및 자료　268

비국가 행위자나 테러리스트 집단이 작동가능한 핵무기나 초보적 핵폭탄 제조에 필요한 분열물질을 획득할 가능성은 현재 세계 핵질서에 있어서 가장 긴급하게 다뤄지는 문제 중의 하나이다. 하나의 작은 핵폭탄이 엄청난 파괴, 혼란, 손해를 현대 도시에 초래할 수 있으며, 심지어 재래식 더러운 폭탄(dirty bomb)조차도 심각한 양의 방사능 물질을 방출하여 집단적 공황을 야기할 수 있다. 사전 준비 없이 분열물질을 생산하고 핵폭탄을 제조하는 일은 아마 테러리스트 조직의 능력 밖의 일일 것이다 (막대한 비용과 공학 및 산업적 복합성 때문에). 하지만 필요 물질은 도난당하거나 핵 암시장에서 구입되거나, 최악의 경우 어떤 국가에 의해 비밀리에 테러리스트 집단에 제공될 수도 있다. 따라서 이런 일이 잘 계획된 테러리스트 공격에 현대사회의 취약성과 결합한다면 핵테러리즘의 위험은 상당한 실제적 가능성이라고 할 수 있다. 현대국가 — (이론적으로) 보복의 위협을 통해 억지가 가능한(제4장의 MAD 부분 참조) — 와는 달리 테러리스트 집단은 종종 '발신인 주소(return address)'가 없으며, 알 카에다와 같이 자신들의 생명을 바칠 의지가 있는 테러리스트들은 처벌의 위협을 통해 억지될 수 없다. 결과적으로, 특히 미국에 대한 9·11 테러리스트 공격이 발생하고 칸 네트워크가 적발된 이후, 핵무기와 관련 분열물질(우라늄과 플루토늄)의 안보는 국제사회의 최우선 과제가 되었다. 그럼에도 불구하고, 이 장에서 설명하는 것처럼 핵테러리즘의 위험은 종종 묘사되는 것보다 훨씬 미묘하고 복합적이다.

이 장은 다음과 같은 네 개의 절로 구성된다. 제1절은 불법 핵거래와 핵밀매의 위협을 설명한 후 칸의 핵밀수 네트워크에 주목하여 과거에 어떻게 핵물질이 불법적이고 비밀리에 거래되었고, 왜 이것이 오늘날 가장 큰 문제인지를 논의한다. 제2절은 핵테러리스트 위협의 실체, 주요 원인, 심각성을 다룬다. 제3절은 테러리스트들이 핵폭탄을 입수하고 그 폭탄을 사용할 가능성이 있는 방법에 대해 논의한다. 마지막으로 제4절에서는 핵테러리즘으로부터 안보를 확보할 수 있는 다양한 방법과 수단에 대해 분석한다. 이어서 제8장의 요점과 추가 자료에 대한 소개가 이어진다.

1. 불법 핵거래와 A.Q. 칸(Khan) 네트워크

핵정치는 종종 군축, 군비통제 및 확산 등 '거대(macro)' 핵이슈에 주로 주목하는 것으로 여겨진다. 하지만 현재의 핵도전과 관련된 '미시(micro)' 요인들을 이해하는 것도 마찬가지로 중요하다. 이 중 가장 중요한 것은 불법 핵거래의 지속적 위협과 특정 국가나 테러리스트 집단이 핵무기와 관련된 설계, 물질, 기술 — 이론적으로 이 세 가지가 있으면 작동가능한 폭탄을 제조할 수 있음 — 을 암시장에서 획득할 가능성이다. 1990년대에 파키스탄 과학자 칸이 운영했던 것과 같은 불법 핵밀수 네트워크는 몇 국가의 핵능력 확보에 직접적으로 책임이 있고, 다른 국가들의 핵무기 프로그램에도 간접적인 책임이 있다. 이러한 불법 핵밀수 네트워크와의 싸움은 글로벌 핵의제와 특히 핵테러리즘의 방지에 결정적인 중요성을 지닌다.

(1) 불법 핵거래

불법 핵거래는 핵무기나 방사능 폭탄을 제조하기에 필요한 기술적 정보, 물질, 장치 및 지식을 밀수 및 밀매하는 것을 포함한다. 이것이 새로운 현상은 아니다 — 실제로 과거 핵무기를 획득한 국가의 대부분은 어느 정도는 불법 또는 비밀거래 합의에 의존하였다. 하지만 최근에 '불량 국가' 또는 비국가 행위자가 이런 능력을 획득할 가능성 때문에 국제사회는 핵과 관련된 품목의 불법 밀매를 안보의제 중 가장 우선적으로 다루고 있다. 올브라이트 등(David Albright et. al.)에 따르면,

> 국가들이 핵무기를 대부분 자력으로 제조한다는 것은 흔한 오해이다. 사실상 대부분의 국가들이 핵무기 제조에 필요한 산업적 시설을 만드는데 필수적인 장치, 물질, 지식들의 획득을 과도하게 해외에 의존해 왔고, 이런 추세는 현재도 진행 중이다. 향후 몇 년 동안, 세계 위험지역에 있는 몇 국가가 테러리스트 조직과 함께 핵무기를 추구할 것으로 예상된다. 이들 대부분 국가와 테러리스트들이 핵무기를 획득하거나 능력을 신장시키는 방법은 불법 핵거래를 통해서일 것이다.[1]

불법 핵밀매 및 밀수 네트워크는 은연 중 국가의 지원을 받기도 하고, 특정 국가나 조직 내의 불량집단과 결탁될 수도 있으며, 또한 절도와 사기에 의존할 수도 있다. 밀매의 대상은 보통 다음 세 가지인 디자인과 기술적 지식, 분열 또는 방사능 물질, 농축 또는 재처리에 필요한 장치 중 하나와 관련된다. 이론적으로는 완벽히 사용가능한 폭탄도 다른 국가로 밀수될 수 있으나, 이런 가능성은 그렇게 크지 않다. 폭탄 프로그램에 필요한 지식 기술과 부품이 다수의 분리된 불법 거래를 통해 획득될 수 있다.

- 누가 관련되는가? 불법 핵밀매는 다수의 행위자 및 요소와 연계될 수 있다. 최상위 수준에는 현대국가가 존재한다. 이들 국가는 의도적이거나 또는 우발적으로 아니면 승인없이 행동하는 일부 인사에 의해서 특정 핵관련 제품을 사거나 팔려고 한다 (북한과 파키스탄이 좋은 사례이다). 국가 내부적으로는 첨단기술 회사, 정밀 가공, 금속 공학 또는 다른 핵관련 작업(마찬가지로 의도적이거나 스파이활동을 통해)과 관련된 과학자나 기술자들이 관련될 수 있다. 마지막으로 고도로 조직화된 밀수 네트워크와 이런 밀매를 조율하는 위장 회사(front company)가 관련될 수 있다 (아래에서 상술할 칸 네트워크도 마찬가지이다). 다양한 테러리스트 집단도 이런 형식의 네트워크를 통해 핵물질에 대한 접근을 시도할 수 있다.
- 어떻게 진행되는가? 핵관련 물질, 설계, 기술은 이중용도(dual-use) 상품 — 즉 비군사적 목적으로도 사용될 수 있는 것 — 을 구입하고 세계 도처의 수출법의 허점을 활용하여 합법적으로 획득하거나 위장 회사를 설립하고, 정보와 기술을 도용하고, 정부기관을 현혹시킴으로써 불법적으로 획득할 수 있다. 보통 다수의 공급자들로부터 서로 다른 나라의 서로 다른 회사로부터 소규모의 핵관련 부품을 구입하거나 획

득하기 때문에 이런 활동을 추적하여 차단하는 것은 매우 어렵다. 한 논평자에 따르면, "오늘날 핵무기를 획득하는데 있어서의 장벽은 핵물질이 아니라 비용이다."[2]

- 무엇이 거래되는가? 핵 암시장에서는 민수용 및 군사용 핵프로그램에 필요한 다양한 설계, 청사진, 물질, 기술 및 부품을 구할 수 있다. 무기와 탄두 설계도 우라늄 광석가루(보통 우라늄염[Yellowcake]으로 알려짐)와 함께 불법적으로 구할 수 있다 (보통 CD를 통해 전달되거나 아니면 해킹을 통할 수도 있다). 심지어 핵농축, 재처리 및 분리를 위해 필요한 분열물질, 지식과 부품도 마찬가지로 거래될 수 있다. 이론적으로는 암시장에서의 거래를 통해 완전한 능력을 갖춘 핵무기 프로그램을 조합하여 만들어 낼 수 있다 — 이는 1990년대 리비아 사례에 해당된다 (아래의 설명 참조).

핵 관련 물품과 지식을 거래하는 불법 네트워크는 국제사회와 국제 핵안보와 관련하여 매우 중요한 도전인데, 한동안은 군축이나 비확산과 같은 주요 이슈들에 비해 관심을 덜 받았던 부분이다. 그러나 이 장의 나머지 부분이 분명하게 제시하는 바와 같이, 불법 핵네트워크는 어떤 행위자 — 테러리스트이든지 아니면 국가이든지 — 가 핵무장하는데 있어서 가장 가능성 높은 오솔길이라고 할 수 있다. 올브라이트는 "정부와 회사는 자주 핵무기로 가는 이 오솔길을 간과하거나 경시해왔다"고 주장한다.[3] 이런 위협을 어떻게 다룰 것인지에 대해서는 이 장의 다른 부분에서 논의한다.

(2) A. Q. 칸 네트워크

불법적인 핵물품의 거래와 관련된 가장 중요한 사례는 파키스탄 과학자 압둘 카디르 칸(Abdul Qadeer Khan)이 1980년대부터 2003년까지 운영했던 고도로 조직화된 네트워크이다. 칸 네트워크는 모든 종류의 핵 관련 물질, 설계 및 기술을 20년 이상 거래했고, 그 범위는 전 세계적이었으며 엄청난 규모의 금액을 수반하였다. 파키스탄 핵무기 프로그램에 있어서 핵심 역할을 한 것 외(칸 네트워크는 파키스탄이 핵무기를 확보하는 데 있어서 필수적 부분이었다)에, 이 네트워크는 북한, 시리아, 리비아, 이라크 및 이란의 핵무기 프로그램과 직접적 관련이 있을 것으로 여겨진다.

칸 네트워크의 진화는 두 단계로 구분해서 생각해볼 수 있다. (1) 파키스탄의 핵폭탄을 제조하기 위한 기술과 물질의 추구, (2) 폭탄제조정보 및 기술의 타국에의 확산. 이런 단계를 아래에서 보다 구체적으로 설명한다.

- **1단계: 파키스탄의 핵폭탄 제조.** 칸은 1972년에 네덜란드에 있는 유렌코(URENCO)라는 원자력 연료공급회사에 금속공학자로 합류하여 고도로 민감한 정보를 취득하였다. 1971년 인도-파키스탄 전쟁 결과에 분노하고 1974년 인도의 '평화적' 핵실험에 대한 우려 때문에 칸은 파키스탄 정부를 위해 일했다. — 이후 파키스탄의 초보적 핵무기 프로그램과 씨름하였다. 당시 파키스탄 총리 부토(Zulfikar Ali Bhutto)와의 오랜 토론 이후, 칸은 유럽을 떠나 1975년 12월 15일에 상당한 양의 민감정보와 우라늄 농축시설 청사진을 가지고 파키스탄으로 왔다. 1976년에 칸은 파키스탄의 우라늄 농축활동을 위해 카후타(Kahuta)에 유렌코에서 취득한 설계를 토대로 칸연구소(KRL: Khan Research Laboratories)를 설립하였고, 파키스탄의 핵프로그램을 위한 부품을 획득하기 위해 북미, 일본, 유럽에 위장회사를 만들었다. 1970년대 말까지 파키스탄은 칸이 훔쳐낸 정보와 계속 확대되는 공급자 네트워크 덕분에 핵무기 능력 획득에 더욱 다가서게 되었다. 1983년에 칸이 네

덜란드에서 궐석재판으로 스파이 혐의 유죄판결을 받았지만, 칸은 파키스탄 정부의 보호를 받았고, 비교적 제약없이 작업을 지속하였다.[4] (파키스탄 핵프로그램에 대한 자세한 내용은 제6장 참조).

• **제2단계: 확산** 파키스탄의 핵프로그램을 구축하고 확대시키는 것과 동시에 칸은 자신의 위장회사와 연락책 등을 활용하여 수출통제 조치들을 회피하면서 핵설계, 기술, 부품들을 세계 도처에 있는 잠재적 구매자들에게 수출하기 시작하였다. 1981년에 칸은 계속 늘어나는 농축기술 목록을 더욱 확대시키기 위하여 파키스탄 정부와 중국 사이 거래의 일환으로 핵탄두 기술을 얻었다. 그 직후에 칸은 이란의 새로운 이슬람 정부와 원심분리기 설계도와 물질 — 소위 '시작 키트(starter kit)'를 위한 거래를 중개하였고, 1990년에는 이전까지 이란의 적이었던 이라크가 후세인(Sadam Hussein)의 초보적 핵프로그램의 일부인 무기 설계도와 디자인을 제공받았다. 또한 1980년대 후반부터 칸은 리비아와 원심분리기 부품과 설계를 제공하는 거래를 하였고, 이후 1990년대에는 무기와 탄두설계, 그리고 아마도 선진 미사일 기술까지 거래하였다. 이들 거래는 칸 네트워크에 의해 진행된 가장 큰 것이었고, 아마 수 만개의 원심분리기가 거래를 통해 판매되었을 수 있다. 칸은 북한에도 원심분리기 기술을 제공하였으며 대신 북한으로부터 미사일 기술을 이전받았는데, 북한은 이후 이 기술을 시리아와 미얀마에도 판매하려고 하였다.[5]

2000년대 초반까지 칸의 핵밀수 네트워크는 진정한 의미의 국제적 조직이 되어, 전 세계적으로 여러 중개상, 회사, 정부와 연결이 되면서 거의 모든 새로운 확산 우려 사례에 핵심적 역할을 하였다. 2004년 1월 31일에 파키스탄 당국이 미국으로부터 결정적인 증거를 제공받은 후 칸을 체포하면서 칸 네트워크의 실상이 드러났다.[6] 그러나 칸은 2007

년에 가택 연금에서 풀려났는데, 칸 네트워크의 일부는 여전히 지속되고 있다고 보아야 할 것이다.

2. 핵테러리즘

테러리스트 집단이 어떻게 해서든 핵무기를 획득할 가능성은 오늘날 국제사회가 직면한 가장 긴급한 도전 중의 하나이다. 국민국가와는 달리 테러리스트 집단은 보복위협으로 억지되지 않고 만약 그들이 필요한 무기와 지식을 습득할 수 있다면 언제 어디든지 공격할 수 있을 것으로 여겨진다. 미국 오바마(Barack Obama) 대통령이 지적한 것처럼,

> 테러리스트들이 핵무기를 결코 획득하지 못하도록 해야 한다. 이것이야말로 국제안보에 대한 가장 긴급하고 위험한 위협이다. 하나의 핵무기를 가진 한 명의 테러리스트가 대량살상을 촉발할 수 있다. 알 카에다(Al Qaeda)는 핵무기를 추구하고 있으며 그 사용을 꺼릴 이유가 없다고 말해왔다. 그리고 우리는 전 세계에 안전하지 않은 핵물질이 있다는 것을 알고 있다. 우리 국민을 보호하기 위해 우리는 명확한 목적의식을 가지고 지체없이 행동해야만 한다.[7]

이런 점을 염두에 두고 이 절은 핵테러리즘과 관련된 세 가지 주요 질문을 다룬다. 첫째, 핵테러리즘이라는 말이 의미하는 것이 무엇인가, 둘째, 누가 관련되고 위협을 대표하는가, 셋째, 이 위협은 얼마나 심각한가?

핵테러리즘은 무엇인가? 핵테러리즘은 핵무기나 더러운 폭탄을 사용하거나 자신들의 특정한 대의(정치, 종교, 인종, 이데올로기 등)를 실현하기 위해 민간 또는 군의 핵시설을 공격하는 비국가 행위자의 위협을 의미한다. 테러리즘은 특정 집단이 특정 목적을 위해 사용할 수 있는 하나

의 전술이지만, 핵테러 공격은 대규모의 공포를 초래하고, 정치적 주장을 하고 많은 민간인을 살상할 수 있다. 상식적으로 테러리스트 집단은 '억지가 불가능'하다. 왜냐하면 국민국가와는 달리 그들은 회신용 주소가 없어서 공격 이후의 보복이 신뢰할만한 위협이 될 수 없다. 이런 점은 특히 자신들의 대의를 위해 생명을 바칠 각오가 되어있는 테러리스트들에게는 더욱 그러하다. 하지만 아래에서 보다 자세히 논의하는 것처럼, 이는 테러리스트 집단의 형태와 목표에 따라 달라질 수 있다.

테러리스트 집단이 국민국가와 같은 방식으로, 예를 들어 탄도미사일이나 비행기로 핵무기를 사용할 가능성은 거의 없다 (비록 불가능한 것은 아니지만). 왜냐하면 이런 종류의 능력을 가지기 위해서는 국민 국가로부터의 상당한 지원이 있어야 하기 때문이다 (물론 이론적으로는 미사일이나 비행기가 탈취되거나 납치될 수 있다). 대신 핵장치는 배달 컨테이너나 트럭(작은 핵폭탄이 항구나 도시에 진입하는 것을 탐지하는 것은 엄청나게 어렵다)에 숨겨지거나 민간 또는 군사 핵시설의 직접적인 공격에 사용될 수 있다. 결과적으로 대량살상을 작정한 테러리스트 집단이 핵장치나 더러운 폭탄(핵폭발 없이 방사능을 방출)을 획득한다면, 정보, 국경보안과 다른 탐지 및 방지조치들과 상관없이 그 사용을 막아내기는 거의 불가능할 것이다.

가장 큰 위협을 대표하는 테러리스트 집단은? 핵테러리즘은 다른 의도를 가지고 핵폭탄을 다른 방식으로 사용할 수 있는 광범위한 집단 및 조직과 관련이 있다. 퍼거슨(Charles Ferguson)과 포터(William Potter)에 따르면,[8] 핵무기 획득을 노릴 수 있는 네 가지 유형의 테러리스트 집단이 존재한다.

- **종말론 집단.** 이 집단은 세계의 종말이 다가오고 있으며 이것이 폭력을

통해 달성되어야 한다고 믿는다 — 이들 그룹은 흔히 소규모의 극단적 종교분파이다. 일본의 옴진리교(Aum Shinrikyo) 추종자들이 이런 종말론 그룹의 대표적 사례이다 — 실제로, 이 집단은 1990년대 초반에 러시아로부터 핵무기를 획득하려고 시도하였다는 소문이 있으며, 1995년에 도쿄 지하철에서 사린가스(sarin gas)로 19명을 살해하고 수백 명을 부상시킨 바 있다. 이들 그룹은 비록 소규모이고 지엽적인 집단이지만 아마 가장 가능성 있는 핵위협이라고 할 수 있다.[9]

- **정치-종교적 집단.** 이 집단은 최근 핵테러리즘 논쟁을 주도하고 있다. 이들은 정치적, 종교적 동기를 모두 가지고 있으며, 초국가적이거나 지리적으로 집중되어 있을 수 있다. 알 카에다(Al-Qaeda)가 레바논의 헤즈볼라(Hezbollah), 인도네시아의 자마트 알 이슬라미야(Jamaat al Islamiya), 유럽과 남미의 네오나치(neo-Nazi) 분파와 함께 이러한 정치-종교적 그룹의 대표적인 집단이다. 알 카에다는 빈 라덴(Osama bin Laden)의 주도로 1990년대 초 이래 핵폭탄과 분열물질의 획득을 위해 노력해왔다고 여겨지고, 현재도 아마 동일한 노력을 하고 있을 것이다.[10] 그러나, 이들 집단이 실제 핵공격을 감행할 준비가 되어 있는지는 논쟁의 주제로 남아 있다 (아래의 설명 참조).

- **민족주의자/분리주의자 집단.** 이들 집단은 특정 인종, 종족, 또는 종교적 집단을 위한 정치적 목적 — 예를 들면 민족의 영토적 독립 또는 확장된 대표성 — 을 추구한다. 여기에는 영국의 아일랜드공화국군(IRA: Irish Republican Army), 스리랑카의 타밀타이거(Tamil Tigers), 러시아의 체첸(Chechen) 반군, 인도의 마오주의(Maoist) 게릴라 및 스페인의 바스크 분리독립주의자(ETA: Basque Fatherland and Liberty, Euskadi Ta Azkatasuna의 약자 – 역자 주)들이 포함된다. 이들 그룹은 자국민과 영토에 미칠 수 있는 영향 때문에 핵테러리즘을 매력적인 대안으로 생각할 가능성이 크지 않다. 그럼에도 불구하고, 체첸 분

리주의자들이 핵폭탄을 추구(어느 정도의 물질은 확보했을 가능성이 있음)하였다는 소문이 있으며,[11] 다른 집단 내의 분파가 비슷한 생각을 가질 가능성은 매우 높다.
- 단일 이슈 집단. 정책의 변화나 구체적인 정치적, 사회적 이슈와 관련한 행동의 변화를 추구하는 운동집단 중 무장화한 분파. 이 범주에는 반핵 시위대는 물론 환경주의자, 반낙태주의자 및 동물보호주의자들이 포함될 수 있다. 이들 그룹이 핵테러리즘에 결부될 가능성은 희박하지만, 이들 내의 작은 파벌이 위협을 초래할 수도 있다. 반핵 시위대는 자신들의 대의에 주의를 집중시키기 위해 원자력 발전소나 군사시설의 가동을 방해할 가능성이 있지만, 핵폭탄이나 더러운 폭탄의 획득을 시도할 가능성은 낮다.

위협이 얼마나 심각한가? 핵테러리즘의 심각성을 추정하기는 매우 힘들다. 따라서 여기에 대해서는 열띤 논쟁이 진행된다. 예를 들면 뮐러(John Mueller)는 핵테러리즘 '선전(hype)'에 대해 매우 회의적이다.

> 어떤 테러리스트 그룹이 진정으로 핵무기를 원하고 그런 열망이 그들을 장악하더라도 그들이 실제로 핵무기를 획득할 가능성이 조금이라도 있는지 전혀 확실하지 않다. 만약 그들이 그런 노력을 기울인다 하더라도 성공의 가능성을 극히 희박하게 만드는 여러 실질적·조직적 어려움이 존재한다.[12]

그럼에도 불구하고, 세계의 여러 나라들은 이런 위협을 심각하게 받아들일 수밖에 없었다. 표 22는 핵테러리즘의 위협에 대한 상반되는 견해를 요약해서 보여준다.

올브라이트(David Albright)에 따르면 1990년대에 빈 라덴은 핵관련 물질을 획득하기 위해 칸에게 몇 차례 접근하였으나 거절당하였다.[13] 그러

표 22 핵테러리즘 위협에 대한 견해들

심각한 위협	관리 가능한 위협	과장된 위협
테러리스트에 의한 핵 공격은 불가피	테러리스트에 의한 핵 공격은 심각하지만 관리가 가능	테러리스트에 의한 핵 공격 가능성은 높지 않으며 과장됨
테러리스트가 궁극적으로 폭탄을 제조할 수 있는 다량의 분열물질이 통제 밖에 있음	테러리스트가 분열물질을 획득할 수는 있지만, 이 위협을 최소화하기 위한 대응책 존재함	테러리스트 그룹이 핵무기를 제조하거나 획득하는 것은 매우 어려움
핵테러리즘으로부터의 보호는 실질적으로 불가능 – 폭탄이 트럭이나 선적 컨테이너로 밀반입될 수 있음	위협을 줄이기 위해 수출통제의 강화, 국제 협력, 비확산 규범의 강화 등 가능한 조치를 취할 수 있음	테러리스트들이 핵무기 사용을 원하는지 확실하지 않음
테러리스트는 '불량국가'나 불법 네트워크로부터 핵물질을 구입하거나 훔칠 수 있음	자금이 충분한 다국적 테러리스트 그룹이 불법 핵네트워크로부터 부품을 구매하거나 국가로부터 탈취할 수 있음	핵무기 획득은 매우 어렵고 고비용을 수반함
더러운 폭탄이나 초보적 핵폭탄의 대도시에서의 폭발이 전적으로 가능함	핵물질의 안전이 강화되고 있으며 차단 능력도 신장되고 있음	국가는 테러리스트에게 핵무기를 제공하지 않을 것이며, 핵물질의 안전에도 상당한 주의를 기울임

나 파키스탄 핵 위계구조에서 칸의 적수였던 마무드(Sultan Bashiruddin Mahmood)가 빈 라덴과 알 카에다의 다른 지도자들을 여러 번 만나 핵관련 기술을 자신의 움마 타미르-에-나우(UTN: Ummah Tameer-e-Nau) 네트워크를 통해 제공하겠다고 약속했을 가능성이 있다.[14] 실제로, 1998년에 빈 라덴은 다음과 같이 선언하였다.

이슬람교도의 방어를 위해 (핵과 화학)무기를 획득하는 것은 종교적 의무이다. 내가 실제로 이 무기들을 획득한다면, 나는 그렇게 할 수 있도록 해준 신에게 감사할 것이다. 그리고 만약 내가 이 무기들의 획득을 위해 노력한다면, 나는 의무를 이행할 것이다. 이교도들이 이슬람교도에 해를 입히는 것을 방지할 수 있는 이 무기를 보유할 시도를 하지 않는 것은 이슬람교도에게 죄를 짓는 일이다.[15]

그러나 2001년에 연합군에 의한 항구적 자유작전(Operation Enduring Freedom)의 일환으로 탈레반 정권이 무너지면서 알 카에다의 핵폭탄 프로젝트를 위해 아프가니스탄이 안전한 피난처가 될 가능성도 사라졌다. 이와 함께 미국 특수부대가 2011년 5월 2일에 파키스탄의 아보타바드(Abbottabad)에서 빈 라덴을 사살했음에도 불구하고,[16] 알 카에다나 유사한 그룹에 의한 핵위협의 공포와 가능성은 여전히 남아 있다.

3. 테러리스트의 핵무기 획득 경로와 사용 방식

테러리스트 그룹이 핵폭탄 획득을 시도하고 사용할만한 여러 경로가 존재한다. 가장 어렵고 가장 가능성이 낮은 것은 테러리스트 그룹이 외부로부터의 도움이 전혀 없이, 그리고 완벽히 비밀리에 처음부터 폭탄을 만드는 길이다. 이것은 불가능하지는 않지만 아주 가능성이 낮게 여겨진다. 약간 더 가능성이 높은 것은 테러리스트들이 폭탄을 훔치거나 어떻게든 작동 가능한 폭탄을 획득하거나, 아니면 초보적 핵폭탄을 제조하는데 활용할 수 있는 분열물질과 전문지식을 획득하는 것이다. 어떤 국가가 테러리스트 그룹에 작동가능한 폭탄을 제공할 가능성도 물론 존재한다. 하지만 이 경우 그 국가는 발각되는 경우에 보복의 위협에 직면하게 될 것이다. 마지막으로 테러리스트들은 민수용 원자력 발전소나 군사적 핵시설을 공격할 수도 있고, 보다 접근이 용이한 방사능 물질로 방사능 더러운 폭탄을 만들 수도 있다. 각 방식의 상대적 도전에 대해서는 아래에 상술한다.

1. **폭탄의 제조.** 테러리스트 그룹이 외부(예를 들면 현대 국가, 자세한 내용은 아래 참조)의 도움 없이 자력으로 핵무기를 제조할 가능성은 거의 가능성이 없다. 핵무기 제조과정의 각 단계가 달성하기에 매우 힘들다. 필요한 분열물질의 생산은 엄청난 도전이며 방대한 현대적 시설을 필요로 한다. 더러운 폭탄의 제조는 상대적으로 용이하지만 여전히 상당한 전문성, 시간과 비용을 필요로 한다. 만약 테러리스트 그룹이 핵폭탄의 제조에 필요한 모든 물질과 기술을 획득했다 하더라도 (예를 들면 칸 네트워크와 유사한 불법 거래망을 통해서), 폭탄을 제조하고 실험하기 위한 장소가 필요하다 ― 여기에는 거의 필수적으로 국가 지원이 필요하다. 마지막으로 테러리스트는 극비리에 그런 무기를 제조해야 하는데, 이것은 불가능하지는 않지만 매우 힘들다.
2. **다른 국가로부터 폭탄/분열물질 획득.** 이론적으로는 국가가 테러리스트 조직에 핵폭탄이나 폭탄제조에 필요한 물질을 제공하지 못할 이유가 없으나, 더 큰 위협은 테러리스트들이 필요한 전문 지식, 기술 및 물질을 불법적으로 획득하는 것이다. 분열물질의 불법적 획득은 국가가 테러리스트들에게 폭탄을 제공하는 것보다 훨씬 큰 위협이다. 물론 그런 움직임이 탄로가 날 경우에 관련 국가나 조직에 미치는 함의는 심각할 것이다. 그러나 테러리스트가 충분한 분열물질과 지식을 획득한다면, 그들은 초보적 폭탄이나 더러운 폭탄과 같은 방사능 무기를 제조할 가능성이 있다 (자세한 내용은 다음의 설명 참조). '불량 국가'가 테러리스트들에게 핵무기를 제공할지 여부에 대한 논쟁은 여전하지만,[17] 파키스탄과 북한정권 모두 어느 정도 칸 네트워크에 연루되어

있다고 일반적으로 여겨진다.[18]

3. **폭탄 또는 분열물질 절도.** 테러리스트 그룹이 폭탄이나 필요한 분열물질을 훔치는 것은 매우 실제적인 가능성이다. 물론 핵무기와 물질을 보호하기 위한 공조 노력이 강화됨에 따라 이것도 매우 어려운 일이다 (아래의 설명 참조). 1990년대 초기에 테러리스트가 폭탄을 훔치는 위협이 매우 중요하게 인식되었는데, 이는 소련의 붕괴로 상당한 양의 핵관련 물질과 기술(보통 '루스 누크[loose nukes]'로 불림)이 동유럽과 중부유럽에 산재하게 되었기 때문이다.[19] 보다 최근에는 파키스탄 내부(특히 칸 네트워크의 활동 이후)의 핵무기와 물질의 안전에 대한 우려가 높아져 왔다.[20] 새로운 핵무기 보유국의 핵안전 및 통제 조치는 상대적으로 덜 엄격하고 따라서 이론적으로는 도난에 더욱 취약할 것으로 여겨지고 있다.[21]

4. **원자력 발전소 또는 군사시설 대상 공격.** 민수용 발전시설에서 대규모의 핵폭발이 발생할 가능성은 전혀 없지만(왜냐하면 핵연료는 무기급이 아니기 때문), 그런 시설에 대한 공격은 막대한 양의 방사능 누출로 이어져 광범위한 오염과 혼란을 초래할 수 있다. 공격의 의도는 발전소에 방사능 누출을 만들거나 원자로가 과열되어 용융하게 만드는 것일 수 있다. 이런 시설에 대한 공격은 방사능 때문에 엄청난 인명손실을 초래할 수 있다 — 쓰리마일 섬, 체르노빌과 후쿠시마처럼 (자세한 내용은 제10장 참조). 또한 테러리스트 그룹은 군사용 핵시설, 즉 핵폭탄을 보관하고 있는 공군기지 등을 공격할 수도 있다. 이 경우, 최악의 상황에서는 대규모 핵폭발이 발생할 수도 있다.

5. **더러운 폭탄.** 더러운 폭탄은 일반적인 재래식폭탄이지만, 폭발의 힘으로 방사능 물질을 확산시키는 데에 사용된다. 이 폭탄은 방사능분산장치(RDD: radiological dispersal device)라고도 불린다. 더러운 폭탄은 상대적으로 제조가 용이하고(이것은 방사능 물질로 둘러싸인 보통의

폭탄이다), 어떤 형태의 방사능 물질(반드시 분열물질이 아니라도)도 위험한 방사선의 광범위한 확산에 사용될 수 있다. 그런 방사능 물질은 상당히 널리 사용되고 있고, 핵 암시장에서 구입하거나 산업시설에서 훔칠 수도 있다. 광범위한 방사능 오염을 정화하는데 수년이 걸릴 수 있고 노출된 사람들에게 장기적으로 건강상 문제(제2장 참조)를 초래할 수 있지만, 더러운 폭탄의 가장 큰 영향력은 심리적인 측면에 있다.

4. 핵테러리즘으로부터의 안전

핵테러리즘의 세계적 위협을 다루는 일은 다면적인 과제이며 위에서 지적한 다양한 위험을 다루기 위한 다양한 수단을 필요로 한다. 그럼에도 불구하고, 만약 테러리스트가 필요한 분열물질(고농축 우라늄[HEU: highly enriched uranium]이나 분리된 플루토늄)을 획득할 수 없다면 핵폭탄을 폭발시킬 수 없을 것이다. 결과적으로 핵테러리즘으로부터 안전을 도모하기 위해 가장 큰 과제는 핵무기나 다량의 분열물질을 보유한 국가로부터 그것들이 분실, 절취되거나 아니면 의도적으로 테러리스트들에게 제공되는 것을 방지하는 일이다. 앨리슨(Graham Allison)은 다음과 같이 지적한다.

> 핵테러리즘을 방지하기 위한 전략의 핵심은 테러리스트들이 핵무기나 물질에 접근하지 못하도록 하는 일이다. 이를 위해 우리는 다음과 같은 '3불(Three No's)' 원칙에 따라 국제안보 질서를 구축해야 한다. 핵무기 유출 불허, 신규 핵무기 불허, 신규 핵무기 보유국 불허.[22]

핵테러리즘에 맞서 안보를 확보하기 위한 기제를 두 가지로 생각해볼 수 있다. 하나는 핵안보 조치를 통한 것이고, 다른 하나는 적극적인 대확산

(counter-proliferation) 노력과 세계 비확산레짐의 강화를 통한 것이다. 아래에서 이에 대해 자세히 다룬다.

(1) 핵안보

핵안보는 본질적으로 분열물질이나 핵무기 부품이 엉뚱한 사람에 의해 남용되지 않도록 하기 위한 모든 조치들, 예방책 및 적극적 방어를 총칭한다. 가장 기본적인 수준에서 이는 핵시설을 공격이나 절취 시도로부터 가능한 안전하게 만드는 것을 의미하지만, 새로운 분열물질의 생산을 방지하고 전 세계적으로 현존하는 분열물질들을 안전하게 보호하거나 제거하는 조치들도 포함한다.

과학기술자 공동체에서는 맨해튼 프로젝트 이래 핵안보의 중요성에 대해 인식하여 왔지만, 이 이슈가 국제사회의 관심사가 된 것은 냉전 종식 이후의 일이다. 특히 1991년에 소련이 붕괴되면서 구소련 지역에 산재하게 된 막대한 양의 핵관련 기술과 물질들은 핵안보의 잠재적 문제에 관심을 집중시켰다. 이러한 소위 '루스 누크'의 위협을 다루기 위해 미국 상원의원 넌(Sam Nunn)과 루가(Richard Lugar)는 1991년대 초반에 미국에서 협력적 위협감축(CTR: Cooperative Threat Reduction) 프로그램(넌-루가 프로그램으로도 불린다)을 시작하도록 하였다. 이 CTR의 핵심 목적은 루스 누크 및 연관된 기반시설(예를 들면 핵무기 자체, 민간 물질, 기술, 장치 및 특히 과학기술자들이 보유한 전문 지식), 그리고 다른 기존 대량살상무기로부터 제기되는 위협을 축소 또는 제거하는 일을 지원하는 것이었다.[23] 협력적 위협감축(CTR) 레짐은 역사상 가장 성공적인 핵안보 노력으로 평가받아왔다. 젠코(Micah Zenko)와 코헨(Michael Cohen)의 설명처럼,

핵폭탄이 테러리스트 수중에 들어갈 위협은 1990년대 초반 이래 현저히 줄어들었다. 당시에 소련의 핵무기는 러시아의 11개 모든 시간대와 15개 모든 구소련 공화국에 산재해 있었고, 대부분은 동유럽에 존재하였다. 그 이후 미국-러시아 간의 협력적 노력으로 이들 무기는 훨씬 적은 수의 기지에 상당히 안정적으로 보관되고 있으며, 핵탄두나 물질을 보유한 거의 모든 시설의 안전 조치는 대폭 강화되어 탈취나 전용의 가능성은 매우 희박해졌다.[24]

사실상, 당시 넌-루가 프로그램에 따라 상당한 양의 핵물질이 구소련 공화국들로부터 미국으로 이송되었고, 현재 미국 내 백열전구 열 개 중 하나가 넌-루가 프로그램에 의해 미국으로 이송되어 재처리된 분열물질에 의해 전력을 공급받는다고 추정된다.[25]

협력적 위협감축(CTR) 프로그램의 논리는 루스 누크 또는 다른 취약한 핵물질을 보호하기 위한 노력들을 촉발시켰다. 그 대표적인 것이 2004년 4월에 결의된 UN안전보장이사회 결의안 1540호였는데, 이 결의안은 보다 강화된 핵안보 조치와 보다 적극적인 비확산 노력을 기울일 것을 촉구하였다.[26] 아울러 2005년에는 개정된 핵물질 및 핵시설방호협약(Convention on Physical Protection of Nuclear Material and Nuclear Facilities)이 IAEA에 기탁되었다.[27] 보다 최근에는 핵안보정상회의(Nuclear Security Summit)가 미국 오바마 대통령에 의해 2010년에 시작되어 핵테러리즘의 위협으로부터 핵물질의 안전을 도모할 필요에 대해 주의를 집중시켰다. 이 정상회의는 안전이 확보되지 않은 핵무기와 물질로부터 초래되는 심각한 위협과 불충분한 핵안보의 중요성을 강조하고, 핵물질의 통제와 안보를 위해 실행 가능한 글로벌 레짐과 기준을 구축하기 위한 것이었다. 현재까지 2010년, 2012년, 2014년 세 차례에 걸쳐 정상회의가 개최되었다.

- 2010년 워싱턴(Washington, DC)회의. 워싱턴에서 개최된 제1차 핵안보정상회의에는 47개국의 대표가 핵안보와 관련된 위험들에 대해 토론하고 전 세계적으로 핵물질 및 시설의 방호를 강화하기 위한 정치적 합의를 이끌어내기 위해 참석하였다. 그 결과 워싱턴작업계획(Washington Work Plan)이 채택되었는데, 그 주요 내용은 다음과 같다. (1) 핵테러리즘에 의한 위협의 심각성과 시급성 확인, (2) 모든 참여국이 모든 취약 핵물질의 전 세계적 안보를 확보하기 위해 노력할 필요 인정, (3) 참여국이 자국 영토 내의 핵물질 안보확보에 책임을 지는 원칙 수립, (4) 참여국들이 핵안보를 증진시키기 위한 노력을 국제사회의 일원으로 함께 기울일 것을 약속.[28]
- 2012년 서울회의. 서울에서 개최된 제2차 회의에는 53개국 대표가 참석하였다. 주요 의제는 2년 전에 합의된 워싱턴작업계획의 이행에 있어서의 진전에 관한 것이었다. 세부적으로 논의된 이슈에는 핵테러리즘에 맞서기 위한 협력적 조치들, 핵물질과 관련 시설의 방호, 그리고 핵물질의 불법 거래 방지 등이 포함되었다. 이외에 정상회의는 워싱턴작업계획에 새로운 조항들을 추가하였다 — 특히, 참여국들은 핵안전과 안보 사이의 시너지 효과를 증진시킬 필요와 방사능 물질의 도난이나 오용으로부터 보호를 강화할 필요를 인정하였다.[29]
- 2014년 네덜란드 헤이그(Hague)회의. 2014년 3월에 개최된 회의에는 58개국에서 약 5,000명의 대표단들이 참석하였다. 주요 의제는 2010년과 2012년에 합의된 목적들과 계획들을 재검토하는 것이었다.[30]

최종 정상회의는 2016년 미국에서 개최될 예정이다.

마지막으로 핵안보 의제는 전 세계적으로 분열물질의 생산 중단을 목표로 하고 있다. 따라서 1994년(비록 이런 아이디어는 1950년대 이래 존재하여 왔지만)에 유엔군축회의(Conference on Disarmament)에서 협상이 시작된 핵분열물질금지조약(FMCT: Fissile Material Cut-off Treaty)은 핵안보 기제의 또 다른 중요한 측면이라고 할 수 있다. FMCT는 전 세계적으로 핵무기용 새로운 분열물질(HEU와 PU)의 생산금지를 제안한다. 이미 전 세계적으로 엄청난 양의 분열물질 재고가 존재하며, 이는 이론적으로 수십 만 개의 폭탄을 만들 수 있는 양이다.[31] 그러나 금지대상에 모든 분열물질이 포함되어야 하는지 아니면 단순히 새로운 분열물질만 포함되어야 하는지에 대해 의견이 일치되지 않고, 후발 소규모의 핵국가들은 이런 합의가 자신들에게 불리하게 편향되었다고 인식한다. 결과적으로 UN군축회의의 핵분열물질금지조약(FMCT) 협상위원회는 2009년 5월 이래 교착상태에 빠져 있다 — 이는 주로 파키스탄의 우려 때문이다.[32]

(2) 대확산과 비확산

핵테러리즘과 맞서기 위한 의제의 나머지 절반은 적극적인 대확산(counter-proliferation, 정보를 기반으로 한 차단 및 필요시 무력 사용)과 비확산(non-proliferation, 현재의 핵무장 국가로부터 새로운 주체에게 무기가 확산되는 것을 막기 위한 국제적 체제의 강화)으로 대별될 수 있다. 이들 조치들은 반드시 협력 하에 추구되어야 하며, 동시에 위에서 언급한 조치들을 통해 세계 핵안보가 최대한 보장될 수 있도록 노력이 진행되고 있다. 함께 추진되면서 이들 조치는 세계 핵안보체제의 철저하고 튼튼한 기반을 마련하고 있다.

아마 가장 분명하고 가장 기본적인 대확산 조치는 수출통제 감시의 강화와 차단을 통해 불법거래를 대상으로 한 기제들의 보완이다. 강화된 수출통제는 모든 핵안보 의제의 핵심적 부분인데, 과거에 드러났던 허점과 문제들이 반드시 시정되어야 한다. 안토니(Ian Anthony) 등이 지

적하듯이,

> 수출통제는 기존에 핵무기를 가지고 있지 않은 국가들이 핵무기를 획득하는 것을 방지하는데 도움이 된다. 수출통제는 핵 관련 물품들과 핵 이중용도 물품들의 국제교역과 협력이 비확산의 관점에서 보다 안전하게 이뤄질 수 있는 환경을 조성하는데 도움이 된다.[33]

이런 노력을 지원하기 위한 한 가지 방법은 기업의 주의와 책임을 강화하는 것 외에 핵공급자그룹(NSG: Nuclear Suppliers Group) — 1978년에 핵관련 기술과 물질의 판매에 대해 엄격한 원칙을 수립하기 위해 만들어진 조직 — 을 확대하는 것이다.

보다 적극적인 역할은 탐지 및 차단 능력의 강화에서 찾아질 수 있다. 여기에는 2003년에 시작된 확산방지구상(PSI: Proliferation Security Initiative)이 대표적으로 포함된다.[34] 확산방지구상은 대량살상무기, 탄도미사일과 관련된 물질들이 확산 우려가 있는 국가 및 비국가 행위자에게 향하는 것으로 의심되는 운송을 차단하고, 정보공유 절차를 간소화하고, 관련 국내 및 국제법을 강화하고, 확산관련 화물의 차단을 용이하게 하는 다른 특정 조치를 취할 수 있도록 하는 것이었다.[35] 마찬가지로 세계핵테러방지구상(GICNT: Global Initiative to Combat Nuclear Terrorism) — 2006년에 미국 부시(George W. Bush) 대통령과 러시아 푸틴(Vladimir Putin) 총리에 의해 핵안보, 불법 핵거래, 잠재적 테러리스트 피난처 및 핵재난 대응 등을 다루기 위한 수단을 개발하고 개선하기 위해 시작되었다 — 도 반드시 확대되어야 한다.

마지막으로 핵안보 의제는 신뢰할 수 있고 적극적인 핵비확산 프로그램들에 의해 지원되어야 한다. 여기에는 새로운 국가들에게로의 무기기술 확산방지와 기존 핵무기의 감축조치가 포함된다 (제5장 및 제

6장 참조). 기본적으로 세계에 존재하는 핵무기가 적을수록, 핵무기나 관련 물질이 오용되거나 도난당할 가능성이 적어진다. 이런 조치의 핵심은 비확산조약(NPT)이지만, 다른 세계 비확산 전략들도 필요하다 (이에 대해서는 제7장에서 자세히 설명한 바 있다). 궁극적으로 핵물질 — 특히 분열물질 — 과 기술의 안보를 보장하는 것은 국제사회의 가장 중요한 도전이고, 핵테러리즘 위협으로부터 보호를 위한 초점이다.

5. 요점, 추가정보 및 자료

이 장은 새로운 글로벌 행위자 — 특히 테러리스트 그룹 — 에 의해 제기되는 핵위협과 이 위협에 대응하기 위한 방책들을 소개하였다. 그 요점은 아래와 같다.

- 주로 비확산과 군축에 중점이 주어지고 있지만, 불법 핵거래 및 밀수 네트워크는 오늘날 핵세계의 핵심적 도전이고, 이는 특히 핵테러리즘의 위협과 관련이 있다.
- 1980년대와 1990년대 파키스탄의 과학자 칸은 핵관련 물질 및 청사진을 거래하는 세계 밀수 네트워크를 구축하였고, 전 세계의 여러 나라에 핵관련 기술을 팔았다 — 가장 주목할 만한 사례는 북한과 리비아이다. 불법 핵거래는 현재에도 심각한 위협으로 남아 있다.
- 테러리스트 그룹이 핵물질 또는 핵무기에 접근할 위협은 상존하고 아마 현재 직면한 가장 큰 핵위험 중의 하나이다. 그러나 이 위협의 심각성은 치열한 논쟁의 주제이다. 여러 유형의 테러리스트 그룹이 존재하고 이들 중 어떤 조직은 다른 조직보다 핵무

기나 핵/방사능 장치의 취득을 더 원할 것이다.
- 테러리스트들은 어떤 국가로부터 핵폭탄이나 핵물질을 직접 구할 수도 있고(그러나 가능성은 높지 않다고 평가된다), 폭탄이나 폭탄 제조 가능 물질을 훔치거나 다른 방식으로 획득하거나(아마 핵밀수 네트워크를 통해), 군사적 또는 민수용 핵시설에 대한 공격을 시도할 수도 있다.
- 테러리스트들이 핵무기를 투발하기 위해 미사일이나 항공기를 사용할 가능성은 높지 않다 — 대신, 그들은 선적 컨테이너나 트럭에 폭탄을 숨길 가능성이 높다.
- 테러리스트들은 집단 공포와 심리적 혼란을 야기하기 위해 재래식 더러운 폭탄을 사용할 가능성이 있는데, 이것은 기술적으로는 WMD가 아니다.
- 핵물질의 도난이나 오용으로부터 보호하는 것이 현재 국제사회가 당면한 가장 긴급한 핵도전 중의 하나이다. 따라서 세계적으로 다양한 구상들이 핵테러리즘의 위협에 대응하기 위해 고안되었다. 여기에는 PSI, GICNT, UNSC 1540, 2010년, 2012년, 2014년에 개최된 핵안보정상회의, FMCT 협상, 그리고 과거 구소련의 핵물질 유출을 다루기 위한 넌-루가 CTR 프로그램 등이 포함된다.

추가정보 및 자료

불법 핵거래에 대해서는 올브라이트의 『위험한 행상(*Peddling Peril*)』(2010)과 랑게비셰(William Langewiesche)의 『핵 바자회(*The Atomic Bazaar*)』(2007)를 참고하면 된다. 칸 네트워크에 대한 최고의 소개서는 코레라(Gordon Corera)의 『폭탄을 찾아나

➤ 계속

➤ 계속

서다(*Shopping for Bombs*)』(2006)이고, 올브라이트와 힌더스틴(Corey Hinderstein)의 "Unravelling AQ. Khan and Future Proliferation Networks" (2005); 올브라이트 등의 "Detecting and Disrupting Illicit Nuclear Trade after AQ Khan" (2010)이 유용한 자료이다. 또한 암스트롱(David Armstrong)과 트렌토(Joseph Trento)의 『미국과 이슬람 폭탄(*America and the Islamic Bomb*)』(2007)도 참고할 수 있다.

핵테러리즘에 대해서는 앨리슨(Graham Allison)의 『핵테러리즘(*Nuclear Terrorism*)』(2009[2004]); 퍼거슨(Charles Ferguson)과 포터(William Potter)의 『핵테러리즘의 네 개의 얼굴(*The Four Faces of Nuclear Terrorism*)』(2005); 레비(Michael Levi)의 『핵테러리즘에 관하여(*On Nuclear Terrorism*)』(2007); 보웬 등(Wyn Bowen et al.)의 "Multilateral Cooperation and the Prevention of Nuclear Terrorism" (2012); 리버(Keir Lieber)와 프레스(Daryl Press)의 "Why States Won't Give Nuclear Weapons to Terrorists" (2013) 등을 참고하면 된다. 젠코(Micah Zenko)와 코헨(Michael Cohen)의 "Clear and Present Safety" (2012); 프로스트(Robin Frost)의 『9·11 이후의 핵테러리즘(*Nuclear Terrorism After 9·11*)』(2005); 그리고 플루토(Anna Pluto)와 짐머만(Peter Zimmerman)의 "Nuclear Terrorism" (2006)은 이 주제에 대한 강한 반론을 제기한다. 알 카에다와 빈 라덴, 그리고 핵무기와 관련해서는 올브라이트 등의 "Bin Laden and the Bomb" (2002)를 참고하면 된다. 이란-헤즈볼라 연계에 대

해서는 바이만(Daniel Byman)의 "Iran, Terrorism, and Weapons of Mass Destruction"(2008)을 참고하면 된다. 뮐러(John Mueller)의 『핵 집착(*Atomic Obsession*)』(2010)은 핵테러리즘 위협에 대한 강력한 비판을 제공한다.

러시아의 '루스 누크'와 서류가방폭탄에 대해서는 앨리슨 등의 『핵 무정부 상태의 회피(*Avoiding Nuclear Anarchy*)』(1996); 코크번(Andrew Cockburn)과 코크번(Leslie Cockburn)의 『원 포인트 세이프(*One Point Safe*)』(1997); 루옹고(Kenneth Luongo)의 "Loose Nukes in New Neighborhoods"(2009)를 참고하면 된다.

넌-루가 CTR 프로그램에 대해서는 쉴즈(John Shields)와 포터의 『냉전의 해체(*Dismantling the Cold War*)』(1997); 울프(Amy Woolf)의 "Nunn-Lugar Cooperative Threat Reduction Programs"(2001)를 참고하면 된다. PSI에 대해서는 위너(Andrew Winner)의 "The Proliferation Security Initiative"(2005)와 레만(Thomas Lehrman)의 "Rethinking Interdiction"(2004)을 참고하면 된다. FMCT에 대해서는 버크아웃 등(Frans Berkhout et al.)의 "A Cutoff in the Production of Fissile Material"(1994/5)과 브래긴 등(Victor Bragin et al.)의 "Verifying a Fissile Material Production Cut-off Treaty")(1998)를 참고하면 된다. UNSC 1540에 대해서는 보쉬(Olivia Bosch)와 밴 햄(Peter van Ham)이 공편한 『세계 비확산과 대테러리즘(*Global Non-proliferation and Counter-terrorism*)』(2007)과 크레일(Peter Crail)의 "Implementing UN Security Council Resolution 1540"(2006)을 참고

➤ 계속

> ➤ 계속

하면 된다.

클라이드(Joseph Clyde)의 『공포의 도가니(*A State of Fear*)』 (2013)는 런던에서 더러운 폭탄이 터지면 어떤 일이 벌어질 지에 대해 다루는 흥미로운 소설이다. 클랜시(Tom Clancy)의 『공포의 총합(*Sum of All Fears*)』은 미국의 야구경기장에서 핵폭탄을 터뜨리려는 테러리스트의 계획을 묘사하는 소설이다. 핵테러리즘의 위협을 주로 다루는 DVD 다큐멘터리 〈카운트다운 투 제로(*Countdown to Zero*)〉도 유용할 것이다.

핵안보정상회담에 대한 더 많은 정보는 www.nss2014.com/en에서; GICNT에 대해서는 www.gicnt.org; 그리고 PSI에 대해서는 www.psi-online.infodptj 확인할 수 있다.

주

1. David Albright, Paul Brannan and Andrea Schell-Stricker, "Detecting and disrupting nuclear trade after A.Q. Khan," *The Washington Quarterly*, 33:3 (2010), p. 85.
2. Ibid, p. 93.
3. David Albright, *Peddling peril: how the secret nuclear arms trade arms America's enemies* (London: Free Press, 2010), p. 9.
4. Ibid, pp. 13–51.
5. Gordon Corera, *Shopping for bombs: nuclear proliferation and the rise and fall of the A.Q. Khan network* (London: Hurst & Company, 2006) 참조.
6. David Albright and Corey Hinderstein, "Unraveling the A.Q. Khan and future proliferation networks," *The Washington Quarterly*, 28:2 (2005) pp. 111–128 참조.

7. "Remarks by President Barack Obama, Hradcany Square, Prague, Czech Republic," White House Office of the Press Secretary, (5 April 2009), www.whitehouse.gov/the_press_office/Remarks-By-President-Barack-Obama-In-Prague-As-Delivered.
8. Charles Ferguson and William Potter, *The four faces of nuclear terrorism* (London: Routledge, 2005), pp. 18-20.
9. Robert Lifton, *Destroying the world to save it: Aum Shinrikyo, apocalyptic violence and the new global terrorism* (New York: Henry Holt & Company Inc., 2000) 참조.
10. David Albright, Kathryn Buehler and Holly Higgins, "Bin Laden and the bomb," *Bulletin of the Atomic Scientists*, 58:1 (Jan/Feb 2002), p. 21.
11. 여기에 대해서는 예를 들어 Nick Paton Walsh, "Russian nuclear theft alarms US," *Guardian* (19 July 2002), http://www.theguardian.com/world/2002/jul/19/chechnya.nickpatonwalsh 참조.
12. John Mueller, *Atomic obsession: nuclear alarmism for Hiroshima to Al Qaeda* (Oxford: Oxford University Press, 2010), p. xiii.
13. David Albright, *Peddling peril: how the secret nuclear trade arms America's enemies* (London: The Free Press, 2010), p. 169.
14. Ibid.
15. Osama bin Laden, interview with TIME magazine, (11 January 1999), http://content.time.com/time/world/article/0,8599,2054517,00.html.
16. Barack Obama, "Press Briefing by Senior Administration Officials on the Killing of Osama bin Laden," The White House Office of the Press Secretary, (2 May 2011), www.whitehouse.gov/the-press-office/2011/05/02/press-briefing-senior-administration-officials-killing-osama-bin-laden 참조.
17. 이에 대해서는 예를 들어 Daniel Byman, "Iran, terrorism and weapons of mass destruction," *Studies in Conflict & Terrorism*, 31 (2008) pp. 169-181 참조.
18. Siegfried Hecker and William Liou, "Dangerous dealings: North Korea's nuclear capabilities and the threat of export to Iran," *Arms Control Today*, 37:2 (March 2007), http://www.armscontrol.org/act/2007_03/heckerliou 참조.
19. 이에 대한 좋은 설명으로는 Graham Allison, Owen Coté, Steven Miller and Richard Falkenrath, *Avoiding nuclear anarchy: containing the threat of loose Russian nuclear weapons and fissile material* (Cambridge

MA: The MIT Press, 1996) 참조.
20. 예를 들어 Shaun Gregory, "The terrorist threat to nuclear weapons in Pakistan," *European Leadership Network* (4 June 2013), www.europeanleadershipnetwork.org/the-terrorist-threat-to-nuclear-weapons-in-pakistan_613.html 참고.
21. Peter Feaver, "Command and control in emerging nuclear nations," *International Security*, 17:3 (1992), pp. 160-187 참고.
22. Graham Allison, *Nuclear terrorism: the ultimate preventable catastrophe* (New York: Henry Holt & Co., 2004), p. 141.
23. William Potter and John Shields, "Introduction: assessing the dismantlement process," in William Potter and John Shields (eds.), *Dismantling the cold war: US and NIS perspectives on the Nunn-Lugar Cooperative Threat Reduction Program* (London: The MIT Press, 1997), pp. 3-4.
24. Micah Zenko and Michael Cohen, "Clear and present safety: the United States is safer than Washington thinks," *Foreign Affairs*, 91:2 (2012), pp. 79-93.
25. Testimony of Sam Nunn before the Commission on the Prevention of Weapons of Mass Destruction Proliferation and Terrorism, New York City, New York, (10 September 2008), www.nti.org/analysis/testimonies/senator-nunn-testifies-commission-prevention-weapons-mass-destruction-proliferation-and-terrorism.
26. 여기에 대해서는 Peter Crail, "Implementing UN Security Council resolution 1540: a risk based approach," *Nonproliferation Review*, 13:2 (2006), pp. 355-399.
27. www.iaea.org/Publications/Documents/Conventions/cppnm.html 참조.
28. 선언문 전문에 대해서는 "Work Plan of the Washington Nuclear Security Summit," The White House Office of the Press Secretary, (13 April 2010), www.whitehouse.gov/the-press-office/work-plan-washington-nuclear-security-summit 참조.
29. "Seoul Communiqué: 2012 Seoul Nuclear Security Summit," www.nss2014.com/sites/default/files/documents/seoul_communique_final.pdf 참조.
30. "Hague Nuclear Security Summit Communiqué," www.nss2014.com/sites/default/files/documents/the_hague_nuclear_security_summit_communique_final.pdf 참조.

31. Frans Berkhout, Oleg Bukharin, Harold Feiveson and Marvin Miller, "A cutoff in the production of fissile material," *International Security*, 19:3 (1994), pp. 167-202 참조.
32. Zia Mian and A.H. Nayar, "Playing the nuclear game: Pakistan and the Fissile Material Cutoff Treaty," *Arms Control Today* (April 2010), http://www.armscontrol.org/act/2010_04/Mian.
33. Ian Anthony, Christer Ahlstrom and Vitaly Fedchenko, *Reforming nuclear export controls: the future of the Nuclear Suppliers Group* (Oxford: Oxford University Press for the Stockholm International Peace Research Institute [SIPRI], 2007), p. 112.
34. PSI는 미국 주도로 호주, 프랑스, 독일, 이탈리아, 일본, 네덜란드, 폴란드, 포르투갈, 스페인 및 영국과 함께 시작되었다.
35. Mark Valencia, *The Proliferation Security Initiative: making waves in Asia*, Adelphi Paper 298, (Oxford: Routledge for the International Institute for Strategic Studies, 2005), pp. 25-38.

제9장

핵군축

- 군축 시도의 역사적 사례   278
- 핵무기 포기 국가   287
- 비핵지대의 확산   291
- 글로벌 제로 의제   293
- 요점, 추가정보 및 자료   299

많은 이들이 현실적으로 핵미래에 안전을 확보할 수 있는 유일한 방법은 전 세계의 핵무기를 완전히 없애는 것이라고 생각한다. 이것은 새로운 현상이 아니다 — 실제로 1945년에 최초의 원자폭탄이 투하되기 이전에도 과학자들과 다른 지도자들은 상상을 초월한 파괴력을 가진 이 새로운 무기의 금지를 촉구하였다 — 그리고 이후 완전한 핵폐기를 위한 주장은 꾸준히 국제적인 입지를 유지하여 왔고, 지난 10년간 더욱 활성화되었다. 전 세계적인 군축 기록은 엇갈리는 상황이다. 분명히 세계의 핵무기는 완전히 폐기되지 않았다 — 여전히 1만 6,000개 이상이 남아 있다 (제1장 참조) — 그러나 동시에 세계의 넓은 지역이 비핵지대 (NWFZs: nuclear-weapon-free zones)이고, 여러 국가가 핵폭탄을 포기했고, 핵폐기를 향한 실질적 진전을 요구하는 세계적 압력은 이제 1950년대 혹은 1980년대 이래 정점에 이르렀다. 글로벌 제로 의제 — 특히 미국 오바마 대통령 등에 의해 주창되어 핵군축 논쟁을 진전시키기 위해 잘 조직된 국제적 연합체 — 는 1945년 이래 결코 사라진 적이 없는 군축운동을 최근에 다시 부활시켰다. 글로벌 제로 의제의 실제 진행에는 여러 어려움이 있고 핵폐기가 금방 실현될 수 있는 것은 아니지만, 군축 아이디어가 제2차 세계대전 이후 처음으로 가장 심각하게 고려되었고 최고위층에서 논의되고 있었다는 것이 사실이다. 따라서 이 장은 핵무기 없는 세상의 실행가능성, 타당성, 그리고 기회에 대해 검토한다.

이 장은 다음과 같은 네 개의 절로 구성된다. 제1절은 1945년 이래 진행된 여러 차례의 핵군축 시도, 특히 1950년대와 1980년대의 움직임과 군축의제의 중심에 섰던 핵심 그룹에 대해 검토한다. 제2절은 진전을 보이던 핵무기개발프로그램을 포기하기로 결정한 국가들의 사례 및 특히 남아프리카공화국과 구소련 세 개의 공화국의 경우처럼 핵무기 능력을 완전히 포기하기로 결정한 국가들의 소수 사례에 대해 논의한다. 제3절은 비핵지대 개념을 조명하고 어떻게 세계의 넓은 지역(대부분 남반구)이 이런 협정들의 대상이 되었는지를 보여준다. 제4절은 핵폐기를 위한 최근의 압력을 요약하고 글로벌 제로 의제의 전망을 평가한다. 제9장의 요점과 추가 자료에 대한 소개가 이어진다.

1. 군축 시도의 역사적 사례

'핵무기를 금지'하고 핵군축을 달성하기 위한 운동은 2009년에 오바마 대통령, 2007년의 소위 '핵묵시록의 4기사(Four horsemen of the nuclear apocalypse)', 또는 1986년 레이캬비크(Reykjavik)에서 레이건(Ronald Reagan)과 고르바초프(Mikhail Gorbachev)에 의해서 시작된 것이 아니다. 사실, 1914년까지 거슬러 올라가면 — 핵무기가 여전히 이론적 가능성에 불과할 당시에 — 작가 웰스(H. G. Wells)는 소설 『해방된 세계(The World Set Free)』에서 원자력 에너지의 엄청난 잠재적 파괴력을 극복하기 위해서는 세계 정부가 필요함을 피력하였다.[1] 그럼에도 불구하고 위트너(Lawrence Wittner)가 설명하듯이, 핵군축을 향한 대중의 요구는 1945년에 최초의 핵폭탄이 투하된 이후에 실제로 표면으로 드러나게 되었다.

> 히로시마와 나가사키에 원자폭탄이 투하된 이후, 핵폭탄에 대한 반대운동이 전 세계 수십 개 나라에서 급속히 형성되기 시작하였다. 핵무기의 존재와 그 재앙적 효과를 인식하고는 수십만 명의 사람들이 핵의 파괴력으로부터 인류를 구하기 위한 활발한 대중운동 기치 하에 모였다.[2]

그러나 핵군축운동이 전 세계적인 모습으로 완전히 뿌리내린 것은 1950년대의 최초 수소폭탄 실험에 이르러서였다.

(1) 첫 번째 물결(1940년대~1960년대)

핵군축운동의 첫 번째 물결 — 1940년대에 시작되어 1960년대 초반까지 지속 — 동안 핵폭탄에 반대하는 여러 새로운 그룹이 탄생하고, 최초의 항의시위가 있었으며, 미국과 소련 사이의 핵군비경쟁에 세계 시민사회로부터의 압력이 점증하였다. 동서 간의 냉전이 고조되면서 핵무기, 핵무기 실험, 그리고 점증하는 핵전쟁 가능성에 대한 국제적 우려의 수준도 마찬가지로 높아졌다.

핵군축운동은 20세기 초반의 '평화운동'으로부터 진화하여 다양한 사람들 — 특히 많은 최고 과학자들 — 이 폭탄에 반대하는 연합을 결성하도록 하였으며, 핵폐기를 위한 압력을 고조시켰다. 이 중 최초로 주목할 만한 것이 『시카고 핵과학자협회보(The Bulletin of the Atomic Scientists of Chicago)』(후에 핵과학자협회보로 개칭)의 창간이었는데, 이는 맨해튼 프로젝트에 참여했던 물리학자들이 일반대중에게 원자력 에너지에 대해 교육하고 핵무기의 폐기를 위한 압력을 행사하기 위해 만든 것이다. 1947년 이래, 이 잡지는 '지구종말시계(Doomsday Clock)'를 발표하여 왔는데, 이 시계는 세계가 얼마나 (핵)재난에 근접했는지를 측정하는 지표로 인정되고 있다 — 즉 시계가 '자정'에 다가설수록 세계는 파멸에 가까운 것이다.[3] 1년 후, 과거 맨해튼 프로젝트 참가자들이 미국과학자연맹(FAS: Federation of American Scientists)을 창설하여 원자력에 대한 정보를 확산시키고 핵무기 없는 세상을 위한 캠페인을 전개하기 시작했다.

1946년 6월에 미국은 유엔에 직접 보고 의무를 지니며 원자력 에너지의 사용에 대한 국제적 감시를 구축하고 모든 핵무기의 폐기를 추진하기 위한 국제원자력개발기구(IADA: International Atomic Development Authority)의 창설을 제안하였다. 집필자 바루크(Bernard Baruch)의 이름을 따서 바루크 계획(Baruch Plan)[4]으로 알려진 이 제안(사실 이것은 애치슨[Dean Acheson]과 릴리엔탈[David Lilienthal]의 보고서를 기초로 한 것이다)에 따르면, 당시 핵무기를 보유한 유일한 국가인 미국은 다른 국가들이 핵무기를 제조하지 않는 조건으로 철저한 국제적 감시 및 보호체제가 구축된다면 보유하는 모든 핵무기를 신설된 UN에 양도할 것에 합의하였다.[5] 국제원자력개발기구는 민수용 원자력 발전과 연구목적을 위한 분열물질의 생산과 분배를 전적으로 책임지고, 이것을 군사용으로 사용하지 못하도록 감시할 계획이었다. 그러나 계획은 소련에 의해 거부당하였고 1949년에 소련이 처음으로 원자폭탄을 실험한 후 완전히 사라지게 되었다.[6] 1952년에 유엔이 군축실(UNODA: Office of Disarmament Affairs)을 개설했지만, 이는 1980년대까지는 거의 지엽적인 기구로 남아있었다.

군축운동의 제1 물결은 저명한 과학자와 대중적 인물들을 포함하여 많은 중요한 인사들의 관심을 이끌어내었다. 예를 들면, 1954년에 인도 총리 네루(Jawaharlal Nehru)는 핵군축을 위한 계획('중지 협정'으로 알려진)을 주창하고 핵무기의 확산이 초래할 본질적인 문제의 위험에 대해 경고했다.[7] 네루의 요청은 영국의 철학자 러셀(Bertrand Russell)과 저명한 과학자 아인슈타인(Albert Einstein)에게 강한 영향을 미쳤고, 러셀과 아인슈타인은 1955년 7월 9일에 세계적 핵군축을 촉구하는 다음과 같은 선언을 발표했다.

> 미래의 전쟁에서는 확실히 핵무기가 사용될 것이고 그런 무기의 사용이 인류의 생존을 위협할 것이라는 사실을 고려하여, 각국 정부의 목적은 세계전쟁으로 충족될 수 없음을 직면하고 인정할 것을 촉구한다. 그리고 그들 사이의 모든 갈등을 해결할 수 있는 평화적 방법을 찾을 것을 강력히 촉구한다.[8]

소위 러셀-아인슈타인 선언은 1957년에 캐나다 노바스코시아에서 개최된 퍼그워시회의(Pugwash Conference on Science and World Affairs)의 핵심 주제가 되었다. 퍼그워시회의는 오늘날까지 세계의 핵군축을 위한 핵심적 기구로 남아있다.[9]

1957년에는 두 개의 중요한 국제 조직이 설립되었다. 첫째는 핵군축캠페인(CND: Campaign for Nuclear Disarmament)이다. 이 단체는 애초에 영국과 프랑스정부의 핵실험에 항의하기 위해 발족되었는데, 1958년에 이르러 전 세계적 핵군축을 위한 캠페인으로 의제를 확대하였다. 1958년 부활절(Easter) 기간에 핵군축캠페인은 버크셔(Berkshire)의 알더마스톤(Aldermaston) 영국핵무기연구소(AWE: British Atomic Weapons Establishment)에서 대규모 행진을 조직하여 영국의 핵무기 개발에 항의하였는데, 이는 이후 연례행사가 되었다. 두 번째 조직은 미국에서 설립된 전미건전핵정책위원회(SANE: National Committee for a Sane Nuclear Policy)인데, 이 조직은 후에 핵무기가 인류에게 제기하는 위협을 근절한다는 취지로 이름을 평화행동(Peace Action)으로 바꿨다. 또 다른 중요한 군축 그룹인 그린피스(Greenpeace)는 1971년에 알래스카의 암치트카(Amchitka) 섬에서 실시하기로 계획한 미국의 일련의 평화적 핵폭발(PNEs: peaceful nuclear explosions, 제2장 참조) 실험에 대한 반대를 위해 조직되었다.

미국 케네디 대통령은 1961년 9월 25일에 열린 유엔총회에서 다음과 같은 연설을 통해 군축운동의 본질을 포착한 것을 보였다.

> 오늘날 지구 위의 모든 생물체는 지구에서 살 수 없게 될 날에 대해 고민해야만 한다. 모든 남성, 여성, 어린이들이 가장 가는 실에 매달려서 사고나 오인 또는 광기에 의해 언제든 끊어질 수 있는 다모클레스의 핵검(nuclear sword of Damocles, 시러큐스 왕인 디오니소스가 왕의 영화를 질시하는 다모클레스를 왕좌에 앉히고 머리 위에 머리카락 하나로 칼을 매달아 놓아 왕에게는 항상 위험이 따름을 가르쳤다는 고사에서 유래하여 늘 따라다니는 위험을 강조함 - 역자 주) 아래에서 살고 있다. 이런 전쟁 무기는 그것이 우리를 파멸시키기 전에 반드시 근절되어야만 한다.[10]

이 연설 몇 주 후에 미국, 소련 및 영국은 핵실험에 중요한 제한을 가하는(자세한 내용은 제2장 참조) 부분핵실험금지조약(PTBT: Partial

Test Ban Treaty)의 논의를 시작하였다. 1963년의 조약체결은 전 세계 핵군축 그룹들로부터의 강한 압력의 결과였고 핵군축캠페인(CND)과 전미건전핵정책위원회(SANE)로부터 열렬히 환영받았다. 그럼에도 불구하고 1962년에 미국과 소련이 쿠바미사일 위기(제4장 참조)를 경험함으로써 핵전쟁에 대한 우려는 최고조에 달했다.

(2) 두 번째 물결(1980년대)

핵군축운동은 1980년대에 미국과 소련이 1970년대의 데탕트 시기가 붕괴된 후 '신냉전(second Cold War)'으로 알려진 경쟁에 돌입함으로써 다시 동력을 획득하였다. 이 시기의 특징은 동서 진영 간 새로운 군비경쟁과 긴장 및 수사의 고조였다. 이런 움직임은 직접적으로 전 세계적인 평화시위의 재개와 핵군축에 헌신하는 새로운 세계적 운동단체들의 조직으로 이어졌다. 이들 중 가장 중요한 조직은 1980년대에 설립된 핵전쟁방지국제의사회(IPPNW: International Physicians for the Prevention of Nuclear War)와 유럽핵군축(END: European Nuclear Disarmament) 그룹이었다. IPPNW는 핵전쟁의 방지를 목적으로 하는 전 세계 — 주로 NATO와 소련 출신의 — 의학 전문가 집단이었다. END는 1980년대 전반에 걸쳐 매년 개최된 핵군축 관련 대규모 포럼이었다.

아울러 냉전이 고조됨에 따라 전 세계적으로 대중적인 시위가 부활했는데, 이는 특히 미국과 유럽에 집중되었다. 가장 유명한 사례는 1980년대 초 미국에서 진행된 핵동결운동(부분적으로 SANE의 일환으로)이었는데, 이 운동은 미국과 소련에 의한 핵실험과 핵무기의 개발 및 배치를 중단시키는 것을 목적으로 하였다. 핵동결운동은 동서 간 핵전쟁 위협의 증가에 의해 추동되었는데 1982년에는 뉴욕의 센트럴파크에 100만 명 이상의 사람들이 모여 핵군비경쟁에 항의하는 시위를 벌이기도

하였다.[11] 영국에서는 핵군축캠페인(CND)이 1981년 10월과 1983년 10월에 런던에서 두 차례의 대규모 반핵 시위를 조직하였는데, 이 행진에는 수십만 명이 참여하였다.[12] 1981년에는 영국 버크셔의 그린햄 커먼(Greeham Common)에서 또 하나의 주목할 만한 시위가 시작되었는데, 이는 NATO의 순항미사일 배치에 항의하는 일련의 여성 그룹이 왕립(RAF) 공군기지에서 시작하여 나중에는 거의 20년간 지속된 '평화캠프(peace camp)'를 만드는 데에 이르렀다. 1982년에 12월에는 기지 내 핵무기 배치에 항의하기 위해서 3만 명 이상의 여성들이 시위에 동참하였다.[13]

1980년대 전반기에는 냉전기 핵긴장의 상당한 증가가 목도되었지만, 후반기에는 핵군축 개념의 새로운 정치적 수용이 새롭게 관찰되었다. 미국 레이건(Ronald Reagan) 대통령 — 불과 몇 년 전까지만 해도 소련에 대해 위험하고 지나치게 호전적인 자세를 추구했다고 많은 이들이 평가한 — 은 믿기 어렵게도 핵군축 의제의 지지자가 되었다. 1986년에 레이건은 소련 지도자 고르바초프(Mikhail Gorbachev)를 아이슬란드의 레이캬비크에서 만난 후에 레이캬비크 정상회담으로 알려진 회의를 통해 핵군축 의제에 대해 논의하였다. 회담에서 레이건은 10년 내 모든 공격용 탄도미사일의 철폐를 제안 — 이는 핵폐기에 가장 근접한 정치적 합의일 것이다 — 하였다.[14] 뉴하우스(John Newhouse)의 표현에 따르면,

> 레이캬비크에서 일어난 일은 이해가 불가능했다. 현대적 기억에서 동맹국이든 적대국이든 두 강대국 지도자들 사이에 이보다 더 이상한 회의는 있을 수 없었다. 열다섯 시간의 대화 동안에 레이건과 고르바초프는, 모두는 아닐지라도, 대부분의 핵무기를 폐기하는 데에 거의 합의하였다. 두 하이 롤러(high rollers, 커다란 금액을 자주 베

팅하는 도박사를 의미 – 역자 주)는 이상적인 비전을 겨루며 서로 판돈을 올리고 있었다. 그들은 아무도 도달하지 못했던 보다 높고 산소가 희박한 지점에 도달했고, 이어서 벼랑에서 떨어졌다.[15]

비록 핵폐기에는 합의하지 못했지만 — 아마 주로 레이건이 전략방위구상(SDI: Strategic Defense Initiative)이라는 탄도미사일방어계획을 희

표 23 핵군축 그룹

구분	설립	설명
핵군축 캠페인(CND)[i]	1957–	핵(무기와 발전)없는 영국 및 전 세계적인 대량살상무기의 광범위한 폐기를 위한 캠페인 전개
퍼그워시	1957–	전 세계적으로 핵군축을 포함한 글로벌 안보 위협을 논의하기 위해 매년 회의 개최, 1995년에 노벨평화상 수상
전미건전핵정책위원회(SANE)[ii]	1957–	핵군축 압력을 위해 미국에서 설립. 1993년에 위원회는 핵동결운동에 동참하였고 평화행동으로 개칭
그린피스[iii]	1969/1971	미국이 알래스카의 암치트카 섬에서 '평화적' 핵실험을 실시할 계획을 선언한 후 설립. 핵군축을 포함한 다수의 글로벌 이슈와 관련하여 활동
유럽핵군축(END)	1980–1993	매년 유럽핵군축회의 개최
핵전쟁방지국제의사회(IPPNW)[iv]	1980–	1980년에 미국과 러시아의 의사들에 의해 초당파적 전국 의료인 그룹으로 결성. 2007년에 의사회는 핵무기철폐국제캠페인(ICAN: International Campaign to Abolish Nuclear Weapons)을 출범시킴

i www.cnduk.org 참조
ii www.peace-action.org 참조
iii www.greenpeace.org.uk 참조
iv www.ippnw.org 참조

생시키려 하지 않았기 때문에 — 회담은 이후 수년간 진행될 보다 제한적인 여러 핵 및 재래식 군비통제협정을 위한 기반을 마련하였다.[16] 전략방위구상은 이후 20여 년 동안 특히 미국에서 반핵그룹을 결집시키는 초점이 되었다.[17]

냉전이 종식되면서 미국과 러시아의 핵전력이 상당히 많이 감축되었음에도 불구하고, 세계적인 핵군축을 위한 압력은 1990년대 동안, 특히 1998년에 인도와 파키스탄이 핵실험을 실시한 후(제6장 참조), 그리고 미국의회가 1999년에 포괄적핵실험금지조약(CTBT)의 비준을 거부한 후에 추진력을 점차 상실하여 1980년대에는 영향력을 크게 발휘하던 많은 조직들이 점차 쇠퇴하기 시작하였다. 그러나 2000년대 중반까지 세 번째의 국제 핵군축운동이 태동하기 시작하였는데, 이는 부분적으로 핵사고와 핵무기가 테러리스트나 '불량국가'의 수중에 들어갈 위험에 대한 우려가 증가하는 것 — 2001년 9월 11일의 테러리스트 공격과 북한의 2006년 핵실험으로 고조된 인식 — 으로부터 비롯되었다.

군축운동의 세 번째 흐름은 세 개의 사건으로 시작되었다고 할 수 있다. 2005년 5월 1일에 4만 여명의 시위대가 뉴욕의 유엔 건물 밖에서 집회를 가졌는데, 이는 제3차 핵확산금지조약 검토회의의 시작 및 히로시마·나가사키 폭격 60주년을 기억하기 위한 것이었다 (수십 년간 개최된 핵무기에 반대하는 대중집회 중 최대였다.).[18] 2007년에는 IPPNW가 핵무기철폐국제캠페인(ICAN)을 출범시켜 CND를 포함하여 과거에 활동하였던 다양한 반핵그룹들을 한데 모았다. 세 번째, 소위 '핵묵시록의 4기사(Four horsemen of the nuclear apocalypse)'가 세계 핵군축을 촉구하는 첫 번째 기명 논설(op-ed)을 『월스트리트저널(*Wall Street Journal*)』에 게재하였다 (여기에 대해서는 다음의 설명 참조). 이것이 핵군축운동의 가장 최근의 그리고 가장 광범위한 표출의 시작이었고,

오늘날까지 우리가 겪어온 것이다.

2. 핵무기 포기 국가

핵군축운동이 많은 철학적 설계자와 열광적인 지지자들의 희망만큼 성공적이지는 않았지만 완전히 실패한 것은 아니었다. 1945년 이래 다수의 국가들이 핵무기 능력을 추구하다가 폭탄을 제조하지 않기로 결정하였다. 세 나라가 냉전이 종식되면서 구소련으로부터 상당량의 핵무기를 획득하였으나 이후 그것을 포기하는 데에 합의하였다. 1990년대 초반에 한 국가는 단독으로 자국이 보유한 소량의 핵무기와 제조시설을 파기하기로 결정하였다. 이들 사례는 군축과 비확산의 규범이 세계의 많은 지역에서 여전히 강세를 보이고 있다는 점을 보여준다 — 그리고 국가는 핵무기프로그램을 포기할 수 없거나 포기하지도 않을 것이라는 생각에 도전한다. 폭탄이나 고도화된 핵무기 프로그램을 포기한 국가들의 주요 사례는 다음과 같다.

- 남아프리카공화국. 1980년대에 남아프리카공화국의 인종차별 정부는 프리토리아(Pretoria) 근처 펠린다바(Pelindaba)와 아드벤타(Adventa)에 소재한 핵연구소에서 여섯 개의 핵폭탄(우라늄 포신타입을 기반으로)을 제조하였다. 이 프로그램은 국내정치와 1970년대와 1980년대 남부 아프리카의 대규모 전쟁위협 때문에 악화되어가는 남아프리카공화국의 국제적 지위 때문에 진행되었다.[19] 남아프리카공화국이 공개 핵실험을 실시한 적은 없지만 남 인도양에서 1979년 9월에 핵실험 — 벨라 사건으로 통칭됨 — 이 실시되었을 때 이스라엘과 협력하고 있었다고 의심되고 있다. 그러나 1993년에 냉전이 종식되고 인종차별 정부가 붕괴되기 직전에 드 클락(K. W. de Klerk) 대통령은

남아공이 자발적으로 몇 년 전에 제조된 6개의 핵무기를 파괴하였고 핵무기 제조시설도 폐쇄하였다고 선언하였다.[20] 1991년 7월 10일에 남아공은 NPT에 비핵국가(NNWS)로 합류하였다.

- **구소련공화국들.** 1991년에 소련이 해체된 후 상당량의 핵무기가 구소련공화국인 벨라루스, 카자흐스탄 및 우크라이나에 남게 되었다. 실질적으로 우크라이나는 5,000여 개의 핵탄두(다수의 대륙간탄도미사일 발사시설과 함께)를 자국 영토에 보유하여 세 번째로 큰 핵보유국이 되었고, 카자흐스탄은 하루아침에 대략 1,400여 개의 핵탄두로 네 번째로 큰 핵보유국이 되었다 (벨라루스는 50여 개의 핵탄두를 가지게 되었다).[21] 협상이 간단하지는 않았지만, 이들 세 국가는 '핵클럽' 멤버가 되는데 거의 관심이 없어서 1990년대 중반까지 모든 핵무기가 러시아로 이송되었고 이들은 NPT에 NNWS로 합류하였다.[22]

- **아르헨티나/브라질.** 아르헨티나와 브라질 두 나라는 모두 1950년대부터 원자력 에너지에 대한 연구를 시작했고 1970년대 후반과 1980년대 초반에 완전한 무기화 프로그램으로 진전하고 있었던 것으로 보인다. 1970년대에 민수용 전력생산과는 거의 관련이 없는 새로운 농축 및 재처리 시설이 공개된 후 아르헨티나에 대한 국제적 의혹이 제기되었고, 브라질 군부는 아마존 밀림의 카침보(Cachimbo)에 이른바 핵실험장을 건설하고 1985년에 문민정부로 이양되기 전까지 실험을 강력하게 추진하였다.[23] 이런 핵경쟁은 1990년대에 양국 모두에 문민정부가 구성된 후에 진정되었다. 1991년에는 양자 사찰협정이 체결되었고, 1994년에는 두 국가 모두 남미 비핵지대(NWFZ)조약에 가입하였고, 1995년에는 아르헨티나가 NPT에 가입하였다 (브라질은 1998년에 가입했다).

- **이라크.** 이라크의 후세인(Saddam Hussein) 대통령은 1980년대와 1990년대 초기에 핵무기 — 암호명 페트로케미컬(Petrochemical)-3

― 를 추구하였다. 만약 1990~1991년 사이의 걸프전쟁(Gulf War)과 이라크 내 모든 핵물질을 제거하고 핵관련 시설을 파괴하기 위한 국제원자력기구와 UN사찰팀의 후속 활동이 없었다면, 이라크는 아마도 1990년대 중반까지는 핵폭탄을 제조할 능력을 갖추었을 것이다.[24] 그럼에도 불구하고 2000년대 초반에 사담이 비밀리에 프로그램을 재구축하고 있다는 우려가 강하게 제기되었고, 이는 부분적으로 2003년에 제2차 걸프전쟁(Second Gulf War)이 시작되는 계기가 되었다. 후에 밝혀진 증거로는 사담이 핵프로그램을 재구축하려고 시도한 것은 아니었으며, 그가 권력에서 축출되고 처형됨으로써 그럴 가능성은 전혀 없어졌다. 이라크는 2008년에 CTBT에 서명하였고 현재도 NPT의 회원국이다.

- **리비아.** 리비아는 1970년대에, 주로 1967년과 1973년의 이스라엘과의 전쟁에서 아랍국가들의 패배에 대한 대응으로, 핵무기 추구를 시작한 것으로 평가된다. 그 후 수십 년간 리비아 지도자 카다피(Muammar Gaddafi)는 다양한 공급처로부터 핵무기 관련 물질들의 구매를 시도하였다 (1975년부터 NPT의 회원국임에도 불구하고). 1990년대에 리비아는 파키스탄 과학자 칸(제7장 참조)으로부터 핵무기 관련 물질을 입수하였으며, 2000년대 초반에는 초보적 원자폭탄의 설계도를 획득한 것으로 알려진다.[25] 그러나 9·11 테러공격과 이어지는 미국주도의 테러와의 전쟁(Global War on Terrorism)으로 인해, 2003년 12월에 리비아는 핵무기 생산과 관련된 모든 물질, 장비, 시설의 파기에 합의하였고, 카다피는 공개적으로 핵무기프로그램의 추진을 인정하였다.[26] 흥미롭게도 리비아는 동일한 인물이 핵무기 획득과 그 프로그램의 폐기를 결정한 유일한 사례이다.[27]

- **다른 국가들.** 다른 몇 나라도 핵무기프로그램을 시작했다가 포기하였는데 여기에는 스웨덴[28](1950년대와 1960년대), 스위스[29](1950~1980년

대), 한국과[30] 대만[31](1970년대), 알제리[32](1980년대)가 포함된다. 서독도 1950년대 중반에 핵무기 프로그램을 심각하게 고려했었다.[33] 시리아도 과거에 핵무기 제조를 생각한 적이 있으며,[34] 버마/미얀마도 마찬가지였을 것이다.[35]

1945년 이래 핵무기가 확장핵억지정책을 통해 다른 국가의 영토에 배치된 몇 사례가 존재한다 (제4장 참조). 미국은 핵무기를 1945년부터 1991년 사이의 다양한 시기에 전 세계 27개 국가에 핵무기를 배치했다. 여기에 대표적인 것이 유럽의 경우지만 아시아와 태평양에도 배치했다.[36] 마찬가지로 같은 시기에 소련도 자국 영토 밖 동부 유럽과 중앙아시아(일시적으로는 1962년에 쿠바에도)에 핵무기를 배치했다. 그러나 2013년 현재, 미국만이 국경 밖에 핵무기를 배치하고 있는 국가이고, 이 무기들은 유럽의 다섯 나토 동맹국(벨기에, 독일, 이탈리아, 네덜란드 및 터키) 영토의 미군 기지에 있다 — 비록 이 무기들이 점점 시대착오적인 것으로 인식되어 곧 제거될 예정이지만.[37]

따라서 핵군축 의제를 전후 사정을 고려하여 생각해보는 것이 중요하다. 왜냐하면 13개 국가가 1945년 이후 핵무기를 제조/획득하였고, 냉전의 절정기에는 핵무기가 30개국 이상에 배치되었고, 다른 많은 국가들이 이 절대 무기의 제조를 고려했던 것이 사실이다. 하지만 네 나라는 작동하는 핵무기의 포기를 공개적으로 선언하였고 대부분의 핵무기는 이제 핵보유국 영토 외부에는 배치되어 있지 않으며 많은 국가들이 원자력프로그램의 무기화에 반대하는 결정을 내리거나 그렇게 하도록 강제되었기 때문이다.

3. 비핵지대의 확산

핵군축 의제의 가장 성공적인 부분은 지구의 많은 지역이 이제 법적으로 '비핵화(nuclear weapons free)'되었다는 것이다 — 실제로 남반구의 대부분은 이제 비핵지대(NWFZ)이고, 중앙아시아와 북미의 일부와 우주 공간과 해저 및 남극대륙 전체도 마찬가지이다. 이 지역에서는 NWFZ 조약의 서명국은 어떤 나라도 핵무기의 실험, 개발, 배치를 할 수 없다 — 마찬가지로 다른 어떤 국가도 이 지역에서 핵무기 실험을 하거나 배치를 할 수 없다. 1961년에 최초의 조약이 체결된 이래 전 세계적으로 7개의 NWFZ 조약이 추가로 체결되었다. 그리고 여러 다른 지역(중동을 포함한)에서 협상이 진행 중이다. 표 24는 1945년 이후 체결되어 현재까지 유지되는 NWFZ 조약을 간략히 소개한다.

어떤 상황에서는 NWFZ의 구축이 본질적으로 현상(status quo)을 성문화하지만(압도적인 대부분의 국가는 핵무기 제조의사가 분명히 없다), 특정한 상황에서는 조약이 여러 방식으로 다른 중요한 국제 핵관련 협정을 촉진시키거나 그것을 넘어서는 것을 의미하기도 한다. 골드블랫(Jozef Goldblat)은 다음과 같이 설명한다.

> 지금까지 구축된 비핵지대는 다른 조건들도 만족시킨다. 지역 내 국가의 핵무기 획득을 금지하는 것 외에도 비핵지대는 (NPT와는 달리) 핵무기의 비핵국가 영토 내의 배치도 금지한다. 또한 지역 내의 비확산 의무의 준수를 검증하기 위한 절차는 NPT에 규정된 것보다 더 엄격하다. 더구나 지역 내 국가는 강대국들로부터 법적으로 보장되는 안보보장을 받을 수 있다.[38]

결과적으로 1945년 이래 체결된 NWFZ 조약은 국가 간에 핵무기의 개발과 배치를 금지하는 가능한 방법이 있음을 보여준다.

표 24 비핵지대 [i]

조약	시기	내용
남극(Antarctic) 조약	1961	조약 5조가 남극대륙에서의 핵폭발 또는 방사능 폐기물의 투기를 금지
우주(Outer Space) 조약	1967	조약 6조가 지구 궤도에 핵무기 탑재한 물체의 배치, 천체에 핵무기 설치 및 다른 어떤 방식으로든 우주에 핵무기 주둔을 금지
틀라텔롤코(Tlatelolco)	1969	남미와 카리브 해에 NWFZ 설치
심해저(Seabed) 조약	1972	심해저와 대양저(ocean floor) 및 심토(subsoil) 내에 핵무기 배치 금지
라로통가(Rarotonga) 조약	1986	남태평양 NWFZ 설치
방콕(Bangkok) 조약	1997	남아시아 NWFZ 설치
몽골비핵지대 (Mongolian nuclear-weapon-free zone)	1992	몽골리아를 단일 NWFZ화
세메이(Semei) 조약	2009	중앙아시아(카자흐스탄, 키르기스스탄, 타지키스탄, 투르크메니스탄, 우즈베키스탄) NWFZ 설치
펠린다바(Pelindaba) 조약	2009	아프리카 NWFZ 설치(신생 남수단만 가입하지 않았음)

i 자세한 내용은 www.atomicarchive.com/Treaties 참조

1995년에 핵확산금지조약 검토회의는 뉴욕에서 1960년대와 1970년대부터 제기되었던 중동비핵지대(MENWFZ: Middle East nuclear-weapon-free zone)화 안을 공식적으로 통과시켰다. 그러나 중동NWFZ의 구축은 지역 내의 분열적인 정치 — 특히 이스라엘의 신고하지 않은 핵무기 능력과 이란에 대한 우려 — 에 의해 계속 방해받고 있다 (제6장

참조). 또한 여기에는 당사국들 사이에 중동NWFZ가 어떻게 합의될 수 있는지에 대한 견해 차이도 일조하고 있다. 이스라엘은 NWFZ가 일반 중동평화 조약 이후에만 가능하다고 믿는 반면, 아랍국가들은 이스라엘(과 이란)이 평화조약의 체결 이전에 반드시 핵무기 추구와 보유고를 포기해야만 한다고 믿는다.[39] 2010년의 NPT 검토회의는 2012년에 중동 NWFZ와 관련한 회의의 소집을 요구했지만, 현재까지 회의는 연기되어 왔다. 북미, 유럽, 남아시아, 동북아시아와 북극 및 다른 지역은 NWFZ 조약이 체결되지 않은 곳이다.

4. 글로벌 제로 의제

최근에 군축운동은 다시 활성화되었고 이제 국제정치와 세계의 지적 토론의 중심에 확실히 복귀하였다. 그 출발점은 네 명의 미국 고위 인사 — 키신저(Henry Kissinger), 넌(Sam Numm), 페리(William Perry), 슐츠(George Shultz) — 가 '핵무기 없는 세상(a world free from nuclear weapons)'을 촉구하면서 2007년 1월에 『월스트리트저널(*The Wall Street Journal*)』에 게재한 기명사설이었다. 후에 '핵묵시록의 4기사'로 불리게 된 필자들은 사설에서 핵무기 사용의 위험은 냉전 이후에 더욱 커졌고 미래의 재앙을 막을 수 있는 유일한 길은 핵무기의 폐기를 위해 노력하는 것이라고 경고하였다.

> 테러리스트 위협과는 별도로, 만약 긴급한 조치가 취해지지 않는다면, 미국은 곧 냉전기 억지보다 더욱 불안정하고, 심리적으로 혼란스럽고, 경제적으로 더욱 값비싼 새로운 핵시기에 진입할 수밖에 없게 될 것이다. 핵무기를 보유한 잠재적 적국이 증가하면서 핵무기가 사용될 위험이 대폭 증가될 것이기 때문에 우리가 미소 간의 '확증파괴

(MAD – 역자 주)'를 성공적으로 재현할 수 있을지 확실하지 않다. 새로운 핵무장 국가는 핵사고, 판단오류 및 비인가 발사를 방지하기 위해 냉전시기에 점진적으로 오랜 기간 동안 구축된 안전조치를 가지고 있지 않다. 미국과 소련은 치명적이지 않은 실수로부터 학습하였다. 두 나라는 냉전 동안 의도적이든 우발적이든 핵무기가 사용되지 않도록 하려고 부단히 노력하였다. 새로운 핵무장 국가와 세계가 향후 50년간 냉전시기만큼 운이 좋을 수 있을 것인가?[40]

과거 미국의 핵무기 증강에 핵심적인 역할을 했던 네 명의 정치인들이 쓴 것이기 때문에 이 사설은 세계적으로 군축 캠페인을 활성화하는 데 기여하였다. 토브먼(Philip taubman)에 따르면,

마른하늘에 날벼락처럼, 초당파적인 저명 냉전주의자들이 열정적으로 핵손수레를 전복시키려 하였다. 그 사설은 단순히 평화주의자나 반핵주의자들의 것이라고 치부될 수가 없었다. 그것은 냉전시기에 미국의 핵무기를 제조, 관리, 확대하는 데 핵심적 역할을 했던 사람들의 냉정한 전망이었다.[41]

이 그룹은 1년 후인 2008년 1월에 또 다른 기명 사설을 게재하였는데, 여기에서는 이전 사설 이후의 진전을 격려하면서도 더 많은 일을 할 필요가 있음을 강조하였다.[42]

핵군축운동의 제3 물결의 기원이 2000년대 초반 또는 1990년대 후반까지 거슬러 올라갈 수 있지만, 이 '4인의 기사'의 개입은 국제 시민사회에서 군축 이슈의 입지를 강화하는 데 도움이 되었다. 특히 그것은 이후 네 가지 진전과 연결이 되었다. (1) 핵무기철폐국제캠페인(ICAN)의 설립, (2) 글로벌 제로 그룹과 의제의 형성, (3) 미국 오바마 대통령과 다른 주요 지도자들에 의한 공개적 핵군축 의제 수용, (4) 가장 최근에는 핵군축 인도주의 이니셔티브(Humanitarian Initiative on Nuclear Disarmament)의 설립.

  핵폐기에 대한 새로워진 열망과 호소가 집적된 최초의 직접적인 결과는 2007년 ICAN — 반핵 시민사회운동을 활성화시키려는 글로벌 이니셔티브 — 의 설립이었다. 조직의 웹사이트에 의하면,

> ICAN은 모든 나라의 대중을 결집시켜 그들의 정부가 핵무기를 금지하는 조약을 위해 협상을 시작하고 지원할 것을 고무하고, 설득하고, 압력을 행사하기 위해 노력하는 글로벌 선전 연합이다.[43]

핵무기금지협약(NWC: Nuclear Weapons Convention, 생물학무기 및 화학무기금지협약과 유사한 틀)의 체결을 위한 노력 외에, ICAN은 핵폐기에 관한 정례적인 시민사회 포럼을 조직하여 왔으며 현재 '핵폐기의 날(Nuclear Abolition Day)'의 주관자이다.

  핵군축에 대해 새로워진 국제적 관심은 2008년 12월 파리에서 '글로벌 제로' — 전 세계적인 핵폐기의 달성을 위해 노력하는 국제운동 — 의 탄생으로 이어졌다. 이 캠페인은 먼저 미-러 양자 간에 핵군축을 새롭게 시작할 것을 촉구했다. 그리고 캠페인은 장기적 과제로 네 단계의 완전 핵군축 계획을 제시하였다.

- 1단계(2010~2013). 미국과 러시아가 양국 핵탄두를 500개까지 감축하는 새로운 조약 체결
- 2단계(2014~2018). 미국과 러시아가 500개까지 핵탄두를 감축하고 다른 모든 핵무장 국가는 보유고 동결
- 3단계(2019~2023). 다자적 글로벌 제로 조약과 그 실행기구에 대한 협상
- 4단계(2024~2030). 2030년까지 완전하고 검증가능하게 모든 핵무기 폐기

이 네 단계 계획이 너무 낙관적인 것으로 보이기도 하지만(그리고 제시된 시일이 이미 지나고 있다), 글로벌 제로 의제에는 300명이 넘는 세계의 저명 정치인들이 지지를 보여주고 있다.[44]

4인의 기사의 호소에 의해 촉발된 세 번째 — 그리고 글로벌 제로 의제에 상당한 추동력을 제공한 — 발전은 바로 미국 오바마 대통령의 핵폐기를 위한 공개적 지지였다. 2009년 프라하에서 있었던 연설에서 오바마는 다음과 같이 선언하였다.

> 따라서 오늘, 나는 확신을 가지고 미국이 핵무기 없는 세상의 평화와 안보를 추구할 것임을 선언한다. 나는 순진하지 않다. 이 목표는 금방 달성될 수는 없을 것이다 — 아마 내 생애에는 불가능할지도 모른다. 여기에는 인내와 끈기가 필요하다. 그러나 마찬가지로 이제 우리는 세상이 변화될 수 없다고 우리에게 얘기하는 목소리를 무시해야만 한다. 우리는 "우리가 변화시킬 수 있다(Yes, we can)"고 주장해야 한다.[45]

오바마 대통령은 전 세계 핵무기를 감축하고 궁극적으로 폐기하겠다는 이러한 약속을 2013년 6월 독일 베를린에서 행한 연설에서도 다시 강조하였다.

> 정의로운 평화는 핵무기 없는 세상의 안보를 추구하는 것을 의미한다 — 그런 꿈이 아무리 멀더라도. 따라서 대통령으로서, 나는 핵무기의 확산을 중단시키기 위한 우리 노력을 강화하여 왔고, 미국 핵무기의 숫자와 역할을 축소시켜 왔다. New START에 의해 우리는 미국과 러시아의 실전 배치 핵탄두를 1950년대 이래 가장 낮은 수준으로 축소시키는 일을 진행 중이다.[46]

마지막으로, 이 의제에 가장 최근에 추가된 것은 2013년 3월에 노르웨이 오슬로에서 개최된 핵무기의 인간에 대한 영향에 관한 회의에 이어진 핵군축 인도주의 이니셔티브의 설립이었다. 인도주의 이니셔티브는 각국 정부, 국제기구 및 세계의 시민사회 이해당사자들이 함께 모여 핵무기 사용이 초래할 수 있는 영향에 대해 논의하고, 핵무기의 금지를 촉구하고, NPT 제6조(제5장 참조)에 따른 군축의무를 지키도록 NWS에 압력을 가하기 위한 조직이다.[47] 제2차 국제회의는 2014년 멕시코의 나야리트(Nayarit)에서 개최되었다.

종합해서 본다면, 핵군축의 제3 물결의 다양한 구성요소들이 군축 의제를 — 과거 30년 동안의 어느 시기보다 더 많은 인사들이 참여하는 — 고위 정책 논쟁의 핵심 이슈로 복귀시켰다고 할 수 있다. 그러나 글로벌 제로와 핵군축 의제에 대한 비난과 비판이 없는 것은 아니다. 관련된 문제와 비판이 아래에 소개된다.

1. **누가 먼저 움직일 것인가의 문제.** 아마 핵군축을 둘러싼 가장 큰 도전은 누가 먼저 움직일 것인가의 문제이다 — 이는 제4장에서 논의한 안보 딜레마와 본질적으로 연결되어 있다. 핵심적 문제는 다른 이들 — 현재 혹은 미래의 적 — 이 핵무기를 보유하고 있는 상황에서 한 국가가 핵무기를 포기하도록 어떻게 확신을 줄 것인가 하는 것이다.
2. **만들지 못하도록 할 수 없다**(*we cannot uninvent them*)는 문제. 핵군축에 대한 비판자들은 항상 핵무기와 관련된 지식과 과학이 완전히 '되돌려질(un-invented)' 수는 없고, 따라서 미래의 어떤 시점에 다른 이에 의해 핵무기가 개발될 가능성을 우리가 세상에서 완전히 없앨 수 없다는 점을 바로 지적한다.
3. **검증 및 신뢰 문제.** 세 번째 문제는 첫 번째와 두 번째 문제와 연결된다. 즉 어떻게 다른 국가가 핵무기를 신속히 배치하거나 군축 약속을 지키지 않음으로써 얻을 수 있는 이점을 추구하지 않을 것임을 확신할 수 있는가 하는 것이다. 기존에 시도되었던 검증 및 준수를 감시하기 위

한 방법들이 존재하지만 이들이 완벽한 것은 아니다 (제7장 참조).
4. **잠재적 핵능력 문제.** 민수용 원자력 발전 능력과 선진화된 군사적-산업적 기반을 가진 국가는 누구나 이론적으로는 핵무기를 만들 수 있다 (비록 그 시간과 어려움은 사례마다 크게 달라질 수 있지만). 민수용 원자력 발전의 권리와 핵주기의 통제는 NPT의 핵심 부분이고, 따라서 무기화 가능성을 완전히 근절하는 것은 매우 어려운 일이다 (자세한 내용에 대해서는 제3장과 제10장 참조).
5. **버리고 싶어 하지 않는 문제.** 또 다른 큰 문제 중의 하나는 현재 모든 핵무장 국가가 핵무기를 포기하는 것을 원하는지 완전하게 확실하지 않다는 것이다 — 이는 전술한 것처럼, 핵무기가 다른 국가에게는 서로 다른 목적 때문에 의미를 가질 수 있기 때문이다 (제5장과 6장 참조). 더구나 핵군축을 위한 **법적** 의무를 가지고 있는 국가는 NPT의 서명국들뿐이다 (이스라엘, 인도, 파키스탄, 북한은 포함되지 않는다).
6. **핵무기 없이 세계가 더 불안해질 가능성의 문제.** 핵폐기운동에 대한 마지막 비판은 핵무기가 없다면 세계가 재래식 전쟁을 경험할 가능성이 더욱 높아진다는 것이다. 이런 견해에 따르면 핵무기는 1945년 이래 전쟁비용을 엄청나게 증가시켜 평화를 유지하는 데 도움을 주었고 따라서 핵무기를 제거하면 1945년 이전의 국가 간 갈등이 재연될 가능성이 크다.

이 문제들은 개별적으로도 핵군축을 위한 진전에 상당한 장애물인데, 이들이 결합된다면 엄청난 도전이 될 것이다. 그럼에도 불구하고 핵군축운동이 지난 몇 년간 달성한 성과들을 지적할 수 있다 — 미국과 러시아가 2010년에 체결한 신 전략무기감축협정(New START), 2010, 2012, 2014년에 개최된 핵안보정상회의, 그리고 핵군축 목표가 현재 이끌어낸 높은 수준의 대중적 지지.

5. 요점, 추가정보 및 자료

이 장은 핵군축과 관련된 역사, 발전, 그리고 최근 이슈들에 대한 이해를 제공하고자 하였다. 그 요점은 아래와 같다.

- 핵폭탄이 제조되자마자 그것을 완전히 폐기하라는 압력이 시작되었다. 1946년의 바루크 계획은 완전한 핵폐기를 위한 몇 차례의 성공적이지 못한 시도 중 최초의 것이다.
- 핵군축운동에는 세 차례의 주요 '흐름'이 존재한다. 1945년~1963년, 1980년대 동안, 그리고 2000년대 중반부터 현재까지.
- 소수의 국가가 핵폭탄을 포기했고, 추가적으로 몇 국가가 진전된 핵무기프로그램을 취소하였다. 남아프리카공화국은 1990년대 초반에 핵무기의 보유를 신고하고 바로 폐기한 대표적인 사례이다.
- 세계의 많은 지역(그리고 우주도)이 NWFZ이다 — 특히 남반구의 넓은 지역이 비핵지대이다. 이 지역에서는 핵물질의 보유, 실험 및 제조가 금지된다.
- 핵군축운동은 최근에 부활하였다 — 특히 '4인의 기사'와 미국 오바마 대통령에 의해 — 그러나 핵폐기로 가는 길에 남아있는 도전이 매우 많다.
- 특히 핵폐기로의 길에 존재하는 6개의 장애물을 생각해볼 수 있다. 누가 먼저 움직일 것인가의 문제, 만들지 못하도록 할 수 없다는 문제, 검증 및 신뢰 문제, 잠재적 핵능력 문제, 버리고 싶어하지 않는 문제, 핵무기 없이 세계가 더 불안해질 가능성의 문제.

➤ 계속

➤ 계속

추가정보 및 자료

위트너(Lawrence Wittner)의 『폭탄에 직면하여(Confronting the Bomb)』(2009)는 세계 핵군축운동을 잘 요약하고 있고, 보다 자세한 내용을 위해서는 마찬가지로 위트너의 『폭탄과의 투쟁: 하나의 세계 또는 전무(The struggle against the bomb: one world or none)』(1995); 『폭탄과의 투쟁: 폭탄을 거부하기(The struggle against the bomb: resisting the bomb)』(1998); 그리고 『핵폐기를 향하여(Towards nuclear abolition)』(2003)를 참고하면 좋을 것이다. SANE에 대해서는 카츠(Milton Katz)의 『폭탄 금지(Ban the bomb)』(1986); CND에 대해서는 허드슨(Kate Hudson)의 『핵군축캠페인 - 과거 어느 때보다 더(CND - now more than ever)』(2005)와 단체의 웹사이트 www.cnduk.org를 참고하면 된다. 그린햄 커먼 시위에 대해서는 페어홀(David Fairhall) 『공통점(Common ground)』(2006); 그리고 핵동결운동에 대해서는 메이어(David Meyer)의 『불만의 겨울(A winter of discontent)』(1990)을 참고하면 된다. 마찬가지로 셸(Jonathan Schell)의 『지구의 운명(The fate of the earth)』(1982) 및 톰슨(E. P. Thompson)과 스미스(Dan Smith)의 『저항하면 생존할 것이다(Protest and survive)』(1980)를 참고하면 좋을 것이다. 레이건, 고르바초프 및 레이캬비크 정상회담에 대해서는 레토우(Paul Lettow)의 『로널드 레이건과 핵무기 폐기를 위한 노력(Ronald Reagan and his quest to abolish nuclear weapons)』(2006)을 참고하면 된다.

NWFZ에 대해서는 타쿠르(Ramesh Thakur) 『비핵지대(Nuclear-weapons free zones)』 (1998); 골드블랫(Jozef Goldblat) "Nuclear-Weapon-free zones" (1997); 하멜그린(Michael Hamel-Green)의 "Nuclear weapon-free zone initiatives" (2009)를 참고하면 되고, 특히 중동NWFZ에 대해서는 루이스(Patricia Lewis)의 "A Middle East free of nuclear weapons?" (2013)와 봄가트(Claudia Baumgart)와 뮐러(Harald Müller)의 "A nuclear weapons free zone in the Middle East" (2004)를 참고하면 된다.

왜 국가가 자국 핵능력을 제한하는지에 대해서는 리스(Mitchell Reiss)의 『억제된 야망(Bridled ambition)』 (1995) 및 캠벨 등(Kurt Campbell et al.)이 편집한 『핵전환점(The nuclear tipping point)』 (2004)을 참고하면 된다. 남아프리카공화국의 핵폐기 결정에 대해서는 스타인 등(Hannes Steyn et al.)의 『핵무장과 핵군축(Nuclear armament and disarmament)』 (2007); 빌리어즈 등(J.W. de Villiers et al.)의 "Why South Africa gave up the bomb" (1993); 리버만(Peter Liberman)의 "The rise and fall of the South African bomb" (2006); 그리고 퍼킷(Helen Purkitt)과 버지스(Stephen Burgess)의 "South Africa's weapons of mass destruction" (2005)을 참고하면 된다. 아르헨티나와 브라질의 원자력 프로그램에 대해서는 레벤탈(Paul Leventhal)과 탠저(Sharon Tanzer)의 『남미 핵 군비경쟁 회피(Averting a Latin American nuclear arms race)』 (1992) 및 레딕 등(John Redick et al.)의 "Nuclear rapprochement" (1995)를 참고하면 된다. 이

➤ 계속

➤ 계속

라크의 경우에는 오베이디(Mohammed Obeidi)와 파이저(Kurt Ptizer)의 『내 정원의 폭탄(The bomb in my garden)』(2004); 블릭스(Hans Blix)의 "Verification of nuclear proliferation"(1992); 로페스(George Lopez)와 코트라이트(David Cortright)의 "Containing Iraq"(2004)을 참고하면 되고, 리비아에 대해서는 보웬(Wyn Bowen)의 『리비아와 핵확산(Libya and nuclear proliferation)』(2006)을 참고하면 된다.

오핸런(Michael O'Hanlon)의 『핵군축에 대한 회의론자의 주장(A skeptic's case for nuclear disarmament)』(2010); 코트라이트(David Cortright)와 베이리넨(Raimo Vayrynen)의 『핵 제로를 향하여(Towards nuclear zero)』(2010); 퍼코비치(George Perkovich)와 액튼(James Acton)의 『핵무기의 폐기(Abolishing nuclear weapons)』(2008); 그리고 프리드먼(Lawrence Freedman)의 "Disarmament and other nuclear norms"(2013)는 모두 핵군축에 대한 훌륭한 자료이다. 달더(Ivo Daalder)와 로달(Jan Lodal)의 "The logic of zero"(2008)도 마찬가지이다. 글로벌 제로 논쟁과 관련하여 보다 회의적인 견해에 대해서는 테트레이스(Bruno Tertrais)의 "The illogic of zero"(2010); 블릭스의 『핵군축이 중요한 이유(Why nuclear disarmament matters)』(2008); 웰스(H. G. Wells)의 『해방된 세계(The World Set Free)』(2010[1914]) 및 러셀(Bertrand Russell)의 『상식과 핵무기(Common sense and nuclear weapons)』(2001)를 참고하면 된다.

'4인의 기사'의 사설 원문은 "A world without nuclear weapons,"

『월스트리트저널(The Wall Street Journal)』(4 January 2007), 그리고 여기에 대한 배경 정보는 토브먼(Phillip Taubman)의 『연대(The Partnership)』(2012)을 참고하면 된다. ICAN에 대해서는 웹사이트 www.icanw.org를 참고하면 된다. 오바마의 프라하 연설의 전문은 www.whitehouse.gov/the_press_office/Remarks-By-President-Barack-Obama-In-Prague-As-Deliveredd에서 확인할 수 있다. 글로벌 제로 의제에 대한 자세한 내용은 그룹의 웹사이트 www.globalzero.org에서 확인할 수 있다. 인도주의 이니셔티브에 대해서는 보리(John Borrie)와 코프렛(Tim Caughlet)이 편집한(eds.) 『인도주의적 시각으로 본 핵무기(Viewing nuclear weapons through a humanitarian lens)』(2013)와 보리의 "Humanitarian reframingof nuclear weapons and the logic of a ban" (2014)을 참고하면 된다.

다큐멘터리 영화 〈카운트다운 투 제로(Countdown to Zero)〉(http://countdowntozerofilm.com)와 수트(Nevil Schute)의 소설 『해변에서(On the Beach)』(1957)을 각색한 반핵 영화도 흥미를 가질 만하다.

주

1. H.G. Wells, *The world set free* (Las Vegas NV: IAP, 2010 [1914]).
2. Lawrence Wittner, *Confronting the bomb: a short history of the nuclear disarmament movement* (Stanford CA: Stanford University Press, 2009), p. 9.
3. 지구종말시계에 대한 자세한 정보는 http://thebulletin.org/overview에서 찾아볼 수 있다.

4. 여기에 대해서는 Campbell Craig and Sergey S. Radchenko, *The atomic bomb and the origins of the Cold War* (New Haven CT: Yale University Press, 2008), 특히 chapter 5 참조.
5. Randy Rydell, "Looking back: going for Baruch: the nuclear plan that refused to go away," *Arms Control Today* (June 2006), http://www.armscontrol.org/print/2064 참조.
6. Richard Rhodes, *Dark sun: the making of the hydrogen bomb* (London: Simon & Schuster, 2005), pp. 229–233 & 238–240.
7. Ola Dahlman, Svein Mykkeltveit and Hein Haak, *Nuclear test ban: converting political visions into reality* (New York: Springer, 2009), p. 60.
8. www.pugwash.org/about/manifesto.htm.
9. www.pugwash.org 참조.
10. "JFK on nuclear weapons and non-proliferation," *Proliferation Analysis*, Carnegie Endowment for International Peace (17 November 2003), http://carnegieendowment.org/2003/11/17/jfk-on-nuclear-weapons-and-non-proliferation/3zcu?reloadFlag=1.
11. Jonathan Schell, "The spirit of June 12," *The Nation* (2 July 2007), www.thenation.com/article/spirit-june-12# 참조.
12. Lawrence Wittner, *Confronting the bomb: a short history of the world nuclear disarmament movement* (Stanford: Stanford University Press, 2009), p. 144.
13. Ibid, pp. 144–145.
14. 레이캬비크 정상회담의 자세한 내용에 대해서는 Paul Lettow, *Ronald Reagan and his quest to abolish nuclear weapons* (New York: Random House, 2005), pp. 217–229 참조.
15. John Newhouse, *The nuclear age: from Hiroshima to Star Wars* (London: Michael Joseph Ltd, 1989), pp. 394–395.
16. Michael Mandelbaum and Strobe Talbott, "Reykjavik and beyond," *Foreign Affairs*, 65:2 (1986), pp. 215–235 참조.
17. 여기에 대해서는 Andrew Futter, *Ballistic missile defence and US national security: normalisation and acceptance after the Cold War* (New York: Routledge, 2013) 참조.
18. Lawrence Wittner, *Confronting the bomb: a short history of the world nuclear disarmament movement* (Stanford: Stanford University Press, 2009), p. 219.
19. Gideon de Wet, "Forward" in Hannes Stein, Richard Van Der Walt and

Jan Van Loggerenberg, *Nuclear armament and disarmament: South Africa's nuclear experience* (London: iUniverse Inc, 2007), p. xiv 참조.
20. J.W. de Villiers, Roger Jardine and Mitchell Reiss, "Why South Africa gave up the bomb," *Foreign Affairs*, 72:5 (1993), pp. 98–109 및 Hannes Stein, Richard Van Der Walt and Jan Van Loggerenberg, *Nuclear armament and disarmament* (London: iUniverse Inc, 2007) 참조.
21. William Walker, "Nuclear weapons and the former Soviet Republics," *International Affairs*, 68:2 (1992), pp. 255–277 참조.
22. Mitchell Reiss, *Bridled ambition: why countries constrain their nuclear capabilities* (Washington DC: The Woodrow Wilson Centre Press, 2005), pp. 89–182 참조.
23. Julio Carasales, John Redick and Paulo Wrobel, "Nuclear rapprochement: Argentina, Brazil, and the nonproliferation regime," *The Washington Quarterly*, 18:1 (1995), pp. 107–122 및 Mitchell Reiss, *Bridled ambition: why countries constrain their nuclear capabilities* (Washington DC: The Woodrow Wilson Centre Press, 2005), pp. 45–88 참조.
24. Director General International Atomic Energy Agency, "The implementation of United Nations security council resolutions relating to Iraq," IAEA General Conference, GC(40)13 (12 August 1996), www.fas.org/news/un/iraq/iaea/gc40-13.html.
25. David Albright, *Peddling peril: how the secret nuclear trade arms America's enemies* (London: The Free Press, 2010), pp. 116–153.
26. Wyn Bowen, *Libya and nuclear proliferation: stepping back from the brink*, Adelphi Paper 380, (London: Routledge for the International Institute for Strategic Studies, 2006) 참조.
27. Maria Rost Rublee, *Nonproliferation norms: why states choose nuclear restraint* (London: The University of Georgia Press, 2009), p. 150.
28. Jan Parawitz, *Nuclear option to non-nuclear promotion: the Sweden case* (Stockholm: Swedish Institute for International Affairs, 1995) 참조.
29. Rob Edwards, "Swiss planned nuclear bomb," *New Scientist*, 2031 (25 May 1996) 참조.
30. Jonathan Pollack and Mitchell Reiss, "South Korea: the tyranny of geography and the vexations of history," chapter in Kurt Campbell, Robert Einhorn and Mitchell Reiss (eds.), *Nuclear tipping point: why states reconsider their nuclear choices* (Washington DC: The Brookings Institution Press, 2004), pp. 261–265.

31. Derek Mitchell, "Taiwan's Hsin Chu program: deterrence, abandonment, and honor," chapter in Kurt Campbell, Robert Einhorn and Mitchell Reiss (eds.), *Nuclear tipping point: why states reconsider their nuclear choices* (Washington DC: The Brookings Institution Press, 2004), pp. 296-301.
32. David Albright and Corey Hinderstein, "Algeria: a big deal in the desert?," *Bulletin of the Atomic Scientists*, 57:3 (2001), pp. 45-52 참조.
33. Maria Rost Rublee, *Nonproliferation norms: why states choose nuclear restraint* (London: The University of Georgia Press, 2009), p. 185.
34. Ellen Laipson, "Syria: can the myth be maintained without nukes?," chapter in Kurt Campbell, Robert Einhorn and Mitchell Reiss (eds.), *Nuclear tipping point: why states reconsider their nuclear choices* (Washington DC: The Brookings Institution Press, 2004).
35. Andrew Selth, "Myanmar's nuclear ambitions," *Survival*, 52:5 (2010), pp. 5-12 참조.
36. Robert Norris, William Arkin and William Burr, "Where they were," *Bulletin of the Atomic Scientists*, 55:6 (1999), pp. 26-35 참조.
37. 예를 들어 Tom Sauer and Bob Van Der Zwaan, "US tactical nuclear weapons in Europe after NATO's Lisbon Summit: why their withdrawal is desirable and feasible," *International Relations*, 26:1 (2012), pp. 78-100 참조.
38. Jozef Goldblat, "Nuclear-weapon-free zones: A history and assessment," *The Nonproliferation Review*, 4:3 (1997), pp. 30-31.
39. Patricia Lewis, "A Middle East free of nuclear weapons: possible, probable or pipe dream?" *International Affairs*, 89:2 (2013), p. 436.
40. Henry Kissinger, Sam Nunn, William Perry and George Shultz, "A world free from nuclear weapons," *The Wall Street Journal* (4 January 2007).
41. Philip Taubman, *The partnership: five cold warriors and their quest to ban the bomb* (New York: HarperCollins Publishers, 2012), pp. x-xi.
42. Henry Kissinger, Sam Nunn, William Perry and George Shultz, "Toward a nuclear free world," *The Wall Street Journal* (1 January 2008).
43. www.icanw.org/campaign 참조.
44. www.globalzero.org/our-movement 참조.
45. "Remarks by President Barack Obama, Hradcany Square, Prague, Czech Republic," The White House Office of the Press Secretary (5 April 2009), www.whitehouse.gov/the_press_office/Remarks-By-President-Barack-

Obama-In-Prague-As-Delivered.
46. "Remarks by President Barack Obama, Hradcany Square, Prague, Czech Republic," The White House Office of the Press Secretary (5 April 2009), www.whitehouse.gov/the_press_office/Remarks-By-President-Barack-Obama-In-Prague-As-Delivered.
47. John Borrie, "Humanitarian reframing of nuclear weapons and the logic of a ban," *International Affairs*, 90:3 (2014), pp. 625–646.

제10장

핵도전의 지속

· 민수용 원자력 수요의 증가　310
· 핵무기의 지휘통제 문제　318
· 핵금기와 불사용 규범　330
· 요점, 추가정보 및 자료　335

만약 우리가 계속해서 핵무기 사용의 재앙적 가능성을 회피해야 한다면 우리 앞에 놓인 중요한 도전에 대해 충분히 고민해야만 한다. 여태까지의 증거에 따르면 우리의 과거 핵역사는 확실한 판단만큼 행운으로 점철되었고 앞으로 우리의 행운이 무한정 지속될 것인지는 확실하지 않다. 사실 이제야 겨우 밝혀지고 있는 과거 다수의 핵무기 사고와 새로운 행위자 및 지정학적 압력이 제기하는 새로운 도전은 향후의 핵미래를 안전하게 할 수 있는 방안에 대해 심각하게 고민해야 한다는 것을 의미한다. 따라서 이 장은 책의 앞에서 논의했던 주제들에 추가해서 향후 직면하게 될 세 가지 특별한 도전에 대해 살펴본다. 이들 도전이 극복 불가능한 것은 결코 아니지만, 도전을 관리하기 위해서는 (분명 국제적인) 공조 노력이 요구된다. 검토되어야 할 부분은 핵물질 안전 확보, 사고의 예방, 그리고 향후 세계에서 민수용 원자력에너지에 대한 수요가 줄지 않고 증가할 방사능 폐기물의 처리 등이다. 이 문제들은 핵무기에 대해 안전하고 보안이 철저한 지휘통제의 유지와 사이버무기 및 다른 보편적인 전쟁 양태의 진화에 의해 제기된 군사적 실체에 대한 대처를 통해 해결할 수 있다.

이 장은 다음과 같이 세 개의 절로 구성된다. 제1절은 민수용 원자력 발전시설의 확대와 관련된 도전을 설명한다 — 즉 원자로의 안전과 보안, 무기화와 확산 간의 관련, 그리고 핵폐기물의 문제. 제2절은 군사적 핵사고와 최근 사이버무기에 의해 제기되는 핵무기의 지휘통제와 관련된 문제들을 검토한다. 제3절은 소위 핵금기(nuclear taboo)의 수립 및 핵불사용 규범의 유지 여부를 살펴본다. 이 장의 요점과 추가 자료의 소개가 이어진다.

1. 민수용 원자력 수요의 증가

향후 국제사회가 직면하고 있는 핵도전의 핵심은 증가하는 원자력 발전 수요를 어떻게 안전하게 관리할 수 있는가 하는 점이다. 현재 원자로와 원자력 발전 시설을 갖춘 국가가 30개 이상이고 향후 수십 년간 이 숫자는 증가할 것이다 — 수직적인 측면에서 현재 원자력 시설을 보유하고 있는 국가들도 더 많은 원자로를 건설할 것이고, 수평적인 측면에서 미래 에너지 안보를 위해 다른 국가들도 원자력 발전 시설과 필요한 부품 및 전문 지식을 획득하는 노력을 기울일 것이다. 원자력 발전 프로그램이 그 자체로 핵무기프로그램과 동일하지는 않지만, 세 가지 중요한 핵도전을 발생시킨다. (1) 기존 및 신규 핵발전소의 안전과 물리적 보안을 어떻게 보장할 것인가, (2) 이들 프로그램에서 비롯되는 핵지식과 기술의 확산에서 초래될 무기 확산에 대해 어떻게 보호 조치를 취할 수 있을 것인가, (3) 점증할 것으로 예상되는 사용 후 연료와 핵폐기물을 안전하고, 확산에 취약하지 않고 환경 친화적인 방식으로 어떻게 관리할 것인가.

(1) 안전과 물리적 보안

원자력 발전소가 제기하는 가장 근본적인 도전은 원자로의 안전과 시설의 보안 문제이다. 1950년대에 처음으로 원자력 발전소가 건설된 이후 다수의 심각한 사건들이 발생하였고, 사고에 의한 원자로 노심 용융, 화재 또는 상당한 방사능 물질의 유출은 핵안보와 관련하여 상존하는 위협이다. 원자력 발전소와 관련하여 가장 심각한 재난은 1986년에 우크라이나의 체르노빌 발전소에서 발생하였고 — 그 결과 많은 이들이 (직간접적으로) 사망하였다고 여겨지고 있다 — 핵시대를 통틀어 사고가 정기적으로 발생하여 왔다. 다음에 대표적인 사례가 소개되는데, 이 목록이 모든 사고를 포함한 것은 아니라는 점에 주의해야 한다.

- 윈드스케일(*Windscale*) 1957년 10월에 영국 북부 셀라필드(Sellafiled) 근처 윈드스케일 원자로에 화재가 발생하여 영국과 유럽 일부에 다량의 방사능 물질이 방출되었다.[1]
- 쓰리마일 섬(*Three Mile Island*) 1979년 3월 28일, 미국 펜실베이니아 주 해리스버그(Harrisbugh) 근처 쓰리마일 원자력 발전소 소재 원자로 두 개 중 하나에 냉각수 공급이 중단되면서 부분적으로 용융이 발생하였다. 결과적으로 소량의 방사능 물질이 대기 중에 방출되었지만, 사고는 상대적으로 신속히 통제되었다. 이와 관련된 직접적인 부상이나 사망은 발생하지 않았지만 상당수의 주민이 주변 지역으로 대피했다.[2]
- 체르노빌(*Chernobyl*) 1986년 4월 26일, 서부 우크라이나(당시에는 소련 영토)의 체르노빌 원자력 발전소의 원자로 하나에서 치명적인 용융

과 폭발이 발생하였다. 용융에 의해 적어도 40명이 사망한 것 외에 막대한 양의 방사선이 유럽 전체에 퍼졌고, 이는 암과 다른 질병으로 인해 많은 이들이 사망하는 원인이 된 것으로 보인다. 수천 명의 주민들이 지역에서 대피하였고 현재까지 발전소의 주변의 넓은 지역에 거주가 불가능하다.[3]

- **후쿠시마**(*Fukushima*) 2011년 3월 11일, 일본의 후쿠시마 제1발전소(Fukushima Daiichi)의 원자로에 지진과 쓰나미로 인해 용융이 발생하였다. 원자로는 정상적으로 정지되었지만 쓰나미 때문에 생긴 홍수가 발전소를 냉각시키는 데에 필요한 비상용 디젤 발전기를 망가뜨렸다. 이로 인해 원자로가 과열되어 용융이 발생하고 결국 상당한 양의 방사능 물질을 방출하게 되었다.[4]

원자력 사고의 심각성을 평가하는 국제원자력사고등급(International Nuclear Event Scale)에 따르면, 사소한 이상을 의미하는 1부터 중대 사고를 의미하는 7까지 척도에서, 체르노빌과 후쿠시마의 정도는 둘 다 7로 기록되었다.

원자력 발전소에서 발생할 수 있는 중요한 사고 위험은 원자로 노심의 용융 — 원자 반응으로부터 분출되는 열을 통제할 수 없음을 의미 — 인데, 이는 일반적인 폭발, 화재와 더불어 매우 위험한 방사능 입자의 방출과 광범위한 오염으로 이어질 수 있다. 그러나 원자력 발전 시설에서 핵폭발이 일어날 가능성은 거의 없다는 점을 지적할 수 있다. 왜냐하면 원자력 발전소에서는 상대적으로 낮은 수준의 분열물질이 사용되고 다른 안전 및 방호 조치들이 있기 때문이다.[5] 원자력 사고 외에도 원자력 발전소는 의도적인 공격로부터 반드시 보호되어야만 하고, 또한 모든 핵관련 기반시설, 특히 저장된 분열물질은 주의를 기울여 보호되어야만 한다. 원자로가 공격 대상이 되는 이유와 방법은 다양하다. 가장 가능성 높은 시나리오는 대중의 공포, 혼란 및 광범위한 사상자를 발생시키기 위한 테러리스트(여기에 대해서는 제8장 참조)들의 발전소 공격이나 분열물질 절취 시도이다. 공격자는 방사선이나 오염을 방출시키기 위하여 원자로 노심의 용융을 시도할 수 있다 — 사고의 경우와 마찬가지이다. 방사능과 오염에 대한 보다 구체적인 내용에 대해서는 제2장을 참고하면 된다.

(2) 무기의 확산

논란의 여지없이 사고나 원자력 발전소에 대한 의도적 공격보다 더 큰 공포는 바로 원자력 발전 능력이 핵무기를 제조하는 데에 사용될 수 있다는 점이다. 프랑스, 이스라엘, 인도, 남아프리카공화국, 파키스탄 및 북한은 모두 이런 방식으로 '핵무장(gone nuclear)'하였고, 이 문제는 현재 이란과 관련한 확산 우려의 핵심적인 부분이다. 무기화는 두 가지 방식으로 이뤄질 수 있다. 하나는 민수용 원자로에 필요한 수준 이상으로 우라늄을 농축시켜 무기급으로 만드는 것이고, 다른 하나는 플루토늄을 추출하기 위해 원자로에서 나오는 사용 후 핵연료를 재처리하는 것이다 (제1장 참조). 우라늄을 무기급으로 농축하는 것이 둘 중 보다 용이한 것으로 인식된다. 왜냐하면 민수용 우라늄을 농축하는 것과 기본적으로 동일한 기술을 사용하기 때문이다. 반면 사용 후 핵연료에서 플루토늄을 추출하는 데에는 특별한 재처리 시설이 필요하다. 그러나 농축 또는 재처리 능력을 보유한 어떤 국가든지 이론적으로는 핵폭탄 제조에 필요한 분열물질을 생산할 수 있다 — 이들을 보통 잠재적 혹은 실질적 핵무기 국가라고 부른다 (제3장 참조).

   이 문제는 핵확산금지조약의 관건인 핵심 거래(제7장 참조)에 의해 더욱 복잡해진다. 조약에 따르면 조약의 모든 당사국은 원자력과 그것을 획득하는 데 필요한 수단에 대해 법적 권리를 가지고 있다. 게다가, 공인된 핵보유국(NWS: nuclear-weapon states)은 민수용 원자력 발전을 추구하는 비핵국가(NNWS: non-nuclear-weapon states)에게 핵연료를 포함한 지원을 제공해야 하는 의무를 가진다. 따라서 조약의 어떤 조항도 국가가 우라늄 농축 또는 플루토늄 분리능력을 획득하는 것을 금지하고 있지 않다 — 사실 많은 조약 가입국이 하나, 또는 다른 경우에, 두 가지 방식을 개발하여 왔다. 비록 국제원자력기구(IAEA: International Atomic Energy Agency)의 안전조치가 신고된 핵시설에 적용되지만, IAEA는 특정 국가가 미신고 시설을 가지고 있는지에 대해 공식적 평가를 반드시 해야하는 것은 아니고, 설령 그렇다고 하더라도 그 시설에 대해 사찰을 할 수가 없다. 그러나 IAEA가 1997년에 합의한 추가의정서(Additional Protocol)에 따르면 사찰단이 미신고 시설이나 확산 우려가 있는 시설에 대한 접근을 시도할 수 있다. 그럼에도 불구하고, 추가의정서는 의무적이 아니고 반드시 해당 국가와 개별적으로 합의되어야 한다 (IAEA에 대한 자세한 내용은 제7장 참조).

따라서 도전의 중요한 부분은 미국 아이젠하워(Dwight Eisenhower) 대통령이 1953년 12월 8일 유엔총회에서 한 '평화를 위한 원자력(Atom for Peace)' 연설 이래 세계 핵거래의 핵심이었던 평화적 원자력 협력 합의를 어떻게 관리할 것인가 하는 점이다. 평화를 위한 원자력 제안에 따르면 핵보유국은 원자력의 확산을 지원하는 동시에 핵무기의 확산을 줄이도록 분열물질을 민수용으로 공급하게 되어 있었다. 이 제안의 논리는 NPT 제5조에 반영이 되었고 현재 주로 국제핵공급자그룹(NSG: Nuclear Suppliers Group)을 통해 통제되고 있다. 이로 인해 민수용 목적을 위한 원자력 기술이 많은 국가에 전파될 수 있었던 반면, 동시에 이는 의심할 여지없이 다수의 국가가 핵무기를 제조하거나 제조를 시도할

수 있도록 하였다. 사실,

> 미국은 … 1950년대와 1960년대에 연구용 원자로와 농축 우라늄을 이란, 파키스탄, 일본에 제공하였다. 프랑스, 브라질, 이탈리아는 1970년대에 핵시설과 물질을 이라크에 제공하였다. 그리고 소련은 1980년대에 아르헨티나, 쿠바, 리비아의 민수용 원자력 프로그램이 시작되는데 도움을 주었다.[6]

원자력 협력과 지원이 NPT의 중심축 중 하나이지만, 퍼먼(Matthew Fuhrmann)의 주장처럼 "민간 협력은 핵무기 프로그램을 위해 필요한 기술과 물질을 제공하고 폭탄제조에 필요한 전문성을 구축하는 데 도움을 주었다."[7] 이 점이 국제 핵레짐의 가장 핵심적인 역설 중의 하나이다.

제3장에서 자세히 논의한 것처럼 핵폭탄 제조에 대한 결정은 기본적으로 정치적인 것이고, 상당한 정치적 의지를 필요로 한다. 그러나 농축 또는 재처리 시설을 운용하는 국가는 누구라도 — 표면적으로 민수용 원자력 발전을 위해서 — 무기화를 향해 상대적으로 용이하게 이동할 수 있다. 이런 이유 때문에 국제사회가 '핵연료주기 완성'에 신경을 쓰고, 기본적으로 확산 문제가 없는 원자력 공급방법에 대해 고민하고, 핵분열물질금지조약(FMCT: Fissile Material Cut-off Treaty) 등을 통해 새로운 분열물질의 생산을 방지하기 위해 노력해왔다 (제7장 참조).

(3) 핵폐기물

민수용 원자력 발전 능력 때문에 발생하는 세 번째 심각한 도전은 원자로에서 생성되는 폐기물인데, 그 중 일부는 결과적으로 핵무기 제조에 사용될 수 있다. 핵연료는 일정 양이 분열을 일으킨 후에는 원자로에서 제거된다. 이것이 **사용후**(*spent*), **조사후**(*irradiated*), 또는 **사용된 핵연**

료(used fuel)인데, 일반적으로 다량의 우라늄(95퍼센트)과 소량의 플루토늄(0.9퍼센트)과 다른 소량의 악티늄원소(우라늄 이하의 원자량을 가진 원소 – 역자 주) 및 분열 생성물로 구성된다.[8] 퍼거슨(Charles Ferguson)에 따르면 전 세계적으로 약 27만 톤의 사용후 핵연료가 저장되어 있다.[9] 이 연료는 가끔 수년 동안 물 속 깊이 저장되어 식혀진 후 건조 저장통에 들어갔다가 최종적으로는 땅 속 깊이 묻히게 된다.

물속 깊이 핵폐기물을 저장했다가 땅속에 묻는 방법 외에, 그것을 재처리하여 원자로에서 사용될 새로운 연료나 폭탄을 위한 기본적 분열물질을 추출할 수 있다. 이론적으로는 모든 사용후 핵연료를 재처리할 수 있다 — 이것을 핵연료주기 완성으로 부른다. 그러나 이것은 어렵고 비용이 많이 든다. 사용후 핵연료를 부분적으로 재처리하여 혼합산화물핵연료(MOX: mixed oxide fuel)를 생산할 수 있는데, 이는 우라늄과 플루토늄 분열물질의 혼합물이고 저농축 우라늄(LEU: low-enriched uranium)과 유사한 속성을 가져 원자로에서 사용될 수 있다. 아니면, 핵폐기물은 폭탄을 위한 플루토늄을 분리하는 데에 사용될 수 있다 — 왜냐하면 우라늄이 분열될 때 플루토늄이 생성되기 때문이다(제1장 참조). 따라서 민수용 원자력 발전기술의 확산과 관련된 또 하나의 도전은 폭탄 제조를 위해 사용후 핵연료를 재처리할 수 있는 능력이다. 물론, 이 두 개의 과정 모두 선진 기술과 상당한 과학적 지식을 필요로 한다.[10]

핵연료주기는 5단계로 이뤄진다. 우라늄을 농축할 수 있고, MOX를 만들기 위해 사용후 연료를 재처리할 수 있고, 폭탄을 위해 플루토늄을 분리할 수 있다면 해당 국가는 연료주기에 대한 완전한 통제력을 가졌다고 할 수 있다. 연료주기에 대해서는 아래에서 설명한다.[11]

1. **우라늄 광석 채취** 이것은 우라늄 화합물을 땅 속에서 꺼내어 원심분리기에서 사용될 수 있도록 가스(uranium hexafluoride, 육불화 우라늄)로 바꾸는 작업이다.
2. **우라늄 농축** 이것은 원심분리기에서 분열물질인 우라늄235를 자연 상태 우라늄에 섞여있는 다른 동위원소와 점진적으로 분리하는 작업이다. 저농축 우라늄은 원자로에서 사용이 가능하고, 고농축 우라늄은 폭탄에서 사용이 가능하다.
3. **원자로에서의 사용** 저농축 우라늄은 원자로에서 민수용 목적으로 에너지를 생산하는 데에 사용된다.
4. **폐기물 처리** 사용후 핵연료는 냉각을 위해 임시 저장고로 이동되고, 이어서 장기 보관을 준비하기 위해 조화 시설(conditioning plant)로 이동된다.

   또는

   MOX 연료 재처리 우라늄과 플루토늄이 생성된 폐기물과 분리되어 재처리되어 MOX로 만들어진 후 특정 원자로에 다시 투입된다. 나머지 사용후 핵연료는 장기 처리와 보관을 준비하게 된다.

   또는

   플루토늄 분리 플루토늄이 폭탄 제조 목적으로 사용후 핵연료로부터 분리된다.
5. **방사능 폐기물의 장기 보관** 사용후 연료는 유리화하여 고체용기에 넣어져 땅 속 깊이 매장되어 부식된다.

어떤 국가는 자국 원자로에 필요한 분열물질을 국제 공급자 — 핵공급자그룹 국가들 — 로부터 단순히 구매할 수도 있기 때문에 핵주기의 완전한 통제를 하지 않는다. 따라서 이런 국가의 확산 위험은 제한적이며, 이것이 국제사회가 새로 원자력 발전을 하는 국가에 더 선호하는 모델이다. 사실 분열물질의 생산과 판매를 통제할 수 있는 국제연료은행의 수립이 이런 갈등을 줄이기 위한 일반적인 아이디어이지만 이를 실행에 옮기는 것이 간단하지 않음이 증명되어 왔다.

많은 사회가 에너지안보를 보장받을 수 있는 보다 신뢰할 수 있고 비용효율적인 방법을 모색하고 있기 때문에 미래 세대에서 민수용 원자력에 대한 전 세계적 요구는 증가할 가능성이 매우 높다. 원자력 — NPT 체제의 모든 국가가 가지고 있는 권리 — 의 확산과 함께 다수의 안보 도전이 발생한다 — 이들 도전은 미래 핵안보에 직접적이고 심각한 영향을 미칠 것이다. 각종 시설과 분열물질의 보안과 안전 확보, 무기화의 방지 및 점증하는 핵폐기물의 관리 모두에 전 세계적 공조 노력이 상당히 요구된다. 2014년 현재 영구 핵폐기물 시설을 개설한 국가는 없다. 몇 국가는 2020년대까지는 장기보관을 시작할 계획이다. 이렇게 영구 폐기시설의 부재는 원자력에 대한 확신을 약화시키는 데에 기여할 것이다.[12]

2. 핵무기의 지휘통제 문제

(우리가 알고 있는) 우발적 핵폭발은 없었지만, 1945년 이래 핵무기와 관련된 심각한 사고들이 적지 않게 발생하였다. 그리고 많은 이들이 그 결과 직·간접적으로 사망하였다. 사고는 인적 과오, 기술적 결함, 양자의 결합으로 초래될 수 있기 때문에 핵무기의 보안을 강화하고 사고 발생 가능성을 최소화하려는 조치들이 실행되어 왔다. 하지만 기본적으로 (억지를 위해) 폭탄이 사용가능하고 확실해야 하기 때문에 이런 과제는 갈수록 어려워졌다. 마찬가지로 핵무기가 의도적으로 또는 승

인되지 않은 상황에서 사용될 위험도 상존하고, 테러리스트나 다른 제 3자에 의해 탈취될 가능성도 존재한다. 무기가 더 많이 제조될수록, 그리고 더 많은 국가들이 폭탄을 획득하게 될수록 핵전력에 대한 **지휘통제**(command and control) 문제가 중요해진다. 핵무기가 존재하는 한, 그리고 만약에 핵무기가 비상대기 태세에 놓여 있다면, 우발적 핵전쟁 — 아마 오산에서 비롯되는 — 의 가능성은 항상 존재한다.

핵전력의 지휘통제에 내재하는 핵심적 역설을 핵무기의 안전 및 보안(부당한 사용 위험 방지)과 위기 시 핵전력의 확실성, 사용성, 신뢰성(핵무기가 사용될 수 있기 전에 파괴될 위협의 방지) 사이의 긴장이라고 생각해볼 수 있다. 이 대립되는 요구가 만들어내는 핵무기 지휘통제의 도전을 표 25에서 정리한다.

카터(Ashton Carter) 등은 "전례없는 수준의 파괴력을 가진 무기를 만들면서 정부들은 이전에 직면했던 어떤 것보다 힘든 관리 문제도 만들어내었다"고 얘기했다.[13] 핵지휘통제 요구들 간의 본질적인 상충에

표 25 핵무기의 지휘통제

부당한 사용 – 안전과 보안 확보		파괴 – 사용성 확보
비인가	사고	
핵무기는 최대한 보안과 방호가 확보되어야 한다.	핵무기는 최대한 안전해야 하다.	핵무기는 기습 1차 공격에 취약하지 않아야 한다.
핵사용 승인권을 위임하는 것은 비인가 사용 위험을 증가시킨다.	비상태세에 있는 핵무기는 사고의 가능성을 증가시킨다.	핵무기는 비상태세에 있어야 하며, 권한이 군사 지휘관에게 위임될 수도 있다.
핵사용은 반드시 엄격한 (민간)통제 하에 두고 고도의 안전 조치를 포함해야 한다.	핵무기는 적절한 지휘권자로부터의 승인을 따라서만 사용될 수 있다.	신뢰도를 위해서는 핵사용이 어느 정도 자동적일 필요가 있다.

대해 아래에서 보다 자세히 논의한다.

(1) 부당한 사용: 사고와 비인가

부당한 핵사용은 여러 형태로 가능하다. 인적 과오나 기술적 결함에 의해 초래된 사고 때문에 사용될 수 있다. 컴퓨터의 오작동이나 '불량 지휘관(rogue commander)'에 의한 비인가 사용도 가능하다. 또는 분실이나 도난에 의해 제3자가 핵폭탄을 사용할 수도 있다. 어떤 경우에는 몇 가지 요인, 즉 인적 과오, 의도적 방해 및 기술적 결함이 결합하여 핵무기 부당 사용을 초래할 수도 있다.[14] 이런 결과로 핵무기의 파괴나 분실부터 우발적 핵폭발까지 다양한 일이 발생할 수 있다. 과거에 주요 위험은 완전한 핵폭발보다는 재래식 고성능 폭약을 사용하여 폭발을 일으켜 방사능 물질이 방출되는 것에서 비롯되었다 (물론 최소 한 차례 이상 완전한 핵폭발에 근접했었다. 아래 설명 참조).

핵무기 사고를 세 가지로 구분하여 생각해볼 수 있다. (1) 핵무기가 무장(armed)되어 우발적 핵폭발로 이어질 수 있는 상황, (2) 핵무기가 무장되지는 않지만 핵무기가 손상을 입거나 파괴되고 재래식 폭발을 통해 방사능이 방출되는 상황, (3) 책임 관리가 모르는 사이 비무장(unarmed) 핵무기가 무장되는 상황.[15] 보고된 핵무기 관련 사고가 미국에서만 30번이 넘는다. 이들 사고에서 아직까지는 핵폭발이 없었지만, 여러 차례의 재래식 폭발이 방사능 물질의 방출과 오염을 초래하여 상당한 물리적 손실이 있었고 핵폭탄이 여러 개 손실되었다. 표 26은 1945년 이후 발생한 군사적 사고의 몇 가지 사례를 보여준다.

표 26에서 소개되는 사고의 대부분은 미국이 관련된 것이고, 이는 하나의 특정 국가에 대한 비판적 고발이기보다 유효한 데이터의 반영이라고 보아야 할 것이다. 다른 핵보유국도 과거에 문제가 있었을 가능

표 26 핵무기 사고의 몇 가지 사례

시기	장소	내용
1956년 3월 10일	지중해	두 개의 핵무기를 실은 미국 B-47 폭격기가 실종되어 발견되지 않음.
1961년 1월 23일	미국 노스캐롤라이나 골즈버로(Goldsboro)	미국 B-52 폭격기가 공중에서 파괴되어 두 개의 수폭 탄두 방출. 그 중 하나가 네 단계의 폭발과정을 시작하였는데 오직 하나의 작은 안전장치가 폭발을 막음.[i]
1964년 1월 13일	미국 메릴랜드	두 개의 수소폭탄을 탑재한 미국 B-52가 공중 파괴되었지만 사고 현장에서 폭탄 무사히 회수.
1966년 1월 17일	스페인 팔로마레스	미국 B-52 폭격기가 남부 스페인 상공에서 급유 중 급유기와 충돌. 4개의 수소폭탄이 급유기에서 떨어져 인근 마을에 추락. 두 개는 가는 지면에 강하게 충돌하여 재래식 폭발을 일으켰고, 플루토늄이 공중에 방출됨. 또한 3개는 수일 내 회수되고, 나머지 하나는 3개월 후에야 회수.[ii]
1968년 1월 21일	그린란드 툴베(Thule)	그린란드 상공에서 미국 B-52폭격기에 화재 발생. 공군기지 활주로에 충돌할 때 탑재된 4개의 수소폭탄이 실종되거나 파괴됨. 이어진 폭발로 인해 다량의 방사능 물질이 대규모 정화 작전 전개됨.[iii]
1980년 9월 19일	미국 아칸소 다마스쿠스	핵탑재 타이탄 II ICBM이 떨어진 렌치(wrench)에 의해 구멍이 생긴 후 사일로에서 폭발. 9메가톤 탄두가 공중으로 600피트 날아간 후 지상으로 떨어졌지만 폭탄을 일으키지는 않음. 방사능 물질과 유독성가스 광범위하게 확산됨.[iv]
1986년 10월	카리브해안	소련 K-19 핵잠수함의 해탄미사일 방사선에서 폭발이 발생하여 잠수함이 가리브해안에 침몰.
2007년 8월 29–30일	미국	미국 B-52 폭격기가 6개의 핵탄재 공중발사순항미사일을 실은 채 미노(Minot) 공군기지에서 실수로 이륙하여 미국 본토를 횡단 비행함.[v]
2009년 2월	대서양	영국의 뱅가드(Vanguard) 해잠수함과 프랑스의 르트리옹팡(Le Triomphant) 해잠수함이 대서양에서 조제 중 충돌.[vi]

[i] Joel Dobson, "The Goldsboro broken arrow: the B52 crash of January 24, 1961, and its potential as a tipping point for nuclear war" (lulu.com, 2013) 참조.
[ii] Barabara Moran, *The day we lost the H-bomb: Cold War, hot nukes and the worst nuclear weapons disaster in history* (New York: Random House, 2009) 참조.
[iii] 이 사례는 Scott Sagan, *The limits of safety: organizations, accidents and nuclear weapons* (Princeton NJ: Princeton University Press, 1993), pp. 156–203에 자세히 소개되었음.
[iv] 이 사고는 Eric Schlosser, *Command and control* (London: Penguin Books, Ltd, 2013)에서 자세히 다뤄짐.
[v] Josh White, "In error, B-52 flew over US with nuclear armed missiles," *The Washington Post* (6 September 2007), www.washingtonpost.com/wp-dyn/content/article/2007/09/05/AR2007090500762.html.
[vi] Aislinn Simpson, 'British and French nuclear submarines collide in Atlantic,' *Telegraph* (16 February 2009), www.telegraph.co.uk/news/uknews/defence/4634582/British-and-French-nuclear-submarines-collide-in-Atlantic.html.

성이 아주 높지만, 러시아, 중국, 인도, 파키스탄, 북한 또는 이스라엘의 핵무기 안전과 관련한 기록은 거의 공개되지 않았다. 슐로서(Eric Schlosser)는 다음과 같이 설명한다.

> 현재까지 제조된 것 중에서 미국의 핵무기가 비인가 사용에 대해 가장 안전하고, 가장 선진적이고, 가장 보안이 잘 되어있다는 점은 의심의 여지가 없다. 그러나 동시에 미국은 지속적으로 핵재앙을 간신히 모면하여 왔다. 현장에서 고생하여 얻은 경험이 적은 다른 국가들은 미국만큼 운이 좋지 않을 수 있다.[16]

마찬가지로 핵시대를 통틀어 군 요원이 핵무기를 의도적으로 승인없이 사용할 가능성이 존재하였다. 이는 특히 핵무기가 고도의 비상대기 상태에 있고, 권한이 특정 지휘관에 위임되거나 아니면 기계화되고 컴퓨터화한 상황에 해당되는 사실이다. 이런 가능성은 다수의 할리우드 영화에서 탐색되었는데, 그 중 가장 대표적인 것이 스탠리 큐브릭(Stanley Kubrick)의 〈닥터 스트레인지러브(*Dr. Strangelove*)〉(1964)이다. 또한 핵무기가 테러리스트나 다른 비국가 행위자에 의해 탈취되어 사용될 가능성도 충분히 있다 — 이 또한 대중문화에서 다뤄지는 주제이다 (부록3 참조). 마지막으로 다수의 핵무기가 과거에 분실되어 아직까지 회수되지 않고 있다.

여태까지의 증거들은 핵무기가 존재하는 한 사고나 비인가 사용의 가능성, 그리고 우발적 핵전쟁의 가능성은 항상 존재할 것임을 시사해준다. 세이건(Scott Sagan)이 주장하듯이, "핵무기의 안전 문제는 살얼음판을 걷는 것과 마찬가지이다. 아직까지 체제가 붕괴되지 않았다는 사실이 미래에도 그렇지 않을 것을 의미하지는 않는다."[17] 핵무기의 안전과 안보는 핵지휘통제의 핵심적 측면이고 향후 세계 핵질서에 지속적인 도전으로 남을 것이다.

(2) 안전과 안보

핵폭탄의 부정당 사용 가능성을 고려한다면 핵무기를 비인가 사용, 절도 및 분실로부터 보호하기 위한 조치와 함께 핵무기가 오직 올바른 권한에 의해 무장되고 사용될 수 있도록 하는 것이 매우 중요하다. 그러나 핵무기의 안전과 안보는 핵시대 전반적으로 두 번째 우선순위로 고려되었다. 이는 부분적으로는 그것이 핵무기의 사용성에 영향을 주기 때문이기도 하였지만 동시에 그것을 위한 기술과 체제를 결합하는 것이 어려웠기 때문이다. 결과적으로 많은 핵무기가 우발적 (또는 의도적) 폭발을 방지하기 위해 투박한 체제만을 가지게 될 것이고 다른 핵무기들은 가능한 만큼 안전해지지 못할 것이다. 이런 조치들 중 몇 가지를 아래에 소개한다.

- **폭발인가장치**(*PALs: Permissive Action Links*) 폭탄과 핵장치들은 점점, 보통 PALs로 알려진, 다양한 안전 조치들에 의해 올바른 권한에 의해서만 사용될 수 있도록 보장되고 있다. 그러나 이런 조치들이 완벽하지도 않고 모든 핵장치에 적용되지도 않는다. 이런 종류의 안전 조치의 하나의 예는 고위 군 및 민간 요인만 가지게 되는 발사 및 무장 코드의 사용이다. 결과적으로 많은(그러나 모두는 아님) 핵무기가 PALs와 다른 안전 조치들을 가지고 있어 올바른 승인이 없이는 폭발될 수 없다.[18] 또한 폭탄은 환경감지장치(ESDs: Environmental Sensing Devices)와 다른 기제들을 장착하여 정확한 조건이 충족되어야만 폭발될 수 있도록 할 수 있다.
- **2인원칙**(*two-man rule*) 이 원칙은 핵무기를 실험실에서부터 최종적 군사적 사용에 이르기까지 전달하는 각 단계마다 최소 2명이 참여하여야 한다는 것이다.[19] 이 원칙은 특히 핵무기 시설의 모든 분야에 종

사하는 군 인원의 훈련과 심사에 중점을 두고 있는 엄격한 인원신뢰성 프로그램(PRPs: Personnel Reliability Programmes)에 의해 강화된다. 한 전문가에 따르면 PRP는 "핵무기와 관련이 있는 모든 군 인력의 신체적, 정신적, 재정적 상태를 주의 깊게 감시한다."[20] 그러나 모든 핵무장 국가가 이런 과정을 따르고 있는지는 확실하지 않다.

- **원포인트 세이프**(*One-point safe*) 이것은 중앙에서 하나의 재래식 폭발이 발생하면 핵폭탄이 핵폭발을 일으키지 않는 것을 의미한다. 이것은 만약 핵폭탄에 어떤 오류가 발생하면 파괴적으로 실패(failing lethally, 즉 핵폭발을 초래)하기보다 안전하게 실패하도록 보장하는 보다 광범위한 **자동안전**(*fail-safe*) 조치의 일환이다. 피버(Peter Feaver)에 따르면, "화재나 팽팽한 긴장감이 도는 분위기 같은 비정상적 환경에서는 폭탄을 터뜨리는 데 필요한 약한 링크가 폭발을 억지하는 강한 링크보다 먼저 실패하게 되어, 핵폭발이 발생하지 않게 된다."[21]

핵무기의 안전과 안보를 보장하는 추가적 방법은 탄두와 투발수단을 분리하여 보관(디메이트[*de-mate*]라고 함)하거나 핵무기가 목표를 타격할 수 있기 전에 프로그램 되어야만 하도록 보장(디타게팅[*de-targeting*]라고 함)하는 것이다.

안보 및 안전조치의 수준이 핵무장 국가들마다 다를 것이라는 점을 기억해야만 한다. 사실 '보다 노련한' 국가일수록 더 나은 조치들을 보유하고, 보다 새로운 국가일수록 그렇지 않을 가능성이 높다. 블레어(Bruce Blair)의 단언처럼,

> 지휘통제 체제에 투여할 수 있는 가용한 자원이 한정되어 있는 앞으로의 핵경쟁자들은 보다 높은 위험에 직면한다. 그들의 보호조치는 기초적이고 약하여 보다 자주 시험의 대상이 될 것이다. 이들 많은

국가들 사이의 불안정한 관계는 전면적인 군사적 대치로 비화될 가능성이 아주 높고, 이는 긍정적 통제와 부정적 통제 사이의 트레이드오프를 강화하여 안전조치의 약점이 더욱 많이 표출될 수 있는 기회를 만들 것이다.[22]

그렇지만 모든 핵무장 국가는 핵무기 관리에 있어서 심각한 도전을 맞이하고 있다.

(3) 지휘통제의 균형

이상적인 세계라면 핵무기의 안전과 안보는 핵지휘통제에 관련된 모든 이들에게 최우선적 고려사항일 것이다. 그러나 핵무기는 극한적인 상황에서도 신뢰할 수 있고 사용될 수 있어야 한다. 이 문제가 지휘통제의 핵심적 부분에 있어서 핵무기의 안전한 보관과 그 사용 계획 사이에 강한 긴장을 초래한다. 피버의 표현에 따르면,

> 지휘통제의 핵심에 항상/결코(always/never) 딜레마가 자리하고 있다. 지도자들은 명령이 내려졌을 때 무기가 항상 작동할 수 있도록 하는 보장과 권한에 따른 명령 없이는 결코 무기가 사용되지 않는 보장을 동시에 원한다. 무기는 신뢰성이 있어야 한다: 지도자가 그 사용을 원하는 순간에 실패하지 않아야 한다. 안전해야 한다: 우발적으로 폭발해서는 안 된다. 보안이 철저해야 한다: 비인가자가 폭발시키려는 시도에 대처할 수 있어야 한다.[23]

따라서 지휘통제에 대한 세 번째 압력은 만약 핵무기가 사용될 필요가 있다면 신뢰성과 확실성을 갖추어야 한다는 것이다.

전적으로 군사적인 관점에서는 핵시대에 가장 큰 도전 중의 하나는 필요한 경우에 핵무기가 항상 사용될 수 있도록 하고, 동시에 최고 권위자

로부터의 지시 없이는 결코 사용되지 않도록 어떻게 통제할 것인가 하는 문제이다. 이러한 균형의 문제는 핵공격에 대응하는 데 필요한 경고 시간(이는 탄도미사일의 경우 길어야 몇 분 정도이다)이 줄어들면서 더욱 심각해졌다. 이 때문에 경보즉시 발사(launch on warning, 즉 핵무기가 폭발되기 전)가 정책으로 채택되고, 핵무기의 사용을 고도로 조직화한 단일통합작전계획(SIOP: Single Integrated Operational Plan)이 미국에 의해 1961년부터 2003년까지 유지되었고, 야전의 군 지휘관에게 발사 권한을 사전에 위임할 가능성이 생겼으며, 마지막으로 고조된 긴장 속에서 핵무기를 사용하지 않으면 그것을 잃을 것이라는 생각이 일반적으로 받아들여지게 되었다. 그러나 무기를 높은 경계수준에 두게 되면 오산의 위험성을 높이게 되고 이는 결국 위협이 충분히 분석되기 이전에 핵무기가 발사될 수도 있음을 의미한다. 슐로서(Eric Schlosser)는 냉전기 미국과 관련하여 다음과 같이 지적한다.

> 미국 조기경보체제의 확실성은 실존적 중요성을 가지게 되었다. 만약 감지기가 소련의 공격을 탐지하는 데 실패한다면, 발사명령은 내려질 수 없을 것이다. (그러나, 반면에) … 만약 잘못하여 공격경보를 발령한다면, 그 잘못에 의해 수백만 명이 목숨을 잃게 될 것이다.[24]

위와 같은 우려 때문에 소련에서는 반자동 핵보복 체제 — '죽음의 손(Dead Hand)'으로 알려지고 다른 이에 의해서는 '최후의 날 기계(the doomsday machine)'로도 불림 — 의 개발이 있었다. 이것은 만약 소련이 공격당하고 지도부가 사망한다면 러시아의 핵미사일을 자동적으로 발사하게 하는 것이다.[25] 지휘통제의 균형은 누가 핵무기를 통제해야 하는지의 문제에 의해 더욱 복잡해진다. 문민 권위(정부 수반, 선출직 관료, 국가통제센터 등), 아니면 군부(군 고위 지휘부 또는 야전 사령관 및 지휘관). 둘 다 장단점을 가진다.

- **문민통제**는 일정 수준의 정치적 책임성을 제공하고 이론적으로는 핵 사용의 문턱을 높인다. 그러나 문민통제는 국가의 반응을 느리게 할 수 있기 때문에 잠재적으로 제1차 공격이나 '기습공격(bolt from the blue)'에 취약하게 할 수 있다. 이런 점은 특히 국가의 문민통제 기반시설이 파괴되었을 때 더욱 심각할 수 있다.
- **군부통제**는 신뢰성과 신속한 대응의 가능성을 높인다. 그리고 필요시 핵무기가 사용될 수 있는 가능성을 증대시킨다. 그러나 군부통제는 불량 지휘관에 의한 비인가 사용, 특히 권한이 사전에 위임된 경우, 위험성을 증대시키고 핵교전을 통제하는 능력을 약화시킬 수 있다.

폭넓게 본다면, 문민통제는 핵이분법에 있어서 안전 혹은 '결코' 쪽에 가까워질 것이라고 할 수 있고, 군부통제는 필연적으로 사용가능성과 '항상' 쪽에 가까워질 것이라고 할 수 있다.[26]

1945년 이래 제조된 수많은 핵무기의 숫자를 고려한다면, 사고는 실제로는 상대적으로 드물었다고 할 수 있다. 그러나 구할 수 있는 기록에 따르면 최소 두 번 이상 재난에 거의 근접했었다. 핵무기의 지휘통제는 매우 미묘한 균형을 요구하는 문제이다. 너무 통제를 강화하면 국가의 제2차 타격능력의 신뢰도 — 즉 억지의 신뢰도 — 에 문제가 생길 수 있다. 반면 너무 느슨한 통제는 핵무기가 실제 사용할 의도가 없이 사용될 가능성을 높인다. 그레고리(Shaun Gregory)가 지적하듯이, "군사적 대비의 필수조건은 핵무기가 인간의 창의성이 구현할만큼 안전하지는 않을 것이라는 점을 항상 의미한다."[27]

(4) 사이버 도전

지휘통제가 직면하는 마지막 도전은 국제안보에 있어서 핵무기의 역할을 강화하거나 대체할 가능성이 있는 새로운 군사 기술의 발전과 관련되어 있다. 특히, 소위 사이버무기 — 감시나 절취를 위한 컴퓨터 프로그램의 사용 및 상대 컴퓨터 및 네트워크 시스템의 파괴 — 의 성장과 확대는 핵전략과 지휘통제에 새로운 도전의 증가를 의미한다.

사이버무기는 여러 형태일 수도 있고 여러 다른 목표를 공격할 수도 있다. 그리고 세계안보에 사이버무기가 미치는 진정한 영향은 아직까지 완전히 검토되지 않았다. 핵무기의 관점에서 사이버무기의 가장 분명한 영향은 지휘통제 및 조기경보체제, 현재와 미래의 핵관련 무기의 중요 정보, 그리고 위협 및 위험 평가에 미치는 것일 수 있다. 심발라(Stephen Cimbala)의 지적처럼,

> 대량살상의 절대적 무기 — 핵무기 — 와 연성 권력의 최고 무기 — 정보전 — 이 위기 시에 합쳐지면, 그 결과는 전적으로 예측하지 못한 달갑지 않은 합성물일 것이다.[28]

사이버 공격과 사이버무기는 스파이 및 해킹으로부터 주요 시스템의 교란, 그리고 민간 또는 군사적 목표에 대한 직접적 공격 등 광범위한 스펙트럼을 포괄한다. 이들 공격은 물리적(즉 사람에 의해) 또는 논리적(즉 컴퓨터 네트워크를 통해)으로 실행될 수 있고, 논리 폭탄, 염탐을 위한 해킹 및 악성코드, 그리고 봇네트(botnets) 및 보다 전통적인 사이버 스파이 활동 등의 다양한 방법들을 포함할 수 있다.[29] 이런 이유 때문에 '사이버 전쟁' 또는 어떻게 사이버무기가 핵시설, 핵지휘통제를 공격하는 데 사용될 수 있는지, 또는 사이버무기가 어떻게 핵무장한 국가들 사이의 위기에 영향을 미칠 것인지를 잘 규정하도록 정의하

는 것이 쉽지 않았다.

다양한 '사이버무기'와 사이버 기술이 핵관련 체제에 대하여 사용되어 왔다. 핵과 사이버의 연계를 보여주는 최근의 두 가지 사례가 이런 최근 경향을 잘 보여준다.

- **시리아 방공망** 첫 번째 사례는 이스라엘이 2007년에 시리아의 핵무기 의심시설을 공격하기 위해 사이버 능력을 동원하여 시리아의 방공 레이더를 무력화시킨 것이다. 구체적인 내용은 밝혀지지 않았지만, 시리아 방공 레이더는 이스라엘 전투기들이 탐지되지 않고 통과할 수 있도록 아무 것도 없는 하늘의 잘못된 영상을 제공받았다. 이는 '수터(Suter)' 공중 공격시스템으로 불리는 전자전 패키지를 활용한 것이었다.[30]
- **스턱스넷**(*Stuxnet*)과 **올림픽게임**(*Olympic Games*) 두 번째 사례는 미국(아마도 이스라엘과 함께)이 이란의 우라늄 농축시설을 공격하기 위해 악성코드 — 소위 스턱스넷 바이러스 — 를 사용한 것이다. 스턱스넷 컴퓨터 바이러스는 이란 나탄즈(Natanz)의 우라늄 농축 프로그램에 비밀리에 피해를 주기 위한 악성코드의 일부였다. 바이러스는 2010년 여름에 발견되기 전까지 1년 정도 작동하였다. 스턱스넷은 이란의 핵프로그램에 대한 비밀 사이버작전 — 작전명 올림픽게임으로 알려진 — 의 극히 일부였다. 플레임(Flame) 바이러스와 두쿠(Duqu) 바이러스도 이 작전에 포함되었다. 이란의 핵노력을 지연시키는 데 이 사이버 공격이 얼마나 성공적이었는지는 분명히 알려져 있지 않다. 그러나 작전이 그 기간 동안 농축활동을 상당히 축소시키는 데에 일조하여 핵무기 제조를 위한 시간표를 몇 개월 정도 뒤로 밀었을 것이라고 알려지고 있다.[31]

이외에 사이버 산업스파이, 특히 군사적 또는 핵관련 비밀 산업 정보의 절취에 대한 우려도 계속 증가하고 있다.

향후에 핵무기와 관련 시설에 대해 다양한 사이버무기가 다양한 방식으로 사용되는 것을 상상하는 일은 어렵지 않다. 따라서 이러한 위협은 핵무기의 지휘통제와 관련한 심각한 도전을 의미한다. 마찬가지로 사이버무기는 테러리스트나 비국가 행위자들이 사고나 의도하지 않은 폭발을 일으키도록 하거나 국가가 다른 행위자가 핵무기를 사용할 수 있는 능력을 제한하도록 하며, 최소한 필요시 그런 무기가 작동할 것이라는 확신을 약화시키는 데 사용될 수 있다.

3. 핵금기와 불사용 규범

핵시대에 가장 큰 수수께끼는, 특히 다른 주요 무기의 개발과 비교할 때, 왜 핵무기가 단 두 번(1945년 8월에 미국에 의해 일본에 투하되었음)만 사용되었는가 하는 점이다. 1940년대 말에는 가장 낙관적인 전문가조차 — 그것이 의도적이던 우발적이던 — 추가로 핵무기가 사용되지 않고 70년이 지날 것이라고 전망할 수 없었을 것이다. 이는 그간 엄청난 횟수의 핵실험이 실시되고 막대한 양의 핵무기가 제조되었다는 점을 고려하면 더욱 놀랍다. 셸링(Thomas Schelling)은 2005년에 다음과 같이 지적한 바 있다.

> 지난 반세기의 가장 극적인 사건은 바로 발생하지 않았다. 우리는 노여움 속에 폭발되는 핵무기 없이 60년을 지냈다.[32]

핵무기의 불사용은 두 수준에서 살펴볼 수 있다. 첫째는 핵능력 행위자 간, 그리고 둘째는 핵능력 국가와 핵능력이 없는 국가 간의 수준이다. 두 개의 핵무장 국가 사이 핵무기의 불사용은 핵억지와 상호확증파괴 혹은 MAD(핵보복의 높은 가능성을 고려하면 하나의 핵무장 국가에 대한 핵무기 사용은 자살적임 – 제4장 참조)의 조건을 통해 이해할 수 있지만, 핵무장 국가가 비핵국가에 대하여 핵무기를 사용하지 않는 결정을 하는 이유와, 더욱 흥미롭게도 비핵국가가 핵무장 국가의 핵보유에도 불구하고 그들에 대해 전쟁을 개시하는 이유는 추가적인 설명을 필요로 하는 문제이다. 이 절에서는 이러한 현상을 뒷받침하는 핵금기와 핵불사용 규범을 소개하는 것을 목적으로 한다.

1945년 이래 다시 핵무기가 사용되지 않은 이유는 아마도 여러 요인들의 복합적인 결과일 것이다. 가장 우선적으로 행운(냉철한 판단보다)이 중요한 이유였을지도 모른다. 그럼에도 불구하고, 1940년대 이래 '폭탄'을 둘러싼 특별한 낙인이 등장하였다는 것은 의심의 여지가 없다. 이것은 근본적으로 핵무기는 다른 모든 무기와 다르고 단순히 사용되어서는 안 된다는 관념에 기반을 둔 것이다. 핵무기가 문명화된 사회에 의해 다시는 결코 사용되어서는 안 된다는 믿음이 '핵금기' 생각의 기반을 이룬다.

핵금기란 무엇인가? 핵금기는 정치학자 타넨월드(Nina Tannenwald)에 의해(비록 이 생각은 1950년대 이래로 존재하여 왔지만) 대중화된 표현인데, 핵시대 초기부터 발전되기 시작하여 핵무기가 다시 사용될 수 없다는 널리 확산된 규범을 의미한다. 기본적으로 이 금기 — 사회에서 용인될 수 없는 무엇 — 는 그 사용이 초래할 막대한 파괴를 고려할 때 그리고 국제사회에서 차지하는 특별한 지위 때문에 핵무기의 사용은 비도덕적이라는 믿음을 의미한다. 타넨월드에 따르면,

> 핵무기 사용에 대한 강력한 금기가 국제체제 내에서 발전하였다. 이것이, 비록 (아직) 완전히 강력한 금지는 아니지만, 핵무기를 용인할 수 없는 무기 — '대량살상무기'로 낙인찍었다.[33]

금기의 또 다른 측면은 핵무기와 관련해서는 본질적으로 다른 무엇이 있다는 인식이고, 이것 때문에 인류가 개발한 다른 무기(화학무기나 생물학무기를 포함)의 사용과는 다르게 인식하는 경향이 있다. 이런 맥락에서 핵사용에 대한 금기는 핵무기의 위력이나 잠재적 살상력과 관련이 없고, 또한 재래식무기 — 실제로 많은 재래식무기의 살상력이 굉장히 높다 — 가 비슷한 규모의 살상이나 파괴를 할 수 있는지와 상관없는 것이다.

이 금기는 또한 보다 광범위한 '불사용 규범'의 일부이다 — 이것은 또 다른 정치학자 폴(T.V. Paul)과 관련이 있는 조금 다른 아이디어이다. 폴에 따르면,

> 이 전통은 대체로 두 가지 지배적인 요인에 의해 형성되었다. 첫째, 히로시마와 나가사키에서 비롯되어 1950년대 수소폭탄 실험에 이어 보다 강력히 자리한 핵무기의 물질적 특성(즉 그것이 초래할 참혹한 단기 및 장기적 영향)에 대한 인식이다. 둘째, 나쁜 이미지의 생성, 악의의 전달, 그리고 잘못된 선례의 구축 등 핵무기의 사용이 발생시킬 수 있는 부정적 평판 효과이다.[34]

금기와 불사용 규범이 현대세계에서 핵무기의 유용성과 적실성에 대한 강력한 도전을 대표한다.

금기의 영향 핵불사용의 가장 대표적인 사례는 거의 50년(1945~1991) 동안 국제정치를 지배하였던 동서간의 양극적 냉전에서 찾아볼 수 있다. 물론 이 시기는 핵억지와 MAD(제4장 참조) 등 다른 보다 전통적인 요인들과 함께 잘 설명될 수 있다. 그러나 그런 통념적인 설명은 당사국 중 한 나라만 핵무기를 가지고 다른 행위자는 갖지 않은 보다 광범위한 상황에서는 설명력이 약해진다. 그런 상황을 두 가지로 생각해

볼 수 있다. (1) 더 약한 비핵국가에 대해 패전의 가능성에 직면해서도 핵무장 국가가 핵무기의 사용을 주저하는 경우, (2) 비핵국가가 핵무장 국가와 개전을 하는데 두려움이 없는 경우. 폴에 따르면,

> 비핵국가가 핵무장한 상대방과 개전을 함에 있어서 명백하게 대담할 수 있는 것은 모든 핵무장 국가가 여태까지 준수해온 불사용의 전통에 부분적으로 영향을 받은 것으로 보인다. 비핵국가는 불사용 전통의 작동과 다른 잠재적인 정치적·전략적 제약들을 통해 핵무장 상대가 스스로 억지된다고 믿는 것으로 여겨진다.[35]

표 27은 국제관계에서 소위 금기나 불사용 규범이 작동되었던 사례를 제시한다 — 비록 소개된 사례에 국한되지 않지만. 핵무기는 이들 갈등에 있어서 유일하게 핵심적 요인은 아니었다. 그러나 여기에서 드러난 많은 핵불사용 사례가 금기가 실제로 작동하는 증거로 종종 인용된다.

금기에 대한 비판 핵금기에 대한 관념이 점차적으로 설득력을 획득하고 있지만, 어떤 학자들은 그 타당성과 유용성에 문제를 제기한다. 그레이(Colin Gray)는 다음과 같이 지적한다.

> 핵금기의 명제는 그럴 듯하고 매력적이지만, 그것은 위험할 정도로 결점이 있어 경솔한 낙관주의자들에게 치명적인 함정을 만들 수 있다.[36]

어떤 의미로 그레이 같은 사람들은 금기의 관념이 국제사회가 핵무기에 의해 파생된 핵심적 문제들을 실질적으로 다루는 것을 방해하고 있고, 미래의 사용을 방지하는 데 장애물이라고 주장한다. 칸(Herman Kahn)은 훨씬 덜 낙관적이었다. "내 짐작으로 핵무기는 향후 백년 내 어느 시점에서 사용될 것이다."[37]

표 27   핵불사용의 몇 사례 [i]

시나리오	핵보유 행위자	비핵행위자	내용
한국전쟁 (1950-1953)	미국	북한, 중국	미국이 교착상태를 종결하기 위해 핵무기 사용을 하지 않기로 결정
베트남전쟁 (1965-1973)	미국	북베트남	미국이 베트콩(Vietcong)에 대한 광범위한 핵무기 사용 요청을 거부
욤키푸르전쟁 (1973)	이스라엘	이집트, 시리아, 이라크, 요르단	아랍 동맹국들이 핵무장한 이스라엘에 기습공격 감행
중-베트남전쟁 (1979)	중국	베트남	중국의 핵능력에도 베트남이 중국과 전쟁에 돌입
아프간전쟁 (1979-1989)	소련	아프가니스탄	소련이 막대한 피해에도 불구하고 핵무기 불사용 결정
포클랜드전쟁 (1982)	영국	아르헨티나	영국의 핵보유에도 불구하고 아르헨티나가 포클랜드(Falkland)섬을 침공
제1차 걸프전쟁 (1990-1991)	미국	이라크	미국이 이라크의 화학무기 공격 위협에도 불구하고 핵무기 불사용 결정
아프가니스탄 (2001-)	미국, 영국	아프가니스탄 (탈레반)	미국이 탈레반/알 카에다에 대해 전술핵무기 불사용 결정

i T.V. Paul, *The tradition of non-use of nuclear weapons* (Stanford CA: Stanford University Press, 2009), pp. 144-145에서 재구성.

4. 요점, 추가정보 및 자료

이 장은 미래 세계 핵정치와 전략이 직면한 주요 동력과 도전을 개략적으로 소개하였다. 그 요점은 아래와 같다.

- 점점 많은 국가들이 증가하는 에너지 수요를 충족시키기 위해 원자력 에너지에 관심을 기울이고 있고, 이것이 세 가지의 주요 도전을 만든다. 원자로 및 원자로 연료의 안전과 보안, 핵무기의 확산 방지, 핵폐기물의 처리.
- 1945년 이래 다수의 핵무기 사고가 발생하였고, 우리가 모르는 더 많은 사고들이 있었을 가능성이 높다. 그러나 아직까지는 어떤 사고도 우발적인 핵폭발로 이어지지 않았다. 그럼에도 불구하고 핵사고(민간 또는 군사)의 위협은 상존한다.
- 핵무기의 지휘통제 문제는 복합적이고, 핵무기가 신뢰할 수 있고 사용 준비가 되어 있어야 할 필요와 안전, 보안 및 승인되었을 때만 사용될 보장의 필요 사이의 균형 문제와 연관된다.
- 사이버무기와 '정보전'의 도래는 핵무기 및 시설의 안전과 보안 관리에 있어서 완전히 새로운 스펙트럼의 도전을 제공하고 있다.
- 핵금기는 핵무기가 너무 파괴적이기 때문에 사용되지 않았다는 관념이다. 다른 무기와는 달리 핵무기와 관련된 규범은 핵사용에 반대하여 오랜 기간 발전하여 왔다. 이 규범이 무한정 지속될지의 여부가 우리 핵미래의 핵심적 부분이다.
- 핵 '불사용 규범'은 세 가지 방식으로 작동한다. 핵무장 행위자들 사이에, 비핵국가와 갈등을 경험하고 있는 핵무장 국가에 대하여, 핵무장 국가와 갈등을 경험하는 비핵국가에 대하여.

➤ 계속

➤ 계속

추가정보 및 자료

원자력 에너지에 대해서는 퍼거슨(Charles Ferguson)의 『원자력에너지(Nuclear energy)』(2011); 어빈(Maxwell Irvine)의 『원자력(Nuclear power)』(2011); 그리고 핵연료주기에 대한 기초적 소개에 대해서는 윌슨(P.D. Wilson)의 『핵연료주기(The nuclear fuel cycle)』(1997)를 참조하면 된다. 민간 원자력 발전소의 취약성에 대해서는 램버그(Bennet Ramberg)의 『적을 위한 무기 원자력 발전소(Nuclear power plants as weapons for the enemy)』(1992). 윌리엄 앨리(William Alley)와 로즈마리 앨리(Rosemary Alley)의 『건드리기에는 너무 뜨거운(Too hot to touch)』(2012)는 핵폐기물과 관련된 좋은 개론서이다.

민간 원자력과 핵무기 확산의 관계에 대해서는 퍼먼(Matthew Fuhrman)의 『원자력 지원(Atomic assistance)』(2012), "Spreading temptation"(2009)과 "Splitting atoms"(2012). 그리고 핵공급자그룹에 대해서는 안토니 등(Ian Anthony et al.)의 "Reforming nuclear export controls"(2007)와 조직의 웹페이지 www.nuclearsuppliersgroup.org를 참고하면 된다. 민간의 사고에 대해서는 워커(J. Samuel Walker)의 『쓰리마일 섬(Three Mile Island)』(2006); 알렉시에비치(Svetlana Alexievich)와 게센(Keith Gesen)의 『체르노빌로부터의 소리(Voices from Chernobyl)』(2006); 몰드(R. K. Mould)의 『체르노빌 기록(Chernobyl record)』(2000); 그리고 로크바움 등(David Lochbaum et al.)의 『후쿠시마(Fukushima)』

(2014)를 참고하면 된다. 또한 쓰리마일 섬 사고 바로 몇 주 전에 나온 영화 〈중국 신드롬(The China Syndrome)〉도 참고할 수 있다.

군관련 사고, 지휘통제 문제 및 사고 근접사례에 대해서는 슐로서(Eric Schlosser)의 『지휘통제(Command and control)』(2013); 그레고리(Shaun Gregory)의 『억지의 숨은 비용(The hidden cost of deterrence)』(1990); 세이건(Scott Sagan)의 『안전의 한계(The limits of safety)』(1993); 카터 등(Ashton Carter et al.)의 『핵작전의 관리(Managing nuclear operations)』(2001); 피버(Peter Feaver)의 『보호자 보호하기(Guarding the guardians)』(1992)와 "Command and control in emerging nuclear nations"(1992); 그리고 블레어(Bruce Blair)의 『우발적 핵전쟁의 논리(The logic of accidental nuclear war)』(1993)를 참고하면 된다. 또한 메이듀(Randall Maydew)와 부시(Julie Bush)의 『미국이 잃어버린 수소폭탄(Americas lost H-bomb)』(1997); 돕슨(Joel Dobson)의 『골즈버로 부러진 화살(The Goldsboro broken arrow)』(2013); 그리고 모란(Barabara Moran)의 『수소폭탄을 잃어버린 날(The day we lost the H bomb)』(2009)을 참고할 수 있다. 영화 〈케이-19: 위도우 메이커(K-19: The Widowmaker)〉는 소련 핵잠수함에 닥친 재앙을 묘사했으며, 〈페일 세이프(Fail Safe)〉는 미국의 소련에 대한 우발적인 핵공격을 묘사하고 있다.

사이버무기와 핵무기와의 관계에 대해서는 심발라(Stephen Cimbala)의 『정보화시대의 핵무기(Nuclear weapons in the information age)』(2012)와 "Nuclear crisis management and

➤ 계속

> ➤ 계속

'cyberwar'" (2011); 그리고 나이(Joseph Nye)의 "From bombs to bytes" (2013)를 참고하면 된다. 힐리(Jason Healey)가 편집한 『치열한 도메인(A fierce domain)』(2013)은 사이버 전쟁에 대한 좋은 소개이며, 클라크(Richard Clarke)와 키나키(Robert Knake)의 『사이버 전쟁(Cyber war)』(2010)도 마찬가지이다.

1945년 이후 핵무기가 사용되지 않은 이유를 다루는 가장 좋은 책은 폴(T.V. Paul)의 『핵무기 불사용 전통(The tradition of non-use of nuclear weapons)』(2009)와 타넨월드(Nina Tannenwald)의 『핵금기(The nuclear taboo)』(2007)이다. 그레이(Colin Gray)의 『제2 핵시대(The second nuclear age)』(1999)는 핵금기 아이디어에 대해 흥미로운 비판을 제기하고, 퀘스터(George Quester)의 『1차 핵공격(Nuclear first strike)』(2005)도 마찬가지이다.

주

1. 여기에 대해서는 Laura Arnold, *Windscale 1957: anatomy of an accident* (Basingstoke: Palgrave Macmillan, 2007) 참조.
2. J. Samuel Walker, *Three Mile Island: a nuclear crisis in historical perspective* (Berkeley CA: University of California Press, 2006) 참조.
3. R.F. Mould, *Chernobyl record: the definitive history of the Chernobyl catastrophe* (London: Institute of Physics Publishing, 2000) 참조.
4. David Lochbaum, Edwin Lyman and Susan Stranahan, *Fukushima: the story of a disaster* (New York: New Press, 2014) 참조.
5. Charles Ferguson, *Nuclear energy: what everyone needs to know* (Oxford: Oxford University Press, 2011), p. 28.

6. Matthew Fuhrmann, *Atomic assistance: how 'atoms for peace' programs create nuclear insecurity* (London: Cornell University Press, 2010), p. 2.
7. Matthew Fuhrmann, "Spreading temptation: proliferation and peaceful nuclear cooperation agreements," *International Security*, 34:1 (2009), p. 8.
8. Charles Ferguson, *Nuclear energy: what everyone needs to know* (Oxford: Oxford University Press, 2011), pp. 190-191.
9. Ibid, p. 193.
10. 자세한 내용에 대해서는 P.D. Wilson, *The nuclear fuel cycle: from ore to waste* (Oxford: Oxford University Press, 1997) 참조.
11. Ibid.
12. 여기에 대해서는 William Alley and Rosemarie Alley, *Too hot to handle: the problem of high-level nuclear waste* (Cambridge: Cambridge University Press, 2012) 참조.
13. Ashton Carter, John Steinbruner and Charles Zraket, "Introduction," in Ashton Carter, John Steinbruner and Charles Zraket (eds.), *Managing nuclear operations* (Washington DC: The Brookings Institution Press, 1987), p. 1.
14. Shaun Gregory, *The hidden cost of deterrence: nuclear weapons accidents* (London: Brassey's, 1990), pp. 49-81 참조.
15. Ibid, pp. 10-11.
16. Eric Schlosser, *Command and control* (London: Penguin Books Ltd, 2013), p. 481.
17. Scott Sagan, *The limits of safety: organizations, accidents and nuclear weapons* (Princeton NJ: Princeton University Press, 1993), p. 267.
18. Peter Stein and Peter Feaver, *Assuring control of nuclear weapons: evolution of Permissive Action Links* (Washington DC: Rowman & Littlefield, 1987) 참조.
19. Peter Feaver, *Guarding the guardians: civilian control of nuclear weapons in the United States* (London: Cornell University Press, 1992), p. 14.
20. Ibid, p. 17.
21. Ibid, p. 14.
22. Bruce Blair, *The logic of accidental nuclear war* (Washington DC: The Brookings Institution Press, 1993), pp. 9-10.
23. Peter Feaver, "Command and control in emerging nuclear nations," *International Security*, 17:3 (1992), p. 163.

24. Eric Schlosser, *Command and control* (London: Penguin Books Ltd, 2013), p. 357.
25. David Hoffman, *The dead hand: Reagan, Gorbachev and the untold story of the Cold War arms race* (London: Icon Books Ltd, 2011), pp. 421-423 참조.
26. Peter Feaver, *Guarding the guardians: civilian control of nuclear weapons in the United States* (London: Cornell University Press, 1992), pp. 26-28.
27. Shaun Gregory, *The hidden cost of deterrence: nuclear weapons accidents* (London: Brassey's, 1990), p. 47.
28. Stephen Cimbala, *Nuclear weapons in the information age* (London: Continuum International Publishing, 2012), p. 45.
29. 사이버무기에 대한 안내는 Jason Andress and Steve Winterfeld, *Cyber warfare: techniques, tactics and tools for security practitioners* (London: Syngress, 2011) 및 Peter Singer and Allan Friedman, *Cybersecurity and cyberwar: what everyone needs to know* (Oxford: Oxford University Press, 2014) 참조.
30. John Leyden, "Israel suspected of 'hacking' Syrian air defences," *The Register* (4 October 2007), www.theregister.co.uk/2007/10/04/radar_hack_raid.
31. Chris Morton, "Stuxnet, flame and duqu – the Olympic games," chapter in Jason Healy (ed.), *A fierce domain: conflict in cyber space, 1986 to 2012* (USA: Cyber Conflict Studies Association, 2013), pp. 212-231.
32. Thomas Schelling, "The nuclear taboo," *The Washington Post* (24 October 2005), http://online.wsj.com/news/articles/SB113010182444876942.
33. Nina Tannenwald, *The nuclear taboo: the United States and the non-use of nuclear weapons since 1945* (Cambridge: Cambridge University Press, 2007), p. 2.
34. T.V. Paul, *The tradition of non-use of nuclear weapons* (Stanford CA: Stanford University Press, 2009), p. 2.
35. Ibid, p. 144.
36. Colin Gray, *The second nuclear age* (Boulder CO: Lynne Rienner Publishers, 1999), p. 103.
37. Herman Khan, *Thinking about the unthinkable in the 1980s* (New York: Simon & Schuster, 1984), p. 28.

결론: 핵미래에서의 생존

이 책은 핵무기와 관련된 주제에 대한 참고서로, 그리고 아울러 보다 일반적으로 대중의 핵지식에 있어서의 중요한 공백이라고 생각되는 부분에 직접 기여하기 위해 쓰여졌다. 즉 집필의도는 위협(이 주제의 중요성에 대해 대중이 인식하는데 도움이 되기를 희망하지만)이 아니라, 거의 70년 간 국제사회의 삶을 지배했던 무기에 대해 이해를 더 잘할 수 있게 되기를 희망하는 것이었다. 이 책의 신성한 주문(mantra)은 핵시대에 다음 몇 세대가 생존하기 위한 최선의 방법이 우리가 평소에 당연하게 받아들였거나 간과하였던 동력에 대한 더 나은 지식, 이해 그리고 인식을 통한 것이라는 점이다. 우리의 미래 — 완전한 파괴, 보다 잘 관리된 현상유지, 또는 아마 둘 중 어느 지점이든지 — 가 어떻게 되든지, 바로 지식이 잠재적 악몽의 핵시나리오를 축소시키는 힘을 발휘할 것이다.

향후 핵시대 최선의 방향은 물론 여러분의 결정에 달려있다 — 필자는 의식적으로(아마 성공적으로) 책 전체적으로 중립을 유지하려 노력하였고, 필자 자신의 (계속 변하는)신념을 주입하고 그쪽으로 설득하려고 하기보다는 여러 관점과 결정을 위한 정보와 수단을 제공하려고 하였다. 서론에서 언급한 것처럼 핵무기와 관련해서는 옳고 그른 답이란 존재하지 않고, 다만 작동하는 답만 있을 뿐이다 (만약 우리가 틀리다면 아주 비싼 대가를 치를 것이다). 개방성, 토론, 그리고 심사숙고의 문화만이 현재 핵무기에 관해 진행되는 논쟁에 긍정적인 기여를 할 수 있을 것이라고 제안한다 — 핵정치와 핵전략과 같은 주제가 너무 자주 외부의 철저한 검토와 분석 없이 다뤄지고, 이는 우리 모두에게 사활적인 부분에 한층 더 큰 해를 끼칠 수 있다. 이런 관점에서 핵정치와 관련하여, 특히 전통적인 핵연구자 외부로부터의 어떤 견해, 제언, 의견이라도 언제나 환영할 필요가 있다.

여태까지의 핵시대를 생존해온 것은 냉철한 판단만큼이나 행운에 의한 것이었고, 핵무기가 결코 다시는 사용되지 않도록 최선을 다해 노력해야만 한다. 이 점에서 핵무기가 1945년 이래 사용되지 않았기 때문에 미래에도 사용되지 않을 것이라고 자동적으로 추정해서는 안 된다 — 우발적, 비인가, 그리고 심지어 의도적인 핵사용의 공포는 현재 우리와 함께 하고 있으며 이는 핵무기가 존재하는 한 지속될 것이다. 오산의 가능성과 무엇보다도 안보딜레마 때문에 어떠한 핵사용이라도 확전과 잠재적으로는 상상할 수 없는 전 세계적 결과를 초래할 것이다. 더구나 우리가 전례 없는 세계적 평화의 시기에 생활할 가능성도 있지만 이것은 언제나 바뀔 수 있고, 따라서 이러한 함의를 잊어서는 안 된다.

아마 우리가 기억해야할 첫 번째는 핵무기의 역할과 중요성에 대한 견해가 세계적으로 단일하지 않다는 것이다. 우리는 자기중심적인 분석적·개인적 편견에 반드시 주의해야 한다. 단순하게 얘기하자면, 국가안보가 분명히 여러 사례에서 가장 지배적인 변수이긴 하지만, 국가들은 여러 이유로 핵무기를 제조하여 보유한다 (또는 제조하지 않는다). 여기에는 국내정치적 이유, 규범적, 문화적, 그리고 사회적 이유,

기술적 이유가 포함된다 — 핵무기는 다른 행위자에게 다른 의미를 가질 수 있다. 예를 들면 러시아, 영국, 프랑스와 아마 인도는 핵무기를 자국의 문화적 정체성과 지위의 핵심적 부분으로 인식하고 있다는 점이 분명하다. 그리고 이스라엘, 파키스탄, 북한은 핵무기를 자국 국가안보의 불가결한 요소로 간주하고 있음이 분명하다. 또한 미국은 다른 국가들이 핵무기를 보유하는 한 핵무기를 보유할 것임을 분명히 하였다 (거의 분명히 두 이유가 섞여서). 그리고 중국은 미국과 러시아의 핵무기를 직면한 상황에서는 무장해제할 가능성이 거의 없다. 이외에도 우리는 전 세계 안보 환경의 여러 측면과 이들이 제기하는 필요조건들에 반드시 주의를 기울여야 한다. 현재의 서유럽과 북미는 중동, 남아시아 혹은 동북아시아와 다르고, 이들 다양한 도전을 하나로 보려는 시도는 어려운 것만 아니라 솔직하지 못한 일이다.

물론 핵무기에 대한 견해는 핵보유국(NWS), 비핵국가(NNWS), 그리고 NPT에서 인정하지 않는 핵무장 국가들 사이에서 갈린다. 따라서 이들 각 그룹이 핵무기를 다른 관점에서 보고 평화롭고 안정적인 핵미래를 향한 다른 패턴을 전망하는 것은 놀라운 일이 아니다. NWS는 NPT 제6조에 따라 성실하게 군축을 진행하고 있지만, 현재 세계 핵질서의 예측 불가능한 성격 때문에 당분간 핵무기를 보유할 필요가 있다고 주장한다. NNWS는 NWS가 NPT 하에서 성실하게 핵폐기를 추진해야하는 법적 의무를 회피하여 왔고, 대신 너무나 비확산에만 치중해 왔다고 비판한다. 조약 외부의 핵무장 국가는 현재의 국제 핵레짐이 자신들에 불리하게 편향되어 있고, 심지어 이는 흔히 '핵차별'로 불리는 정책에 기반을 두고 있다고 주장한다. 물론 이 안에는 확장 핵억지 보증 — 주로 미국 — 에 의해 보호되는 NNWS도 존재한다. 이들은 핵무기를 자국 안보에 핵심적인 것으로 간주하지만, 그럼에도 불구하고 폭탄을 획득할 의도는 가지고 있지 않다. 그리고 세계의 많은 부분이 이미 비핵지대(NWFZs)이다. 이 다양한 관점과 다르게 인식되는 전략적 요건들을 다루는 것이 국제사회의 시급한 도전으로 남아 있다.

핵지형이 일반적으로 제2 핵시대로 불리는 시기에 변화할 수 있지만, 핵무기의 주된 목적은 억지이다. 아주 극단적인 상황을 제외하고는 실제 핵무기의 사용은 상상할 수 없다. 그리고 우리의 핵세상은 당분간 이 이론 — 다른 사람이 주장하듯이 — 또는 상호확증파괴(MAD)의 조건을 기반으로 할 것이다. 따라서 핵확산의 상대적 비용과 이득에 대한 견해는 나뉠 수 있지만, 핵무기는 억지를 위한 것이지 전쟁을 위한 것이 아니라는 점은 일반적으로 받아들여진다. 결과적으로 MAD가 완벽하지는 않지만 주장하건대 나쁜 선택들 중에서는 최선의 선택이다 — 기본적으로 현상유지는 이상적이지는 않지만 현상은 더 나빠질 수도 있는 것이다. 그렇긴 하지만 재래식 갈등이 핵수준으로 상승할 위험은 특히 남아시아, 중동 또는 동북아시아, 그리고 미국/NATO와 러시아 사이에서 가능성으로 존재한다. 그리고 MAD는 비국가 행위자의 핵사용이라는 잠재적 위험에 대해서는 뾰족한 수가 없다. 결과적으로 핵무기 및 관련 시설의 안전과 안보는 우리 핵미래에 매우 중요하고, 이는 다행히도 국제적 의제의 최대 현안으로 다뤄지고 있다. 우리의 과거는 다수의 위기일발 사례로 점철되었고, 핵무기나 원자력 발전시설과 관련된 재앙적 사고의 위험은 상존한다 — 2011년 일본 후쿠시마 사태가 이를 잘 대변한다. 마찬가지로 핵무기의 관리와 분열물질 보안의 중요성은 초국가적 테러리즘과 칸(A.Q. Khan) 밀매 네트워크의 등장이라는 위협이 지배하는 시대에 있어서 아무리 강조해도 지나침이 없다. 조잡한 핵폭탄 — 불법적으로 획득되거나, 도난당하거나, 최악의 상황에서 다른 국가에 의해 제공된 — 이라도 만약 대도시에서 터지면 엄청난 피해를 불러올 수 있다. 그리고 재래식 더러운 폭탄이라도 상당한 혼란, 공포 및 사망을 의미할 수 있다. 따라서 핵무기, 핵물질, 핵전문 지식에 대한 의 문민통제는 필수이다. 그러나 진정한 국가안보적 이유로 핵무기를 비상대기상태에 둘 필요가 있는 지역이 세계에 일부 존재한다.

따라서 비록 수년 내에 다시 시험대에 오르겠지만 NPT의 중추인 군축과 비확산 사이의 핵심 거래는 유지될 것으로 보인다. 이 레짐이 또 다른 도전 — 예를 들면 이란이 핵무기를 계속 개발하기로 한다면, 또는 소수의 주도적인 NNWS가 항의의 표시로 조약을 탈퇴한다면 — 을 견딜 수 있을 지는 불확실하다. 그러나 현재 우리에게는 더 나은 국제적 대안이 없다. 따라서 핵군축에서 비확산이 핵심적 역할을 하는 것만큼 핵군축도 비확산에서 핵심적 역할을 해야만 한다. NPT 체제와 전 세계 비확산레짐에 내재하는 문제들에도 불구하고, 이들은 현존하는 세계 질서를 관리하는데 최선의 방식이라는 점을 분명히 인식해야만 한다. 그렇지만 궁극적으로 몇 국가가 핵무기를 보유해야 한다고 결정하는 한 핵무기는 다른 국가들에게도 매력적인 것으로 인식되고, 단호히 결심한 확산 지망자 — 최근 파키스탄, 북한, 그리고 이란의 경우에서처럼 — 를 멈추는 것은 매우 어려울 것이다.

이들 도전은 핵군비통제 과정이 교착상태 — NNWS의 우려를 증폭시키면서 — 에 이르면서 더욱 복잡해진다. 이 문제는 진전을 위한 최근의 P5 프로세스의 추진에도 불구하고 완화되지 않는다. 탄도미사일 방어의 배치 — 기술적으로 신뢰할 수 있고 가능한 — 는 전략적 문제로 남아있고, 이는 안보딜레마의 핵심을 추동함으로써 아마 현재 핵군비통제가 중지된 중요한 이유 중의 하나이다. 추가로, 핵공격에 대한 포괄적인 민방위는 만병통치약으로 존재하지만, 이는 점차적으로 핵공격을 하나의 특이점(outlier)으로 취급하는 보다 광범위한 재난 관리 노력 하에 포함되어 가고 있다.

핵무기의 효능은 다양한 — 규범적, 정치적, 경제적, 군사적인 것을 포함한 — 수준에서 도전받고 있지만, 이것이 핵무기가 곧 사라진다는 의미는 아니다. NWFZ의 확산, 핵무기금지협약(Nuclear Weapons Convention)에 대한 지지의 확대, 그리고 핵금기와 불사용 규범의 일반화 등은 모두 이런 방향으로의 전진이다. 그러나 원자력(기존 핵무장 국가들의 핵무기는 말할 필요도 없이)에 대한 의존의 증가 그리고 그것의 전 세계적 확산은 가까운 장래에 또 다른 잠재적 핵국가 — 이란의 경우를 제외하더라도 — 를 직면하게 될 가능성이 있다는 것을 의미한다. 궁극적으로 핵무기와 그 제조에 필요한 지식을 없던 것으로 되돌릴(uninvent) 수는 없다.

위에서 언급한 핵이슈 중 어느 하나 간단하고 쉬운 것이 없지만, 이것을 무시한다고 해서 사라지지는 않는다. 따라서 최소한 우리의 현재 핵세상을 추동하고 형성하는 요인이 무엇인지를 이해하기 위한 노력을 함으로써 — 비록 완전히 변형시키거나 바꾸지는 않더라도 — 그것을 관리하고 통제하려는 시도를 할 수 있다. 또한 핵무기가 과거에 사용되지 않았기 때문에 미래에도 사용되지 않을 것이라는 예측을 기반으로 하면 안 되지만 마찬가지로 과거를 지배했던 것과 같은 공리와 신조에 반드시 얽매여서도 안 된다. 무엇보다도, 보호되고 안전한 핵미래는 쉽게 달성될 수 없지만 그렇다고 불가능한 것도 아니다.

부록

- 부록 1: 핵무기 연대표   349
- 부록 2: 주요 용어와 약어 해설   357
- 부록 3: 민수용 원자력 발전국가   367
- 부록 4: 소설, 영화, TV에 등장한 핵무기   369

부록 1

핵무기 연대표

1905년
9월   아인슈타인(Albert Einstein) 상대성 이론($E=mc^2$) 출간

1938년
12월   한(Otto Hahn)과 슈트라스만(Fritz Strassman) 우라늄 내의 분열 발견

1939년
10월 1일   핵무기에 대해 경고하는 서한을 아인슈타인과 실라르드(Leo Szilard)가 작성하여 미국 루즈벨트(Franklin Roosevelt) 대통령에게 전달

1941년
10월 9일   루즈벨트 대통령 미국원자력프로젝트 설립

1942년
12월   페르미(Enrico Fermi)의 '핵파일(pile)'이 시카고에서 임계에 도달

1945년
7월 16일   미국이 뉴멕시코 사막에서 트리니티 테스트 실시
8월 6일   미국이 히로시마에 '리틀보이' 우라늄폭탄 투하
8월 9일   미국이 나가사키에 '팻맨' 플루토늄폭탄 투하

1946년
1월 UN이 원자력위원회(AEC: Atomic Energy Commission) 구성
6월 바루크(Bernard Baruch)가 핵무기의 국제적 통제 계획 — 소위 '바루크 계획' — 제안
8월 미국의 맥마흔(McMahon)법이 어떠한 핵정보도 다른 나라와 공유 금지

1949년
4월 4일 북대서양조약이 NATO 창설에 서명
8월 29일 소련이 카자흐스탄 세미팔라틴스크에서 최초의 핵폭발 실험 실시

1950년
6월 한국전쟁 발발(1950~1953)

1952년
10월 3일 영국이 호주의 몬테벨로(Montebello)섬에서 최초 핵실험 실시
10월 31일 미국이 최초로 코드명 '아이비 마이크(Ivy Mike)' 수소폭탄 실험 실시

1953년
8월 12일 소련 최초로 수소폭탄 실험 실시
12월 8일 미국 아이젠하워(Dwight Eisenhower) 대통령에 의해 평화를 위한 원자력(Atoms for Peace) 프로그램 창설

1954년
1월 21일 미국 최초의 원자력 추진 잠수함 '노틸러스(Nautilus)' 진수
3월 미국 마샬(Marshall) 제도에서 코드명 '캐슬 브라보(Castle Bravo)' 실험 실시
6월 소련 최초의 원자력 발전소 개설

1955년
5월 10일 소련 핵실험금지 제안
5월 14일 바르샤바조약기구(Warsaw Pact) 창립

1956년
7월 12일 인도 핵무기실험금지 제안

1957년
5월 15일   영국이 최초 수소폭탄 실험 실시
7월 29일   국제원자력기구(IAEA) 창설
8월 26일   소련 인공위성 스푸트니크(Sputnik) 궤도로 발사
9월   소련에 마야크(Mayak) 핵사고 발생
           퍼그워시(Pugwash), 전미건전핵정책위원회(SANE) 및 핵군축캠페인(CND) 창설

1958년
7월   미국-영국 상호방위조약(MDA: Mutual Defense Agreement) 체결
10월 10일 영국 윈드스케일(Windscale) 원자로에 화재 발생

1959년
2월   소련 최초로 대륙간탄도미사일(ICBM) 실전배치
10월   미국 최초의 ICBM 실전배치
12월   최초의 미국 탄도미사일 잠수함 실전배치
           남극조약(Antarctic Treaty) 체결

1960년
2월 13일   프랑스 최초 핵실험 알제리 사막에서 실시
3월   UN군축회의(CD) 제네바에 설립
11월   소련 최초의 탄도미사일 잠수함 진수

1961년
1월   미국에서 골즈버로 사건 발생
10월 30일 소련 차르 봄바폭탄 실험

1962년
6월   최초의 폭발인가장치(PALs) 핵무기에 장착
10월 16일-28일   쿠바미사일 사태 발생으로 세계가 핵전쟁 위기에 봉착
12월 18일 미국과 영국 낫소(Nassau) 또는 '폴라리스(Polaris)' 협정 체결

1963년
8월 5일   미국, 소련, 영국 부분핵실험금지조약(LTBT) 체결

1964년
7월 21일   아프리카 비핵화 선언
10월 16일 중국 최초 핵실험

1966년
1월 17일   수소폭탄 4개를 실은 미국 폭격기가 스페인 팔로마레스에서 추락

1967년
1월 27일   우주조약(Outer Space Treaty) 체결
2월 14일   남미 비핵지대(NWFZ) 설립

1968년
7월 1일   NPT 서명위해 개방

1969년
미국과 이스라엘 간 이스라엘 핵프로그램에 대한 비밀 협정 체결

1971년
2월 11일   심해저조약(Seabed Treaty) 서명

1972년
5월 26일   닉슨(Richard Nixon)과 브레즈네프(Leonid Brezhnev) 전략무기제한조약(SALT)과 반탄도미사일조약(ABM) 서명

1974년
5월 18일   인도 코드명 '스마일링 붓다(Smiling Buddha)'로 명명된 '저위력' 핵폭탄실험 라자스탄 사막에서 실시
7월 3일   지하핵실험금지조약(TTBT) 서명

1975년
4월 23일   핵공급자그룹(NSG) 창립

1976년
5월 28일   평화적핵실험조약(Peaceful Nuclear Explosions Treaty) 체결
7월   칸(A.Q. Khan) 파키스탄에 칸연구소 설립

1978년
5월   최초의 UN군축회의 개최

1979년
3월 28일   미국의 쓰리마일 섬 소재 원자력발전소 부분 용융
6월 18일   미국과 소련 SALT II 협정 서명
9월 22일   남 인도양 지역에서 남아공-이스라엘의 공동 핵실험으로

의심되는 테스트 실시

1980년
10월   최후의 대기권 핵실험 (중국에 의해)실시

1981년
6월 7일   이스라엘 이라크 오시라크 원자로 공격하여 파괴

1982년
6월 29일   미국과 소련 간 START 협상 개시
12월   영국에서 그린햄 커먼(Greeham Common) 시위 발생

1983년
3월 23일   레이건(Ronald Reagan) 전략방위구상(SDI) 선언
11월   에이블아처83 — 대규모 나토 핵훈련 — 실시

1985년
8월 6일   라로통가조약에 의해 남태평양 NWFZ 설립
10월 5일   이스라엘 비밀핵무기에 대한 바누누(Mordachai Vanunu)의 폭로『선데이타임즈(Sunday Times)』에 게재

1986년
4월   우크라이나의 체르노빌 원자로에 치명적 용융 발생
10월 11일-12일   레이건과 고르바초프(Mikhail Gorbachev) 간 레이캬비크 정상회담 개최

1987년
12월 8일   미국과 소련 중거리핵전력협정(INF) 서명

1991년
7월 31일   부시(George H. W. Bush)와 고르바초프 START I 서명
11월 27일   미국의회 핵위협감축법안(Nuclear Threat Reduction Act) 통과
12월 4일   카르타헤나(Cartagena) 선언으로 남미와 카리브 해 비핵지대 설립
12월 25일   소련 해체

1992년
1월 20일   한반도 비핵화공동선언 서명
7월 17일   러시아와 나토 유럽재래식무기감축협정(CFE: Conventional Forces in Europe) 서명

8월 3일	프랑스 NPT 서명
10월	미국 단독 핵실험 중단 선언

1993년
1월 3일	미국과 러시아 START II 서명
3월	남아공 핵무기 보유를 공개한 후 폐기

1995년
1월 25일	노르웨이 로켓 사건 발생
3월 23일	분열물질금지조약(FMCT) 협상 개시
5월	뉴욕에서 178개국이 NPT 갱신
12월	동남아시아 비핵지대 설립

1996년
4월 11일	펠린다바(Pelindaba)조약으로 아프리카 비핵지대 설립
9월 10일	유엔에서 포괄적핵실험금지조약(CTBT) 채택

1997년
	칸 리비아에 핵부품 공급 시작

1998년
5월 13일-15일	인도 다섯 차례 핵무기 실험 실시
5월 28일-30일	파키스탄 여섯 차례 핵무기 실험 실시
8월 31일	북한 일본 위로 삼단 대포동탄도미사일 발사
12월	이라크 유엔특별대표부(UNSCOM) 무기 사찰단 축출

1999년
5월-6월	인도와 파키스탄 사이 카길전쟁 발발
10월 13일	미국 상원 CTBT 비준 실패

2001년
9월 11일	미국 세계무역센터와 펜타곤에 테러리스트 공격 발생
12월 13일	부시(George W. Bush)대통령 ABM 조약 탈퇴 선언

2002년
5월 24일	미국과 러시아 간 전략공격무기감축(Strategic Offensive Reductions Treaty) 체결
8월 14일	이란의 핵프로그램 대중에게 공개

2003년
1월 10일	북한 NPT 탈퇴 의도 선언

5월	확산방지구상(Proliferation Security Initiative) 개시
8월	북핵프로그램을 다루기 위한 6자회담 개시
12월 19일	리비아 대량살상무기 프로그램 폐기 합의

2004년

1월	칸의 핵밀매 네트워크 드러남
4월 28일	UN안보리결의안 1540호 채택
6월	인도와 파키스탄 사이 핵핫라인 설치

2005년

5월	뉴욕에서 3차 NPT 검토회의 개최
7월 18일	미국-인도 민간 원자력협정 체결

2006년

4월	이란 우라늄 농축 완성 선언
10월 8일	북한 최초의 핵실험 실시

2007년

1월 4일	'핵묵시록의 4기사'가 『월스트리저널(Wall Street Journal)』에 최초의 기명 사설 게재
9월 6일	이스라엘 시리아의 핵무기 의심 시설 공격
	핵무기철폐국제캠페인(ICAN) 설립

2008년

9월	핵공급자그룹 인도에 예외 허용
12월	글로벌 제로 캠페인 창립

2009년

2월	영국과 프랑스의 탄도미사일 잠수함이 대서양에서 충돌
4월 5일	미국 오바마대통령이 체코 공화국의 프라하에서 핵폐기와 관련하여 연설
7월	아프리카 비핵지대 수립 선언

2010년

4월 8일	미국과 러시아 New START 체결
4월 12일	워싱턴에서 제1차 핵안보정상회담 개최
5월 3일-28일	제4차 NPT 검토회의 뉴욕에서 개최
6월	이란의 핵프로그램에서 스턱스넷 컴퓨터 바이러스 발견

2011년

3월 11일	일본에서 후쿠시마 핵재난 발생

3월	독일 2020년까지 원자력 에너지 단계적 폐기 선언

2012년

3월 26일	한국 서울에서 제2차 핵안보정상회담 개최

2013년

2월 12일	북한 3차 핵실험 실시
3월 4일-5일	노르웨이 오슬로에서 핵무기의 인간에 대한 영향에 관한 회의 개최
11월 28일	P5+1과 이란이 이란 핵프로그램의 일부를 동결하는 데 임시로 합의

2014년

2월	멕시코의 나야리트(Nayarit)에서 제2차 핵무기의 인간에 대한 영향에 관한 회의 개최
3월	네덜란드 헤이그에서 제3차 핵안보정상회담 개최

부록 2

주요 용어와 약어 해설

핵무기와 관련된 보다 포괄적인 설명은 칼리슬(Rodney Carlisle)의 『핵시대 백과사전(Encyclopaedia of the atomic age)』(New York: Facts on Fact Inc, 2001) 또는 라슨(Jeffrey Larsen)과 스미스(James Smith)의 『군비통제 역사사전(Historical dictionary of arms control)』(Oxford: The Scarecrow Press, 2005)을 참고하면 좋을 것이다.

6자회담(Six-party talks) 북한의 핵 야심을 방지하고 제한하기 위해 미국, 러시아, 중국, 일본, 한국 및 북한이 2006년에 개시한 외교적 협상.

P5 유엔안전보장이사회 5개 상임이사국. 또한 NPT의 승인된 핵보유국(미국, 러시아, 영국, 프랑스, 중국).

P5 프로세스(process) NPT에서 부여한 핵폐기 의무 이행을 위한 단계를 밟기 위해 P5가 시작한 구상.

가이거 카운터(Geiger counter) 방사능을 측정하는 장치.

가젯(The Gadget) 1945년 트리니티 테스트의 일환으로 폭발된 최초의 핵폭탄에 부여된 명칭.

강화 방사능 무기(ERWs: enhanced radiation weapon) 적의 시설보다는 병력을 살상하기 위해 폭발보다 방사능을 최대화하도록 계획된 무기. 중성자폭탄이 좋은 예.

고농축 우라늄(HEU: highly enriched uranium) 핵폭탄이나 탄두에 사용되기 위해 고도(80퍼센트 이상)로 농축된 우라늄.

공중발사순항미사일(ALCM: air-launched cruise missile) 핵무장이 가능

한 항공기 발사 순항미사일.

공중폭발(air burst) 목표물 상공에서 폭발시켜 폭풍 효과를 극대화하기 위한 방식.

국제연료은행(international fuel bank, 또는 **핵연료 은행**) 농축 우라늄의 공급을 관리하기 위한 계획.

국제원자력기구(IAEA: International Atomic Energy Agency) 원자력 에너지의 평화적 사용을 촉진하고 감시하기 위해 설립된 국제기구.

글로벌 제로(Global Zero) 핵무기 폐기를 추구하는 세계운동.

기술결정론(technological determinism) 기술적 진보가 사회적, 정치적 발전을 추동한다는 이론.

기습공격(bolt from the blue) 기습 핵 공격.

냉전(Cold War) 미국 및 나토가 주도한 서방 진영과 소련 및 바르샤바조약기구가 주도한 동방 진영 사이에 1945년부터 1991년 사이에 진행된 군사 및 지정학적 교착 상태.

노르웨이 로켓 사건(Norwegian Rocket Incident) 1995년에 노르웨이의 로켓발사를 나토의 핵미사일 공격으로 러시아 지도자들이 착각했던 사건.

다탄두각개유도장치(MIRV: multiple independently targetable re-entry vehicle) 독립적으로 목표물을 공격할 수 있는 핵탄두를 복수로 탑재한 미사일.

대가치공격(counter-value) 적의 인구밀집 지역을 파괴하기 위한 목표설정 전략.

대군사공격(counter-force) 적의 핵 및 군사시설을 파괴하기 위한 목표설정 전략.

대량살상무기(WMD: weapons of mass destruction) 보통 핵무기를 의미하지만 화학, 생물학, 방사능폭탄도 포함되며, 대량살상과 파괴를 초래하기 위한 무기를 의미.

대륙간탄도미사일(ICBM: intercontinental ballistic missile) 짧은 시간 내에 세계 어느 곳이나 타격할 수 있는 미사일. 보통 하나 이상의 핵탄두 탑재.

더러운 폭탄(dirty bomb) 재래식 폭발을 통해 방사능 물질의 확산을 최대화하도록 설계된 무기. 방사능확산장치(RDD)라고도 알려짐.

동위원소(Isotope) 중성자 숫자에 따라 달라지는 화학원소의 변이.

디타게팅(de-targeting) 폭탄/탄두가 발사되기 이전에 고정된 목표가 설정되지 않도록 함.

루스 누크(loose nukes) 소련의 붕괴 후에 회수되지 않은 핵무기나 물질.

리틀보이(Little Boy) 1945년 8월에 히로시마에 투하된 우라늄 폭탄의 명칭.
맨해튼 프로젝트(Manhattan Project) 최초의 원자폭탄을 제조하기 위해 미국이 진행한 프로그램.
메가톤(Mt: Megaton) 재래식폭탄 100만 톤의 폭발력에 해당하는 측정 단위.
미국-인도 원자력협정(US-India Civil Nuclear Agreement) 2005년에 체결된 미국과 인도 사이의 협정으로 인도는 미국으로부터 민수용 원자력 기술을 지원받고 대신 인도의 민수용 원자력 시설은 IAEA의 안전보장 조치 하에 두기로 합의함. 123협정으로도 알려짐.
바루크 계획(Baruch Plan) 미국이 1940년대 후반에 제안한 모든 핵기술을 통제하는 국제기구를 설립하겠다는 계획.
반탄도미사일조약(ABM: Anti-Ballistic Missile Treaty) 미국과 소련이 1972년에 체결하여 전략탄도미사일에 대한 방어를 제한한 협정. 2002년에 미국이 파기함.
방사능 낙진(radioactive fallout) 핵폭발의 결과로 지상이나 공중에 확산되는 방사성 입자 및 기타 물질로 대부분 인체에 매우 해로움.
방사선(radiation) 특정 화학적 동위원소에 의해서 그리고 핵반응을 통해 자연적으로 방출되는 입자.
방사선병(radiation sickness) 방사선에 과다 노출됨으로써 발생하는 심각한 건강 문제로 다양한 질병과 사망에 이르게 할 수 있음. 또한 급성방사선 증후군(ARS)으로도 알려짐.
버섯구름(mushroom cloud) 핵폭발이 발생시키는 거대한 독특한 형태의 구름.
벨라 사건(Vela Incident) 남 인도양에서 1979년에 실시된 것으로 의심되는 핵폭발 실험으로 남아공과 이스라엘의 공동 실험이었다고 믿어지고 있음.
벼랑끝 전술(brinkmanship) 상대방의 의지를 테스트하기 위해 엄청난 재앙 직전까지 밀어붙임.
부러진 화살(broken arrow) 핵무장 항공기와 관련한 사고를 정의하기 위한 용어.
부분핵실험금지조약(PTBT: Partial Test Ban Treaty) LTBT 참조.
북대서양조약기구(NATO: North Atlantic Treaty Organization) 1949년에 창설된 다국적 군사 및 방어 조직.
비동맹운동(NAM: Non-Aligned Movement) 주요 동맹에 가입하지 않은 많은 국가들의 모임으로 NWS가 핵폐기를 위해 성실한 진전을 보이지 않는다고 비판.

비상 해제(de-alerting) 핵무기를 즉응적인 대기상태와 경고즉시 발사 상태에서 해제.

비폭발 실험(cold test, also subcritical test) 폭발이 없는 핵실험.

비핵국가(NNWS: non-nuclear-weapon state) NPT 가입국으로 조약에 따라 핵무기를 가질 수 없는 국가.

비핵지대(NWFZ: nuclear-weapon free zone) 핵무기의 제조, 실험, 개발, 보유가 금지되는 지리적 지대.

삼손 옵션(Samson Option) 국가의 실존이 위협받는다면 이스라엘 정부가 사용할 것으로 알려진 대량 핵 대응 전략.

상호확증파괴(MAD: mutual assured destruction) 다른 핵무장 국가를 공격하는 것이 자살적이기 때문에 공격을 감행하지 않게 되는 상황.

서류가방폭탄(suitcase bomb) 한 사람이 가방에 넣고 운반할 수 있을 만큼 작은 전술 핵무기.

선제불사용(NFU: no first use) 갈등 시 핵무기를 먼저 사용하지 않겠다고 공언하는 정책.

소극적 방어(passive defence) 핵공격이 발생한 이후 그 충격을 축소하기 위한 조치들(폭탄 대피소, 비상 대응 등).

솔리모에스 프로젝트(Solimoes Project) 브라질의 비밀 핵무기 프로그램에 부여된 명칭.

수소폭탄(hydrogen bomb, H-폭탄, 슈퍼폭탄, 또는 열핵폭탄) 핵융합 과정에 기반을 둔 핵폭탄.

수직적 확산(vertical proliferation) 현존 핵무장 국가의 핵무기 숫자 증가.

수평적 확산(horizontal proliferation) 핵무기의 새로운 행위자에게로의 확산.

스마일링 붓다(Smiling Buddha) 인도의 1974년 '평화적 핵실험'에 부여된 명칭.

스턱스넷(Stuxnet) 2010년에 이란의 우라늄 농축 프로그램 내에서 발견된 컴퓨터 바이러스.

스푸트니크(Sputnik) 1957년에 소련이 발사한 최초의 인공위성 이름.

신전략무기감축조약(New START Treaty) 미국과 러시아가 2010년에 배치된 전략 핵무기를 제한하도록 체결한 조약.

실질적 핵무기 국가(virtual nuclear-weapon states) 잠재적 핵무기 능력을 보유한 국가. 즉 분열물질과 무기 시설을 가지고 있지만 핵폭탄을 제조하지 않은 국가.

쓰리마일 섬(Three Mile Island) 미국에서 1979년에 민간 원자로에 용융 발생.

억지력(*force de dissuasion*) 프랑스 핵전력에 주어진 명칭. 이전에는 force de frappe로 불림.

에놀라 게이(*Enola Gay*) 히로시마에 최초의 원자폭탄을 투하한 B-29 폭격기 이름.

에이블 아처 83(Able Archer 83) 1983년에 실시된 나토의 군사훈련으로 냉전기 동서 간 긴장을 심각하게 고조시킴.

연쇄반응(chain reaction) 하나의 원자 핵 반응에서 방출된 중성자가 다른 원자의 반응을 촉발하여 추가적인 원자핵 반응을 시작하게 하는 과정.

열화 우라늄(depleted uranium) 아주 낮은 수준의 우라늄235를 포함한 고밀도 물질로 민수용 목적이나 장갑 관통탄의 목적으로 사용. 농축의 부산물로 생산가능.

오시락(Osirak) 1981년에 이스라엘이 공격한 이라크의 원자로.

오염(contamination) 핵폭발 이후 방사능 입자가 잔류하여 인간에 해를 끼치고 치명적으로 남음.

용융(meltdown) 원자로가 과열된 결과로 분열 결과물이 방출됨.

우라늄 농축(Uranium enrichment) 분열물질인 동위원소 우라늄235의 농도를 높여 원자로나 폭탄에 사용될 수 있도록 처리하는 과정.

우라늄(Uranium) 자연적으로 생성된 화학원소로 농축되어 원자로나 핵무기에 사용될 수 있음. 우라늄235만이 핵폭탄에 사용될 수 있음.

우라늄233(U233) 토륨(thorium)에서 파생되는 원자로에서 사용 가능한 세 번째의 잠재적 분열 연료 물질.

우라늄염(Yellowcake) 부분 정제된 산화 우라늄을 포함하는 물질.

우란베레인 계획(Uranverein Project) 제2차 세계대전 동안 나치 독일이 추진했던 핵무기 프로젝트의 명칭.

움마 타미르-에-나우(UTM: Ummah Tameer-e-Nau) 알 카에다에게 핵물질 제공에 대해 논의한 것으로 여겨지는 파키스탄에 기반을 둔 군사 조직.

원심분리(centrifuge) 우라늄을 농축하기 위해 동위원소들을 분리하는 메커니즘.

원자폭탄(A-bomb: Atom bomb) 1945년 일본에 투하된 것과 같이 핵분열을 이용하는 핵폭탄.

위력(Yield) 핵폭발에서 분출되는 에너지의 지표.

윈드스케일(Windscale) 1957년 민간 원자로의 화재로 영국에서 발생한 최초의 주요 핵 사고.

유리화(vitrification) 안전을 보장하기 위해 핵폐기물을 유리 화합물 내에 넣는 방법.

유엔안전보장이사회 결의안 1540호(UN Security Council Resolution 1540) 2004년에 채택된 비국가 행위자에게 핵이나 다른 대량살상 물질의 확산을 방지하기 위한 유엔 결의안.

이중용도 기술(dual-use technology) 민수용과 핵무기 목적으로 공히 사용될 수 있는 기술.

인체 뢴트겐 당량(rem: Roentgen equivalent man) 전리 방사선 양을 측정하기 위한 단위.

임계질량(critical mass) 핵분열반응을 지속하기 위한 분열물질 필요량.

잠수함발사순항미사일(SLCM: submarine-launched cruise missile) 잠수함에서 발사되는 순항미사일(핵탑재 가능). SLCM의 사거리는 SLBM보다 많이 짧음.

잠수함발사탄도미사일(SLBM: submarine-launched ballistic missile) 잠수함에서 발사되는 탄도미사일(핵탑재 가능).

잠재적 핵능력 국가(threshold nuclear weapons capability) 원한다면 상대적으로 짧은 기간에 핵무기를 제조하는데 필요한 능력을 갖추고 있지만 현재는 핵무장을 하지 않은 국가.

재처리(reprocessing) 사용후 핵연료로 원자로에 투여할 새로운 MOX로 만들거나 폭탄을 위해 플루토늄을 분리하는 방법.

쟁기의 날 작전(Operation Plowshare) 평화적 건설과 공사 목적으로 핵장치를 개발하기 위한 미국의 프로그램.

저농축 우라늄(LEU: low-enriched uranium) 원자로에 사용되기 위해 저수준(일반적으로 5퍼센트)으로 농축된 우라늄235.

적극적 방어(active defence) 폭발 이전에 핵공격의 영향을 축소시키려는 조치(예를 들어 미사일 또는 대공방어).

전략방위구상(SDI: Strategic Defense Initiative) 미국 레이건 대통령이 선언한 탄도미사일 공격에 대한 방어망을 구축하겠다는 계획.

전자기파(EMP: electromagnetic pulse) 핵폭발로 인해 발생한 에너지로 전기기반 장치에 심각한 손상을 야기할 수 있음.

정부지속(CoG: Continuation of Government) 민방위의 일환으로 핵공격 이후 정부의 지속을 확보하기 위한 계획.

제네바잠정합의(Geneva Interim Agreement) P5+1과 이란 사이에 2013년 11월에 도달한 임시 합의로 제재를 완화하는 대가로 핵 프로그램 일부를 멈춤.

제한적핵실험금지조약(LTBT: Limited Test Ban Treaty) 1963에 체결된 조약으로 대기권, 우주, 해저에서의 핵실험 금지. 부분핵실험금지조약(PTBT)으로도 알려짐.

조 1(Joe 1) 1949년에 소련이 실험한 최초의 원자폭탄. RDS 1으로도 알려짐.

죽음의 손(Dead Hand) 소련의 반자동 핵대응 체제의 명칭. 페리미터 시스템으로도 알려짐.

중력폭탄(gravity bomb) 목표물을 타격하기 위해 항공기에서 지상으로 투하되는 핵폭탄.

중성자폭탄(neutron bomb) 인체에 미치는 방사능의 효과는 최대화하고 건물에 미치는 효과는 최소화하도록 고안된 폭탄.

지구종말시계(Doomsday Clock) 『핵과학자협회보』에 게재된 핵위협 정도를 알려주는 지표.

지속적해상억지력(CASD: continuous-at-sea deterrence) 영국의 핵전략으로 최소 한 척의 핵탄도미사일 잠수함이 항상 바다에서 핵무기 발사 대기 상태에 있게 함.

지하핵실험금지조약(TTBT: Threshold Test Ban Treaty) 1974년에 체결되어 지하 핵실험의 규모를 150kt 규모로 제한한 협정.

차가이(Chagai) 파키스탄(발로치스탄의 라스코 힐스)의 지명으로 1998년 5월에 그곳에서 실시된 핵실험을 지칭하기 위해 사용됨.

차르 봄바(Tsar Bomba) 러시아가 1961년 10월에 폭발시킨 현재까지 실험된 최대 규모의 핵무기.

체르노빌(Chernobyl) 1986년 우크라이나에서 발생한 민간 원자력 재난.

최소 억지력(minimum deterrence) 신뢰할 수 있는 핵 태세를 갖추기 위해 필요한 최소한의 핵무기 숫자.

추가의정서(IAEA Additional Protocol) 핵시설에 대한 추가 사찰과 검증을 위해 IAEA에 부여된 법적 권한.

카길전쟁(Kargil War) 핵무장한 두 국가(인도와 파키스탄)가 1999년에 직접적으로 전쟁한 유일한 사례.

칸 네트워크(A. Q. Khan network) 파키스탄 과학자 칸에 의해 만들어져 파키스탄과 다수의 핵추구 국가에 핵 기술을 제공한 핵 밀매 네트워크.

콜드 스타트(Cold start) 핵 적대감이 고조되는 상황에서 파키스탄의 핵전력을 공격할 것이라는 인도의 군사전략.

쿠바미사일 위기(Cuban Missile Crisis) 1962년에 발생한 소련의 핵탑재 가능 미사일의 쿠바 배치를 둘러싼 미국과 소련 사이의 긴장. 핵전쟁에 가장 접근했던 사례로 여겨짐.

킬로톤(Kt: Kiloton) 재래식폭탄 1,000톤의 폭발력에 해당하는 측정 단위.

탄도미사일(ballistic missile) 지상의 목표물을 타격하기 이전에 탄도궤적을 따라 비행하는 미사일. 장거리미사일은 우주를 비행함.

탄도미사일방어(BMD: Ballistic Missile Defence) 핵탑재 탄도미사일이 목표물을 타격하기 전에 여러 비행 단계 중에 요격하여 파괴하기 위해 고안된 방어 체제.

퇴역(decommissioning) 폐기를 위해 핵무기를 배치에서 제외하는 과정.

튜브 알로이(Tube Alloys) 1940년대 초반에 시작된 영국의 비밀 핵무기 연구 프로그램.

트리니티 테스트(Trinity Test) 1945년에 미국이 뉴멕시코 사막 알라모고도에서 실시한 최초의 핵무기 실험.

특수상대성이론(E=mc²) 아인슈타인이 만들어 원자력 에너지를 위한 길을 개척한 공식.

팻맨(Fat Man) 나가사키에 투하된 플루토늄 원자폭탄의 이름.

페트로케미컬 3(Petrochemical-3) 1990년에 시작된 이라크의 핵무기 프로그램 코드명.

평화를 위한 원자력(Atoms for Peace) 1950년대 미국 아이젠하워(Dwight Eisenhower) 대통령이 제안한 프로그램으로 민수용 원자력 기술을 세계에 제공하겠다는 계획.

평화적 핵폭발(PNEs: peaceful nuclear explosions) 비군사적 목적의 핵폭발.

포괄적핵실험금지조약(CTBT: Comprehensive Test Ban Treaty) 1996년에 서명을 위해 개방된 모든 핵실험을 금지하기 위한 협정.

포크란(Pokhran) 라자스탄의 실험장소 지명에 따라 부여된 인도의 핵실험 명칭. 포크란 I은 1974년의 '평화적 실험'을 의미하고 포크란 II는 1998년의 공개 핵실험을 지칭.

폭발인가장치(PALs: Permissive Action Links) 정당한 권한이 없이는 핵무기가 폭발하지 않도록 보장하는 다양한 조치들.

플루토늄(plutonium) 원자분열에 사용되는 거의 대부분 인공의 화학원소. 플루토늄은 우라늄 핵반응 이후 다른 산물들로부터 분리됨.

핵겨울(nuclear winter) 대규모 핵무기의 사용으로 일조량이 줄어들고 장기간 추운 날씨가 지속되어 사망과 환경파괴로 이어질 수 있는 가능한 결과.

핵공급자그룹(NSG: Nuclear Suppliers Group) 핵관련 물질과 기술의 생산과 판매를 통제하는 다국적 기구.

핵군축캠페인(CND: Campaign for Nuclear Disarmament) 영국이 단독

으로 핵무기를 폐기할 것을 요구하는 조직.
핵금기(nuclear taboo)　어떠한 핵사용도 반대하도록 발전된 규범적 개념.
핵무기(nuclear weapon)　특정 화학 동위원소의 핵에서 비롯되는 힘을 이용하는 무기.
핵무기금지협약(NWC: Nuclear Weapons Convention)　핵무기를 금지하기 위해 제안된 다자적 조약.
핵묵시록의 4기사(Four horsemen of the nuclear apocalypse)　키신저(Henry Kissinger), 넌(Sam Nunn), 페리(William Perry)와 슐츠(George Schultz).
핵물질 및 핵시설방호협약(Convention on Physical Protection of Nuclear Material and Nuclear Facilities)　1980년에 채택되어 2005년에 개정된 핵물질을 보호하기 위한 국제 협정.
핵보유국(NWS: nuclear-weapon state)　1968년 NPT 조약 하에서 합법적으로 핵무기 보유가 인정되는 다섯 나라(미국, 러시아, 영국, 프랑스, 중국) 중 한 국가.
핵분열(fission)　원자의 핵이 쪼개지면서 초과 중성자를 배출하는 과정.
핵분열물질(fissile material)　분열되는 화학적 요소.
핵분열물질금지조약(FMCT: Fissile Material Cut-off Treaty)　새로운 분열물질(우라늄235 및 플루토늄239)의 생산을 금지하기 위한 협정.
핵불투명성(nuclear opacity)　이스라엘이 채택한 정책으로 핵무기의 보유를 인정하지도 부정하지도 않음.
핵억지(nuclear deterrence)　핵무기 사용의 위협을 통해 다른 행위자의 핵무기 사용을 억지함.
핵연료주기(Fuel cycle)　광석 채취부터 사용(발전 또는 무기)과 재처리 및 핵연료의 저장에 이르기까지의 과정.
핵융합(Fusion)　수소폭탄에서 사용되는 것으로 원자가 막대한 열과 에너지를 발생시키도록 결합하는 과정.
핵차별(nuclear apartheid)　NPT 하에서 특정 국가는 합법적으로 핵보유가 인정되고 다른 국가는 인정되지 않는 상황.
핵추진탄도미사일잠수함(SSBN: ship submersible ballistic nuclear)　핵탄두 탄도미사일을 탑재한 핵추진 잠수함.
핵폐기물(nuclear waste)　핵분열 반응의 부산물로 반드시 적절하게 폐기되어야 함.
핵확산금지조약(NPT: Nuclear Non-Proliferation Treaty)　1968년에 서명을 위해 개방된 조약으로 세 개의 축으로 구성: (1) 서명국은 반드시 핵폐기를 위해 노력할 것, (2) 모든 서명국은 민수용 원자력에 대한 권리 보유, (3) 서명국은 핵무기나 물질을 타국에 확산시키지 말아야 함.

혼합산화물핵연료(MOX: mixed oxide fuel) 원자로에서 재사용할 수 있도록 재처리된 우라늄과 플루토늄 혼합물.

확장 핵억지(extended nuclear deterrence) 핵무기를 갖고 있지 않은 다른 국가를 핵무장 국가가 핵억지로 보호한다는 지원.

후쿠시마(Fukushima) 2011년 3월 일본 후쿠시마 제1발전소에서 발생한 민간 핵 재난.

부록 3

민수용 원자력 발전국가

	원자로	총 발전량(메가와트)
미국	100	98,560
프랑스	58	63,130
일본	50	44,215
러시아	33	23,643
한국	23	20,739
인도	21	5,308
캐나다	19	13,500
중국	18	13,860
영국	16	9,231
우크라이나	15	13,107
스웨덴	10	9,474
독일[i]	9	12,608
스페인	8	7,567
벨기에	7	5,927
체코공화국	6	3,804

	원자로	총 발전량(메가와트)
대만	6	5,028
스위스	5	3,308
핀란드	4	2,752
헝가리	4	1,889
슬로바키아	4	1,816
파키스탄	3	725
아르헨티나	2	935
브라질	2	1,884
불가리아	2	1,906
멕시코	2	1,330
루마니아	2	1,200
남아공	2	1,860
아르메니아	1	375
이란	1	915
네덜란드	1	482
슬로베니아	1	688
UAE	건설 중	

i 독일은 최근 2020년까지 모든 원자력 발전소를 폐쇄할 것임을 선언하였다. 이는 부분적으로 2011년의 후쿠시마 사태 때문이다. 여기에 대해서는 Detlet Jahn and Sebastian Korolczuk, "German exceptionalism: the end of nuclear energy in Germany!" *Environmental Politics*, 21:1 (2012), pp. 159-164 참조.

출처: International Atomic Energy Agency, "Power Reactor Information System," www.iaea.org/PRIS/WorldStatistics/OperationalReactorsByCountry.aspx.

부록 4

소설, 영화, TV에 등장한 핵무기

핵무기는 대중문화, 특히 책, TV 및 영화에 자주 등장하여 왔는데, 아래에 몇 개의 논픽션 및 관영 매체를 포함하여 이를 소개한다. 이 리스트가 모든 것을 망라한 것은 아니고, 제만(Scott Zeman)과 아문슨(Michael Amundson)이 편집한 『원자 문화(Atomic Culture)』(2004)를 참고하면 좋을 것이다.

픽션

『아크 등(Arc light)』(1994) 제한적 핵전쟁에 관한 해리(Eric Harry)의 소설.
〈브로큰 애로우(Broken Arrow)〉(1996) 분실된 핵폭탄 2개를 다룬 할리우드 영화.
〈카운트다운 투 루킹 글래스(Countdown to Looking Glass)〉(1984) 미국과 소련 사이 제한적 핵전쟁을 묘사한 TV 영화.
〈크림슨 타이드(Crimson Tide)〉(1995) 미국의 핵잠수함에서 불완전한 핵발사 명령에 이어 벌어진 함장과 참모 간의 갈등을 다룬 할리우드 영화.
〈닥터 스트레인지러브(Dr Strangelove)〉(1964) 미국 공군 장교가 소련에 대해 1차 공격 명령을 내리는 상황을 다룬 블랙 코미디 영화.
『페일 세이프(Fail safe)』(1962) 컴퓨터 실수로 미국이 소련에 대해 우발적으로 핵공격하는 상황을 묘사한 버딕(Eugene Burdick)과 휠러(Harvey Wheeler)의 가상 스릴러. 이 책은 이후(1964년과 2000년)에 영화로 만들어졌다.
〈팻맨과 리틀보이(Fat Man and Little Boy)〉(1989) 제2차 세계대전 동안의 맨

해튼 프로젝트를 얘기하고 재현한 할리우드 영화. 영국에서는 〈셰도우 메이커(Shadow Makers)〉로 개봉됨.

〈히로시마(Hiroshima)〉(1995) 1945년 히로시마에 최초의 원자폭탄을 투하하기에 이르는 결정과정에 대한 영화.

〈케이-19: 위도우메이커(K-19: The Widowmaker)〉(2002) 소련 핵잠수함을 침몰시킨 사고를 다룬 할리우드 스릴러 영화.

『폭탄 이후의 런던(London after the bomb)』(1982) 핵공격을 받은 후 런던의 모습을 상상하여 묘사하는 그린(Owen Greene) 루빈(Barry Rubin), 터록(Neil Turok), 웨버(Philip Webber)와 윌킨슨(Graeme Wilkinson)의 책.

〈럭키 드래건 5호(Lucky Dragon No. 5)〉(1959) 1954년 미국의 핵실험 낙진에 피해를 입은 화물선 사고를 다룬 일본 영화.

〈옥토퍼시(Octopussy)〉(1983) 핵군축을 압박하기 위한 나토군에 대한 핵공격을 묘사한 제임스본드 영화.

『해변에서(On the beach)』(1957) 북반구의 핵전쟁으로부터 발생한 치명적 방사능 물질의 도달을 기다리는 호주 주민들을 묘사한 슈트(Nevil Shute)의 소설. 이 책은 이후 영화(1959년) 미 TV영화(2000년)로 만들어졌다.

〈스페셜 불리튼(Special Bulletin)〉(1983) 찰스턴 항구에 핵폭탄을 설치하여 미국정부를 위협하려는 테러리스트의 계획을 생중계하는 영화.

〈차이나 신드롬(The China Syndrome)〉(1979) 핵용융을 묘사한 가상 스릴러.

〈그날 이후(The Day After)〉(1983) 미국과 소련 사이 핵전쟁으로 이르는 과정과 미주리의 여러 그룹 주민들에 전쟁이 미친 영향을 묘사한 미국 TV영화.

『네 번째 프로토콜(The fourth protocol)』(1984) 영국 총선 몇 주 전 핵폭탄을 터뜨리려는 소련의 계획을 묘사한 포사이스(Frederick Forsyth)의 소설.

『최후의 명령(The letter of last resort)』(2012) 핵전쟁 발발 시 영국 총리의 결정을 다룬 그레이그(David Greig)의 희곡.

『공포의 총합(The sum of all fears)』(1991) 테러리스트가 미국 슈퍼볼 게임에 핵폭탄을 터뜨리려는 계획을 묘사한 클랜시(Tom Clancy)의 소설. 이 책은 이후(2002년) 같은 이름으로 할리우드 영화로 만들어짐.

〈전쟁게임(The War Game)〉(1965) 영국에서 벌어질 핵전쟁의 피해를 묘사한 TV 다큐드라마.

『해방된 세계(The world set free)』(1914) 핵무기에 의해 지배당하는 미래 세계를 전망한 웰스(H.G. Wells)의 소설.

『제3차 세계대전(Third world war)』(1982) 1985년에 발발한 나토와 바르샤바조약기구 국가들 간 핵전쟁을 역사적으로 묘사한 해켓(John Hackett)의 소설.

〈13일(Thirteen Days)〉(2000) 1962년 쿠바미사일 위기를 묘사한 할리우드 영화.

〈스레드(Threads)〉(1984) 핵공격이 영국 셰필드에 거주하는 여러 가족에게 미친 영향을 묘사한 영국 TV드라마.

『트리니티의 후예(Trinity's child)』(1983) 동서 진영 간의 가상 3차 세계대전을 묘사한 프로치노(William Prochnau)의 소설. 나중에 〈죽음의 전쟁(By Dawn's Early Light)〉(1990)이라는 영화로 만들어짐.

〈썬더볼(Thunderball)〉(1965) 두 개의 나토 핵무기 분실을 다룬 제임스본드 영화.

『전쟁의 날(Warday)』(1984) 제한적 핵전쟁 5년 후 미국 대륙을 여행하면서 경험하는 가상적 사실을 묘사한 스트리버(Whitely Strieber)와 쿠네트카(James Kunetka)의 소설.

〈위험한 게임(War Games)〉(1983) 펜타곤의 슈퍼컴퓨터를 해킹하여 우발적으로 핵전쟁을 시작하게 하는 컴퓨터 해커를 다룬 영화.

〈바람이 불 때(When the Wind Blows)〉(1986) 영국의 한 은퇴한 부부에 끼친 핵공격의 영향을 보여주는 브리그스(Raymond Briggs)의 그림 소설. 이것은 이후(2005년)에 애니메이션으로 제작됨.

『자카리아의 Z(Z for Zachariah)』(1974) 핵전쟁에서 생존한 16살 소녀를 얘기한 오브라이언(Robert O'Brien)의 소설. 이후(2015년) 영화로 만들어 질 예정.

논픽션

〈미국의 핵실험들(America's Atomic Bomb Tests)〉(2005) 냉전 초기 미국의 핵실험을 다룬 다큐멘터리.

〈폭탄 이기기(Beating the Bomb)〉(2010) 핵무기에 반대하는 영국 평화운동과 캠페인의 역사를 다룬 다큐멘터리.

〈천국의 파괴(Blowing up Paradise)〉(2006) 1960년대부터 1990년대까지 남태평양에서 실시된 프랑스의 핵무기 실험을 연대순으로 기록한 기록 영화.

〈카운트다운 투 제로(Countdown to Zero)〉(2010) 핵무기의 점증하는 위협, 특히 핵테러리즘의 위협을 경고하는 다큐멘터리 영화.

〈덕 앤 커버(Duck and Cover)〉(1951) 아동들에게 제공되었던 미국 민방위 안내 영화.

〈핵전환점(Nuclear Tipping Point)〉(2010) 핵무기의 폐기에 대해 설파하는 다큐멘터리 영화.

〈방어와 생존(Protect and Survive)〉(2010) 영국정부가 1970년대에 제작한 핵전쟁 발발시의 행동 지침에 대한 정보를 제공하는 비밀 영화.

〈원자폭탄 영화(The Atomic Bomb Movie)〉(1995) 1945년과 1964년 사이 핵무기 개발과 실험에 대한 얘기를 다루는 다큐멘터리 영화.

〈원자 카페(The Atomic Café)〉(1982) 초기 핵시대의 기록화면으로 구성된 다큐멘터리 영화.

참고문헌

James Acton, 'Deterrence during disarmament: deep nuclear reductions and international security', Adelphi Paper 417, (London, Routledge for the International Institute for Strategic Studies: 2011)
Samina Ahmed, 'Pakistan's nuclear weapons programme: turning points and choices', International Security, 23:4 (1999), pp. 178-204
Muthiah Alagappa (ed.), 'The long shadow: nuclear weapon and security in 21st century Asia', (Stanford, Stanford University Press: 2008)
David Albright, 'Peddling peril: how the secret nuclear trade arms America's enemies', (London, The Free Press: 2010)
David Albright, Paul Brannan & Andrea Schell-Stricker, 'Detecting and disrupting illicit nuclear trade after A.Q. Khan', The Washington Quarterly, 33:2 (2010), pp. 85-106
David Albright, Kathryn Buehler & Holly Higgins, 'Bin Laden and the bomb', Bulletin of the Atomic Scientists, 58:1 (2002), pp. 23-24
David Albright & Corey Hinderstein, 'Algeria: a big deal in the desert?', Bulletin of the Atomic Scientists, 57:3 (2001), pp. 45-52
David Albright & Corey Hinderstein, 'Unravelling A.Q. Khan and future proliferation networks', The Washington Quarterly, 28:2 (2005), pp. 111-128
Brian Alexander and Alistair Miller (eds.), 'Tactical nuclear weapons: emergent threats in an evolving security environment', (Dulles VA, Potomac Books Inc: 2003)
Svetlana Alexievich & Keith Gesen, 'Voices from Chernobyl: the oral history of a nuclear disaster', (New York, St. Martin's Press: 2006)
William Alley & Rosemarie Alley, 'Too hot to handle: the problem of high-level nuclear waste', (Cambridge, Cambridge University Press: 2012)
Graham Allison, 'Nuclear terrorism: the ultimate preventable catastrophe', (New York, Times Books: 2009 [2004])
Graham Allison, 'How to stop nuclear terror', Foreign Affairs, 83:1 (2004), pp. 64-74
Graham Allison, Owen Cote, Steven Miller & Richard Falkenrath, 'Avoiding nuclear anarchy: containing the threat of loose Russian nuclear weapons and fissile material', (Cambridge, MA, The MIT Press: 1996)
Graham Allison & Phillip Zelikow, 'Essence of decision: explain the Cuban Missile Crisis', (Boston, MA, Little, Brown & Company: 1999 [1971])
Jason Andress & Steve Winterfeld, 'Cyber warfare: techniques, tactics and tools for security practitioners', (London, Syngress: 2011)
Ian Anthony, Christer Ahlstrom & Vitaly Fedchenko, 'Reforming nuclear export controls: the future of the Nuclear Suppliers Group', (Oxford, Oxford University Press: 2007)

David Armstrong and Joseph Trento, 'America and the Islamic bomb: the deadly compromise', (Hanover NH, Steerforth Press: 2007)

Laura Arnold, 'Britain, Australia and the H-bomb', (Basingstoke, Palgrave Macmillan: 2001)

Laura Arnold, 'Windscale 1957: anatomy of an accident', (Basingstoke, Palgrave Macmillan: 2007)

Jim Baggot, 'Atomic: the first war of physics and the secret history of the Atom Bomb 1939-49', (London, Icon Books Ltd: 2009)

Desmond Ball, 'The MX basing decision', Survival, 22:2 (1980), pp. 58-65

Desmond Ball, 'Can a nuclear war be controlled?', (London, International Institute for Strategic Studies: 1981)

Howard Ball, 'Justice downwind: America's atomic testing program in the 1950s' (Oxford, Oxford University Press: 1986)

Frank Barnaby, 'How to build a nuclear bomb and other weapons of mass destruction', (London, Granta Books: 2003)

Frank Barnaby & Douglas Holdstock (eds.), 'The British nuclear weapons programme, 1952-2002', (London, Routledge: 2003)

Claudia Baumgart & Harald Müller, 'A nuclear weapons free zone in the Middle East: a pie in the sky?', Washington Quarterly, 28:1 (2004), pp. 45-58

Andrea Berger & Malcolm Chalmers, 'Great expectations: the P5 process and the Non-Proliferation Treaty', RUSI Whitehall Report 3-13, (August 2013), www.rusi.org/downloads/assets/WHR_3-13_Web.pdf

Frans Berkhout, Oleg Bukharin, Harold Feiveson & Marvin Miller, 'A cutoff in the production of fissile material', International Security, 19:3 (1994-1995), pp. 167-202

Barton J. Bernstein, 'The perils and politics of surrender: ending the war with Japan and avoiding the third atomic bomb', Pacific Historical Review, 46:1 (1977), pp. 1-27

Jeremy Bernstein, 'Hitler's uranium club: the secret recordings at Farm Hall', (New York, Copernicus Books: 2001)

Jeremy Bernstein, 'Nuclear weapons: what you need to know', (Cambridge, Cambridge University Press: 2008)

Ken Berry, Patricia Lewis, Benoît Pélopidas, Nikolai Sokov & Ward Wilson, 'Delegitimizing nuclear weapons', (Monterey, CA, Center for Nonproliferation Studies, the Monterey Institute of International Studies: 2010)

Pierre Billaud & Venance Journé, 'The real story behind the making of the French hydrogen bomb: chaotic, unsupported, but successful', The Nonproliferation Review, 15:2 (2008), pp. 353-372

Kai Bird & Martin Sherwin, 'American Prometheus: the triumph and tragedy of J. Robert Oppenheimer', (London, Atlantic Books: 2009)

David Blades & Joseph Siracusa, 'A history of nuclear testing and its influence on nuclear thought', (Washington DC, Rowman & Littlefield: 2014)

Bruce Blair, 'The logic of accidental nuclear war', (Washington DC, The Brookings Institution Press: 1993)

David Blair, 'Iran's nuclear programme "may spark Middle East" weapons race', Telegraph, (20 May 2008), www.telegraph.co.uk/news/worldnews/middleeast/iran/1994117/Irans-nuclearprogramme-may-spark-Middle-East-weapons-race.html

Stephen Blank (ed.), 'Russian nuclear weapons: past, present and future', (Carlisle Barracks PA, Strategic Studies Institute, U.S. Army War College: 2012)

Barry Blechman, 'Crawling towards nuclear zero', The Nonproliferation Review, 19:3 (2011), pp. 597-600

Hans Blix, 'Verification of nuclear proliferation: the case of Iraq', The Washington Quarterly, 15:4 (1992), pp. 57-65

Hans Blix, 'Why nuclear disarmament matters', (Cambridge MA, The MIT Press: 2008)

Paul Bolt & Albert Willner (eds.), 'China's nuclear future', (Boulder CO, Lynne Reiner: 2005)

Ken Booth & Nicholas Wheeler, 'The security dilemma: fear, cooperation and trust in world politics', (Basingstoke, Palgrave Macmillan: 2008)

John Borrie, 'Humanitarian reframing of nuclear weapons and the logic of a ban', International Affairs, 90:3 (2014), pp. 625-646

John Borrie & Tim Caughlet (eds.), 'Viewing nuclear weapons through a humanitarian lens', (Geneva, Switzerland, The United Nations Institute for Disarmament Research: 2013)

Olivia Bosch & Peter Van Ham, 'Global non-proliferation and counter-terrorism: the impact of UNSCR 1540', (Washington DC, Brookings Institution Press: 2007)

Wyn Bowen, 'Libya and nuclear proliferation: stepping back from the brink', (London, Routledge for the International Institute for Strategic Studies: 2006)

Wyn Bowen & Jonathan Brewer, 'Iran's nuclear challenge: nine years and counting', International Affairs, 87:4 (2011), pp. 923-943

Wyn Bowen, Matthew Cottee & Christopher Hobbs, "Multilateral cooperation and the prevention of nuclear terrorism: pragmatism over idealism", International Affairs, 88:2 (2012), pp. 349-368

Paul Bracken, 'The command and control of nuclear forces', (New Haven CT, Yale University Press: 1983)

Paul Bracken, 'The second nuclear age: strategy, danger and the new power politics', (New York, St. Martin's Press: 2013)

Victor Bragin, John Carlson & John Hill, 'Verifying a fissile material production cut-off treaty', The Nonproliferation Review, 6:1 (1998), pp. 97-107

Tania Branigan, 'North and South Korean navies exchange fire', Guardian, (10 November 2009), www.theguardian.com/world/2009/nov/10/north-korea-south-navy-ships-exchange-fire

William Broad, "'Tellers' war": the top secret story behind the star wars deception', (New York, Simon & Schuster: 1992)

William Broad, 'Why they called it the Manhattan Project', New York Times,

(30 October 2007), www.nytimes.com/2007/10/30/science/30manh.html?pagewanted=all&_r=0

William Broad, John Markoff & David Sanger, 'Israeli test on worm called crucial in Iran nuclear delay', New York Times, (15 January 2011), www.nytimes.com/2011/01/16/world/middleeast/16stuxnet.html?pagewanted=all&_r=0

Bernard Brodie, 'Nuclear weapons: strategic or tactical?', Foreign Affairs, 32:3 (1954), pp. 217-229

Bernard Brodie, 'The anatomy of deterrence', The RUSI Journal, 104:613 (1959), pp. 32-44

Bernard Brodie, 'Escalation and the nuclear option', (Princeton NJ, Princeton University Press: 1966)

Bernard Brodie, 'The development of nuclear strategy', International Security, 2:4 (1978), pp. 65-83

Bernard Brodie, 'Strategy in the missile age', (Santa Monica CA, The RAND Corporation: 2008 [1959])

Bernard Brodie, Frederick Dunn, Arnold Wolfers, Percy Corbett & William Fox, 'The absolute weapon: atomic power and world order', (New York, Harcourt: 1946)

Harold Brown, 'The strategic defense initiative: defensive systems and the strategic debate', Survival, 27:2 (1985), pp. 55-64

Kate Brown 'Plutopia: nuclear families, atomic cities, and the great Soviet and American plutonium disasters' (New York, Oxford University Press: 2013)

Michael Brown, Owen Cote, Sean Lynn-Jones & Steven Miller, 'Going nuclear: nuclear proliferation in the 21st century', (London, The MIT Press: 2010)

Hedley Bull, 'The control of the arms race', (Westport CT, Praeger: 1961)

Richard Dean Burns & Lester H. Brune, 'The quest for missile defenses, 1944-2003', (Claremont CA, Regina Books: 2003)

Richard Dean Burns & Joseph Siracusa, 'A global history of the nuclear arms race: weapons, strategy, and politics', (Santa Barbara CA, Praeger Security International: 2013)

Declan Butler, 'France seeks to clean up nuclear image', Nature, 380:6569 (1996)

Daniel Byman, 'Iran, terrorism and weapons of mass destruction', Studies in Conflict & Terrorism, 31:3 (2008), pp. 169-181

Kurt Campbell, Robert Einhorn & Mitchell Reiss (eds.), 'The nuclear tipping point: why states reconsider their nuclear choices', (Washington DC, The Brookings Institution Press: 2004)

Julio Carasales, John Redick & Paulo Wrobel, 'Nuclear rapprochement: Argentina, Brazil, and the nonproliferation regime', The Washington Quarterly, 18:1 (1995), pp. 107-122

Mario Carranza, 'An impossible game: stable nuclear deterrence after the Indian and Pakistani tests', The Nonproliferation Review 6:3 (1999), pp. 11-24

Mario Carranza, 'From non-proliferation to post-proliferation: explaining the US-India nuclear deal', Contemporary Security Policy, 28:3 (2007), pp. 464-493

Ashton Carter, John Steinbruner & Charles Zraket, 'Managing nuclear options', (Washington DC, The Brookings Institution Press: 2001)

Victor Cha, 'The second nuclear age: proliferation pessimism versus sober optimism in South Asia and East Asia', Journal of Strategic Studies, 24:2 (2001), pp. 79-120

Bhumitra Chakma (ed.), 'The politics of nuclear weapons in South Asia', (Farnham, Ashgate: 2011)

Malcolm Chalmers, "Bombs away"? Britain and nuclear weapons under New Labour', Security Dialogue, 30:1 (1999), pp. 61-74

Malcolm Chalmers, 'Towards the UK's nuclear century', The RUSI Journal, 158:6 (2013), pp. 18-28

Malcolm Chalmers & William Walker, 'Unchartered waters: the UK, nuclear weapons and the Scottish question', (East Lothian, Tuckwell Press: 2001)

Malcolm Chalmers & William Walker, 'Will Scotland sink the United Kingdom's nuclear deterrent?', The Washington Quarterly, 36:3 (2013), pp. 107-122

Glenn Alan Cheney, 'They never knew: the victims of nuclear testing', (Jacksonville FL, Franklin Watts: 1996)

Mike Chinoy, 'Meltdown: the inside story of the North Korean nuclear crisis', (New York, St. Martin's Press: 2009)

Jae Ho Chung & Myung-hae Choi, 'Uncertain allies or uncomfortable neighbors? Making sense of China-North Korea relations, 1949-2010', The Pacific Review, 26:3 (2013), pp. 243-264

Shahram Chubin, 'Does Iran want nuclear weapons?', Survival, 37:1 (1995), pp. 86-104

Stephen Cimbala, 'Shield of dreams: missile defense and US-Russian nuclear strategy', (Annapolis MD, Naval Institute Press: 2008)

Stephen Cimbala, 'New START or not? US-Russia nuclear arms reductions in perspective', Comparative Strategy, 29:3 (2010), pp. 260-277

Stephen Cimbala, 'Nuclear crisis management and "cyberwar": phishing for trouble?', Strategic Studies Quarterly, Spring (2011), pp. 117-131

Stephen Cimbala, 'Nuclear weapons in the information age', (London, Continuum International Publishing Group: 2012)

Joseph Cirincione, 'Bomb scare: the history and future of nuclear weapons', (New York, Columbia University Press: 2007)

Rodger Claire, 'Raid on the sun: inside Israel's secret campaign that denied Saddam the bomb', (Random House Digital, Inc: 2004)

Ian Clarke, 'Limited nuclear war: political theory and war conventions', (Princeton NJ, Princeton University Press: 1982)

Richard Clarke & Robert Knake, 'Cyber war: the next threat to national security and what to do about it', (New York, HarperCollins: 2010)

Daniel Clery, 'A piece of the sun: the quest for fusion energy', (London, Gerald Duckworth & Co. Ltd: 2013)

Andrew Cockburn & Leslie Cockburn, 'One point safe', (New York, Little,

Brown & Company: 1997)

Anver Cohen, 'Israel and the bomb', (New York, Columbia University Press: 1998)

Anver Cohen, 'The worst kept secret: Israel's bargain with the bomb', (New York, Columbia University Press: 2010)

Anver Cohen & Joseph Pilat, 'Assessing virtual nuclear arsenals', Survival, 40:1 (1998), pp. 129-144

Anver Cohen & Marvin Miller, 'Bringing Israel's bomb out of the basement: has nuclear ambiguity outlived its shelf life?', Foreign Affairs, 89:5 (2010), pp. 30-44

Yoel Cohen, 'Whistleblowers and the bomb: Vanunu, Israel and nuclear secrecy', (London, Pluto Press: 2005)

Paul Cole, 'Atomic bombast: nuclear weapons decision making in Sweden 1946-72', The Washington Quarterly, 20:2 (1997), pp. 233-251

Craig Collie, 'Nagasaki: the massacre of the innocent and unknowing', (London, Portobello Books: 2011)

Tom Collina & Daryl Kimball, 'Going back: 20 years since the last US nuclear test', The Arms Control Association Issue Brief, 3:14 (20 September 2012), http://armscontrol.org/issuebriefs/No-Going-Back-20-Years-Since-the-Last-US-Nuclear-Test

Jean Conant, '109 East Palace: Robert Oppenheimer and the secret city of Los Alamos', (New York, Simon & Schuster: 2005)

Gordon Corera, 'Shopping for bombs: nuclear proliferation, global insecurity and the rise and fall of the A.Q. Khan network', (London, Hurst & Company: 2006)

David Cortright & Raimo Vayrynen, 'Towards nuclear zero', Adelphi Paper 410, (London, Routledge for the International Institute for Strategic Studies: 2010)

Campbell Craig and Sergey Radchenko, 'The atomic bomb and the origins of the Cold War', (New Haven CT, Yale University Press: 2008)

Peter Crail, 'Implementing UN Security Council resolution 1540: a risk-based approach', Nonproliferation Review, 13:2 (2006), pp. 355-399

Ivo Daalder & Jan Lodal, 'The logic of zero: toward a world without nuclear weapons', Foreign Affairs, 87:6 (2008), pp. 80-95

Ola Dahlman, Svein Mykkwltveit & Hein Haak, 'Nuclear test ban: converting political visions into reality', (New York, Springer: 2009)

Tracey Davies, 'Stages of emergency: Cold War nuclear civil defense', (Durham NC, Duke University Press: 2007)

Lynn Davis, 'Lessons of the INF treaty', Foreign Affairs, 56:4 (1988), pp. 720-734

Therese Delpech, 'Nuclear deterrence in the 21st century: lessons for a new era of strategic piracy', (Santa Monica CA, RAND Corporation: 2012)

Anatoli Diakov, Eugene Miasnikov & Timur Kadyshev, 'Nuclear reductions after New START: obstacles and opportunities', Arms Control Today, 41:4 (2011), pp. 15-22

Jane Dibblin, 'Day of two suns: US nuclear testing and the pacific islanders', (New York, New Amsterdam Books: 1990)

Michael Dobbs, 'One minute to midnight: Kennedy, Khrushchev and Castro on the brink of nuclear war', (London, Arrow: 2009)

Joel Dobson, 'The Goldsboro broken arrow: the B52 crash of January 24, 1961, and its potential as a tipping point for nuclear war', (lulu.com: 2013)

The Economist, 'North Korea: bad or mad? Kim Jong Un is likely to realise his nuclear ambitions, but the two sides already face military stalemate', (26 October 2013), www.economist.com/news/special-report/21588196-kim-jong-un-likely-realise-his-nuclear-ambitions-twosides-already-face

Eric Edelman, Andrew Krepinevich & Evan Braden Montgomery, 'The dangers of a nuclear Iran', Foreign Affairs, 90:1 (2011), pp. 66-81

Rob Edwards, 'Swiss planned nuclear bomb', New Scientist, 2031, (25 May 1996)

Mohamed ElBaradei, 'The age of deception: nuclear diplomacy in treacherous times', (London, Bloomsbury: 2011)

David Fairhall, 'Common ground: the true story of Greenham', (London, I.B. Tauris & Co. Ltd: 2006)

Nazila Fathi, 'Iran's Ayatollah affirms peaceful nuclear plans', New York Times, (19 January 2006), www.nytimes.com/2006/01/19/international/middleeast/19iran.html

Peter Feaver, 'Guarding the guardians: civilian control of nuclear weapons in the United States', (London, Cornell University Press: 1992)

Peter Feaver, 'Command and control in emerging nuclear nations', International Security, 17:3 (1992), pp. 160-189

Charles Ferguson, 'The long road to zero', Foreign Affairs, 89:4 (2010), pp. 86-94

Charles Ferguson, 'Nuclear energy: what everyone needs to know', (Oxford, Oxford University Press: 2011)

Charles Ferguson & William Potter, 'The four faces of nuclear terrorism', (London, Routledge: 2005)

Mark Fitzpatrick, 'Can Iran's nuclear capability be kept latent?', Survival, 49:1 (2007), pp. 33-58

Mark Fitzpatrick, Alexander Nikitin & Sergey Oznobischev, 'Nuclear doctrines and strategies', (London, IOS Press: 2008)

Christopher Ford, 'Debating disarmament: interpreting Article VI of the Treaty on the Non-Proliferation of Nuclear Weapons', The Nonproliferation Review, 14:3 (2007), pp. 401-428

Philip Fradkin, 'Fallout: an American nuclear tragedy', (Boulder CO, Johnson Books: 2004)

Benjamin Frankel (ed.), 'Opaque nuclear proliferation: methodological and policy implications', (London, Frank Cass & Company Ltd: 1991)

M. Taylor Fravel & Evan Medeiros, 'China's search for assured retaliation: the evolution of Chinese nuclear strategy and force structure', International Security, 35:2 (2010), pp. 48-87

Lawrence Freedman, 'The evolution and future of extended nuclear deter-

rence', Adelphi Papers, 29:236 (1989), pp. 18-31
Lawrence Freedman, 'Prevention, not preemption', The Washington Quarterly, 26:2 (2003), pp. 105-114
Lawrence Freedman, 'The evolution of nuclear strategy', (Basingstoke, Palgrave Macmillan: 2003)
Lawrence Freedman, 'Deterrence', (Cambridge, Polity Press: 2004)
Lawrence Freedman, 'Disarmament and other nuclear norms', The Washington Quarterly, 36:2 (2013), pp. 93-108
Robin Frost, 'Nuclear terrorism after 9-11', Adelphi Paper 378, (Abingdon, Routledge for the International Institute for Strategic Studies: 2005)
Michael Fry & Patrick Keating (eds.), 'Nuclear non-proliferation and the non-proliferation treaty', (New York, Springer-Verlag: 1990)
Matthew Fuhrmann, 'Spreading temptation: proliferation and peaceful nuclear cooperation agreements', International Security, 34:1 (2009), pp. 7-41
Matthew Fuhrman, 'Atomic assistance: how "Atoms for Peace" programs cause nuclear instability', (London, Cornell University Press: 2012)
Matthew Fuhrman, 'Splitting atoms: why do countries build nuclear power plants?', International Interactions, 38:1 (2012), pp. 29-57
Matthew Fuhrmann & Bryan Early, 'Following START: risk acceptance and the 1991-1992 presidential nuclear initiatives', Foreign Policy Analysis, 4:1 (2008), pp. 21-43
Matthew Fuhrmann & Todd Sechser, 'Signaling alliance commitments: hand-tying and sunk costs in extended nuclear deterrence', American Journal of Political Science, (2014)
Alexandr Fursenko & Timothy Naftali, 'One hell of a gamble: Khrushchev, Castro, and Kennedy, 1958-1964: the secret history of the Cuban Missile Crisis', (New York, W.W. Norton & Company: 2001 [1997])
Andrew Futter, 'Getting the balance right: US ballistic missile defense and nuclear nonproliferation', Comparative Strategy, 30:3 (2011), pp. 254-267
Andrew Futter, 'Ballistic missile defence and US national security policy', (London, Routledge: 2013)
Andrew Futter & Benjamin Zala, 'Advanced US conventional weapons and nuclear disarmament', The Nonproliferation Review, 20:1 (2013), pp. 107-122
Robert Gale, 'Radiation: what it is, what you need to know', (New York, Vintage Books: 2013)
Carole Gallagher, 'American ground zero: the secret nuclear war', (Cambridge MA, MIT Press: 1993)
Pierre Gallios, 'The balance of terror: strategy for the nuclear age', (Boston MA, Houghton Mifflin: 1961)
Sumit Ganguly & Devin Hagerty, 'Fearful symmetry: India-Pakistan crises in the shadow of nuclear weapons', (Seattle WA, University of Washington Press: 2005)
Samit Ganguly & S. Paul Kapur (eds.), 'Nuclear proliferation in South Asia: crisis behaviour and the Bomb', (Abingdon, Routledge: 2010)

Samit Ganguly & S. Paul Kapur, 'India, Pakistan and the bomb: debating nuclear stability in South Asia', (New York, Columbia University Press: 2012)
Dee Garrison, 'Bracing for Armageddon: why civil defense never worked', (New York, Oxford University Press: 2006)
Anne Gearan & Joby Warrick, 'Iran, world powers reach historic nuclear deal', The Washington Post, (23 November 2013), www.washingtonpost.com/world/national-security/kerry-ingeneva-raising-hopes-for-historic-nuclear-deal-with-iran/2013/11/23/53e7bfe6-5430-11e3-9fe0-fd2ca728e67c_story.html
Paul Gibson, 'Nuclear weapons of the United States: an illustrated history', (Atglen PA, Schiffer Publishing Ltd: 1996)
Samuel Glasstone & Philip Dolan, 'The effects of nuclear weapons', (United States Department of Defense: 1977)
Ami Gluska, 'The Israeli military and the origins of the 1967 war: government, armed forces and defence policy 1963-67', (Abingdon, Routledge: 2006)
Patrick Glynn, 'Closing Pandora's box: arms races, arms control, and the history of the Cold War', (New York, Basic Books: 1992)
Dore Gold, 'The rise of nuclear Iran: how Tehran defies the west', (Washington DC, Regnery Publishing Inc: 2009)
Jozef Goldblat, 'Nuclear free zones: a history and assessment', The Non-proliferation Review, 4:3 (1997), pp. 18-32
Margaret Gowing, 'Britain and atomic energy 1939-1945', (London, Palgrave Macmillan: 1964)
Matthew Grant, 'After the bomb: civil defence and nuclear war in Britain, 1945-68', (Basingstoke, Palgrave Macmillan: 2010)
Colin Gray, 'Nuclear strategy: the case for a new theory of victory', International Security, 4:1 (1979), pp. 54-87
Colin Gray, 'The second nuclear age', (Boulder CO, Lynne Rienner Publishers: 1999)
Colin Gray & Keith Payne, 'Victory is possible', Foreign Policy, 39 (1980), pp. 14-27
Owen Greene, Barry Rubin Neil Turok, Philip Webber & Graeme Wilkinson, 'London after the bomb: what a nuclear attack really means', (New York: Oxford University Press, 1982)
Owen Greene, Ian Percival and Irene Ridge, 'Nuclear winter: the evidence and the risks', (Cambridge, Polity Press: 1985)
Shaun Gregory, 'The hidden cost of nuclear deterrence: nuclear weapons accidents', (London, Brassey's Ltd: 1990)
Shaun Gregory, 'The terrorist threat to nuclear weapons in Pakistan', European Leadership Network, (4 June 2013), www.europeanleadershipnetwork.org/the-terrorist-threat-tonuclear-weapons-in-pakistan_613.html
Gerald de Groot, 'The bomb: a life', (London, Jonathan Cape: 2004)
Leslie Groves, 'Now it can be told: the story of the Manhattan Project', (Cambridge MA, Da Capo Press: 1983)

David Halberstam, 'The coldest winter: America and the Korean War', (London, Pan Macmillan Ltd: 2009)

Paul Ham, 'Hiroshima Nagasaki: the real story of the atomic bombings and their aftermath', (London, Transworld Publishers: 2013)

Michael Hamel-Green, 'Nuclear weapon-free zone initiatives: challenges and opportunities for regional cooperation on non-proliferation', The Nonproliferation Review, 21:3 (2009), pp. 357-376

Susan Allen Hannah, 'The determinants of economic sanctions success and failure', International Interactions, 31:2 (2005), pp. 117-138

Keith Hansen, 'The Comprehensive Test Ban Treaty: an insider's perspective', (Stanford, Stanford University Press: 2006)

Marianne Hanson, 'The future of the NPT 1', Australian Journal of International Affairs, 59:3 (2005), pp. 301-316

Matthew Harries, 'Britain and France as nuclear partners', Survival, 54:1 (2012), pp. 7-30

Mark Harwell, 'Nuclear winter: the human and environmental consequences of nuclear war', (New York, Springer-Verlag: 1984)

Jason Healy (ed.), 'A fierce domain: conflict in cyber space, 1986 to 2012', (USA, Cyber Conflict Studies Association: 2013)

Siegfried Hecker & William Lious, 'Dangerous dealings: North Korea's nuclear capabilities and the threat of export to Iran', Arms Control Today, 37:2 (March 2007)

Yoaz Hendel, 'Iran's nukes and Israel's dilemma', Middle East Quarterly, (Winter 2012), pp. 31-38

Peter Hennessey, 'The hidden state: preparing for the worst 1945-2010', (London, Penguin Books Ltd: 2010)

Greg Herken, 'The brotherhood of the bomb: the tangled lives and loyalties of Robert Oppenheimer, Ernest Lawrence, and Edward Teller', (Basingstoke, Macmillan: 2003)

John Hersey, 'Hiroshima', (London, Penguin Books: 2001)

Seymour Hersh, 'The Samson option: Israel's nuclear arsenal and American foreign policy', (New York, Random House: 1991)

Seymour Hersh, 'A reporter at large: on the nuclear edge', The New Yorker, (29 March 1993) www.newyorker.com/archive/1993/03/29/1993_03_29_056_TNY_CARDS_000363214

Rudolph Herzog, 'A short history of nuclear folly', (London, Melville House: 2013)

Richard Hewlett & Jack Holl, 'Atoms for peace and war, 1945-1961', (Berkeley CA, University of California Press: 1992)

Mark Hibbs, 'Will South Korea go nuclear?', Foreign Policy, (15 March 2013), www.foreignpolicy.com/articles/2013/03/15/will_south_korea_go_nuclear

Christopher Hill, 'The elusive vision of a non-nuclear North Korea', The Washington Quarterly, 36.2 (2013), pp. 7-19

Theodore Hirsch, 'The IAEA Additional Protocol: what it is and why it matters', The Nonproliferation Review, 11:3 (2004), pp. 140-166

HM Government, 'Trident Alternatives Review', (16 July 2013), www.gov.uk/government/uploads/system/uploads/attachment_data/file/212745/20130716_Trident_Alternatives_Study.pdf

Christopher Hobbs & Matthew Moran, 'Nuclear dominoes: exploring regional responses to a nuclear Iran', (Basingstoke, Palgrave Macmillan: 2013)

David Hoffman, 'Dead hand: Reagan, Gorbachev and the untold story of the Cold War arms race', (London, Icon Books Ltd: 2011)

Daniel Horner, 'South Korea, US at odds over nuclear pact', Arms Control Today, (September 2012), www.armscontrol.org/act/2012_09/Sout-Korea-US-at-Odds-Over-Nuclear-Pact

Michael Howard, 'On fighting a nuclear war', International Security, 5:4 (1981), pp. 3-17

Roger Howard, 'Operation Damocles: Israel's secret war against Hitler's scientists, 1951-1967', (New York, Open Road Media: 2013)

Kate Hudson 'CND – now more than ever: the story of a peace movement' (London, Vision Paperbacks: 2005)

Jacques Hymans, 'The psychology of nuclear proliferation: identity, emotions and foreign policy', (Cambridge, Cambridge University Press: 2006)

Jacques Hymans, 'Theories of nuclear proliferation: the state of the field', The Nonproliferation Review, 13:3 (2006), pp. 455-465

Jacques Hymans, 'When does a state become a nuclear weapon state? An exercise in measurement validation', The Nonproliferation Review, 17:1 (2010), pp. 161-180

Jacques Hymans, 'Achieving nuclear ambitions: scientists, politicians and proliferation', (Cambridge, Cambridge University Press: 2012)

Fred Ikle, 'The coming of the second nuclear age', Foreign Affairs, 75:1 (1996), pp. 119-128

Maxwell Irvine, 'Nuclear power: a very short introduction', (Oxford, Oxford University Press: 2011)

Igor Ivanov, 'The missile-defense mistake: undermining strategic stability and the ABM Treaty', Foreign Affairs, 79:5 (2000), pp. 5-20

Alireza Jafarzadeh, 'The Iran threat: President Ahmadinejad and the coming nuclear crisis', (New York, Palgrave Macmillan: 2007)

Detlef Jahn & Sebastian Korolczuk, 'German exceptionalism: the end of nuclear energy in Germany!', Environmental Politics, 21:1 (2012), pp. 159-164

Douglas Jehl, 'CIA nominee wary of budget cuts', New York Times, (3 February 1993), www.nytimes.com/1993/02/03/us/cia-nominee-wary-of-budget-cuts.html

Bruce Jentleson & Christopher Whytock, 'Who "won" Libya? The forcediplomacy debate and its implications for theory and policy', International Security, 30:3 (2005/06), pp. 47-86

Robert Jervis, 'Perception and misperception in international politics' (Princeton NJ, Princeton University Press: 1976)

Robert Jervis, 'Cooperation under the security dilemma', World Politics, 30:2

(1978), pp. 167-214

Robert Jervis, 'The meaning of the nuclear revolution: statecraft and the prospect of Armageddon', (Ithaca NY, Cornell University Press: 1989)

Shashank Joshi, 'The permanent crisis: Iran's nuclear trajectory', (Abingdon, Routledge for the Royal United Services Institute: 2012)

Shashank Joshi, 'Pakistan's tactical nuclear nightmare: déjà vu?', The Washington Quarterly, 36:3 (2013), pp. 159-172

Daniel Joyner, 'Interpreting the Non-proliferation Treaty', (Oxford, Oxford University Press: 2011)

Colin Kahl & Kenneth Waltz, 'Iran and the bomb: would a nuclear Iran make the Middle East more secure?', Foreign Affairs, 91:5 (2012), pp. 157-162

Chen Kane 'Detecting nuclear weapons: the IAEA and the politics of proliferation' (Basingstoke, Routledge: 2015)

S. Paul Kapur, 'India and Pakistan's unstable peace: why nuclear South Asia is not like Cold War Europe', International Security, 30:2 (2005), pp. 127-152

David Karl, 'Proliferation pessimism and emerging nuclear powers', International Security, 21:3 (1996), pp. 87-119

Michael Karpin, 'The bomb in the basement: how Israel went nuclear and what it means for the world', (London, Simon & Schuster: 2006)

Kerry Kartchner, 'Negotiating START: Strategic Arms Reduction Treaty and the Quest for Strategic Stability', (Piscataway NJ, Transaction Publishers, 1992)

Milton Katz, 'Ban the bomb: a history of SANE, the Committee for a Sane Nuclear Policy, 1957-1985', (Westport CT, Greenwood Press: 1986)

Scott Kaufman, 'Project Plowshare: the peaceful use of nuclear explosives in Cold War America', (New York, Cornell University Press: 2012)

Cynthia Kelly (ed.), 'The Manhattan Project: The birth of the atomic bomb in the words of its creators, eyewitnesses, and historians', (New York: Black Dog & Leventhal Publishers: 2007)

R. Scott Kemp, 'The nonproliferation emperor has no clothes: the gas centrifuge, supply-side controls, and the future of nuclear proliferation', International Security 38:4 (2014), pp. 39-78

Ian Kenyon & John Simpson (eds.) 'Deterrence and the new global security environment', (Abingdon, Routledge: 2006)

Feroz Hassan Khan, 'Challenges to nuclear stability in South Asia', The Nonproliferation Review, 10:1 (2003), pp. 59-74

Feroz Hassan Khan, 'Eating grass: the making of the Pakistani bomb', (Stanford, Stanford University Press: 2012)

Herman Khan, 'Thinking about the unthinkable in the 1980s', (New York, Simon & Schuster: 1984)

Herman Khan, 'On thermonuclear war', (Piscataway NJ, Transaction Publishers: 2007 [1960])

Saria Khan, 'Iran and nuclear weapons: protracted conflict and proliferation', (Abingdon, Routledge: 2010)

Zafar Khan, 'Cold Start doctrine: the conventional challenge to South Asian stability', Contemporary Security Policy, 33:3 (2012), pp. 577-594

Scott Kirsch, 'Proving grounds: Project Plowshare and the unrealized dream of nuclear earthmoving', (Piscataway NJ, Rutgers University Press: 2005)

Henry Kissinger, 'Nuclear weapons and foreign policy', (New York, Harper & Brothers: 1957)

Jeffrey Knopf, 'Recasting the proliferation optimism-pessimism debate', Security Studies, 12:1 (2002), pp. 41-96

Jeffrey Knopf, 'Nuclear disarmament and nonproliferation: examining the linkage argument', International Security, 37:3 (2012), pp. 92-132

Dean Kohlhoff, 'Amchitka and the bomb: nuclear testing in Alaska', (Seattle WA, University of Washington Press: 2003)

Sarah Kreps & Matthew Fuhrmann, 'Attacking the atom: does bombing nuclear facilities affect proliferation?', The Journal of Strategic Studies, 34:2 (2011), pp. 161-187

Hans Kristensen & Robert Norris, 'Indian nuclear forces, 2012', Bulletin of the Atomic Scientists, 68:4 (2012), pp. 96-101

Matthew Kroenig, 'Exporting the bomb: technology transfer and the spread of nuclear weapons', (Ithaca NY, Cornell University Press: 2010)

A. Vinod Kumar, 'India and the nuclear non-proliferation regime: the perennial outlier', (Cambridge, Cambridge University Press: 2014)

William Langewiesche, 'The atomic bazaar: dispatches from the underground world of nuclear trafficking', (London, Penguin Books Ltd: 2007)

Jeffrey Larsen & James Smith, 'Historical dictionary of arms control', (Oxford, Scarecrow Press, Inc.: 2005)

Thomas Lehrman, 'Rethinking interdiction: the future of the proliferation security initiative', The Nonproliferation Review, 11:2 (2004), pp. 1-45

Paul Lettow, 'Ronald Reagan and his quest to abolish nuclear weapons', (New York, Random House: 2005)

Paul Leventhal & Sharon Tanzer (eds.) 'Averting a Latin American nuclear arms race', (New York, St. Martin's Press: 1992)

Michael Levi, 'On nuclear terrorism', (New York, Council on Foreign Relations: 2007)

Michael Levi & Michael O'Hanlon, 'The future of arms control', (Washington DC, The Brookings Institution Press: 2005)

Jeffrey Lewis, 'The minimum means of reprisal China's search for security in the nuclear age', (Cambridge MA, The MIT Press: 2007)

Patricia Lewis, 'A Middle East free of nuclear weapons: possible, probable or pipe dream?', International Affairs, 89:2 (2013), pp. 433-450

Peter Liberman, 'The rise and fall of the South African bomb', International Security, 26:1 (2006), pp. 45-86

Kier Lieber & Daryl Press, 'Why states won't give the bomb to terrorists', International Security, 38:1 (2013), pp. 80-104

Robert Lifton, 'Destroying the world to save it: Aum Shinrikyo, apocalyptic violence and the new global terrorism', (New York, Henry Holt & Company

Inc.: 2000)
James Lindsay & Ray Takeyh, 'After Iran gets the bomb: containment and its complications', Foreign Affairs, 89:2 (2010), pp. 33–50
Robert Litwak, 'Non-proliferation and the dilemmas of regime change', Survival 45:4 (2003), pp. 7–32
David Lochbaum, Edwin Lyman & Susan Stranahan, 'Fukushima: the story of a disaster' (New York, New Press: 2014)
Sverre Lodgaard, 'Nuclear disarmament and non-proliferation: towards a nuclear-weapon-free world', (London, Routledge: 2011)
George Lopez & David Cortright, 'Containing Iraq: sanctions worked', Foreign Affairs, 84:3 (2004), pp. 90–103
Kenneth Luongo, 'Loose nukes in new neighborhoods: the next generation of proliferation prevention', Arms Control Today, May 2009, www.armscontrol.org/act/2009_5/Luongo
Ewen MacAskill & Chris McGreal, 'Israel should be wiped off map, says Iran's president', The Guardian, (27 October 2005), www.theguardian.com/world/2005/oct/27/israel.iran
Richard Macey, 'Laser enrichment could cut cost of nuclear power', The Sydney Morning Herald, (27 May 2006), www.smh.com.au/news/national/laser-enrichment-could-cut-costof-nuclear-power/2006/05/26/1148524888448.html
Jenifer Mackby & Paul Cornish (eds.), 'US-UK nuclear cooperation after 50 years', (Washington DC, The CSIS Press: 2008)
Shane Maddock, 'Nuclear Apartheid: the quest for American atomic supremacy from World War II to the present', (Chapel Hill NC, University of North Carolina Press: 2010)
Morten Bremer Maerli & Sverre Lodgaard (eds.), 'Nuclear proliferation and international security', (London, Routledge: 2007)
Arnav Manchanda, 'When truth is stranger than fiction: the Able Archer incident', Cold War History, 9:1 (2009), pp. 111–133
Michael Mandelbaum & Strobe Talbott, 'Reykjavik and beyond', Foreign Affairs, 65:2 (1986), pp. 215–235
Oishi Matashichi, 'The day the sun rose in the west: Bikini, the Lucky Dragon, and I', (Honolulu HI, University of Hawaii Press: 2011)
Randall Maydew & Julie Bush, 'America's lost H-bomb: Palomares, Spain, 1966', (Manhattan KS, Sunflower University Press: 1997)
Michael Mazaar, 'Nuclear weapons in a transformed world: the challenge of virtual nuclear arsenals', (Basingstoke, Macmillan Press: 1997)
Catherine McArdle Kelleher & Judith Riply (eds.), 'Getting to zero: the path to nuclear disarmament', (Stanford CA, Stanford University Press: 2011)
David McDonough, 'Nuclear superiority: the "new triad" and the evolution of nuclear strategy', Adelphi Paper 383, (Abingdon, Routledge for the International Institute for Strategic Studies: 2006)
Raja Menon, 'A mismatch of nuclear doctrines', The Hindu, (22 January 2014), www.thehindu.com/opinion/op-ed/a-mismatch-of-nuclear-doctrines/

article5602609.ece
David Meyer, 'A winter of discontent: the nuclear freeze and American politics', (New York, Praeger Publishers: 1990)
Zia Mian & A.H. Nayar, 'Playing the nuclear game: Pakistan and the Fissile Material Cut-off Treaty', Arms Control Today, (April 2010), www.armscontrol.org/act/2010_04/Mian
Richard Miller, 'Under the cloud: the decades of nuclear testing', (The Woodlands TX, Two Sixty Press: 1991)
Walter Miscamble, 'The most controversial decision: Truman, the atomic bombs and the defeat of Japan', (Cambridge, Cambridge University Press: 2011)
Zeev Maoz, 'The mixed blessing of Israel's nuclear policy', International Security, 28:2 (2003), pp. 44–77
James Clay Moltz, 'Future nuclear proliferation scenarios in Northeast Asia', The Nonproliferation Review, 13:3 (2006), pp. 591–604
James Clay Moltz and Alexander Mansourov (eds.) 'The North Korean nuclear program: security, strategy and new perspectives from Russia' (New York, Routledge: 2012)
Barabara Moran, 'The day we lost the H-bomb: Cold War, hot nukes and the worst nuclear weapons disaster in history', (New York, Random House: 2009)
Matthew Moran & Matthew Cottee, 'Bound by history? Exploring challenges to French nuclear disarmament', Defense & Security Analysis, 27:4 (2011), pp. 341–357
RF Mould, 'Chernobyl record: the definitive history of the Chernobyl catastrophe', (London, Institute of Physics Publishing: 2000)
John Mueller, 'Atomic obsession: nuclear alarmism from Hiroshima to Al-Qaeda', (Oxford, Oxford University Press: 2010)
John Mueller & Karl Mueller, 'Sanctions of mass destruction', Foreign Affairs, 78:3 (1999), pp. 43–53
Harald Müller, 'The future of nuclear weapons in an interdependent world', The Washington Quarterly, 31:2 (2008), pp. 63–75
Harald Müller, 'The 2010 NPT review conference: some breathing space gained, but no breakthrough', The International Spectator, 45:3 (2010), pp. 5–18
Harald Müller, 'A nuclear non-proliferation test: Obama's nuclear policy and the 2010 NPT Review Conference', The Nonproliferation Review, 18:1 (2011), pp. 219–236
Harald Müller & Carmen Wunderlich, 'Norm dynamics in multilateral arms control' (Athens GA, University of Georgia Press: 2013)
Vipin Narang, 'Five myths about India's nuclear posture', The Washington Quarterly, 36:3 (2013), pp. 143–157
John Newhouse, 'Cold dawn: The story of SALT', (New York, Holt, Rinehart & Winston: 1973)
John Newhouse, 'The nuclear age: from Hiroshima to Star Wars', (London,

Michael Joseph: 1989)
Paul Nitze, 'The relationship of strategic and theatre nuclear forces', International Security, 2:2 (1977), pp. 122−132
Olav Njolstad (ed.), 'Nuclear proliferation and international order: challenges to the Non-Proliferation Treaty', (Abingdon, Routledge: 2011)
Janne Nolan, 'Guardians of the arsenal', (New York, Basic Books Inc: 1989)
Polmar Norman & Robert Norris, 'The U.S. nuclear arsenal: a history of weapons and delivery systems since 1945', (Annapolis MD, Naval Institute Press: 2009)
Robert Norris & Hans Kristensen, 'Global nuclear weapons inventories, 1945−2010', Bulletin of the Atomic Scientists, 66:7 (July/August 2010), pp. 77−83
Robert Norris & Hans Kristensen, 'US tactical nuclear weapons in Europe, 2011', Bulletin of the Atomic Scientists, 67:1 (2011), pp. 64−73
Robert Norris & Hans Kristensen, 'The British nuclear stockpile 1953−2013', Bulletin of the Atomic Scientists, 69:4 (2013), pp. 69−75
Joseph Nye, 'Nuclear ethics', (New York: The Free Press: 1986)
Joseph Nye, 'From bombs to bytes: can our nuclear history inform our cyber future?', Bulletin of the Atomic Scientists, 69:8 (2013), pp. 8−14
Mahdi Obeidi & Kurt Pitzer, 'The bomb in my garden: the secrets of Saddam's nuclear mastermind', (Hoboken NJ, John Wiley & Sons: 2004)
Tanya Ogilvie-White, 'Is there a theory of nuclear proliferation: an analysis of the contemporary debate', The Nonproliferation Review, 4:1 (1996), pp. 43−60
Michael O'Hanlon, 'A skeptic's case for nuclear disarmament', (Washington DC, Brookings Institution Press: 2010)
Harsh Pant, 'The US-India nuclear pact: policy, process, and great power politics', (New Delhi, Oxford University Press: 2011)
Jan Parawitz, 'Nuclear option to non-nuclear promotion: the Sweden case', (Stockholm, Swedish Institute for International Affairs: 1995)
Robert Paterson, 'Britain's strategic nuclear deterrent: from before the V-bomber to beyond Trident' (Abingdon, Routledge: 1997)
T.V. Paul, 'Power versus prudence: why nations forgo nuclear weapons', (Montreal, McGill-Queen's University Press: 2000)
T.V. Paul, 'The tradition of non-use of nuclear weapons', (Stanford, Stanford University Press: 2009)
Keith Payne, 'Deterrence in the second nuclear age', (Lexington KT, The University of Kentucky Press: 1996)
George Perkovich, 'India's nuclear bomb: the impact on global proliferation', (London, University of California Press: 2002)
George Perkovich & James Acton, 'Abolishing nuclear weapons', Adelphi Paper 396, (London, Routledge for the International Institute for Strategic Studies: 2008)
Charles Perrow, 'Normal accidents: living with high-risk technologies', (Princeton NJ, Princeton University Press: 1999)
Steven Pifer & Michael O'Hanlon, 'The opportunity: the next steps in reducing

nuclear arms', (Washington DC, Brookings Institution Press: 2012)
Joseph Pilat & Robert Pendley, 'A new beginning for the NPT', (New York, Plenum Press: 1995)
Anna Pluta & Peter Zimmerman, 'Nuclear terrorism: a disheartening dissent', Survival, 48:2 (2006), pp. 55-69
Jonathan Pollack, 'No exit: North Korea, nuclear weapons and international security', Adelphi Paper 418-419, (Abingdon, Routledge for the International Institute for Strategic Studies: 2011)
Kenneth Pollack, 'Unthinkable: Iran, the bomb and American strategy', (New York, Simon & Schuster: 2013)
William Potter & Gaukhar Mukhatzhanova, 'Divining nuclear intentions: a review essay', International Security, 33:1 (2008), pp. 139-169
William Potter with Gaukhar Mukhatzhanova (eds.), 'Forecasting nuclear proliferation in the 21st century', Volumes 1 & 2, (Stanford, Stanford University Press: 2010)
William Potter & Gaukhar Mukhatzhanova (eds.), 'Nuclear politics and the Non-Aligned Movement: principles vs. pragmatism', Adelphi Paper 427, (Routledge for the International Institute for Strategic Studies: 2012)
William Potter & John Shields (eds.), 'Dismantling the Cold War: US and NIS perspectives on the Nunn-Lugar Cooperative Threat Reduction program', (London, The MIT Press: 1997)
Ronald Powaski, 'Return to Armageddon: the United States and the nuclear arms race 1981-1999', (Oxford, Oxford University Press: 2000)
Pavel Podvig (ed.), 'Russian strategic nuclear forces', (Cambridge MA, The MIT Press: 2004)
Kenneth Pollack, 'Unthinkable: Iran, the bomb, and American strategy', (New York, Simon & Schuster: 2013)
Larry Poole & Cheryl Poole (eds.), 'EMP survival: how to prepare now and survive when an electromagnetic pulse destroys our power', (CreateSpace Independent Publishing Platform: 2011)
Charles Pritchard, 'Failed diplomacy: the tragic story of how North Korea got the bomb', (Washington DC, The Brookings Institution Press: 2007)
Peter Pry, 'War scare: Russia and America on the nuclear brink', (Westport CT, Greenwood Publishing Group: 1999)
Helen Purkitt & Stephen Burgess, 'South Africa's weapons of mass destruction', (Bloomington IN, Indiana University Press: 2005)
George Quester, 'Nuclear first strike: consequences of a broken taboo', (Baltimore MA, Johns Hopkins University Press: 2005)
George Quester, 'Preemption, prevention and proliferation: the threat and use of weapons in history', (London, Transaction Publishers: 2009)
Michael Quinlan, "Thinking about nuclear weapons": principles, problems, prospects', (Oxford, Oxford University Press: 2009)
Bennet Ramberg, 'Nuclear power plants as weapons for the enemy: an unrecognised military peril" (London, University of California Press: 1992)
Alisa Rebane (ed.), 'The new START Treaty between the US and Russia',

Hauppauge NY, Nova Science Publishers Inc: 2011)
John Redick, Julio Carasales & Paulo Wrobel, 'Nuclear rapprochement: Argentina, Brazil, and the nonproliferation regime', The Washington Quarterly, 18:1 (1995), pp. 107–122
Thomas Reid & Danny Stillman, 'The nuclear express: a political history of the bomb and its proliferation', (Minneapolis MN, Zenith Press: 2009)
Mitchell Reiss, 'Bridled ambition: why countries constrain their nuclear capabilities', (Washington DC, The Woodrow Wilson Centre Press: 1995)
Richard Rhodes, 'The making of the atomic bomb', (London, Simon & Schuster: 1986)
Richard Rhodes, 'Dark sun: the making of the hydrogen bomb', (London, Simon & Schuster: 1995)
Richard Rhodes, 'Arsenals of folly: the making of the nuclear arms race', (London, Simon & Schuster: 2008)
Richard Rhodes, 'The twilight of the bombs', (New York, Vintage Books: 2011)
Wu Riang, 'China's anxiety about US missile defences: a solution', Survival, 55:5 (2013), pp. 29–52
Jeffrey Richelson, 'Spying on the bomb: American nuclear intelligence from Nazi Germany to Iran and North Korea', (New York, W.W. Norton & Co.: 2007)
Nick Ritchie, 'A nuclear weapons-free world? Britain, Trident and the challenges ahead', (Basingstoke, Palgrave Macmillan: 2012)
Nick Ritchie, 'Valuing and devaluing nuclear weapons', Contemporary Security Policy, 34:1 (2013), pp. 146–173
Nick Ritchie, 'Pathways and purposes for P–5 nuclear dialogue', European Leadership Network Policy Brief, (September 2013), www.europeanleadershipnetwork.org/medialibrary/2013/09/03/ca6e5ece/Nick%20Ritchie%20Pathways%20and%20Purposes%20for%20P%205%20Nuclear%20Dialogue%20E LN%20Policy%20Brief%20September%202013.pdf
Alan Robock, Luke Oman & Georgiy Stenchikov, 'Nuclear winter revisited with a modern climate model and current nuclear arsenals: still catastrophic consequences', Journal of Geophysical Research: Atmospheres, (1984–2012), 112: D13 (2007)
Denny Roy, 'Parsing Pyongyang's strategy', Survival, 52:1 (2010), pp. 111–136
Maria Rost Rublee, 'Taking stock of the nuclear nonproliferation regime: using social psychology to understand regime effectiveness', International Studies Review, 10:3 (2008), pp. 420–450
Maria Rost Rublee, 'Nonproliferation norms: why states choose nuclear restraint', (Athens GA, University of Georgia Press: 2009)
Maria Rost Rublee, 'Nuclear threshold states', The Nonproliferation Review, 17:1 (2010), pp. 49–70
Bertrand Russell, 'Common sense and nuclear weapons' (London, Routledge: 2001)
Jan Ruzicka, 'Reflections on the 2010 NPT review conference', Medicine,

Conflict and Survival, 26:4 (2010), pp. 259-267
Jan Ruzicka & Nicholas Wheeler, 'The puzzle of trusting relationships in the Nuclear Nonproliferation Treaty', International Affairs, 86:1 (2010), pp. 69-85
Randy Rydell, 'Looking back: going for Baruch: the nuclear plan that refused to go away', Arms Control Today, (June 2006), www.armscontrol.org/print/2064
Lora Saalman, 'The China-India nuclear crossroads: China, India and the new paradigm', (Washington DC, The Carnegie Endowment: 2012)
Carl Sagan, 'Nuclear war and climatic catastrophe: some policy implications', Foreign Affairs, 62:2 (Winter 1983-4), pp. 257-292
Carl Sagan, Richard Turco, George W. Rathjens, Ronald H. Siegel, Starley L. Thompson, & Stephen H. Schneider, 'The nuclear winter debate', Foreign Affairs 65:1 (1986), pp. 163-178
Scott Sagan, 'The limits of safety: organizations, accidents and nuclear weapons', (Princeton NJ, Princeton University Press: 1993)
Scott Sagan, 'The perils of proliferation: organization theory, deterrence theory, and the spread of nuclear weapons', International Security, 18:4 (1994), pp. 66-107
Scott Sagan, 'Why do states build nuclear weapons? Three models in search of a bomb', International Security, 21:3 (1996-7), pp. 54-86
Scott Sagan, 'How to keep the bomb from Iran', Foreign Affairs, (2006), pp. 45-59
Scott Sagan (ed.), 'Inside nuclear South Asia', (Stanford, Stanford University Press: 2009)
Scott Sagan, 'The causes of nuclear weapons proliferation', Annual Review of Political Science, 14 (2011), pp. 225-244
Scott Sagan & Jane Vaynman, 'Introduction: reviewing the Nuclear Posture Review', The Nonproliferation Review, 18:1 (2011), pp. 17-37
Scott Sagan & Jane Vaynman, 'Conclusion: lessons learned from the 2010 Nuclear Posture Review', The Nonproliferation Review, 18:1 (2011), pp. 237-262
Scott Sagan & Kenneth Waltz, 'The spread of nuclear weapons: a debate renewed', (London/New York, W.W. Norton & Company: [1995] 2003)
Jean-Loup Samaan & David Gompert, 'French nuclear weapons, Euro-deterrence, and NATO', Contemporary Security Policy, 30:3 (2009), pp. 486-504
Choe Sang-Hun, 'South Korea publicly blames the North for ship's sinking', New York Times, (19 May 2010), www.nytimes.com/2010/05/20/world/asia/20korea.html?ref=global-home&_r=0
Tom Sauer & Bob Van Der Zwaan, 'US tactical nuclear weapons in Europe after NATO's Lisbon summit: why their withdrawal is desirable and feasible', International Relations, 26:1 (2012), pp. 78-100
Robert Scheer, 'With enough shovels: Reagan, Bush and nuclear war', (New York, Vintage Books: 1983)
Jonathan Schell, 'The fate of the earth', (London, Jonathan Cape Ltd: 1982)

Thomas Schelling & Morton Halperin, 'Strategy and arms control', (New York, Twentieth Century Fund: 1961)
Thomas Schelling 'Arms and influence', (New Haven CT, Yale University Press: 1966)
Thomas Schelling, 'The strategy of conflict', (Cambridge MA, Harvard University: 1960)
Thomas Schelling, 'The nuclear taboo', The Washington Post, (24 October 2005), http://online.wsj.com/news/articles/SB113010182444876942
Eric Schlosser, 'Command and control', (London, Penguin Books Ltd: 2013)
Mark Schneider, 'The nuclear forces and doctrine of the Russian Federation', Comparative Strategy, 27:5 (2008), pp. 397-425
Stephen Schwartz (ed.), 'Atomic audit: the costs and consequences of US nuclear weapons since 1940', (Washington DC, The Brookings Institution Press: 1998)
Andrew Selth, 'Myanmar's nuclear ambitions', Survival, 52:5 (2010), pp. 5-12
Mohamed Shaker, 'The Nuclear Non-Proliferation Treaty: origin and implementation 1959-1979', (London, Oceana Publications, Inc.: 1980)
Fred Shaprio (ed.), 'The Yale book of quotations', (Newhaven CN, Yale University Press: 2007)
Michael Sheehan, 'Arms control: theory and practice', (Oxford, Basil Blackwell Ltd: 1988)
John Shields & William Potter (eds.), 'Dismantling the Cold War: US and NIS perspectives on the Nunn-Lugar Cooperative Threat Reduction program', (London, The MIT Press: 1997)
Marlise Simons, 'Soviet atom test used thousands as guinea pigs, archives show', New York Times, (7 November 1993), www.nytimes.com/1993/11/07/world/soviet-atom-test-usedthousands-as-guinea-pigs-archives-show.html
John Simpson, 'Nuclear non-proliferation in the post-Cold War era', International Affairs, 70:1 (1994), pp. 17-39
John Simpson, 'The nuclear non-proliferation regime: back to the future?', Disarmament Forum, 1 (2004), pp. 5-16
Peter Singer & Allan Friedman, 'Cybersecurity and cyberwar: what everyone needs to know', (Oxford, Oxford University Press: 2014)
Jaswant Singh, 'Against nuclear apartheid', Foreign Affairs, 77:5 (1998), pp. 41-52
Joseph Siracusa, 'Nuclear weapons: a very short introduction', (Oxford, Oxford University Press: 2008)
Scott Snyder & See-Won Byun, 'Cheonan and Yeonpyeong: the Northeast Asian response to North Korea's provocations', The RUSI Journal, 156:2 (2011), pp. 74-81
Nikolai Sokov, 'The origins of and prospects for Russian nuclear doctrine', The Nonproliferation Review, 14:2, (2007), pp. 207-226
Etel Solingen, 'Sanctions, statecraft and nuclear proliferation' (Cambridge, Cambridge University Press: 2012)

Leonard Spector & Avner Cohen, 'Israel's airstrike on Syria's reactor: implications for the nonproliferation regime', Arms Control Today, 38:6 (2008), pp. 15-21

Peter Stein & Peter Feaver, 'Assuring control of nuclear weapons: evolution of Permissive Action Links', (Washington DC, Rowman & Littlefield: 1987)

Hannes Steyn, Richard Van Der Walt & Jan Van Loggerenberg, 'Nuclear armament and disarmament: South Africa's nuclear experience', (Lincoln, iUniverse Inc: 2007)

Jeremy Stocker, 'The United Kingdom and nuclear deterrence', Adelphi Paper 386, (Abingdon, Routledge for the International Institute for Strategic Studies: 2007)

Ronald Takaki, 'Hiroshima: why America dropped the atomic bomb', (London, Little, Brown & Company: 1995)

Strobe Talbott, 'Endgame: The inside story of SALT II', (New York: Harper & Row: 1979)

Nina Tannenwald, 'The nuclear taboo: the United States and the normative basis of nuclear non-use', International Organization, 53:3 (1999), pp. 433-468

Nina Tannenwald, 'The nuclear taboo: the United States and the non-use of nuclear weapons since 1945', (Cambridge, Cambridge University Press: 2007)

Philip Taubman, 'The partnership: five cold warriors and their quest to ban the bomb', (New York, HarperCollins Publishers: 2012)

Edward Teller, 'The constructive uses of nuclear explosives', (New York, McGraw-Hill Inc: 1968)

Bruno Tertrais, 'The last to disarm? The future of France's nuclear weapons', The Nonproliferation Review 14:2 (2007), pp. 251-273

Bruno Tertrais, 'The illogic of zero', The Washington Quarterly, 33:2 (2010), pp. 125-138

Ramesh Thakur (eds.), 'Nuclear-weapons free zones', (Basingstoke, Palgrave Macmillan: 1998)

Bradley Thayer, 'The causes of nuclear proliferation and the utility of the nuclear non-proliferation regime', Security Studies, 4:3 (1995), pp. 463-519

Phillip Traubman, 'The partnership: five cold warriors and their quest to ban the bomb', (New York: HarperCollins: 2013)

Richard Turco, Owen Toon, Thomas Ackerman, James Pollack & Carl Sagan, 'Climate and smoke: an appraisal of nuclear winter', Science, 247:4939 (1990), pp. 166-176

Mark Valencia, 'The Proliferation Security Initiative: making waves in Asia', Adelphi Paper 376, (Oxford, Routledge for the International Institute for Strategic Studies: 2005)

J.W. de Villiers, Roger Jardine & Mitchell Reiss, 'Why South Africa gave up the bomb', Foreign Affairs, 72:5 (1993), pp. 98-109

J. Samuel Walker, 'Prompt and utter destruction: Truman and the use of atomic bombs against Japan', (London, University of North Carolina Press: 1997)

J. Samuel Walker, 'Recent literature on Truman's atomic bomb decision: a search for middle ground', Diplomatic History, 29:2 (2005), pp. 311-334

J. Samuel Walker, 'Three Mile Island: a nuclear crisis in historical perspective', (Berkeley CA, University of California Press: 2006)

Mark Walker, 'Nazi science: myth, truth, and the German atomic bomb', (New York, Basic Books, 2001)

William Walker, 'Nuclear weapons and the former Soviet republics', International Affairs, 68:2 (1992), pp. 255-277

William Walker, 'A perpetual menace: nuclear weapons and international order', (London, Routledge: 2011)

William Walker, 'International affairs in the nuclear age, 1946-2013', International Affairs, 90:1 (2014), pp. 107-123

Nick Paton Walsh, 'Russian nuclear theft alarms US', Guardian, (19 July 2002), www.theguardian.com/world/2002/jul/19/chechnya.nickpatonwalsh

Kenneth Waltz, 'Why Iran should get the bomb', Foreign Affairs, 91:4 (2012), pp. 2-5

Aiden Warren, 'The promises of Prague versus nuclear realities: from Bush to Obama', Contemporary Security Policy, 32:2 (2011), pp. 432-547

Aidan Warren, 'The Obama administration's nuclear weapons strategy: the promises of Prague', (Abingdon, Routledge: 2014)

Eileen Welsome, 'The plutonium files: America's secret medical experiments in the Cold War', (New York, Dial Press: 1999)

Michael Wesley, 'It's time to scrap the NPT', Australian Journal of International Affairs, 59:3 (2005), pp. 283-299

Robert Wilcox, 'Japan's secret war: Japan's race against time to build its own atomic bomb', (New York, Marlowe & Co.: 1995)

Dean Wilkening, 'Ballistic-missile defence and strategic stability', Adelphi Paper 334, (Oxford, Oxford University Press for the International Institute for Strategic Studies: 2000)

Clay Wilson, 'High Altitude Electromagnetic Pulse (HEMP) and high power microwave (HPM) devices: threat assessments', Congressional Research Service, (21 July 2008), www.fas.org/sgp/crs/natsec/RL32544.pdf

P.D. Wilson, 'The nuclear fuel cycle: from ore to waste' (Oxford, Oxford University Press: 1997)

Ward Wilson, 'Five myths about nuclear weapons', (New York, Houghton Mifflin Harcourt: 2013)

Christine Wing & Fiona Simpson, 'Detect dismantle, disarm: IAEA verification 1992-2005', (Washington DC, United States Institute of Peace Press: 2013)

Andrew Winner, 'The proliferation security initiative: the new face of interdiction', Washington Quarterly, 28:2 (2005), pp. 129-143

James Wirtz and Peter Lavoy (eds.), 'Over the horizon proliferation threats', (Stanford CA, Stanford University Press: 2012)

Joel Wit, Daniel Poneman and Robert Gallucci, 'Going critical: the first North Korean nuclear crisis', (Washington DC, The Brookings Institution Press: 2004)

Lawrence Wittner, 'The struggle against the bomb: one world or none: a history of the world nuclear disarmament movement through 1953', (Stanford CA, Stanford University Press: 1993)

Lawrence Wittner, 'The struggle against the bomb: resisting the bomb: a history of the world nuclear disarmament movement, 1954-1970', (Stanford CA, Stanford University Press: 1995)
Lawrence Wittner, 'Towards nuclear abolition a history of the world nuclear disarmament movement: 1971-present', (Stanford CA, Stanford University Press: 2003)
Lawrence Wittner, 'Confronting the bomb: a short history of the nuclear disarmament movement', (Stanford CA, Stanford University Press: 2009)
Amy Woolf, 'Nunn-Lugar Cooperative Threat Reduction Programs: issues for Congress', Congressional Research Service, (23 March 2001), www.au.af.mil/au/awc/awcgate/crs/97-1027.pdf
Amy Woolf, 'Nuclear arms control: the Strategic Offensive Reductions Treaty', Congressional Research Service, (7 February 2011), www.fas.org/sgp/crs/nuke/RL31448.pdf
Amy Woolf, 'Non-strategic nuclear weapons', Congressional Research Service, (3 January 2014), http://fas.org/sgp/crs/nuke/RL32572.pdf
Amy Woolf, 'The New START Treaty: central limits and key provisions', Congressional Research Service, (8 January 2014), www.fas.org/sgp/crs/nuke/R41219.pdf
Toshi Yoshihra & James Holmes, 'Strategy in the second nuclear age: power, ambition and the ultimate weapons' (Washington DC, Georgetown University Press: 2012)
David Yost, 'France's new nuclear doctrine', International Affairs, 82:4 (2006), pp. 701-721
David Yost, 'France's evolving nuclear strategy', Survival, 47:3 (2005), pp. 117-146
David Yost, 'The US and extended deterrence in Europe', Adelphi Paper 326, (Oxford, Oxford University Press for the International Institute for Strategic Studies: 1999)
David Yost, 'Assurance and US extended deterrence in NATO', International Affairs 85:4 (2009), pp. 755-780
Stephen Younger, 'The bomb: a new history', (New York, HarperCollins Publishers: 2009)
Steven Zaloga, 'The Kremlin's nuclear sword: the rise and fall of Russia's strategic nuclear forces, 1945-2000', (Washington DC, Smithsonian Institution Press: 2002)
Scott Zeman & Michael Amundson, 'Atomic culture: how we learned to stop worrying and love the bomb', (Boulder CO, University Press of Colorado: 2004)
Micah Zenko & Michael Cohen, 'Clear and present safety: the United States is more secure than Washington thinks', Foreign Affairs, 91:2 (2012), pp. 79-93
Baohui Zhang, 'US missile defence and China's nuclear posture: changing dynamics of an offence-defence arms race', International Affairs, 87:3 (2011), pp. 555-569
Hui Zhang, 'China's perspective on a nuclear-free world', The Washington Quarterly, 33:2 (2010), pp. 139-155

찾아보기

A
ABM ☞ 반탄도미사일 참조

B
BMD ☞ 탄도미사일방어 참조

C
CASD ☞ 지속적해상억지력 참조
CND ☞ 핵군축캠페인 참조
CTBT ☞ 포괄적핵실험금지조약

I
IAEA ☞ 국제원자력기구 참조
ICAN ☞ 핵무기철폐국제캠페인 참조
ICBM ☞ 대륙간탄도미사일 참조
INF ☞ 중거리핵전력협정 참조
IPPNW ☞ 핵전쟁방지국제의사회 참조

M
MAD ☞ 상호확증파괴 참조

N
NATO ☞ 북대서양조약기구 참조
New START ☞ 신전략무기감축조약 참조
NFU ☞ 선제불사용 참조

NNWS ☞ 비핵국가 참조
NPT ☞ 핵확산금지조약 참조
NWS ☞ 핵보유국 참조

P
PGS ☞ 글로벌신속타격 참조

S
SALT ☞ 전략무기제한조약 참조
SANE ☞ 전미건전핵정책위원회
SSBN ☞ 핵추진탄도미사일잠수함 참조
START I ☞ 전략무기감축조약 참조

W
WMD ☞ 대량살상무기 참조

ㄱ
강화 방사능 무기(ERWs: enhanced radiation weapons) 55
걸프전쟁(Gulf War) 289
고농축 우라늄(HEU: high enriched uranium) 23-24
고르바초프(Mikhail Gorbachev) 221, 284
공중폭발 122
국제 비확산레짐 185, 191, 201, 215, 224

국제원자력개발기구(IADA: International-al Atomic Development Authority) 280
국제원자력기구(IAEA: International Atomic Energy Agency) 13, 184, 190, 193, 198, 224, 229, 314
국제 핵군축운동 286
국지 방어(point defense) 234
군비통제 216, 248; 군비통제조약 218
군축 216, 248, 251, 277; 군축운동 281-282, 286, 293
군축실(UNODA: Office of Disarmament Affairs) 281
그린피스(Greenpeace) 282
글로벌신속타격(PGS: Prompt Global Strike) 150, 153, 163
글로벌 제로(Global Zero) 160, 278, 294, 296
기본합의서(Agreed Framework) 193
기술결정론 81-82
기습공격(bolt from the blue) 327

대가치 타격 123
대군사 타격 123
대량살상무기(WMD: weapons of mass destruction) 89, 182, 184, 232, 267, 269, 331
대륙간탄도미사일(ICBM: intercontinental ballistic missile) 59, 66-68, 123, 125, 132, 196, 221, 235
더그흘리언(Harry Daghlian) 56
더러운 폭탄 254-255, 257-261, 269, 345
디메이트(de-mate) 324
디타게팅(de-targeting) 324

ㄹ

라늄235 30
러셀(Bertrand Russell) 281
럭키 드래건(Lucky Dragon)호 사건 56
레이캬비크 정상회담 284
루스 누크(loose nukes) 261, 263-264, 271
리틀보이(Little Boy) 30-31, 36

ㅁ

맨해튼 프로젝트 11, 20, 26-29, 31-32, 263, 280
뮐러(John Mueller) 257
미국-인도 핵협력협정 189
미사일방어(TMD) 214, 234
민수용 원자력 190, 193, 198; 민수용 원자력 에너지 200, 310; 민수용 원자력 프로그램 185, 201

ㄴ

나선형 군비경쟁 112
내폭형(implosion-type) 28
넌-루가 프로그램 263-264, 271
네루(Jawaharlal Nehru) 281
노르웨이 로켓사건(Norwegian Rocket Incident) 12, 132
닉슨-메이어 협약 179

ㄷ

다탄두각개유도장치(MIRVs) 220-221
단거리 탄도미사일 59
단일통합작전계획(SIOP: Single Integrated Operational Plan) 326

ㅂ

바누누(Mordachai Vanunu) 178, 180
바루크 계획(Baruch Plan) 280
바스크 분리독립주의자(ETA) 256
반탄도미사일조약(ABM: Anti-Ballistic Missile Treaty) 12, 116, 219, 234
벨라 사건(Vella Incident) 52, 180, 287
보복위협 248, 254
부분핵실험금지조약(PTBT: Partial Test Ban Treat) 47, 49-50, 58, 282
부토(Zulfikar Ali Bhutto) 185, 252
북대서양조약기구(NATO: North Atlantic Treaty Organization) 4, 344
분열물질금지조약(FMCT: Fissile Material Cut-off Treaty) 14, 217, 266, 315
불(Hedley Bull) 216
불량국가 249, 260, 286
불법 핵네트워크 249, 251
비폭발 실험(cold test) 186
비핵국가(NNWS: non-nuclear-weapon sates) 3, 143-144, 146, 224, 288, 314, 343, 345
비핵지대(NWFZs: nuclear-weapon-free zones) 14, 277-278, 288, 291, 344
비확산레짐 143, 183, 201, 229, 251, 331
빈 라덴(Osama bin Laden) 256-257

ㅅ

사린가스(sarin gas) 256
사이버무기 310
사활적 국가안보 177
삼각(triad)체제 64-66
상호확증파괴(MAD: mutual assured destruction) 6-7, 12, 90, 110, 114-118, 125, 152, 213-214, 233, 330, 344
선제불사용(NFU: no first use) 119-121, 153, 161
세계핵테러방지구상(GICNT: Global Initiative to Combat Nuclear Terrorism) 267
셸링(Thomas Schelling) 215
소극적 방어 14
수소폭탄 20, 33-35
수직적 핵확산 82, 86-87, 90
수평적 핵확산 59, 82, 86-87, 90, 92, 175
스마일링 붓다(Smiling Buddha) 53, 186-187
신전략무기감축조약(New START: New Strategic Arms Reduction Treaty) 4, 148, 150, 153, 220, 296, 298
실질적 핵무기 국가(virtual nuclear-weapon states) 95

ㅇ

아이젠하워(Dwight Eisenhower) 314
아인슈타인(Albert Einstein) 281
아일랜드공화국군(IRA: Irish Republican Army) 256
안보딜레마 110, 112-113, 342, 345
알 카에다 52, 248, 254, 256, 258-259
억지력(force de dissuasion) 66, 158
에이블 아쳐(Able Archer)83 12, 131
연성 목표(soft target) 122, 162
오바마(Barack Obama) 14, 148-151, 160, 179, 254, 264
올브라이트(David Albright) 249, 251, 257
욤키푸르전쟁(Yom Kippur War) 178
우라늄 농축 196, 199; 우라늄 농축시설 198

움마 타미르-에-나우(UTN: Ummah Tameer-e-Nau) 네트워크 258
원자폭탄 11, 20-27, 29-39, 31-34, 37
원포인트 세이프(One-point safe) 324
유럽핵군축(END: European Nuclear Disarmament) 283
유엔군축회의(Conference on Disarmament) 265
이스라엘원자력위원회(IAEC: Israeli Atomic Energy Commission) 178
임계핵실험금지조약(TTBT: Threshold Test Ban Treaty) 50

ㅈ

잠수함발사 탄도미사일(SLBM: submarine-launched ballistic missile) 59, 66
잠재적 핵확산 국가 190
재래식무기 184, 332
재래식폭탄 261
저농축 우라늄(LEU: low-enriched uranium) 23, 316
전략무기감축조약(START) 219-220
전략무기제한조약(SALT) 219
전략방위구상(SDI: Strategic Defense Initiative) 235, 285-286
전미건전핵정책위원회(SANE) 282-283
제네바잠정합의(Geneva Interim Agreement) 199
제한적 억지 119
제한적핵실험금지조약(LTBT: Limited Test Ban Treaty) 47
중거리핵전력협정(INF: Intermediate-Range NuclearForces Treaty) 219
중동비핵지대(MENWFZ: Middle East nuclear-weapon-free zone) 292-293
중성자폭탄 55
지면폭발 122
지속적해상억지력(CASD: continuous-at-sea deterrence) 66, 155, 157

ㅊ

차르 봄바(Tsar Bomba) 36
처벌의 위협 248
체르노빌 311
체첸(Chechen) 반군 256
최대 핵억지 119-120
최소 핵억지 119-120, 155-156

ㅋ

카길전쟁 12, 132, 187
칸(Abdul Qadeer Khan) 14, 186, 189, 251-252, 289; 칸(A.Q. Khan) 네트워크 248, 250, 252-253, 260-261, 269
코발트폭탄(cobalt bomb) 55
코시긴(Alexei Kosygin) 233
콜드 스타트 독트린(Cold Start doctrine) 189
쿠바미사일 위기 12, 131, 186, 283

ㅌ

타밀타이거(Tamil Tigers) 256
탄도미사일방어(BMD: ballistic missile defense) 13, 116, 149-153, 161-162, 222, 233; 탄도미사일방어계획 285; BMD체제 233
테러와의 전쟁(Global War on Terrorism) 289

투발수단 58, 63
트라이던트(Trident) 142, 155-157
트리니티 테스트 20, 28-29, 31

ㅍ

파키스탄 원자력위원회(PAEC: Pakistan Atomic Energy Committee) 186
팻맨 30-31, 36
페트로케미컬(Petrochemical)-3 288
평화적 핵옵션(peaceful nuclear option) 185
평화적 핵폭발(PNEs: peaceful nuclear explosions) 52, 282
포괄적 안전조치협정(Comprehensive Safeguards Agreement) 230
포괄적핵실험금지조약(CTBT: Comprehensive Test Ban Treaty) 6, 48-49, 148, 156, 187, 217, 286, 289
폭발인가장치(PALs: Permissive Action Links) 323
플루토늄239 21-24, 94; 플루토늄 분리 196
피스키퍼(Peacekeeper) ICBM 221

ㅎ

핵겨울 36-37
핵공격미사일(SRAM II: short-range nuclear attack missile) 221
핵공급자그룹(NSG: Nuclear Suppliers Group) 190, 267, 314
핵군비경쟁 114, 279, 283
핵군비통제 214-215, 223
핵군축 14, 86, 143, 150, 175, 278-279, 284; 핵군축운동 279, 283, 286-298
핵군축캠페인(CND: Campaign for Nuclear Disarmament) 281, 283-284, 286
핵금기 127, 149
핵동결운동 283
핵모호성(nuclear ambiguity) 180
핵무기금지협약(NWC: Nuclear Weapons Convention) 217, 295, 346
핵무기철폐국제캠페인(ICAN: International Campaign to Abolish Nuclear Weapons) 285-286, 294-295
핵물질 및 핵시설방호협약(Convention on Physical Protection of Nuclear Material and Nuclear Facilities) 264
핵보유국(NWS: nuclear-weapon states) 142-144, 146-147, 157, 213, 224, 297, 314, 343
핵분열물질(fissile material) 21, 33-34
핵안보 264-265, 267
핵안보정상회의(Nuclear Security Summit) 264, 298
핵억지 12, 111, 113, 117, 119, 125, 156, 183, 330
핵융합 33-35
핵임계점 194
핵전쟁방지국제의사회(IPPNW: International Physicians for the Prevention of Nuclear War) 283, 286
핵차별(nuclear apartheid) 142
핵추진탄도미사일잠수함(SSBN: ship submersible ballistic nuclear 63
핵테러리즘 14, 92, 254-257, 262, 264
핵폐기운동 298
핵확산금지조약(NPT: nuclear Non-Proliferation Treaty) 3, 87, 141-144, 146, 148, 150-151, 161, 164, 176-

177, 183-184, 190-193, 200, 204, 214, 224, 285, 289, 291, 293, 297-298, 313, 315, 343, 345; NPT 탈퇴 193, 199; NPT 준비회의(preparatory committee meeting) 146; NPT 체제 187, 198-199, 201, 318, 345
헤즈볼라(Hezbollah) 256

협력적 위협감축(CTR: Cooperative Threat Reduction) 263
혼합산화물핵연료(MOX: mixed oxide fuel) 316
확산방지구상(PSI: Proliferation Security Initiative) 267
후세인(Sadam Hussein) 253

저자소개

앤드류 퍼터(Andrew Futter)는 영국 레스터대학의 국제정치학과 교수이다. 퍼터 교수는 『탄도미사일방어와 미국 안보정책』(2013)의 저자이고, 핵전략, 핵확산, 현존 핵도전 등에 대해 저술하여 왔다. 그는 버밍햄대학의 갈등협력안보연구소의 명예회원이자 카네기국제평화재단이 운영하는 유럽대서양안보이니셔티브의 회원이고, 영국국제정치학회의 세계 핵질서 워킹그룹의 공동의장이다.

역자소개

고봉준 (bjko@cnu.ac.kr)
서울대학교 외교학과 졸업
미국 노트르담대학교 정치학 박사

현 충남대학교 정치외교학과 부교수
　충남대학교 평화안보대학원 군사학과장
　한국정치학회 국방안보분과위원회 위원장
　한국국제정치학회 국제정치논총 편집위원

제주평화연구원 연구위원
충남대학교 평화안보대학원 부원장 역임

주요 저서
『21세기 미중 패권경쟁과 한반도 평화』(공저, 성신여대 출판부)
『군사사상론』(공저, 플래닛미디어)
『동아시아 영토문제와 독도』(공저, 동북아역사재단)
『통일 한국에 대한 국제적 우려해소와 편익』(공저, 통일연구원)
『위기와 복합: 경제위기 이후 세계질서』(공저, EAI)
『안전보장의 국제정치학』(공저, 사회평론) 외 다수

명인문화사 정치학 관련 서적

정치학 분야

정치학의 이해 Roskin 외 지음 / 김계동 옮김

정치학개론: 권력과 선택, 15판 Shively 지음 /
김계동, 민병오, 윤진표, 이유진, 최동주 옮김

비교정부와 정치, 제12판 McCormick & Hague &
Harrop 지음 / 김계동, 민병오, 서재권, 이유진, 이준한 옮김

정치학방법론 Burnham 외 지음 / 김계동 외 옮김

정치이론 Heywood 지음 / 권만학 옮김

정치 이데올로기: 이론과 실제
Baradat 지음 / 권만학 옮김

민주주의국가이론
Dryzek & Dunleavy 지음 / 김욱 옮김

사회주의 Lamb 지음 / 김유원 옮김

자본주의 Coates 지음 / 심양섭 옮김

신자유주의 Cahill & Konings 지음 / 최영미 옮김

정치사회학 Clemens 지음 / 박기덕 옮김

정치철학 Larmore 지음 / 장동진 옮김

문화정책 Bell & Oakl 지음 / 조동준, 박선 옮김

시민사회, 제3판 Edwards 지음 / 서유경 옮김

복지국가: 이론, 사례, 정책 정진화 지음

포커스그룹: 응용조사 실행방법
Krueger & Casey 지음 / 민병오, 조대현 옮김

**거버넌스의 정치학: 한국정치의 새로운 패러다임
모색** 김의영 지음

한국현대사의 재조명 한국전쟁학회 편

여성, 권력과 정치 Stevens 지음 / 김영신 옮김

국제관계 분야

국제관계와 세계정치
Heywood 지음 / 김계동 옮김

국제정치경제
Balaam & Dillman 지음 / 민병오 외 옮김

국제개발: 사회경제이론, 유산, 전략
Lanoszka 지음 / 김태균, 문경연, 송영훈 외 옮김

국제관계이론 Daddow 지음 / 이상현 옮김

글로벌연구: 이슈와 쟁점
McCormick 지음 / 김계동, 김동성, 김현경 옮김

국제기구의 이해: 글로벌 거버넌스의 정치와 과정, 제3판
Karns & Mingst & Stiles 지음 / 김계동, 김현욱 외 옮김

현대외교정책론, 제4판
김계동, 김태환, 김태효, 김 현, 마상윤, 서정건 외 지음

외교: 원리와 실제 Berridge 지음 / 심양섭 옮김

세계화와 글로벌 이슈, 제6판 Snarr 외 지음 /
김계동, 민병오, 박영호, 차재권, 최영미 옮김

**세계화의 논쟁: 국제관계 접근에서의 찬성과 반대
논리, 제2판** Haas & Hird 엮음 / 이상현 옮김

세계무역기구: 법, 경제, 정치
Hoekman 외 지음 / 김치욱 옮김

현대 한미관계의 이해 김계동, 김준형, 박태균 외 지음

현대 북러관계의 이해 박종수 지음

중국의 외교정책과 대외관계
Shambaugh 편저 / 김지용, 서윤정 옮김

한국의 외교정책과 대외관계
김계동, 김태균, 김태환, 김현, 김현욱, 박영준 외 지음

글로벌 환경정치와 정책
Chasek & Downie & Brown 지음 / 이유진 옮김

지구환경정치: 형성, 변화, 도전 신상범 지음

핵무기의 정치 Futter 지음 / 고봉준 옮김

비핵화의 정치 전봉근 지음

비정부기구(NGO)의 이해, 제2판
Lewis & Kanji & Themudo 지음 / 이유진 옮김

한국의 중견국 외교 손열, 김상배, 이승주 외 지음

신국제질서와 한국외교전략
김상배, 김홍규, 박재적, 배기찬, 부형욱, 신범식 외 지음

갈등과 공존의 인도·태평양: 각국의 인태전략
황재호 편

지역정치 분야

동아시아 국제관계　McDougall 지음 / 박기덕 옮김

동북아 정치: 변화와 지속　Lim 지음 / 김계동 옮김

일본정치론　이가라시 아키오 지음 / 김두승 옮김

현대 중국의 이해, 제3판　Brown 지음 / 김흥규 옮김

현대 미국의 이해
Duncan & Goddard 지음 / 민병오 옮김

현대 러시아의 이해　Bacan 지음 / 김진영 외 옮김

현대 일본의 이해
McCargo 지음 / 이승주, 한의석 옮김

현대 유럽의 이해　Outhwaite 지음 / 김계동 옮김

현대 동남아의 이해, 제2판　윤진표 지음

현대 아프리카의 이해　Graham 지음 / 김성수 옮김

현대 동북아의 이해　Holroyd 지음 / 김석동 옮김

현대동아시아의 이해
Kaup 편 / 민병오, 김영신, 이상율, 차재권 옮김

미국외교는 도덕적인가: 루스벨트부터 트럼프까지
Nye 지음 / 황재호 옮김

미국정치와 정부
Bowles, McMahon 지음 / 김욱 옮김

한국정치와 정부
김계동, 김욱, 박명호, 박재욱 외 지음

미국외교정책: 강대국의 패러독스
Hook 지음 / 이상현 옮김

대변동의 미국정치, 한국정치: 비유와 투영
정진민, 임성호, 이현우, 서정건 편

세계질서의 미래　Acharya 지음 / 마상윤 옮김

알자지라 효과　Seib 지음 / 서정민 옮김

일대일로의 국제정치　이승주 편

중일관계　Pugliese & Insisa 지음 / 최은봉 옮김

북한, 남북한 관계 분야

북한의 외교정책과 대외관계: 협상과 도전의 전략적 선택　김계동 지음

북한의 체제와 정책: 김정은시대의 변화와 지속
체제통합연구회 편

북한의 통치체제: 지배구조와 사회통제　안희창 지음

북한행정사　홍승원 지음

남북한 체제통합론: 이론·역사·경험·정책, 제2판
김계동 지음

한반도 평화: 분단과 통일의 현실 이해　김학성 지음

한국전쟁, 불가피한 선택이었나　김계동 지음

한반도 분단, 누구의 책임인가?　김계동 지음

한류, 통일의 바람　강동완, 박정란 지음

안보, 정보 분야

국가정보학개론: 제도, 활동, 분석
Acuff 외 지음 / 김계동 옮김

국제안보의 이해: 이론과 실제　Hough & Malik & Moran & Pilbeam 지음 / 고봉준, 김용일 옮김

전쟁과 평화
Barash, Webel 지음 / 송승종, 유재현 옮김

국제안보: 쟁점과 해결　Morgan 지음 / 민병오 옮김

사이버안보: 사이버공간에서의 정치, 거버넌스, 분쟁
Puyvelde & Brantly 지음 / 이상현, 신소현, 심상민 옮김

국제분쟁관리
Greig & Owsiak & Diehl 지음 / 김용민, 김지용 옮김

전쟁: 목적과 수단
Codevilla 외 지음 / 김양명 옮김

국가정보: 비밀에서 정책까지
Lowenthal 지음 / 김계동 옮김

국가정보의 이해: 소리없는 전쟁
Shulsky, Schmitt 지음 / 신유섭 옮김

테러리즘: 개념과 쟁점
Martin 지음 / 김계동 외 옮김